U0903634

中国当代民间史料集刊 22

华东师范大学中国当代史研究中心 编

天津某粮管干部工作笔记摘编（四）

党务行政部分（1951年—1965年）

中国出版集团 東方出版中心

出版说明

《中国当代民间史料集刊》是一套记录1949年以来中国历史的资料丛书，由本中心组织编辑。这套丛书收录的是流散于社会的各种民间文献，包括日记、笔记、记录、信函、小报、表格、账册、课本等。与已经出版的许多中国当代史资料不同，这套丛书反映社会底层的政治、经济、文化状况和日常生活、人际交往、家庭关系、个人境遇等内容，为读者提供记录底层历史变迁的原始资料。

相对于中国古代和近代各种民间史料，中国当代民间史料数量更大，种类更多，抢救、发掘的难度理当比前者要小得多，但实际的情况却颇不乐观。由于在相当一段时间里政治运动频发，特别是“文化大革命”中，许多私人记录性史料被大量抄没、毁坏或遗失。而各种运动过后，尤其是改革开放初期“拨乱反正”，也曾将大量个人材料交还个人处理，或由组织代为销毁。再加上单位变动频繁，过去曾经保存在单位里的各种油印资料或个人记录材料，也不断地被处理或销毁。所有这些都使得原本应该浩如烟海、取之不尽的当代民间史料，如今竟成急需抢救的“国宝”。

近十几年来，意识到并重视当代史料搜集和抢救工作的民间人士和专业研究者，已不在少数。但十分遗憾的是，这方面的工作迄今为止仍处于一种分散游击、割据自守的状况。由于收藏者多将自己搜集到的史料藏诸深山、秘不示人，从而使得原本就显得十分稀少的民间史料愈显稀缺。

历史研究，关键在史料。当代史料通常有几类，一是官方档案文献，二是口述或回忆，三是影像或录音，四就是民间记录的各种文字材料了。在所有这些史料当中，官方档案的形成、留存和开放，难免会受到时政的极大影响，因而具有很大的片面性。口述、回忆史料因时过境迁，加之当事人的主观意向和记忆误差，也极易造成对历史的误读。至于影像录音之类的史料价值，局限性自然更为明显。因此，当代史料当中最大量的，也是最能够真切反映社会当时各种情况的，恰恰是这些民间史料。如今，当代中国历史的研究正方兴未艾，已有越来越多的学者和学生开始关心和研究当代历史的问题了，但因为民间史料查找不易，除极少数近水楼台者外，真正能够利用民间史料来做研究的学者和学生，还寥寥无几。

本中心成立不久，但深信应该在这方面有所建树，因而不惜大家动手，不取分文，费时费力并以极为有限的财力资源，编辑出版这样一套丛书，以推动民间史料的整理与出版，进而逐渐打破现在史料收藏过于分散、难以利用的情况。

必须说明的是，本中心在民间史料搜集上着手较晚，故我们所推出的史料无论从面上，还是从点上，都不成系统。同时，由于整个当代史料的整理和出版工作在全国范围内也只是处于起步阶段，无论编辑还是出版工作都还有一个摸索适应和逐渐规范的过程，因此，在许多方面都难免存在着缺失甚或不当之处。凡此种种，还有望各方读者包括原文作者及时提醒和指正。

华东师范大学中国当代史研究中心

2010年7月

编校说明

一、本辑资料为一粮食部门干部的工作笔记。该笔记年代较长，一些内容较具史料价值，同时也有不少内容不宜刊布，故编者在不变动原笔记时间顺序的情况下，做了分类摘编。

二、原资料均按日期排序，各篇大都没有标题，为便于读者查阅，编者均按各条内容撰拟了标题。少数原有标题者，也多有改拟，不再注释说明。

三、原资料中的个别名词、数量词，存在速记缩写、简写，或习惯性别字，以及一个词多种写法的情况，在不改变原意的情况下，一般直接改正或统一，不再用特定符号说明。如：

“民革”“民革时期”改“民主革命时期”，“社革”“社革时期”改“社会主义革命时期”，“地、资”改“地主资产阶级”；

“正风”改“整风”，“份子”改“分子”，“广”（看，说等）改“光”（看，说等），“邦”（助）改“帮”（助），“尤于”改“由于”，“代动”改“带动”；

镇反、肃反、三反、五反、四清，均加引号；“惩前毖后治病救人”等专门用语，均加引号或书名号，并按习惯用法加或改标点。

四、正文遇下列情况，照下述办法加工处理：

（Ⅰ）对原文中的错、漏、衍字和难以辨认的字做了如下校订：

1. 错别字以〈 〉符号订正，错别字在符号内，正确的字置于错字符号之后。

2. 漏字以[ ]符号填补，漏字在符号内，置原位。

3. 衍字以□符号注明，衍字在符号内，置原位。

4. 难以辨认的字以□符号标明，一字一符，置原位。

5. 语句缺漏、不通，又需加说明之处，用页下注的方法在需要说明的文字或语句之后标注说明。

6. 原文中年、月、日及数量词等形式不统一者，在不影响阅读或理解的情况下，一般不做改动，容易发生混淆时，则一般统一为一种格式。

（Ⅱ）原文无标点，或仅黑点，或缺标点且读不通者，均重新断句并标点。单句或单个词无标点，不影响阅读和理解时，一般不添加标点。

（Ⅲ）对原文繁杂不一的序号做了如下处理：

1. 序号不连接的，如缺序号、重复序号等，一般应加注说明；只有一个孤立的序号，且删除不影响文意的，一般予以删除。

2. 序号为两层且意思明白者，保留原序号。

3. 序号为两层，但序号的数字用法（如汉码、阿拉伯码、罗马码）不一，且层次不明者，应按大小层次调整为统一用法的序号。

4. 序号层次超过两层者，不论原文序号的数字如何，一律使用单一数字用法的序号；序号基本上是汉码数字者，全文统一使用汉码数字，非汉码数字均改为汉码数字；序号为罗马数字者，全文统一使用罗马数字；余类推。

5. 序号层次过多，大小倒置，容易发生歧义或按原标注序号无法继续延伸者，按下列序号层级重新编排：以汉码数字一、二、三为一级序号；以汉码数字（一）（二）（三）为二级序号；以阿拉伯数字 1、2、3 为三级序号；以阿拉伯数字(1)(2)(3)为四级序号；以英文字母 A、B、C 为五级序号；以 a、b、c 为六级序号。原文中个别非序号排列，而使用实心圆点符号者，予以保留，与正文字号大小相同。中文数字序号后使用顿号（“、”）；阿拉伯数字和英文字母后使用下圆点符号（“.”）。

6. 凡序号过多，须造字才能解决者，照上条办法处理。

7. 序号数字经改动者，标题注，即在本文标题后加*号注，并在页下注中注明：“本文序号数字为编者统一编排”。

编　者

2020 年 4 月

目　录

天津市宣传员代表大会记录

1951 年 4 月 20 日

今天是天津市宣传员代表大会。

我们准备 5 月底扩大到 5 000 人，现才 1 000 人。

(1) 重点宣传工作；(2) 对群众提问几个问题，反对美帝武装日本，取缔一贯道。

一、我们在抗美援朝当中使每个老百姓[每]个角落都要[受]到宣传教育，自去年 11 月开始，宣传抗美援朝都很热诚。

(一) 有组织的工厂、学校、机关正受到教育；

(二) 没有组织的中小工厂、小资本工商家、家庭妇女没受到教育；

(三) 第三如上层分子工商联都受到了教育，知识分子的教[育]比[较]透彻，一般劳动人民、小摊贩、分散的百姓受的教育[少]，没有受到教育的主要是劳动人民、没有组织的群众。

全市共 1.1 万多大小工厂，商户 3 万多。

现在我们可以把劳动人民、没组织的家庭妇女、摊贩、搬运工人、码头工人加强深入教育。

面向空白区、半空白区去宣传。

面向落后的群众，哪里落后即到哪里去工作。

面向〈级〉基层组织。

……

二、抗美援朝、镇压反革[命]、订立爱国公约，三者不能分开，做成一个完整的东西，即思想教育。

抗美援朝当中发动上层分子，工商界、知识分子恐怕美帝国主义思想已经给打垮，叫他反对美帝主义。但对镇压反革命没有很好结合，自三月份开[始]大张〈齐〉旗鼓地镇压反革命，取缔摧毁一贯道有了很大成绩(一些劳动人民、下层人民在旧社会最受压迫的，得到教育，影响比较大，但和反对美帝国主义结合起来)。

上层分子对镇压反革命分[子]认识不够清楚，如绅士知识分子，因他们受反革[命]分[子]的压迫少。

我们今后把得到这两个胜利结合起来，抗美援朝与镇压反革命分不开的，一件事反对美帝国主[义]，一个镇压国内反革命分子，要和老百姓讲清。

（一）订爱国公约即是用实际行动拥护抗美援朝。

（二）镇压反革[命]即是巩固人民民主专政，搞好今后建设。把国外敌[人]赶跑，把国内敌[人]肃清，才能大胆生产，过好日子。

三、怎样做宣传工作，应注意什么？

（一）要了解群众的生活情况，深入了解他们以什么为生，受过什么人的压迫，过去生活和现[在]生活，可在生活对比[中]进行教[育]，如受到压迫的现在不受压迫了，我们可以根[据]情况谈出革命大道理。

（二）我们要了解他们的思想情况，退道有顾虑，不敢检举坏分子，恐报复，要和他们把政府政策讲清，抓出思想情况去解决思想问题。

（三）讲清政府镇压反革命的政策，讲清说明他们参加一贯道受了骗，而是我们同情他们的诉苦，结合工会去谈完后了解工会法、婚姻法，帮助他们认识清楚，而我们也得引到向抗美援朝、镇压反革命、反对美帝武装日本。

宣传方式：

（1）讲演方式。

（2）家庭、小工厂座谈会比较亲切，更有青年人，我们可以教给他们歌子、顺口〈流〉溜、秧歌，结合宣传，谈心、〈瞭〉聊天呀，如工厂。

（3）宣传工作要和组织工作结合起。

要通过积极分子搞宣传队，宣传当中发现积极分子，建立小组、党内宣传员的骨干。

调查研究工作结合起来，了解群众生活，和群众谈话，加以整理分析后〈在〉再有重[点]去宣传，从群众的思想当中找出典型的来调查研究，如派出所。

报〈到〉道通讯工作有典型的投稿交流经验，失败成功，找出原因，或印出小册子，作参考。

四、反对武装日本，和平签名公约。

美帝国主义侵略朝鲜，现在还没有放弃侵略意图，而且还要扩大侵略，还要欺骗，从国家来侵略，按联合国说，英、法不愿战争，怕战争。按亚〈州〉洲说，印度也不愿战争，帝国主义之间互相矛盾，而美帝国主义把战争扩大[到]中国来。而且武装日本和西德，作为给帝国主义侵略的先锋。

美帝国主义武装日本、西德来侵略中国、苏联，订立和平公约内容，即联合一部分反动国家要侵略，而我们要求五大国人民一致的原则，〈估〉孤立暴露美帝国主义的侵略意图，我们要建立和平公约。动员起全中国人民提高〈较〉觉悟争取和平。政治动员、思想动员全中国人民反对美帝武装日本。中国不是八年前的中国，而我们有力量反对武装日本。

镇压一贯道、反革命分子，也有方式。它不是一般群众团[体]宗教，而是反革命组织，利用老百姓贫穷落后，来欺骗诈财，〈抢〉强奸妇女，而我们要这样去讲，老百姓受了骗，而我们政府一定替做主。

没有通知启泰栈郭继礼。

党员大会传达曹部长报告

1951 年 4 月 22 日

党员大会。

主要传达党委会曹部长报告：

(1) 枪决 193 名罪犯时，劳动人民非常拥护，刑场参加人约 50 万。

(2) 有的特务和我们挑战，抓住即是真的，不抓住即假的。

(3) 有的同志存有〈仁〉人道想法。

(1) 收获：解决那些思想问题，对群众发动，对反革命分子仇恨。

(2) 现有党内外情况，〈点〉典型举例说明。

开〈晚〉完控诉大会，要订立爱国公约，组织检查委员会检查实行。公约由各股党员各人订出计划，送楼上总结。党费在每月五号前缴党委。

每星期党员有无情况报党委。

每月 15 号报党委，组织是组织宣传的。

工商党委系统下还有 900 人没有得到教育。

如何组织收听，有多少人参加，取得哪些经验，写总[结]报告。

八里台，自开会后定 45 个。

取缔反动会道门启发报告

1951 年 5 月 21 日

关于取缔反动会道门，启发报告。

王经理报告。

4 月 7 号政治协商会议开了一次会，有关取缔反动会道门的道首。

(1) 坚决清口。(2) 夫妇分离。(3) 不许带文件，口传心〈计〉记。(4) 如登记，即枪毙。

揭穿入道时誓词：天将魔考，意志坚决，百折不〈湾〉弯，至死不泄露天机，始〈忠〉终如一，为道牺牲，扬名后世，万代不朽。

如我们把这工作做得好，必须加[强]教育。

……

(1) 干[部]思想情况，对评模及取缔反动会道门有哪些反映，收获如何？

(2) 一月之中发生的哪些问题，怎样解决的？

(3) 各种[制]度上执行得如何，遇有哪些困难？

(4) 你处干部人员多少？长期雇员多少？短期(〈事〉是指三个月考验期者)雇员多少，是否有余干部，各余、缺什么人？

李经理报告整风学习情况

1951 年 7 月 14 日

一般学习很好，但有的还模糊，革命、反革[命]分不清。

(1) 自上次的报告以后，科长、股长领导也努力改进方法，各组都逐〈见〉渐发展，各组这周来扭转过去的沉闷，学习抓住重点，敢大胆暴露自己的思想错误。

有的有顾虑，怕挨〈个〉整，有的开始交代问题了，并帮助别人〈较〉觉悟提高，现已谈出三青团。在“镇反”、取缔反动会道门，不但把他本人交代完，并且还向有关部[门]报告了。

(2) 领导作风方面，还有的不重视，不重视更不参加，这是不对，应当毫不例[外]参加这些事。

由于小组长单纯督促别[人]，发言少，或也不交代问题，学习黄市长报告少，有的组长解释不忠诚老实即反革命，应对人民忠诚老实，如不忠诚老实，由社会造成。

(3) 上次大会已有些顾[虑]解释清楚，今天还[有]几个顾虑和糊涂观念，有的吃饭睡觉都不安，影响我们学习。

有的人怕交代出问题，又要失业。

试验期人员，我还未转[正]，谈出问题不要了。

还有的弄不清自己究竟有多大罪恶，过去参加反动组[织]，但没有什么罪，谈出以后没有罪。

〈及〉即便有罪恶，在整风中谈出，罪大减罪或免罪。

内贸系统有的交出收报机和枪，有的找领导去请罪，这样好的精神，是会得到宽大处理。

过去参加了反动组织，也有反革命活动，解放后断〈决〉绝关系，按历史问题处理，历史问题已解决，即算无问题。

有反革命思想，没有反革命活动，算不算不革命?

(答)反革命思想不等于反革命。

落后思想算不算反革命思想，而即是落后思[想]……落后。

有的超政治思想、清高思想，有的说比反革命〈利〉厉害，要把[他]关起来，而是不辨别是非糊涂人，不等于反革命。内部问题是否挨个[整]，并不是每人都整，有问题向领导交代，小组、科、经理，如有在组内自〈较〉觉地交代问题，更好了。

有的人逃[避整]风，不准备参加，不知这次整风的〈义〉意〈意〉义。生产公司工人要求参加，我们革命不如人家，我们怎样成为革命干部，实际你也逃不了风。

有重大问题，不在大会和大字报发表，本组有人谈出问题，不向外传说。

我们还有问题的，不但不交代，并威胁别人不叫说。你不想想，人民〈较〉觉悟提高了，再者人民已经早知〈到〉道了，知〈到〉道得很清楚，这次运动是全国性的，大、中、小城市都整，这[地方]不知〈呢〉你，那地方也知道你。如(李海峰)，这不是聪〈名〉明，而是〈洒〉傻，我们掌握很多丰富材料，如要拿出来，你有什么可说。我们是学习阶段，还给你留悔过机会，不能白白过去，要放下包袱，自[己]不解[决]，别人也要帮助你解决。

大问题要从〈清〉轻处理，还有的[人]没有弄清历史与反革命问题。

(1) 一般的留用人员过去参加过政府机关，叫历史问题。

(2) 普通国民党员、三青团员，这不是反革命分子。

(3) 解放前参加过反动组织，没有反动活动，不算。

(4) 解放前参加反革命，没有大罪恶。

(5) 思想不良落后分子，这不算反革命。以上历史问题。

以上五种都是内部内部问题，是团结改造问题。主要帮助同志们进步，自己有类似情况都谈出来。

今后继续学习问题。

(1) 根据今天报告把他漫谈一下，主要学黄市长报告和共同纲领总纲[第]七条，划清敌我界线，明确立场，或惩治反革命条例。

(2) 共产党员怎样学习，要求高，党纲、党章党员八条、共同纲领，当然我们党员不能一下把所有党[员]都提得八条那样高。

(3) 团员以团章和共同纲章。

(4) 领导干部如何整风，应同样在小组交代问题，不见〈的〉得降〈底〉低威信，没有谈出的问题可以越级交代，毫不例外。

(5) 还不知整风什么时候结束呢？这样问是过关思想。

防止学习中的两偏差：① 光谈自[己]不谈别人，你明知别人有包袱，不去提出，② 光谈别人不谈自己。

王经理报告学习整风问题

1951 年 7 月 23 日

早晨，王经理报告。

(一) 这段学习得到的成果，这就是说我们同志们努力〈较〉觉悟有所提高，由于新思想提高，旧思想稍克服了些，谈出来了问题，一贯道、伪军官和侦缉队等。

(二) 怎样巩固我们的成果？我〈塌〉踏〈塌〉踏实实地去学习黄市长的报告和刘澜涛同志在华北的报告，和李经理的报告，我们要在宣传整风[时]讨论酝酿，吃饭休息都谈整风，造成热潮。我们革命干部要有一句说[一句]，有两句说两句，黑白分开。〈在〉再者，(古语说)若叫人不知，除非己〈没〉莫为。我们要展开批评与[自]我批评的武器，去分清是非，武装思想，武器必须学习文件，把革命思想和反革命思想来总结一下。我们政府工作人员有些不纯洁的，所以我们来清洗罪大恶极的，我们要他立功赎罪。

(1) 被〈举〉揭发出来，要依法处理。现在[无]已有去掉包袱几千人，我们公司有的谈三青团，供给了很多材料。

(2) 按这一阶段，一支公司不如三支市公司，我们要努力赶上去，也〈须〉需要大家努力，大家想办法，研究来办。

① 干部政治认识不齐。

② 还有的态度不够端正。

③ 顾虑，爱面子、荣誉。

④ 失业，怕受处罚，也就是〈较〉觉悟提高了，谈出后保证职业。

(3) 怎样取消我们的顾虑。

黄市长谈得非常详细，解放前参加反动组织、机关政府、反动会道门，解放前后断绝关系。

李经理报告学习运动情况

1951 年 7 月 24 日

一月来的学习是有显著成绩，但只是成绩的开始，思想动员报告，来一次〈急〉激烈的斗争，尽快放下包袱。

学习〈已〉以来的成绩收获，因反复讨论黄市长报告，领会了精神，联系实际，由于各组长的努力转入[座]谈。

市公司有一同志交代了问题，并检举出 7 个，并有“镇反”当中未谈的今天都交代出来了。

过去隐瞒年龄、学历，成绩斗争来的，树立了新思想，克服了旧思想，要在我们这次斗争打一个大的歼灭战(新思想战胜旧思想，巩固现有成绩)。

但还有部分同志[还]未〈较〉觉悟，未有很好地交代问题。

1. 爱面子，谈出后怕影响地位荣誉，怕失业。最大名誉，你向人民交代问题，谈出后，〈无〉没有什么不名誉。

我们看中央要人李立三、王明在报纸〈交〉叫人民来讨论。

地位问题，同样很好地把[自]己的包袱放下，职业没什么。

2. 有的讲一点,打防线,谈出点〈彼〉避重就〈静〉轻。

(1) 提出自己问题。

(2) 一方面不谈,现在领导掌握着材料,并有有关部门供给材料。

什么样的人受什么处罚,也就是说上次报告五种人不[属]于反革命的:① 一般留用人员;② 一般国民党员、三青团员,不是反革命,内部问题;③ 参加过反动组织,但没有反动活动;④ 解放[前]做过一些坏事,已改过;⑤ 落后分子,作风不良,即不是反革命,按内部问题处理。

落后思想问题,也用不着什[么]结论的一般思想问题,过去认识错了,谈出来,经小组分析。

过去有些罪恶的,决心改过,立功赎罪,从轻处理。

有的我谈出后是否去了污点,这一问题不难,谈出完〈是〉事。

3. 要问题可以谈,不说好。

4. 有的同志家是地主,这次整风审。

发生偏差:

(1) 有的谈出是国民党员,非说国民党即是反革命,这样是不对的,我们不能放下了一个包袱背上[另]一个包袱。

(2) 还有的搞小集团,下了班到一起去了,不是互相帮助,而是互相包庇。我号召自由结合组,互相帮助,搞小集团是非法的。你三四人做的事,不见得就你们三人知道,内中是有进步,你三二人打不了防线的。

有的组长,文化程度[低],有一部[分]知识分子看不起小组长。小组长的思想好,能虚心交代问题,应向他学习。有的说我到末终越级谈,或不在组内谈,企图隐瞒。有的〈即〉既不谈自己,又不谈别人,说出来对不起朋友,是落后的。见到他有问题,你不说,本人交代出来,可是又说谁不知道,这是合不来的事情。

并有的交代了一点问题而厌倦学习。

我〈在〉再把整风目〈底〉的谈一谈。

(1) 整风目〈底〉的:提高〈较〉觉悟,巩固成绩,大家团结,把革命阵营内的反革命清除,和反[革]命分家。首先表明自己态度,交代问题。假若你不谈,划清后把你即孤立起来,只有你自己吃亏。

(2) 有的自己感到自己没有问题,不发言,我们没大的也有小的,都可以点滴讲出,无事不可对人言,都可以谈,现在全国内都在整风审干,是隐瞒不过去。

学习问题：今天发下刘澜涛同志这个报告是必读文件，结合我今天的报告讨论，可能取消不必要的顾虑。

李、张两经理解答政策问题

1951 年 7 月 31 日

[李经理]

有的认不清政策，怕整风，逃风，有的老干部自认[为]没有问题而抱自由主义态度。经过一个月的学习，初步交代问题，划清革命反革命，加强团结，交代问题者，感到革命阵营的温暖，自己的医院。

我们现[在]的正转入热潮，已经交代问题，有正准备交代问题，忠诚老实地交代问题，已经有的把材[料]写了好几次。

(1) 交代问题阶段还要参考一些文件，同时还有的有顾虑，有的交代了问题还是不安，恐[怕]组织不信任，只要把问题交代彻底，不管他相信不相信。

有的参加了反动会道门，不愿〈教〉叫分析认为是政治性的问题，作了交代，由旧我换新我。

(2) 自己志愿站在人民立场上来，但不交[代]问题，也就是不愿站在人民的立场上来。

忠诚老实，经小组支分会、支会审查研究。

反动过关思想，〈闭〉避重就〈静〉轻，把自己的问题交代清楚，分清敌我。

有的同志还[有]过关思想，是错误[的]。事实[上]也不可能过去，即便你过去，那即又背上新包袱。

几个问题解答：不追不逼不等于不问，有的谈得很〈隆〉笼统，或讲得不清，可以问，如有的说我参加了党，如不问清怎样作结论。

张经理报告今后学习。

……①

我们结论只是一个开始，也就[是]说开始解包袱，要忠诚老实地交代问题，

---

① 此处有删节。

有一说一，有二说二，不要说一半留一半。我们现[在]老实坦白交代，如不谈由个人负责的问题，你的政治〈较〉觉悟提高〈提不〉不提高，全看你的学习。还有的和反革[命]来往很紧，现在还假装冷静、没事。杨景棠方才说了（如叫人不知，除非己莫为），当然领导上掌握的材料充[足]，〈现〉先不给有问题的提出来，而是等你的觉悟提高，留着机会叫你自[己]来交代。今天报告以后，要端正态度，歪风邪气是不可散的，交代问题要忠诚老实的，而不要〈闭〉避重就〈静〉轻。

一、四支公司把李经理的报告进行讨论。

二、一货[场]明天在本单位，首长作报告。

作结论的问题，结论等于判决书。

一类问题思想问题，年龄、学历、成分、合法宗教。

本人先写出书面自述，或小组长记录，一类经支分会批准，二类经支会批准，三类不结论。二类闹不清的不结论，小组长口头结论（一类问题）。股长或组长一类问题，由支分会负责解释一次。通过积极分子同意本人同意别留尾巴，别说再有了问题负责任，别说无问题。

某某同志，因参加工作时爱面子，好虚〈容〉荣，隐瞒了年龄几岁，学历几年，根据本人谈出的问题，我们认为这不是政治性的问题，而是思想问题。

在这次整风审干中经过学习提高觉悟，很好地交代出来了问题，这是对人民的忠诚。

启发鼓〈历〉励，努力方向。

二类一般化政治性的历史问题。

某某同志，于某年某月某地某人介绍参加某某组织（是否有党证），参加的动机为了什么，根据自己谈是一般党员、一贯道，没有反革命活动。因该同志经学习后觉悟提高，我们认为该同志所谈之问题是一般政治性的历史问题，不是反革命分子。

希望某某同志今后努力工作，抓紧学习，更进一步地提高自己的觉悟，改造自己，全心全意为人民服务，我们相信某某同志前途是光明的。

老干部[要]把不是反革命分子，改为对人民的忠诚。

市公司首先由小组长提出谁可以作结论，召集积极分子，开会认为是否可以结论。首先由小组写出结论的，方法交支分会。支分会可以提出意见，（不修改的）批下去，如修改的，可拿下去，再召[集]积[极]分子研究，没意见，作结论。

小组作结论，必须通过积极分子、骨干。西北贸易公司的经验，小组长作结论，没有支持，事实不能脱离群众，把我们的意见变成群众的意见。准备市公司开党、团员和群众座[谈]会，转入忠诚老实，怎样起骨干作用。

把骨干组织起来，准[备]二步向反革命分子进攻，同时说明，向骨干说明，别骄傲。

中纺有一反革命[分]子自杀，但有的死心塌地的反革命分子说我杀死几人再死，要严厉批判。

土[特]产展览会去的干部，参加整风，整完介绍到展览大会。

把本单位的积极分子，各单[位]交支会。

启发报告不强调检举，报告根据本单位情况。

结论后的反映，可以组织审查委员会，主要审查反革命。

(1) 今后发现第三类问题及时报支会，发去重大问题表(不发谈出问题的本人)、日报表，填好后，主任必须审查。

如前暴露出重大问题，现有一类问题，可证明。

(2) 以前作结论了不等于结论，今后作结论者，才算结论。

李经理报告如何开展“三反”运动

1952 年 1 月 6 日

1952 年不是平凡的一年，是三年准备的最后一年，五年建设，十年远景。

(1) 抗美援朝必须取得胜利，在朝鲜战场上美帝国主义采取〈脱〉拖延。

(2) 物价必须稳定。

(3) 生产必须发展。

抗美援朝、物价稳定、生产都是要花钱的，我们印票子不行，贷款是不行的，帝国主义掠夺殖民地，剥[削]劳动人民，贷款我们是不应用的。

黄市长提出 1952 年 5 万亿，工业部门 2 万亿，内外贸 1.6 千亿，粮食公司 500 亿，是 1952 年的〈值〉指标，我们是否能完成，已经各方面的讨论，是不成问题的。减少 10 万条麻袋的资金积压，即 300 亿。

1951 年成[绩]。

出售任[务]119%，回笼 112%，粮价一年来基本是稳定的，完成储调任务，保证物价稳定，支持了山东、察哈尔。

(一) 生产加工基本掌握了，公私雇员完成 103.84%，一年面粉供应没有出什么问题。

(二) 1951 年减缩机构，共输出[了]干部多名，取消室级，扩大仓库容量 百分之 30%，现能容量 5 亿斤。

经营管理我们创造了不少办法，如新的定额，脑力体力都有进步。

(三) 经三大运动，敌我界线划分清楚，明确了立场，在四季[度]开展了增产节约，完成 1 153 亿。我们又抽出 50 名之多，粮馆我们粮食公司包下来了，〈可〉这是计划处处长，同志们努力结果，经过三大运动，思想提高 思想 的结果。

我来谈谈听了黄市长报告以后的思想。

自解放以后，不管新老干部中是保持艰苦朴素的作风，新参加工作的同志也有转变，但有一部分老、新干部经不起胜利的考验和改造得不彻底。某加工厂行贿，贪污案件 32 起，36 人，6 500 万元。可以从解放以来看，1949 年 9 人，1951 年 11 人，1952 年 15 人，太不〈相〉像话了。[这]也是我们机关的耻辱，偷饭票、偷馒头、偷大衣，尹×脱衣服去打拾[1]，[衣服]被人拿去。

现[在]我们来看，资本主义思想向我们进攻。

自听了黄市长报告，大部分同志说应当开展，并有 3 同志检举 6 人，有人领会精神不够，自己有钱被子也不敢做，有的同志过 错 左说法，贪污一百也枪毙，也有的假镇静，有作风恶劣的向资本[家]去开小会[讨论]如[何]应付、如何过关，有的怕[失][去]荣〈属〉誉地位。

对“三反”运动的认识是指我们革命，你对“三反”有什么认识，这一些作风不[是]工人阶级内部产生的，而[是]资本主义思想所侵入的不良现[象]。

我们干部是廉洁的、朴素的，为人民服务的工作作风，你要个人的那一份，但不能侵占人民的利益，那[是]剥削阶级的思想作风。

贪污奢侈是对革命的半条心，[时间]〈常〉长了你要变质蜕化，你即走向反革命的道路。如刘青山、张子善，经不起资本主义思想的侵蚀而〈判〉叛变革命，〈抗〉投降敌人，已不是共产党员的品质。

干部如贪污腐化后就不是什么革命干部，而是反革命，对国家资财不负责任的。

我们革命有三种法宝，武装革命、统一战线、建党。建党 的 主要[是]反对贪

---

① 原文如此。

污、浪费、官僚主义。对革命是不负责的,如不来反对,〈在〉再过十年即成了革命对象,可能要亡党亡国。所以在我们天津市粮食公司来一个〈洪〉轰〈洪〉轰烈烈的"三反"运动。镇压反革命是〈何〉和外部敌[人]斗争,但是在内部是和思想作斗争。那么他手不干净,很难斗争。如想开展好,先向自己开刀,先割自己的尾巴。同时反对自由主义,展开这一运动首先有决心和正确认识。因为我们解放后,住于中国第二大城市,很容易受感冒,政治上的感冒是接受资本主义的思想侵蚀,麻〈疲〉痹不仁和官僚自由主义。

黄敬市长在市活动分子会议上的报告

1952 年 1 月 16 日

召开活动分子会议,黄市长报告。

(一)资产阶级问题。(二)机关内"三反"问题。(三)向市民宣传问题。

(一)资产阶级问题

党中央曾经说过贪污腐化是受了资产阶级的影响,资本家[而]不是用机[枪][大]炮拉兵〈遭〉造反,政治斗争争取群众也很困难,所以他用腐朽的落后的坏作风向我们腐蚀。把一些人腐蚀后作为他们[给]盗窃国家机密、资财、非法经营[作他们][的]内应,向我们进攻,宣嚷税大、公债大。但向他们投降的蜕化分子和腐化分[子]们向党、向政府斗争。

"三反"运动开展以后,清楚了私商[他给]向我们的进攻,非法经营、盗窃国家财物。有一五金行和我们合营联系后,偷税 40 亿,这样的举不胜举。现在贪污受贿一亿以上的就有几十件,你们想如果行贿一亿,那至少也得 10 亿、20 亿的好处,劳动局调解科长处理问题站在资本家那面,成了工人阶级的叛徒。

有一行业据不完全统计,非法暴利、行贿就能买一千架战斗机。现在可以缴械,我们过去是麻〈疲〉痹的,我们在战场损失一架战斗[机]痛心。

但有的在"三反"中表现没有力量、没劲,〈干〉甘心[当]向他们投降,当他们俘虏,当他们走狗。

现在可以吃惊了,在党内可以猛烈地斗了。我们机关、企业、部队都要开展起[来],而且我们跟〈综〉踪下去,向他反攻。三年向我们进[攻],我们要〈避〉逼着他们改造,不许他〈在〉再作。

严重的要枪毙，[按]法律制关起来，盗卖国家资财的退回。所[以]，外部展开反行贿、反偷税、反欺诈对于我们新民主主义国家中这一运动是有大作用。

消灭这种毒素在内外展开，保持内部纯洁、健康，防毒还须要抗毒，才能由新民主主义顺利到社会主义。

党员的发展规律是向资本家的思想斗争，同时决定在党员的思想能有对资产阶级的侵蚀反攻。党员经过这一次斗[争]即会更清醒，巩固领导，对资产阶级彻底打垮资本资本家腐朽，改造资本[家]，叫他俯首帖耳，服从工人阶级的领导，"三反"运动中是战争性。

我们对资本家注意几个问题：

对资本家猛烈地展开彻[底]地改造他们，我们天津[是]很重要的一个战场，要猛烈展开，要使他悔过再也不敢了，要〈根〉狠〈根〉狠地要整他，但我们懂得是改造资本家，而不是消灭资本家，是为了管教他，叫他[把]做的坏事坦白出来，写悔过书，今天不敢再做。

罪大恶极要枪毙，严重的法办，那你们就是同样的。

而是消灭那些反动的黑暗的，彻底弄清中间一部[分]人，这部分数量还不小，认真彻[底改]造他们，有错误一定坦白出来。

还有一部[分]坏的、反动的要〈根〉狠〈根〉狠整他一家伙，惩办他，倒出赃款还要罚款，打击以后可能改造过来。用里面的好人、可靠的，集中力量到资本家坏的地方去，打击他们。

这次"三反"运动也区别表现好表现坏的，抗拒"三反"和建立攻守同盟的操纵国〈际〉计民生的要严办。

商人，吸烟、茶、吃了几〈吨〉顿饭，不算行贿。

亲戚朋友送礼、借钱，不算行贿。

大行贿，钱、东西很多，性质很严重，比如送一〈枝〉只手表，损失国家若干资财。性质严重严办，性质轻从宽，分别大小轻重，行贿大小。

税的问题，偷税、漏税区别，1949 年才解放。

政治觉悟不高，一般不纠。

1950 年要看他情节轻重。

坦白的的不纠，检举的追缴。

（二）各个机关"三反"运动的问题

一般的都展开了，在民主批评与自我批评[中]展开了坦白检举运动。普遍自领导检查以后，首先交交代自[己]问题，没有问题的检举别人各种小问题，逐〈见〉渐交代清楚，发展到集中力量，大概是这样一个过程。领导者推动、带动群众，或者手脚不清楚的也交代了，也积极起来了，还有的没有认真地彻底地交代清楚，有一种自流倾向，失去领导，就产生了不正常现象。

1. 领导上已经基本解决了，但有的纠缠不休，有些单位领导已经作了自[我]批评、交〈代〉待，群众还没普遍展开检查，弄一些鸡毛蒜皮的，转变了。

2. 贪污比〈党〉较严重的，浑水摸鱼，有意无意破坏。有的说“共产党是贪污的母亲”，这[是]反革命分子的言论，不反驳“共产党贪污没有的”等反动言论。

领导上彻底交代清楚的，及时作结论。

群众的坦白运动问题，坦白的鼓〈历〉励他们再坦白，检举的动员他再检举，检查领导不应和检查群众分开。

群众的宣传工作已深入下去，家〈与〉喻户〈小〉晓了，工商业内开展起来了，一般群众方面已作了动员。但我们动员群[众]，反革命分子制造谣言，把机关上那一套弄〈的〉到群[众]中去，限三天坦白。

1 月 16 日，下午 1 点半。

黄敬、周叔弢、黄火青报告。

天津市人民在上级的正确领导下开展起来了，工商业家在党的领导下已经开展起来了。行贿受贿是贪污浪费的母体，我们必[须]展开“三反”运动，现在有资产阶级的腐朽思想侵入〈道〉到我们机关团体中来。

市委王××坦白出来，怎样受到资产阶级的腐[蚀]：19 岁入党，我〈已〉以前工作一直是坚决的。我自入城以后，我在税务局税务，我到下面小西关检查工作，35 片。

1. 同志们，我们现在有坦白的，交来坦白提纲。

2. 我们现在就可检举本机关或有关机关、外面机关。

3. 资本家粉厂、代售店粉厂、粮栈，行贿、偷税、盗窃国家资[产]的，检举那些不法商人。

我们机关也有的〈定〉订立了攻守同盟的，你还不检举他等到什么时候？

黄市长作了大会结论报告。[①]

---

① 原文缺。

张逢时部长报告如何组队伍

1952 年 1 月 17 日

张〈风〉逢时部[长]报告如何组队伍。

各单位已经开展起来了，民主是空前的，群众发动起来了，领导干部作了检讨，深[度]、广[度]是正确的。检举一天比一天多，运动起来以后发生一些偏向。贪污分子、反革命分子起来反领导，领导也不敢揭破，怕压制民主，下面说什么是什么。工商、信托为把“三反”搞好，必须把队伍清理一下，有的认为别人都谈出来了，我没有耻辱。

没有问题宣布没有问题，有小问题的百分之八十的作出结论。结论也不要复杂，词句〈何〉和整风结论差不多。一般通过小组同意，经过上级检查批评后，小组批判写悔过书，永不〈在〉再犯。一般退款，但不要机械，保持他一定生活，不〈防〉妨害，能分期还者分期。

处理三级制，一百万以内情节轻，支会批准；一百万以上千万以下，分会批准；科长以上的贪污，由总会批准。

为很好地把队伍整〈吨〉顿好，加强统计工作和整理材料，能看出我们的队伍的力量。

现在谣言很多，各单位要把谣[言]搜集起来，对歪风邪气予以打击，但对的诚心接受。

如不是恶意的解释，被管制分子没有权利管我们的〈是〉事，要你老老实[实]，谣言要上来。

我们逐〈见〉渐走向正规化，在任何情况下不经总会批准，不许随便逮人，争取本周内没召开过处理会的召开处理会，结论宽大。

民政局审查处理组，韩子义谈处理问题：

1. 材料的处理，检举材料一般都应交总会分别转给各单位。

(1) 百万元以上由分会掌握，必要时叫去谈。

(2) 千万元以上检举由总会负责掌握，杨英掌握。

2. 材料检举

(1) 有姓名检举被检举实事住址一件。

(2) 供给作参考的，如谁工作不够主动，作风不民主。

(3) 不成材料,也不知事实和住址等,你单位有一人。

3. 我们今后不能直接找私人要材料,现在工商联咱去 200 人帮助马力克主任,太忙不能开展,可能有坏分子破坏,建立攻守同盟,反革命分子趁机欺诈。

(二) 问题处理,请示报告备案①

1. 分会向总会报告有两个,一个紧〈极〉急事情来不及请示,可向总会口头汇报。

2. 重大问题不是很紧急的,应该逮捕,应按手续走,为省事可经杨部长,政府法令一定要办,如王笑一打电话,张逢时。

3. 备案问题,支会处理百万元以内报分会备案,已提出否定意见即算批准,如果说处理了,分会不同意,一般不翻大的翻案。

(三) 报告制度

每二天把处理数字报告一次。

(四) 要总会去查对材料,具备 3 个条件

1. 问题重大,如果不看材料不能处理者。

2. 有分会主任亲纸笔才行。

3. 保守秘密者。

(五) 逮捕私商〈比〉必经张逢时

(六) 无有特别证明不准找私商谈话,有特别证[明]也批准

(七) 要审查把处理问题组织建〈理〉立起[来],〈有〉由专人来整理材料

丙、办公室的工作②

办公室即是参谋部,分会、总会是指挥部。

1. 材料的处理研究调查整理。

2. 问题的处理,如何作。

3. 统计工作。

4. 掌握汇报推动运动前进。

丁、私人与私人借款不算贪污。

戊、党员犯了错误须要处理党籍,按党的系统报告,行政不给处分,一般党内不给处分。

己、制度

---

① 原文如此,缺(一)。

② 原文如此,缺甲、乙。

1. 已经撤职的停止工作，反省的、撤职委员的把他们材料整理起来。未报过的要报，今后再有此事情，先报告。科长以上，科长以下支分[会]掌握。科长回复工作首先上报(包括支分会委员)。

2. 各单位口头汇报，从今天起开[始]口头[汇]报，每天下午5点前前[汇]报，大小问题报告。

3. 今后各单位的检举信写明姓名、住址、事实，支会给转去的材料处理结果报来，材料不退。

4. 各个支分会送检举材料，封口，刘、梁亲启。

解答的几个问题：

1. 10万以下的情节不重的又偶然一次，不作书面结论，来一次书[面]检讨今后改正，不上报。

2. 20万以内情节不重的支分会处理，向支会备案，支会不提否定意见，即批准(股长〈列〉例外)。

今后重大案件登记表不向上报了。

传达中央紧急会议精神

1952年1月21日

中央召开了紧[急]会议。

(一) 第一〈节〉阶段有重大成绩，第二〈节〉阶段开展到新高潮，唯一办[法]打老虎，土地改革警惕了地主，"三反"运动我们警惕资产阶级，和人民更密切了。层层检讨，民主人士知道共产党腐蚀不了，国外呢也不会〈相〉像南斯拉夫亡党亡国，各级领导[中]清除了大贪污48人。中央，我们总无有什[么]〈骗〉偏差。

(二) 浪费现象比贪污大得多，过去点过，100[辆]小汽车，现在50辆。过去说大方好，现小方好。过去银行旧年节提款多，现在倒存款，花纱落价。干部过去〈挑〉调皮，现在服从。

(三) 大贪污犯"三反"中是少的，中央贸易部搞出两个，按我们贸易部，按估计数几十个。自今天20日要打大老虎，资产阶级在我们革命阵营中打下了很多堡垒，坐探收买干部，变成他的黑幕。我们要打大老虎，首先启发群众，也就是说是内外〈加〉夹〈工〉攻，阴历年前打50〈条〉只大老虎。

乙、解决战役问题[①]

对资产阶级政策，决不让他们当坐探，组织队伍，领导干部亲自下山，领导群众打老虎。

解放战士抓紧作结论，起义战士也解放出来，公开悔过绝不〈在〉再犯，立功〈恕〉赎罪。

这样才……[②]。

丙、如何进一步开展“三反”方针任务

自二十号至二十七号正式宣布搞大问题，坦白检举，首先明确毛主席说你越搞出大老虎即是光荣，不怕搞出问题。

(1) 不能平均使用力量。(2) 批判歪风邪气，大家作出计划报分会，追击先突弱的。

李经理等报告“三反”情况及政策

1952 年 1 月 26 日

带有历史性的政治斗争，如没有这一次斗争，是有国家存亡的危险。

毛主席的英明领导，干部层层带头，收到很大成绩，内[部]上、下关系密切，人民和政府关系密切了，批评[与]自我批评制度建立起来。

自满情绪，麻木不〈人〉仁，消极的官僚主义。

对资产阶级斗争得到初步成绩，贪污分子我们也发现出来了，贪污分子是可憎恨。

“三反”具体情况。

我们“三反”运动 1 月 5 日开[展]，三个礼拜，但有很多同志提高了觉悟，什么是、什么非，交代了问题。

24 日……172 个人交代了问题，现 55 人已作结论。

市公[司]王仁胥：

检举材料很多，我们和资产阶级侵腐我们，很大的斗争，我们 172 人，占参加

① 原文如此，缺甲。
② 原文如此。

总人数 17%，现在工商局[达到]30%，他又无钱放贷，他们如何贪污？

咱们掌握财政。

现在[贪污分子]主要有两个顾虑，[一是]自己情节严重怕坐法院的，[其实]交代出来宽大处理的；[二是]怕退款，应当退的是人民的[款]，而我们也要二利[1]，能退的不退，加倍惩罚。

办公会议传达并讨论市委杨部长报告

1952 年 1 月 31 日

晚七时。

王主任传达市委杨部长的报告。

(一) 捉老虎，谁捉得多，哪个单位、哪个组哪个光荣，捉得多光荣，捉不到即负责任。领导干部有些不负责任，〈估〉战守无备，捉住小的放走大的，火力不集中。检查组只听行市，今后一般上报必经办公室，集中力量搞大老虎，最低是一千万以上，一般的是打苍蝇。按塘大来说，32 个干部 28 人贪污。如何打大老虎，组织打大老虎的队伍，内部骨干包干打，打不下来要受处分。

(二) 骨干以下还要组织检查组，主要依靠内部力量、解放战士。

(三) 组织算账，[组]织查合同。对外检查组必有强有力的县以上干部，〈力〉利用解放战士给他说请立功赎罪，给他订立制度，每天叫他汇报。组织跑河的大小跑河有人专门整理。

打老虎的办法：

1. 搞线索，大组斗争、小组突击。停止工作反省的，个别谈话写材料。必要时叫检举人来小组会走一趟(迷糊陈)，检举材料轻易不能拿出来。

搞集体贪污，搞不下来，叫他老虎离山，各个击破方法，刚柔相依感化他。检举材料要很快证实他，抓住一点不把他反攻，必要[时]派干部出去。

找跑河的，可以发现线索。

集体贪污的[的]不能在一起搞，叫他们互相矛盾，必要时可以叫他在组内〈呆〉待一会，下去反省。

---

① 原文如此。

2. 不〈段〉断地扩大队伍，及时作结论，处理大会坦白与检举相结合，大老虎一般在山腰，领导干部，我们这次斗争[而]是向资产阶级斗争，不要有情面、老同事。

查干部来历。

扩大老虎要科学分工，打老虎首先上报。

首先讲明四个条件，悔过退赃立功，记过，要确定计划。叫谁反省不许向外通话。首先组织力量，把该作结论的作结论。上推下动，下边动上面推动。

三查，查账、查业务、查干部。首先明确领[导]干部，我们单位小，没大老虎呀。大小地方都有老虎。

3. 由于即〈是〉使有〈顾〉警觉性，现在我们正进入高潮，骨干组织打虎队。

作出计划，书面汇报。

召开办公室人员会议。

专门研究统计工作，这是非常重要的，同时可以看出你的进度如何，必须要〈事〉实〈实〉事求是，现在基本上是乱的，有的假报，总会掌握不住。有多少即多少，决不要假报，主要加强联系。

1. 数字不符。

2. 时间不准确，到时不报。

3. 不知怎么样统计，统计什么。整理材料不明确，说不清道不明。

分会提出以下意见：

要求各个支分会、支会自“三反”运动以来，把数字弄清，这样办公室主任亲自掌握起来，和组对对照一下，可以更正。如今后再有错，办公室主任负责，官僚主义和假报告。

什么是贪污？

1. 受贿。

2. 和有业务关系的资本家借款。

3. 〈受〉收礼的。

4. 偷盗。

5. 直接贪污公款的。

6. 干部在一家吃请五次以上。

7. 被请看戏、电影五次以上。

8. 各种〈报〉暴露机密，即便无受贿。

9. 在一万以下，情节较重的（现在）。

10. 搞买卖的投机。

11. 放高利贷的。

12. 借公家款买东西，以后又卖掉。

13. 货样拿走的也算。

14. 借资本家炉子、家具也算。

15. 卖毒品、黄金、白银。

16. 以坏粮换好粮的。

17. 假报路费。

18. 集体贪污算一案件，谁为主谁是老虎。

19. 从货币比制。

20. 1949 年以前贪污的没处理的也登记上。

21. 调动工作未经批准，公家的东西〈规〉归自[己]所用者。

22. 凡是商品拿走的，一律贪污。

参加工作以前搞过公家鬼，参加工作以后又贪污，加在一起算。参加工作以前搞鬼，不大参加工作，无有贪污，进行检讨完事。以前有偷税漏税，他家有买卖，把材料寄到外“三反”去。过去隐匿敌产，把钱花掉，数字不大，只给他指出错误，自己检讨。

如参加工作以前〈捣〉倒卖黄金，参加工作后又〈捣〉倒卖，加起来一起处理。参加工作后没有，无事。

匿用公款，数字不大，因家庭困[难]急用，但发薪后即还了，但借的时间很长，又无写上账，经检查出来的算贪污，或者做买卖挪用公款，到银行存款或买奖券，以上这些数字彻底清查，没登记上的登记，不对[的]更正了，明天晚上报分会。

报告数字。

一万元以下未填表的有多少。

一百万元以里有多少，一百万至一千万元有多少。

一千万元至五千万元，五千至一亿有多少。

一亿以上有多少。

关于整理材料的问题：

1. 除以上外，首先明确贪[污]数字。

自[己]承认坦白多少，别[人]检举以证实多少。

2. 对国家遭受的损失。

他承认了多少，我们检查或检举证实了的，加在一起，今后凡呈报分会处理，要这样搞。

3. 除以上，还有些材料估计还有多少问题，没有证实的有多少，但要说明情况。

今后在填表时，凡五千万以上或者是负责任上报处理，办公室主任必须签字盖章。

一千万至五千万的后天报到分会。

关于老虎问题，及时发现及时上报。

关于坐探问题，后天报上去。

什么是坐探，他家庭是资[本]家，他到我们这机关来，工作不是以为生，而是搞我们的机密。如他自己有买卖，但他还有股回去做工作，没有泄露秘密的不算。如果本身无买卖，也不是资本家，不算坐探，算泄露国家机密(受贿)。

各个单位已经逮捕起来的，和他们联系提审，他如无时间，我们自己审，但经过支会。

各个大型的支会，办公室作统计工作的一定分工，精确或专人搞统计。

最后办公室主任要专职，不是这组和那组跑跑，因是掌握整个材料的。

××提出，作结论的分清，肯定性质、时间、地点。

参加“三反”的群众[中]，青年多少？参加检[举]团内干部、团员、青年群众。检举出来的案件，坦白的问题，各几名被检举的，各多少？

一万至一百万至一千万至一亿以上，有无破坏“三反”运动的。团员披露后处理情况，有无处分逮捕。开除、撤职、警告、劝告、记过。

打虎办法：

1. 查账、查合同，发现线索，如何查分为二类，普遍查和重点查。普遍查是没有掌握着他的材料，去发现线索，估计有问题掌握了材料没数字，所以去查。根据线索发现线索，跟踪到底。查账要可靠的人，不要少或多，三五人。查账时抓住关键，不要盲目，[抓][住]大宗的和主要的。掌握一点线索，比价格，这一家和那家。

2. 查干部来历也可以找到一些线索，历史上有没有贪污行为，可以从中发现一些问题，出身、成分、历史旧商人。

3. 发动党内外群众提某人，你一言我一语集合材料，〈查〉察言观色。

4. 如何捉老虎，事[前]做好准备工作，必须选好目[标]，把他现有材料加以研究，一〈砲〉炮打〈重〉中。

5. 火力集体配备，首先讲明问题，你在后面指挥。

6. 小组会掌握者应当成战场，强有力的灵活，只要露尾巴要追到底，材料保持秘密，叫他糊涂，我们有底，将他一军。

7. 小组会要有硬的和软的，打、拉，别扣帽子。

搞集体贪污的，利用他们的弱点，着重弱的一环攻。

8. 大虎当年的老手，什么不在手，半老不老，幼稚虎，大老虎要内外夹攻。

9. 开处理大会，讲明政策。

杜局长提出，搞不出问题来害怕，有的搞出问题来害怕跑。

黄火青传达党代表大会的决议

1952 年 9 月 8 日

市委扩大干部会议。

一、三年半以来总结

大家一致认为在华北局的正确领导下，接收了大城市，[天津市]已由〈销〉消费城市变成了生产城市，天津市已成为四个阶级专政领导的城市。[按照]二中全会的决议[要求]依靠工人阶级，改造知识分子，执行了中央的决议。全市 50 多万工[人]，已组织起 40 多万了，在全市工人已发动起来了，不只是劳动的问题了。“三反”“五反”前有的工厂发动的不够，国公营除坏[分子]都参加了[“三反”“五反”]。全市 2 万多党员半数工人，36 000 名团员半数工人，文化上已都参加了，依靠了工人阶级。

从改造知识分子来看，技术[人员]、教员、等医务[人员]正在改变和进步。[对]资产阶级我们也做了一些工作。根据少奇同志的指示，把资本家造谣和生产不积极[的情况]改变[了]。1950 年下半年，资产阶[级]向我们进攻是严重的，“五反”打垮了进攻。

恢复发展城市生产，已大大超过国民党统〈制〉治时期的生产，物资稳定，生活提高，工人提高工资 40%，连福利[也]更高。

文化教育也有发展，小校儿童 20 万，中等学校 3 万人，专门[学校]10 000[人]。

全市有70万人参加学习，病床增2倍半，工人宿[舍]4万多间，马路41%，下水道增加，电车增加60%。根据以上情况来说，基本按照中央接收和管理城市的政策。

缺点：工作发展不平衡，抓住大的放去小的，生产单位紧，非生产单位差。

22 000党员，36 000团员，团内关门还厉害，建党[也]不够，人少，质量还差，说来党内还是健康的。

市内领导是[有]一些缺点，组织工作差一点，工作布置下来不知如何配合，工作布置下去不知检查和总结。

二、对资产阶级问题

国公营和私营比一下看，国营公营增加98%，1951年底私营工商增加42%，目前国公营人数是比私营少一点。一年来国公营45.33%，私营52%，从两面分开来看。

工〈叶〉业人数增加4%，1951年增72%，私营71%。生产数，国营[增]48.84%，私营49%。按纺织，国营占三分之二，花纱占80%。钢铁是国家占有，消费他比我占多一点。

粮食批发〈叶〉业[国营]占了59%，花纱占79%，私营发展行商53%消灭了。按工商〈叶〉业，20个是发展，15个削弱的。大木[投机?]商已受打击，投机的在物价稳定〈已〉以后受了打击。符合国〈济〉计民生的发展工〈叶〉业发展，工〈叶〉业国营比私营经济快，在数[量]上也多。

主要工〈叶〉业在国家手里，已取得优势，商〈叶〉业更取得优势。

三年来和资产阶级的关系分三个阶段：

① 恢复生产调剂劳资关系，还没建立起公私关系，资本家的反动性不小，操纵物价，每发薪物价猛涨。

② 调整公私关系，物价稳定。和“五反”以前[比]，我们收支接近平衡。问题即来了，公私关系、生产品滞销，工人提出保住资本家过关。1951年下半[年]有发展，这时他们产生了反动破坏的行为，[我们]〈作〉做〈的〉得不够，特别是资本家对我们革命队伍、工作人[员]影响，警惕是不够[的]。资本家偷税、盗窃，1949年1 500亿，1950年××××亿，1951[年]5 400亿，偷工减料290亿。偷税面最多时到80%，“五反”开始估计不〈促〉足，是右倾。

③“五反”中斗争，但也有团结，斗争的目〈底〉的是为团结，巩固工人阶级领导，不是消灭资本家，而是领导资本家。从通过“五反”后，不但知道他有积极

[一方面]，同时暴露他反动一方面。

解放初期害怕我们，所以在生产上是消极怠工，思想动摇。我们同志们进城以后，表明对工人紧[密]，对资本家冷淡。对资本家冷淡是不对的，资本[家]情绪不安，后来少奇同志来了以后制订的 32 条，是稳定劳资关系的。

第二阶段，抗美援朝、镇压反革命、土地改革。我们是四面出击，镇压反革命对他们也有牵连，抗美援朝他们没信心。

有的同志说早即[应]快搞“五反”，这样说是不对的，但我们对资产阶级警惕性不够。

[第]三阶段，“五反”运动发展和资本家斗争团结的末后是消灭他，中央指示斗争从严，处理从宽，有的同志说先左后右是不对。缺点，开始〈致〉至结束不够明确的。

三点缺，对上层民主人士照顾少点，我们对他们长期教育是桥梁，中央指示保护他们过关。黄敬同志去汇报，毛主席亲自审查。

市委应检讨，贯彻不明确，有的同志提保护民主人士过[关]是右倾的，有的同志说“三反”左“五反”右了。“五反”有的地方是左了，六区右了，狗咬狗，是没有把工人发动起[来]。八区也说市委右倾，[那里]“五反”是落后的，不但不检讨，[反]而说市委右了。

谁领导谁的问题，政治上巩固工人阶级领导，国营经济领导，农民这几年以来相信我们。民族小资产阶级，我们领导。有人怀疑资本家有钱[无]势，按全国工人阶级领[导]是没有问题[的]。但天津不同了，国营经济是领导了资本家[的]。

有的同志提团结资方，搞好生产，生产长一寸，福利提一分，是不对。有的同志说经济斗争多，政治斗争少。

我们党内存两种情绪，害怕资本家发展，[急于]消灭资本家。

二部分。[①]

国营企〈叶〉业的改造，接收了国民党民党的企〈叶〉业发展。

旧企〈叶〉业改造即是经济核算制。我们发动群众，和农村不同，农村有地主、富农，城市中大资本[家]跑了。我们要奴[隶]变为主[人]，但有的[人]干活吃饭，为人民币服务。我们要把他从这种思想扭转过来，要叫他了解为整[体]、为将来。

① 原文如此，无一部分。

改造技术人员的态度，树立起为人民服务态度，思想不是光翻书本即能解决问题，在改造人的基础上，改造制度才能发挥群众积极性。

1. 首先组织起工人，加强阶级教育，加强职工团结，开展批评，取消封建把头。在制度上搜身，找工人铺保，取消过去[靠]门子窗户来的人挣钱多[的现象]，改革改造旧人员，建立工厂管理委员会，有事讨论。这样即发挥起群众积极性，实行奖〈历〉励、劳动保险，叫他认识到人与人的关系，觉悟逐渐提高。

三年民主改革。进城提出民主改革，把工厂的把头取消了部分，我们如进城即提出民主改革，和农村土革一样，少奇提出要搞团结，给纠正了。民主改革群众自发的，不齐，“五反”前搞掉 1 000 多。有的提[出]，我们在搞竞[赛]前[应]搞一次改革。

2. 发动民主改革，老年工人发动得慢一些，职员发动不够。

3. 领导上有些老干部方法不够，民主作风不强，发动不起群众。我们有一厂长……[①]通过竞赛改革了制度，民主改革过去，在做生产改革。我们建立严格统计，加强核算制。有了计划统计，我们心中有底了，计划起初粗暴不准，逐渐地走向正轨。

有的说政治运动太多了，生产运动少，被动，推动先进经验不够，安全事故注意不够，工厂事[故]1 000 多件，[这]是资本主义思想。对工人〈剂〉疾苦不注意了，生产积压几千亿，今后加强经营管理。

三个问题，区街工作。

街区工作是弱的，区工作弱，街公所取消，只有一派出所，我们是有成绩的。起初清除伪保长，打扫战场，清查户口，是很乱。根据工作，抓大的区公所，干部去工厂。三年来，区街是有缺点的，有的[人]提[拔]是错的，不对。我们也恢复了部分[区工作]，现在可以恢复街道工作，水的问题，文化等问题。

首先加强区公所改区政府，加强代表会各团体，法院劳动所现在可以解决。

街公所建立后，派出所属街公所领导。

整党建党，“三反”“五反”，对我们党员[是]一很大的考验。大工厂和小工厂发展得也不平衡，但大部分党员是好的，没有贪污。抗美援朝，有的党员恐美国打来。在一个运动中很容易有投机的，有历史问题的即清洗。

发展党的数字问题。

---

① 此处文字不通，删去几个字。

但有的同志说又提数字,因数字吸收的质量差。数字不是错的,是目标,是需要的,但我们做时别追求数字,我们要在质量上注意,我们往往发生问题,如土[地][改]革非超过点数字。我们要在质量上完成这一个数字,有的为了数字降低条件去吸收。

八项条件是根据,去吸收是主要的。我们也不能条条都够了,我们吸收了,叫它实现。我[们]并不是降低条[件]而吸收,还[要]教育,一步一步按八条提高认识。

要肃清资产阶级思想,树立起无产阶级思想。全市 26 000 多人贪污,生活上腐化、浪[费],假若没有"三反""五反",发展[下]去是严重的,所以我们肃清资产阶级侵袭。资本主义思想表现最严重[是]主观主义、官僚主义、唯心的个人主义,闹地位待遇享受,个人利益第一,工作消极,工作有点成绩即骄傲。劳动局陈某某工作不积极,个人利益积极,〈闲〉嫌别人进步快,我那时干工作他是什么,做梦还说我什么时候参加工作,中厨、小厨啦。

另一种个人英雄主义,作了点成绩不表扬搞不通,看不见群众的成绩,只看见自己的成绩,这种[是]〈各〉个人主义、英雄主义。

自由主义也是个人主义。

主观主义的思想方法是很严重的,不会反映事实,对这些错误,批评。

一、"三反"中打虎单纯为了完成任务

今后任务,下半[年]5 万亿增产节约,4 万亿税收,迎接大规模的建设,实现经济核算制,在提高觉悟的情况进行民主改革,不要光为完成数字不改革,而犯经验主义。政府成立工〈叶〉业管理部,生产改革运动把那些不称职改掉,还是由党员来担任,劳保待遇调整。

贸易部门大力活跃市场,成绩物资交流不但先 5 万亿,加速成品,减少资金积压。

银行加速周转,加大存款流放。

二、加强区的工作及建立街道组织问题

1. 加强的工作改为区政府,扩大组织,劳动介绍法院管。

2. 建立街公所管理民政工作,派出所管理治安工作。

3. 街公所管辖 150—500 户,居民代表会。

三、完成市委整党建党[建]计划

经过"三反",党内清除了坏分[子],整党的精神改造提高,清除四类。今后把整党做成一经常工作。

根据华北局指示，私营工厂、学校、机关、工厂发展 18 000 个，令下明上，我们是有准备、有计划的，发现了积极分子，我们保持党的严肃性与纯洁性，接收新党员时要严防追求数字，也要防止要求条件过高或不敢负责的关门主义。

四、关于大量培养提拔干部的问题

大规模建设摆在面前，款不缺，工人不缺，技术不缺，就缺少干部管理。克服本位主义、保守思想，[不要担心]提工农干部恐干不了，提新干部不可靠。德、才、资问题，德是否明确为共产主义奋斗[的]人生观，有才没德也不行，有德、才也包括资，资不能离开德才。

老干部是我们党的骨干，德才兼备是骨干，完成党的政策。提案中有的说，有的[老干部]积极工作，为共产主义奋斗，目标明确，〈即〉但思想个人意[识]放[重]，[工作缺少]积极性。

老干部，〈对〉在过去很好，进城〈已〉以后不努力，[要]鼓励他积[极]，并且欢迎新干部前进。大规模建设摆在我们〈目〉眼前，如不大量提拔干部，赶不上需要的。新干部缺点，我们要随时随地帮助教育，非党干部要大胆提拔使用，有共产主义思想的非党干部还可能吸收入党，有些历史不够清楚，有点问题，我们要改造他，严重[的]清除出去。

五、关于改进领导问题

过去缺乏总结经验，减少会议下面，开〈坐〉座谈解决这些问题，天津县交市领导。

六、加强党内思想斗争的问题

1. 为迎接大规模建设，在党肃清党内非无产阶级意识，过去对犯有错误的，没有从思想上解决问题，小资产阶级个人主义还是没有克服，各单位还存有，如不肃清、划清，将阻碍我们大规模的建设，[只有这样]才能巩固“三反”“五反”，肃清资产阶级的思想残余。在我们企〈叶〉业部门、内〈材〉贸〈料〉部门，[要]煤内挖石头。

2. 加强阶级教育，加强马列主义教育，工人〈挑〉调皮和他讲明道理。

3. 团结改造知识分子，必须有计划地在党内肃清资产阶级思想，反对个人主义、官僚主义。根据华北局指示，我们必须反官僚主义，官僚不调查研究，工作不深入，不改进工作，思[想]问题不解决。

不要传达，等后[面]由市委拟〈题〉提纲传达，党委组织小讨论。

三年来收获，“三反”“五反”成绩，左右倾思想，反对个人主义、官僚主义。

刘经理在庆祝国庆节筹备委员会上的报告

1952 年 9 月 24 日

晚。

三年来，中国人民在中国共产[党]和和毛主席的正确领导下，恢复生产及改造工作已经做了很多，人民民主专政更加巩固。全中国除台湾外全部解放，残匪已基本消灭。1951 年大张旗鼓地镇压反革命，42 000 万人口地区进行土地改革，〈抄〉剿匪 200 万，按天津抢劫〈绑〉帮已〈决〉绝迹，少数民族地区也建立起政府，当家作了主人。人民的政治觉悟已空前提高了，全国人[民]捐献飞[机]大炮 5 千亿，增加了抗美援[朝]的力量，展开了卫生运动，抗美援朝时中国二分之一的人签了名，这说明我们祖国人民抗美援朝国际主义的意志是坚强的。

人民内部是经过“五反”运[动]是团结了，人民民主更加巩固了，内部清除阶级〈亦〉异已分子，和资产阶级划清了〈介〉界线。

生产上 30 多种工业超 26%，国家经济占有 30%，农业收入 90 以上，东北产[量]超过去 20%。面粉产量超过战前，棉花够用。对外贸易已转变，20 来年贸易流转额。

财经已经完全收支平衡。

(1) 必须继续抗美援朝，加强国防，同时对祖国建设[起]到保证。

(2) 目前召开华北二届物资交流大会，主要繁荣经济。

杨部长在市委组织部组织员会议上的报告

1952 年 10 月 12 日

市委组织部召开组织员第一次会议，杨部长报告。

公安学校礼堂。星期日。

组织员现在组织 800 人左右，这些人都是“三反”中积极分子，大部分批准，有部分未批准，业余时去作组织工作，基本任务有三：1. 审查新党员入党条件。2. 审查手续。3. 教育新入党员。

1. 我们掌握八条，基本够即可以，承认八条，一、二、三条基本上懂得，对八条有所表现,愿为实现共产主义而奋斗。适当地掌握八条,提高、降低是不对,非原则问题上[要]注意,有的[太]吹毛求〈刺〉疵。

有人非经过实际考验不可,有[让]学生用大头针刺手指,饿着,〈冬〉冻[着]。有的因为他母亲是破鞋,不吸收。有一个18岁小女孩入党,说够条件,[但]说生小孩后不能作工作。有的说不上速成识字法不够八条。有的八条够了,但是呢,他12岁见[过]一坏分子。有的[和]群众闹过一次意见,[就说]不够党员。有的同志,都积极地行动起来去了解他的历史和表[现],但检查过程还没有发现他降低条件的。特别是把培养过二年的党员[①]。

2.审查新党员入党手续是否认真,手续不能[只]看技术。认真审查入党手续是保证党的纯洁。过去有的党员转正,小组支部还未讨论,支部[就]写上同意转正。

(1)吸收对象是否党委有计划培养,是否青年团员和工会会员。

(2)是否自愿申请入党,但是培养人也引向那方面。

(3)审查介绍人资格。介绍人是否负责任,被吸收人是[否]工会会员、团员。

(4)工会、团的组织上是否负责任。

(5)支委是否把他弄清了问题,是否经过支部大会通过,本人是否参加。

(6)入党志愿书上是否按规定填写。

有的问题没有结论,结论不适当,有36个材料发生过疑问,参加过会道门,未作过结论。参加道门秘诀被管制过,为什么呢?有的填介绍人填组织观念强,支部填差。介绍人有的填同意支部大会意见,你写你的意[见],支部还研究。

有一栏内参加过什么反动会道门、反动组织,社会关系和家属。

审查前首先到党委了解情况或支部介绍。

参加过三青团、国民党,为什么参加的?生活被迫或积极、不积极?脱过党的人,是否叛党。在谈中主要着重他的缺点,事前要有准备,看材料,不要姓字名谁。谈话要诚恳、自然,使对象有帮助和愉快。谈话审查以后,解决了哪些问题,发现了哪些新问题?最后带分析性结论是否够入党条件。我们每两个月汇报一次,每月谈3—5人的谈话,主动向党委要求工作。

组织员与党的关系:

市委委托各党委分配组织员任务,组织审查整党、建党,工作提出意见,新党

① 原文如此。

员入党，经组〈员〉织员谈话后交党委批准，如党委组织和组织发生冲突，组织报市委。

马季中传达黄火青“三反”报告

1952 年 10 月 27 日

杜局长谈：今天会议简单，反官僚主义，“三反”贪污反得比较彻底，官僚主义揭发了一部分不彻底，清查仓库也看出来，反官[僚]主义不是平凡而是要〈急〉激烈的斗争，但也不是用打虎形式。

马季中报告，传达黄火青同志报告。

一、情况只有重点的解决一下，不是都反

党代表会议已决议，反官僚主义补一课，天津自杨月辉和事件后，已有的开展起来了，但必须统一布置一下。

党代表会议下来以[后]已有克服，但有不少。

由于领导干部不团结，所以他不能兢兢业业地搞工作，互相注意意见。

天津钢厂行政上和同志们谈行政好，党说党的保证，和谁在一起谁好，不在一起墙上草随[风]倒。

后勤染厂厂长，闹为地毯平均。

搬运公司和搬[运]工会关系不好，搬运公司负责干部，用二十四种刑罚，所以将错就错，领导上不团结，给下级造成不少空子。

经过党代表会议解决不少问题，正气上升。

“三反”中已犯了不少官僚主义，假设不搞，无法完成建设任务。

二、官僚主义产生的原因

1. 由于全国胜利，国内无战事，在和平环境中工作产生骄傲自满，对工作光看见成绩，不愿看缺点，即看见也不去证实，所以产生官僚主义。在自满的情绪下，即不想把工作做好，缺乏斗志，安慰思想。

2. 我们是当权的党，干部产生居功骄傲，统〈制〉治思想作怪，即不想如何为人民服务，总认为群众落后，产[生]〈抢〉强迫命令。

如有对一婚姻问题，开〈抢〉枪即打，这种目无党纪的〈形〉行为。

3. 民主作风问题，党内缺乏民主生活，缺乏斗争，他想如何做即如何做，党外无人批评，党纪不能〈绕〉约束他，不是党的领导下。

如有的取消党委，支部成党组。有支部书记计划叫党员讨[论]但不修改，还讨论什么。

三、官僚主[义]表现

官僚主义多种多样：

1. 不了解下面情况，即施令，有的发现问题还不作迅速处理。

2. 光布置不检查，有计划无总结，扩大成绩报告，给下面扣帽子，只叫下面说好不叫说不好，不然即报〈服〉复。

(1) 对党的工作不负责任，造成国家很大损失，是我们反[官]僚主义的主要内容，1951 年国营企业损失 7 亿多。

(2) 叶商罐头厂，20 多万桶，犯了错还不检查，说比国民党还强。进口公司，“胶片”写成“交片”，别人看成“安片”，当药用了。

3. 群众观点。对群众职[工]意见要不认真处理，不关心职工生活、痛苦，有的把工人当成犯人。针织厂带白花，只二人带红花。还有的对群众的合理化建议不处理，群众观点不强。

4. 工作中的文牍主义、形式主义。

各单位是结合具体情况整党，不能影响竞赛中心工作。

四、在市级机关普遍开展，工厂结合查订保安进行一下，财经部门正搞物资交流大会，不能影响，有什么搞什么，有重点。四季[度]任务要完成，建党工作不能影响。

首长上负责展开批评与自我批评，使思想上团结一致，思想上提高一步。

检查从严，处理从宽，过去从宽，今后从严。

郝胜德同志谈：

(一) 为了贯彻党代表会反官僚主义补一课的精神，因此我们也来一次，是保证第四季[度]任[务]完成和清仓排队基础去进行。

(二) 重点是什么

除工商局、盐务局，行政单位形式[主义]、文牍主义。

1. 领导上不了解业务经营管理实际情况，因此心中无数，妨碍了开展业务[和]政策正确执行。

仓库中存多少商品不清楚，对商品的价格、成本不了解。

2. 工作上马虎了事，使物资遭受损失，工作塞责。

3. 对职工提出[的]合理建议，不采用、不答复，对职工福利不大关心，有损职工身体健康,依靠职工办好我们的思想不明确。

(三) 具体做法

1. 必须强调首先要先检讨,以身作则,启发动员群众帮助领导上揭发官僚主义。

2. 要好好地使用批评与[自]我批评的武器,强调自己虚心检讨,如不深刻呢,即要批评,提倡知无不言,言无不尽,言者无罪,闻者〈阻〉足戒。

3. 第四季[度]任务还要完成,搞好物资交流,抓重点,不能以〈故〉顾此失彼。因此各单位根据具体情况着重领导上抓出你单[位]三两问题即可以。

4. 反官僚主义要整党补课,竞赛运动明确一下,三个工作基本上是一致的,公开的、群众性的反官僚主义又帮助了整党,反官僚主义不能影响竞赛。

5. 发展党的工作仍然进行,不能影响建党党。

(四) 进度

1. 从本月 27 日起,除少物资交流工作忙暂不进[行]要求月底进行酝酿动员报告,作出检查。

2. 1 月 6 日以前为揭发阶段,群众给领导上提意见,对没有揭发出来[的]揭发。

3. 11 月 6 日—11 月 15 日进行分析研究,找出根源,订出防止办法,并作出总结。

(五) 进行的具体时间

每礼拜占 3 个早晨,四五[个]钟头,各单位星期三或礼拜六找出两个半[钟]点时间,共 7 小时。如官僚主义严重,可占工作时间。工商委会办公室张、曹、郝,每礼拜六书面汇报,也可能口头汇报。各单位可抽出二人专作此工作,礼拜一和礼拜六合一起报。

研究,礼拜三早晨李经理动员报告,礼拜三晚上各单位主任报告。

今天晚上开支部扩大会议,组长参加。

犯个人主[义],报喜不报忧,加算一内容。

李经理反官僚主义动员报告

1952 年 10 月 29 日

星期三。

为什么现在提出反官僚主义?“三反”中主要着重贪污,官僚主义打得不透。

官僚主义害死人，如果不反掉官僚主义，四季[度]任务不会完成，明年大建设思想没有准备。

在清仓排队的基础上展开反官僚主义非常必要，也是〈急〉激〈裂〉烈斗争，但不是和打虎那样形式，是依靠批评[与]自我批评，着重自我批评。

1. 全国已胜利，处在和平环境中安慰思想减少了斗争的意志。只看见自己优点，看不见缺点，有缺点也不敢正〈式〉视。还有的更错误，隐瞒事故。

2. 产生了一种统治阶级思想，老子打下天下，老子〈作〉坐。家长式的工作作风，说什么你即怎样。

3. 机关内部民主生活、思想斗争不够，有些同志不允许别人提意见，压制民主，别人也即不给他提意见。

官僚主义表现，粮食公司四方面：

1. 领导干部心中无数，对自己掌握数字不知道，经营成本、面粉成本也不知道。这样对完成工作，掌握政策，不会正确。仓库数字不清楚，数字不准。二库一货场发霉 90 万斤元豆。

2. 粗枝大叶，对工作不负责任。东北发面漏 1 000 多袋，最严重的是坏了粮食；三库一个货位，除虫卵，20 斤粮 6 万条麻袋，开出库时开 60 万袋。

3. 群众观点不强，依靠职工思想不够明确，领导干部对合理化建议无及时审查。福利工作，做得不够。

对临时工人重视差，听取群众意见上差。

互相闹意见，看别[人]马列主义，对个人自由主义。

忙忙碌碌的官僚主义事务，不相信群[众]，自己干叫别[人]看着，个人主义。

4. 报喜不报忧，只能表扬不能批评，一批评不高兴。

① 首长亲自负责动手，即首先作检查，后充分发动民主。

② 批评与自我批评的方式(不能打虎方式)，知无不言，言无不尽。

狄子才介绍马林科夫关于党的工作的报告

1952 年 11 月 18 日

1. [联共(布)]十九次党代表大会〈义〉意〈意〉义。

市委宣传部根据中央指示已发通知，叫我[们]学习联共十九次代表大会有关各种文件，这一次会对我们是有很大的〈义〉意〈意〉义，对全世界劳动人民有很大〈义〉意〈意〉义，也说明苏共斗争纲领。

2. 学习方法，尤其领导干部思想明确，因为学习的文[件]广泛，所以多读几遍，〈在〉再根据个人工作找出重点再读几次，进行研究讨论，检讨我们的工作，学习苏联的斗争经验和先进经验。认真学，细心钻。

(1) 关于章[程]修改问题。

十九次党代表大会召开是有历史意义和国际伟大〈义〉意〈意〉义，和平民主阵营以苏联为首的蓬蓬勃勃地发展，侵略集团死亡命运。

马林科夫报告中指出党的章程，尤其是由社会主义转变到共产主义，同时给中国共产党和世界共产党〈典〉奠定胜利信心，各团结在斯大林的周围，特[别]是在十八次代表大会第一条修改。

现在苏联共产党正处在新的历史时期，由社会主义到共产主义社会，国际斗争政策继续进[行]和平外交政策，来实现共产主义的光荣任务。

(2) 为什么要修改党章?

即是新的历史条件和需要，充分体现出怎样完成共产主义社会。这样伟大的历史任务的完成，必须有坚强的[党]。新党章充分说明列宁、斯大林的建党方针，党的性质是以工人阶级、劳动人民、劳动知识分子思想一致的，共产主义自愿结合的战争联盟。

党的新的任务，现在苏联党主要任务，是由社会主义逐步到共产主义的途径，提高劳动人民的政治水平和国际主义教育。我们可以了解到共产主义任务伟大和复杂。

党章的修改，充分发挥了列、斯建党方针，更加提高了对党员的责任人，领导力量创造精神，共产党要求党员成为共产主义奋斗的范例。苏联共产党领苏联人民走向胜利，是以马克思的原则，发挥了马克思理论，加强组织性和纪律性。

我们的党与列宁的敌人斗争取得胜利，强调党的统一性、组织性、纪律性。党章所规定的，如果没有党章组织纪律性，无法保证。列宁在制订党章时，工人阶级最高形〈势〉式(斯大林论列宁主义基础)，党在运用马克思主义的原则上和发挥马克思主义的原则，修改的十八次党代表决议，为了实现新的历史问题而修改。

(3) 关于党章主要修改变化(什么人可以入党)。

① 苏联共产党是工人阶级、劳动农民、劳动知识分子思想一致的共产主义

者，先进的，要求共产党员有共产主义的觉悟。组织性、纪律性、统一性是党的成员来执行。

② 苏联任何劳动者、人民、任何公民、不剥削他人者，不仅承认党纲、党章，而[且]要促其实现党员义务。

③ 有很多变化，对党员要求条件很高，原 4 条，现在 14 条。

第一，要求一个党员尽力护卫党的统一。学习时有的说认为没什么用，还有资本主义包围，人民还有资本主义思想的残余，所以对党员的要求严格。如果不卫护党的统一，不合乎光荣〈程〉称号的(永远的统一)，还怕共产党员产生资本主义思想。

第二，党员有义务实现党的决议，坚决取消阳奉阴违的态度，不准有消极态度，为我党员不相容的。

关于遵守党和国家纪律的问题。

第六条，一个党员必须遵守党和国家纪律，为什么还从新的条件规定呢？由于有的党员还违犯党的、国家的纪律，有阳奉阴违、无政府主义。我们不允许有骄傲的蛮横反党行为，他对党、对党对[国]家有〈违〉危害，所以根除。不管任何党员，都同样的遵守党的纪律。马林科夫报告着重指出，不〈须〉需要套用公式的人，〈浮〉敷〈延〉衍了事，〈须〉需要对党、对人民忠诚的，党的利益高于一切。

七条，用新的启发，着重说明批评与自我批评。

列宁、斯大林的党善于运用批评[与]自我批评，但有的对批评[与]自我批评认识不足，有的对上表示如何忠诚，对下的批评不接受，甚至在党内产生严重的官僚主义。

凡是回避批评是和党不相容的。

八条，每一个党员有权利向党的任何一机关，直到联共中央提出报告。如违犯这一条纪律的人，严〈历〉厉惩办。

我们党的贯彻实行批评与[自]我批评，如有压制批评，不接受批评，做坚决的斗争。

九条，每一个共产党员对党必须忠诚老实，不能歪曲隐瞒一切情况。如有的扩大成绩，隐瞒不报，党不允许有这样人。对党、对人民不忠诚、歪曲事实，是最恶劣的，要求全体党员，尤其领导干部要无限忠诚。

十条，保守党和国家机密，以高度政治警惕性。共产党员在任何情况下保持高度的警惕性。

有的党员在工作中〈熟〉疏〈乎〉忽了警惕性，使他们一点工作成绩〈充〉冲〈混〉昏头脑，对敌人有所〈勿〉忽略。

十一条，一个党员对党所托〈服〉付的，按政治品质和业务能力挑选干部。列宁曾指出，正确挑选干部，我们还未有很好执行。还有的按着关系来挑选，严格揭露了这一错误。

凡是违犯这一条的人，和党的利益是不相容的。

3. 党内民主集中制问题。

党要求所有党员都参加党的决议，以避免形式主义的通过党的决议，党内民主和集中扩大发挥了民主，党组织由上到下都是贯彻。为了使党内机构，会议期代表大会闭会政治局，现在用主席团代替政治局，组织局现由书记处代替。

党的检查委员会在党中央领导。

党的基层组织是党的基础，新党章中大大提高了基层组织的权利。联系广大劳动人民、执行政策、建党、实现五年计划、教育党员，都要通[过]基层组[织]去做，所以要加强。

过去是六条，现在是八条，条文上也有修改。

每一个党员必须参加到党的基层组织中去活动。

4. 加强的思想的重要性。

马林科夫报告中着重指出，为了很好地完成，必须加强思想领导。首先指出思想工作是党首〈先〉要职责，如果不重视思想领导，给党和国家造成不可弥补的损失。凡是对思想问题不加重视，给资本主义造成肥沃的土壤。

在很大程度上，领导干部未加修养，没有充实学习马列主义。但是必须懂得，没有成熟理[论]和政治修养，不能是成熟的领导者，以创造性的精神掌握马列主义，和列宁、斯[大][林]的工作品质，不能胜任。所以提高党员的政治积极性，改善党的工作，用各种办法、各种工具改善党员的政治修养。这样才不能落在现〈时〉实生活的后面，我们党提高党员、候补党员的政治修养，是党的政治任务。

传达中央对私人商业的政策

1952 年 11 月 26 日

市公司各单位，15 级 7 名，16 级 15 名，17 级 16 名，18 级 20 名，19 级 56 名。

召开全体党员及科员以上的会，传达党中央指示，对私人商业政策。

首先传达李哲仁局长报告市场情况，党中央指示还是秘密的，等黄火青同志回来在全市还要报告。

经过“三反”“五反”以后，全国经济起了很大变化，起了很大的推动作用。党内外得到思想改造，清除了三害，反掉了五毒，克服了官僚主义，工人阶级的领导更加巩固，他的〈义〉意〈意〉义和抗美援朝同样。但在“三反”“五反”中或市场情况有些呆滞，6 月份在天津召开了物资交流会，尤其陈云同志报告了对资本家的七项政策。

先活后税然后再退款，华北市场已活跃起来，全国已经营[业]额和去年同样了。做了一些工作成绩是大的，从政策看正确，但是严重的是什么原因呢?

国家财政好转，农民、人民购买力提高，主要〈观〉关键是市场不活跃。国营〈基〉积压工业品不能供给农民，私人资本家〈势〉士气低落，关歇 4 000 户，国营企业上缴利润缴不上去，税收不上来，占全国总收入 60%。

四处出草，资本家臭得不行。

去年私人商业经营 60%，今年国公营经营 60%，根据目前情况国公营发展速度快。干部和资本家存在着宁左〈无〉勿右，干部不敢接近资本，恐怕腐蚀，资本家怕虎咬，二怕。

代替经营是要代替但不要盲目，因为我们盲目，所以在政治上受到损失，走向〈背〉被动，工人失业税收不上来。

有毛主席的正确领导，资本家不可怕，资本家已挂在走向社会主义的火车头了。目前工业化最主要的是钢铁，不然国防不会巩固。

要求我们业务人员要老练，要有政策观点，不要推倒油〈缕〉篓〈检〉捡芝麻。

1. 私人资本家：① 要求利润；② 叫我经营什么；③ 经营自由。只有解决三个问题，市场才能活跃起来。

2. 劳资关系不太正常，今后如何解决?

① 叫他赚钱，批零差价，适当差额地区差价。

② 给予私人资本商业经营范[围]。

③ 纠正干部宁左〈无〉勿右思想。

④ 要把市场搞活，税收也即没问题，天津第二大市场口岸市场，地区差价由中央掌握，批零差价由地方掌握。地区差价要大，城区差价不大，百货差价要大。

经济不是单纯的，和政治结合，〈西〉锡兰贸易代表团。

我们要知道为什么开设粮食公司，为谁辛苦为谁忙要懂得。明年 6 月一律实行核算制，1953 年 1 月份百货公司始办。

竞赛问题，华北已展开，1 596 亿节约。

强调〈明〉名牌货是保守思想，提出合理化建议 25 000 件。

建立仓库展览室，了解仓库收粮食。

还是有缺点的，商品排队还不够。

目前任务：① 大力推销工业品；② 节省商品流转费；③ 及时评比；④ 做好职工福利工作。

要想做好四季[度]竞赛，抓重点，以批发为主，私商同样。

① 争取 12 月、1 月把商品〈基〉积压包袱放下。

② 继续进行商品排队，成立仓库阅览室。会计上是否我们应有什[么]手续，可简化。

③ 总结和推广先进经验，成为工作方法。明年的 2 月份，华北进行一次评模发奖大会。

中央指示：

全国秋收以后，市场已活跃起来，热货不够推销。全国总贸易额超过去 0.17，天津去年 10 月 38 000 亿，今年 37 000 亿。工业生产比去年增加，今年 9 月比去年。

天津市商业今年 10 月 99%，国营合作经营上升，私营下降，去年公 45，私营 59[①]，今年正反个。

私营过高、过低的下降没有什[么]好，全国公私处在一紧张情况，失业歇业严重，中等或小工商户对我们有反映。

因为我们工作上的缺点：

① 国营合作社发展得快了一点，6 月份开会，〈另〉零售掌握 25%，天津达 40%，还有的掌握到 60%，可以取消香肝、西瓜等，不应经营。

② 批零差价太小，必须差价太低。

③ 有些私商到城市有投机行为是不可否认，但我们也有违反政策。根据以上情况，我们有盲目行动的。“五反”后只看他坏的一方面。同时我们对资本家的团结是我们党的政策，统一战线。

---

① 原文如此。

中国革命的动力，武装力量，统一战线，建党。

只有在正确的经济政策，才能使我们经济发展。

1950 年调整了工商业，纠正左的倾向，“三反”“五反”纠正右的偏向，也即保证了抗美援朝的胜利。现在要克服左的倾向，所以立即在全国内调整一次公私关系，绝不是一片散沙，现在我们稳价完全有力量，保持私商经营，补助国营经营力量的不足。帮助国营和合作的力量不足，考虑到对人民有〈力〉利，对国家有〈力〉利，即干，调整公私关系，首先自 10 月 18 日……

农产品和副业品，有照顾到生产成本。

要克服麦零售为批发，在土地改革的地区成立合作社，稳步前进。合作社面向机关，粮食我包不下来，合作[社]担任不了的私商经营一部分。今后国公营〈另〉零售占 25%，私商占 75%，启发其积极性。统制过严的思想要纠正，“五反”后我们〈站〉占了阵地。

天津的差价：

首先是粮食、花纱、百货，上海调高一些，天津低一些。恒字粉批零差 6%，另斤之 9%，零售价上调 29.6%。批发限度，过去是 1 袋，改 5 袋；大米 1 包，改 2 包。

关于帝国主义内部矛盾问题的报告

1952 年 11 月 27 日

帝国主义内部不可解决的矛盾：

1. 和工人阶级的矛盾，一个美国人民 800 美元至 1 000 美元。

美国的肉减低 40 万吨，糖 30 万吨。

1950 年朝鲜战争开始，利润增 400 多亿。

拉丁美洲和亚〈州〉洲的反美情绪日益高涨。

2. 加拿大是英国的殖民地，现成了美国的了。美国每侵略一块土地，首先是英国、法国，美国为了以后对共产党的战争叫英、法出兵，他投力量，美国〈力〉利用军援助来诱。

3. 美国武装日本、西德，压制人民独立和社会运动。日本三井、三菱都受美国侵略所掌握，工业生产品向东南亚推销，侵犯了英国利〈意〉益。西德工业无有遭到破坏，中欧还是新民主国家，武装起来，以东欧、东南欧开道，资本主义的矛盾。

① 第一次世[界]大战〈已〉以后，资本主义的嫡系已受到损失。二次大战，日帝主义侵略美国，浑水摸鱼，苏联人民和各新民主主义国家，和平民主阵营日益发展，帝国主义再想利用别战争得利行不通了。

② 保卫世界和平，反对侵略战争，日益上升，民主自由的要求很广泛。斯大林同志说在帝国主义国家中资本家，只各民主党派起来斗争。

③ 帝国主义之间的矛盾，直、间兼接都发生在美国身上，彻底解决的办法，帝国主义垮台。

矛盾的解决：

矛盾的爆发引起三次世界大战，美、英、法、意、西德、日本联合起来，向中苏各人民民主国家进攻，这是普通矛盾、一般真理。矛盾一定爆发，苏联、中国和新民主主义国家，若我们侵略别人一打即垮。

我们力量很强大，行动又是正义的，受世界和平民主阵[营]所拥护。德国希特勒先从西欧各小国侵略，然后向苏联进攻。

日本武装起来向东南亚开道，英国不答应，可能打起来。西德武装起来，东欧开道，英、法不同意，打起来。

资本主义国家中的工人运动日益高涨，工人革命胜利，资本主义即要垮台。

① 和平运动是可以〈值〉制止战争，我们努[力]方向，加强国内建设，我力量越强，帝国主义不敢侵犯。

② 继续加强抗美援朝，我们是可〈合〉和、可打，美帝怕和、怕打。

③ 加强中苏友好同盟，团结各国爱好人士。

通知：干部业余教员、学员，星期六下午二点半请陈家康报告。

刘经理关于反官僚主义的总结

1952 年 12 月 6 日

10 点。

揭发出问题 162 件，重要的 86 件，16 681 万元。主观主义、经验主义自上而下的都存有，深入不够，检查不到。大米稻谷 412 918 斤，2 795 亩，1 000 多个劳动力来种。农村一个中农来说，需 210 年才生产出来。如救济灾民 6 000 人一月的生活。

一货场东北元豆变质，共入固定仓，底不干，发[现]有变质的，找领导上想法处理。领导上说有油脂东西不易坏，检查人员下去说坏了，不少出油。

稻谷发热温高，检查以后找领导，回答说发展的过程。

杨部长报告天津市建党情况

1952 年 12 月 10 日

自建党以来 9 月份、11 月份 5 000 人，多数人质量是好的，团员占 30%。我记得有一个单位 50%是团员，30%是劳模。市委曾检查过几个单位，还未发现不够条件的，这和全党动员起来分不开的。900 个组织员只两三人差，下面报告几个情况。

组织员工作情况

自上次大会以[后]，各组织员积极主动负责地去工作，并主动地找党员找工作。如一区纪玉柱同志经谈话后，到派出所去了解清楚再提出意见。一个人有的谈到 9 个，党委做组织工作的 35 人，一两人没有做。这是不够负责的，强调工作忙，材料压了很久不谈，〈据〉拒〈决〉绝任务。如棉纺一厂张新田同志，不批评自己去检讨。有的总支审查材料不细心，团内意见不一致。有的找人代谈话，煤业。

一、初步审查是否够入党条件，比如钢厂组织员谈 106 个，经他们审查有 8 人不足，3 人不够党员条件。纸厂组织员谈话 95 人，有历史问题不能发[展]1 人，条件不足 3 人。同时，有的问题解决不了，经过组织员解决了。如金融贸工会有一全市劳模，在反检举积极，只检举金融差点，未吸收，经组织员解决。塘沽永利工厂徐继祥三年来一贯积极。

有一个单位粗枝大叶，把一才取消候补资格[者]2 月又拉进来。钢厂一干部，在南开曾申请入[党]，未批准，组织员审查，找出原因。

但有的组织员掌握党员条件不稳，抓不住重点。主要条件是政治条件，抓琐碎问题，吹毛求〈刺〉疵。如一区有一团总支委员，自己没房子，住他舅父的，是官僚，不能入党。如资本家的儿子叫他一谈，更不能入党，我们要看他和资本家划清界限。如胡梦华、李烛臣的儿子入了党？谦祥益有一店员，各方面都好，但只说招商时意识。

有一人他父亲死时，留有十几亩地，他才 6 岁，但组织员和他谈话后，说他是地主，不能入党。中国地主太多了。

1. 组织员不但只审查是否够条件，还要审查入党手续。

有的介绍人没填意见和没盖章，填表和自传上不一致。

2. 督促帮助支部建党工作。

不仅是审查是否够条[件]，推动建党工作。棉纺一厂支部教育积极分子不结〈结〉合实际，如说今后没有政党和国家。农民党，组织员提出来以后，得到了扭转。

塘沽区组织员召开了银行两次经验交流会，要学习文件，多参加接收新党员大会。

3. 在了解情况时，不同情况和他们存在的缺点进行教育，指出他的前途，这样被谈话的人感到很深刻，对他有帮助。

纸厂于德金，他姐夫被管制，他不知道为什么，组织员给提出来。

二、1. 谈话以前做好准备，事前了解情况，看材料心中有数，要把他的材料记下来，还要去了解。要看这一人是否复杂，有无政治问题，然后再看他的主要问题，哪种性可能，然后对证才是有目〈底〉的的。出身历史，对党认识，入党动机，思想外，和不同人不同方法去谈。

对年老人注意历史情况，青年人、知识分子注意动机和表现，工人着重诱导和启发，不能叫他背八条。总之具体问题，具体解决。于克夫同志和一个工人谈，日本人很好，介绍到日本去做事。后来又说恨日本人，说收中国人的菜，坏的当好的，八十当一百。有的和他谈话以后，还不知他是团员。

2. 谈话时态度自然和蔼，叫他知〈到〉道党和蔼可亲，叫谈话者不发生顾虑，最好当时别记在本上，谈话别问题答题式的。

三、党委分配任务时，应照顾到工作的便利，行政任务的大小，看对象分配任务。如工厂中的职员申请入党，可以党委和人事、行政的组织员，任务固定下来。

现发展 5 000 人，还有 3 300 人没完成，任务是大的，但区委、党委都重视起来了，大家有经验了，保证党的纯洁。

1. 工作范围不明确，空白点场子管不管。这个问题假若有条件，空白厂和车间有条件可以，可以叫组织员去。

2. 党委和组织员的关系，有的说在党委领导下这样看法不对。组织员的任[务]，组织部委托党委分配。

3. 支委兼组织员是否失掉〈义〉意〈意〉义呢，不是对市委负责任。

4. 有的组织员感到时[间]少，卫生局 33 个单位，16 个单位一个组织员。

5. 团员入党鉴定不是必须手续，但团内推〈见〉荐必须〈付〉附意见。

关于党的性质、特点与作用问题的报告

1952 年 12 月 21 日

星期日上午 10 点。

标准第一条：

中国共产党是中国工人阶级的政党，是工人阶级先进的、有组织的部队。中国工人阶级在将来是有大发展的，占将来更大比重的阶级。农民使用机器以后，亦将〈便〉变成和工人无有区别。知识分子和工人的无区别，他将不断地改造世界，也改造自己。中国共产党正是代表这个阶级的政党，工人阶级先进的、有组织的先进的〈步〉部队。

1. 党的性质。2. 党的特点。3. 党的作用。

（1）中国共产党的性质。

每一个共产党员必须了解党的性质，只有你了解清楚以后，才能站在你这个阶级服务。工人阶级不是指的工会内的所有会员，是指新兴的掌握动力的那些工人，这些人是无产阶级，他没有产业。过去叫无产阶级，解放了成为有产，有生产资料，在生活有所改善。这斗争性最大，受压迫、受剥削最严重的。农民有房地。工人从〈常〉长期斗争的锻炼中已经养成了社会主义的精神，他们只有联合起来斗争才是出〈入〉路，同养成一种铁的纪律性，机器动工人即要动作。工人有集体性和团结性，有集体生活习惯，因为工人在工厂和资本家斗争不是单独的而是团结，适合于社会主义的思想，原料社会供给，生产品供给社会需要。

（2）党的作用是很大的。

工人的作用，如没有工人制造机〈汽〉器，工厂是没有的。资本家〈讨〉寄生虫，在社会上一无作用。……[①]

1. 全党重视建党工作，每一党员都应为这一工作负责，不断发现积极分子。

---

① 此处有删节。

2. 加强党内思想领导，同志们向党反映思想情况，支部及时解决。

3. 掌握[握]批评[与]自我批评。

4. 支委明确分工，反对挂牌。

齐经理谈宣传工作

1953 年 1 月 31 日

齐经理谈，我们公司的任务是艰巨的，要完成这一任[务]，必须我们做人事工作的是主要关键。苏联以技术和〈进〉近代化的机器，我们干部决定一切。所以我们要掌握群众思想情况，工作的好坏才能知道是什么原因。

（一）配〈备〉合竞赛展开宣传工作。

为了配合竞赛工作，我们宣传工作必须跟上去，保证 1953 年任务的完成。宣传工作即是政治领导工作，指出方向即是奋斗目标。

1. 宣传组织。

成立宣传组，共五人，以党政工团受党总支领导，防止各分一套，力量不集中，胡文清负责。

2. 各单位以党政工团〈织〉组成，党内宣传委员担任组长，工会文教委员副组长，5—7 人。

3. 各宣传组织下设宣传大队，下设各种宣传组，具体分工，文艺戏曲口头宣传，大字报或壁报组。

（二）宣传组的任务，其[他]宣传鼓动委员会取消，主要领导本单位宣传工作，执行上级宣传组织内容，检查宣传执行步骤、进展情况。

（三）宣传什么。

1. 抗美援朝时事宣传和竞赛结合起来，积累资金才能抗美援朝，只有抗美援朝的胜利才能很好建设。春季以前写生动的 1952 年成绩和 1953 年的保证，写给最可爱的人——人民志愿军。

2. 配合竞赛进行宣传，趁火打铁，宣传奋斗目标，以李经理的报告为主，发动小组与个人[定]订计划。

3. 在竞赛中反对供给制思想和保守思想，大力推广先进经验，积累资金。

4. 继续展开合理化建议，挖潜力，找窍门，宣传 1953 年的三大任务。

（四）宣传步骤和方法。

首先指出方向，启发情绪，解释顾虑。另外，订个人计划、小组计划，订出登统制，提出合理建设，互相观摩，交流经验。

1. 方法。最基本方法培养重点小组，以进步的带动落后的，找出经验，推广全面。市公司以赵占英小组和二库小组为重点。

2. 方法采取方式。小组与个人计划展览，促使及时订立计划，如有解决不了的问题，我们可以课题方法，叫大家来解决，集思广益。① 由群众来；② 由领导提出。

3. 方法，点将台有的巩固没有的建立起来，起到监督作用。

4. 方法，活动报喜方法，来鼓〈历〉励方法。

5. 方式，大字报、黑板报等方式。

（五）制度会议汇报制度。

1. 宣传组在每月 5 日以开一次会议，吸收组长，开会总结布置。

2. 各单位宣传组，半[月开]会一次。

3. 每半月向上级宣传组〈会〉汇报一次。

4. 检查组：① 每月向检查一次；② 各单位及时检查。

（六）注意的问题。

1. 进行时事宣传时，防止脱离中心工作。

2. 及时搜集宣传后的效果和作用，同时注意掌握群众思想情况。

3. 宣传材料要具体生动，材料必须经宣传组审查，尤其批评、表扬。

4. 防止麻痹思想，揭发对抗美援朝不重视的。

5. 各单位回去结合工会，组织起来，2 月 5 日前报来。

甲、从 2 月号起各单[位]做出 1953 年培养计划，10 日前报来。

① 正确地选拔培养对象，根据人才特长培养成何种干部。首先掌握住“德才”标准，进行排队，把同级干部进行比较。

② 培养人经常掌握被培养人的思想情况，但结合群众了解思想情况。培养的方法，大胆放手具体指导，通过实际工作提高。

③ 检查被培养人的工作，发现有什么困难及时解决。

④ 指定专人培养原来科员，股长科长来培养，科员培养办事员，订立教学合同。

乙、① 培养干部所发现的问题，过去培养干部是有成绩的，但是对新干部提拔不大胆的，98[个]科员，才 12 个新干部，所以提拔的较少。

② 关于目前我们有干部对干部标准认识不够明确，即是“德才”。

丙、思想领导工作，即是政治教育，用革命理〈理〉想教育干部，通过教育克服非无产阶级思想，服从党的革命的领导，用各种不同的学习来教育干部。

① 严重的个人主义思想，个别工人转正以后，单纯要求福利，消极〈待〉怠工。有一缝麻袋[的]，以前 100 多条，转正后 100 条，23 天请了 13 天假。

各单位建立思想情况登记簿。

② 结合保卫做工人工作，二库工人转变很好，四库工人思想很乱。

一货场提礼拜六下午学习时没有时间。

汽车队没宣传工具。

西站，人事工作总结是按季[度]，按月？

李经理报告是否印发一下？

水沽，培养干部是否由人事科分配数字，10%。

个人计划、小组计划等工会布[置]再计划。

吴砚农部长贯彻婚姻法报告

1953 年 2 月 4 日

市委宣传部吴砚农部长贯彻婚姻法报告。

① 首先在干部中展开；② 在群众中展开。如果说在干部中能经过学习和检查思想做得好，我们在群众中也一定会弄好。

这次贯彻婚姻法中，如不首先在干部中贯彻，即会这一工作[进]行混乱或发生错误。有的单位同志认识不清，说对自己无关，他说婚姻法是妇女法，认为是民政局和妇联的事情。贯彻婚姻法是一项社会改革运动，是一个反社会中残存的封建思想。我们在革命中也提出帝国主义、封建势力压在我们身上，我们中国解放了，各种战线上已取得胜利，土地改革已经大部完成。通过贯彻婚姻法改革封建的家庭制度，但我们不能采取阶级斗争的方法和用武力能解决的问题。所以我们采取宣传教育的方法，都是每一人首先了解了贯彻婚姻制度的〈义〉意〈意〉义以后，每一个人都可对照政策去检查自己，一个人是斗争者，但也斗争自己，使每个人都站在婚姻[法]运动圈内。有的干部不承认自己有封建思想，他说我是工人，我可有什么封建思想。如有天津妇女，因不[能忍]受封建家庭虐待，跑到解放区，和一干部发生关系，但后来又不和他结婚，因他未离婚，并叫大会坦白，所以自杀，后来才把男的送法院。有干部存有封建思想是错误的、反动的，甚至存有夫权思想，对待妇女站在封建思想处理问题。

女的曾结过婚，又和别人结婚，带来的孩子，男的对人家虐待。

在这次大运动中，如我们不来一次检查，是不会做好，所以在干部中进行深入的检查学习，检查三个礼拜。

根据《天津日报》，昨天政务院结合检查官僚主义，检查反对封建残余的反动的思想，对有缺点和错误进行批判，好的表扬。

贯彻婚[姻]法重点和方法，通过学习每一个干部有正确认识。

男女平等，保护妇女权利和自由，反对男尊女卑的思想，不重视妇女权利，划清〈介〉界线。

反对的重点是封建思想、重男轻女的思想，解决主要问题，不能都解决，不应去追婚恋思想，要一追即没有完了。

政务院指示我们要集中力[量]搞垮封建残余和干部的混乱思想。对违犯婚姻法行为，如有的离了婚，住在家中，他不走的呢，他由自己。如对〈常〉长期感情不〈合〉和，可以说服动员改为民主和睦的家庭。

学习的方法呢，先读文件，然后再检查思想，号召干部大胆暴露自己的错误。

在运动中应当以思想上去自己解决，不可采[取]其他打击和斗争方法去做。在虐待妇女有罪行的，自己承认错[误]，决心悔改的，不给处分。如有对妇女有严重罪恶者，予以处理。

学习的结果，由读文件结合讨论检查自己的思想，讨论中要注意防止偏差。

李经理关于反官僚主义反供给制问题报告

1953 年 3 月 18 日

李经理报告，反官僚主义反供给制思想动员大会。

为什么反官僚主义及供给制思想呢？我公司 4 月份实行经济核算，要实行经济核算制，即要反官僚主义及供给制思想。我们 1953 年完成政治任务及经济任务，军委陈云说抗美援朝初期和现有很大不同，粮价问题更为重要，召开全国物价会议。经济核算制是社会主义的经营方法，是积累资金的基础，在国家计划下独立经营的科学管理企业的方法。所以需大家来想办法,开动脑筋,克服落后的经营思想,即是供给制思想。所以我们花费十天的工夫来清算官僚主义及供给制思想。

中央要求我们老牛破车搬上轨道。

我们1952年是有成绩,但是工作上的缺点是严重的。由于思想上落后,存在自满情绪,认为工作有成成绩,缺点是小的,但是错误的保守思想、自满情绪,是错误,是严重的。由于资本主义思想,降低粉质,加大水分,退出了市场,1952年开展了竞赛才发〈较〉觉这个问题。由于缺点克服快,才收回阵地。反官僚主义揭发出来很多问题,存多少粮食不知道,普遍存在的有变质,工作不深入,粮食多少、人数多少、款多少,不知道,这是党性不纯的表现。麸皮问题28万袋。

我们政治责任心、对人民负责的精神很差。

(1) 特别一货场领导干部官僚主义,一般干部供给制思想。主任不深入,假报数字,长28万斤玉米未报,主任不知道。会计负责同志交给一个一般来做,你为什么不审查盖章?这是非常错误的。小麦假报伤耗10余万斤。〈对〉为人民服务是讲不通的。

(2) 2月份中南玉米出了很多错子,66 000斤开成46斤。

(3) 对外关系搞了一塌糊涂,过磅员不让人家监磅,监磅伤得更多。

(4) 营业部齐××同志银行存款单压了17天。

(5) 业务科经营盲目,订加工货500万稻黍米销不了,春季一号脱销引起群众不满,影响很坏,是否没有一号粉?有调塘大,又调回来,运费1亿多。布置多检查少。政治思想领[导]工作做得不好,严重地存在着无组织、无纪律。教学合同订200多件,100多件流于形〈势〉式。

石××不执行决议,决定发20点水分以上的,但[他]发18点的走了。

干部生活散漫,无组织无纪律,对工作不认真,股长班上抱孩子。朱××每次发薪后,[休]五六天,郭××2月份回家两三趟。陈××超假21天,候补党员成问题。

只〈须〉许奖〈历〉励,不准批评,对自己成绩〈垮〉夸夸其谈,报喜不报忧是很危险的。大错误化小错误,小错化无了不报。

依靠工人阶级思想还不明确。二库启泰做得不错了,但是特别一货场做得差。合理化建议先进做法不能推广,是由于保守思想的原因,主要自己思想水平低,政策水平也差,为什么呢?由于领导无能,所[以]大家存在不少供给制思想。

工作能力不强，自己还自满，是非常有对同志、对个人都是有害的。

(1) 利用批评[与]自我批评在粮食公司来说，做得不够，不能利用这一有力武器改进工作，由上而下的多，由下而上的不多。这样形成松〈斥〉弛，不能很好地遵守纪律，但是落后下坡思想、〈脱〉蜕化思想。

(2) 自己不虚心，对上不负责，对下面批评虚心，深刻检查一下。

(3) 这样下去不能成为一个光荣的共产党员，运动来了带头检讨，运动过去又不深入群众，批评[与]自我批评展不开，和我的思想分不开。

刘经理谈展开卫生运动：

领导干部亲自动手搞好卫生工作，卫生工作搞好，即是等于于打美帝国主义，我们公司职工身体健康才能完成任务。各单位领导亲自动手，发动起大家搞好卫生工作。

卫生委员会：……(略)

反对官僚主义及供给制思想。

严重缺乏政治责任心。

账、货不符，账、账不符，家底不清。

盲目调拨，浪费运费。

依靠工人阶级做好保管，思想不明确。

无组[织]无纪[律]，不执行决议，自由散漫。

每天占1个半—2小时，共10天，市公司下午占2小时。

20—21日讨论酝酿。

23—27日检查揭发阶[段]。

28—31日批判分析，修订制度，改进办法，每天口头报一次，下面二天一书面。

李耕涛报告反官僚主义问题

1953年4月4日

(前略)李耕涛同志报告反官僚主义问题：

密切结合当前清产核资工作。

内贸系统 23 个单位，各单位在清产的基础上开展反官僚主义。我们内贸三年来是第一次深刻的检讨，最深入的检查，最深刻的反官僚主义，有显著进步，有历史〈义〉意〈意〉义的改进。

1. 我们基本上执行了中央政策，我们做支援前线，稳定物价，领导私商是有成绩的。从小到大，从进城几百人现在一万余人，从资金几百亿到四五万亿。

2. 完成了一定的上缴任务，即支援了前线、工业建设，增加国家收入。

3. 通过加工订货包销，安定了生产。

不应以推销影响它的生产，用价格政策指导了生产，不叫它盲目生产，根据人民需要规格也指导了生产，中小工厂和工人们稳定了他们生产情绪。

4. 对私商我们实行反投机〈捣〉倒把，反虚假购买力。

1949—1950 年价格上和他们斗争最主要的纱布。

光〈评〉凭行政力量不行，必须有经济力量。1951—1953 年私商即已由我们经营。

美帝国主义侵略朝鲜，开始它认为我们内部物价不稳定，有混乱现象，但我们物价继续稳定，这样即给美国一打击。“三反”“五反”以后，有些资本家躺下不动了，我们有社会主义的经济，〈有〉又把他救活了，继续稳定物价。

贸易工作的成绩大，各单位领导及干部的努力。

我们还存在严重的不健康的现象，工作错误是很多的。这与领导干部的官僚主义分不开的，所以必须向官僚主义斗争。

1. 由于严重的不负责，使国家遭受的损失。如煤建公司无烟[煤]有[烟]煤卸在一些，填坑。医药公司 3 万支〈连〉链〈梅〉霉素不能用了。

2. 不负责任的官僚主义，〈遭〉造成商品积压。

3. 由于官僚主义，〈遭〉造成账目混乱。粮公司账上多 80 万斤；煤建公司会计账和保账差 1 万多吨。账多货少，账少货多，有账无货，有货无账。

4. 由于官僚主义，〈遭〉造成经营混乱。所以根据中央指示，结合中心工作开展反[官]僚主义，绝大部分干[部]清〈性〉醒过来了，认为错误的严重。缺点，不清醒。

① 采取积极认真态度，进[行]反官僚主义。

② 强调客观原因和工作成绩，所以他掩掩盖盖的，但是否有客观原因呢？有贸易部门有一定合理积压。和平民主阵营，互相帮助（和资本主义国家通商不同），我们可能有客观原因，我不能强调客[观]原因。

③ 也不强调客观原因和工作成绩，等待处理，也不积极想办法，所以不大

胆,不求有功但求无过。说成豆饼上压下挤。

④ 有的熟视无睹。

这四种我们拥护第一种,积极想办法,认真严肃地对待这一工作。不然,〈行〉形成边反边办,边清边乱。我们要认真地〈事〉实〈实〉事求是地采取〈建〉健康地进行。

我们承认成绩,认识成绩,不然即对干部的勇气有害的事。实[事]求是地肯定成绩鼓〈历〉励大家勇气,但我们也不能掩盖缺点,不愿接受群众的意见的人,一见到群众批评着急的人,最幼稚的。分清责任,分清性质,找出原因,订出改进办法。

缺点和错误和领导上官僚主义。

一、市财委和我个人的官僚主义,不深入不具体,布置多,具体帮助少,他一个事弄得清楚,搞好一点带动一般,方法上是不够的。

二、思想领导不够,政策领导不够。过去研究的政策不少,但没有贯彻到我们干部中去,为什么做这一件工作,立场、目〈底〉的、方法。立场:给谁做,分清是非;目〈底〉的:怎样做,〈搭〉达到目〈底〉的;方法。

① 任务重,干部弱。② 工作繁杂。③ 〈迁〉牵〈设〉涉面广。

如何解决呢?我们即把思想领导工作跟上去,贯彻也不够。

提出的资本主义经营思想贯彻下来,很好检查。

1. 分清责任务,经验知识不够,觉悟不高,认识不够。

2. 为非作〈呆〉歹,明知〈顾〉故犯。

3. 可以避免而不想法〈遭〉造成损失。

所[以]把它分清,不能数字上去看,要分析性质。

有些积压,是领导上决定的,领导上负责任,你不负责。

领导上决定的领导上负责,但领导上叫做的意图没执行,你负责。

4. 分清是非,分清责任性质,认真积极地想出办法。

三、反官[僚]主义和当前的中心工作结合起来,离开当前工作,反官僚主义是不利的。3月11日报密切结合中心工作,如不然打不掉官僚主义,和打击不到官僚主义的要害。

四、依靠群众改进工作,把群众领导起来,发动起来,领导群众想办法,大家共同想办法。

同时我们要坚持真理,决不能采取机会主义的态度。如现在有的人说团员是官僚主义的狗腿子,党团员是反人民的,〈想〉像这样说法一定有坏分子操纵,我们决不接受这样，这不[是]我们压制民主。但正确的意见一定要接受，不能压制，〈及〉即便是坏意见，也要分清它的性质。

清产过去我们即开始核资工作。

通过清产走向核算制，这也是一很大的改革，但也是一件生〈熟〉疏工作，也是很重要的一件工作。为什么我们以前[不]实行呢？当时都有国家金库，掌握物价，抗美援朝时不行，“三反”“五反”后也不行，今后到时机了，可以实行经济核算制了。有的经理、不懂的中层干部认为复杂，不好搞，吃不了这一碗饭了，一般干部还不了解，没有贯彻下去。

(1 月 1 980 种)百楼 7 060 多种，3 月 4 060 多种，减少 2 171 种。现在有些商品脱销，不敢进货怕积压，私商投机了。有的人提出面向仓库，不是面向群众，面向生产。

不愿加工订货，愿买现货。

由于愿卖顺销货和减少商品，怕积压，不愿加工订货，所以完全成了跟着市场跑，没有群众观点和国家社会经济领导观点，和群众差不多。

零售公私经营之比 30∶70。

百货公司，国营经济，百货大楼，到谦祥益去买花布。

不愿加工订货，完全成了市场〈指〉支配的法则了，生产服从了市场。有些积压，合理的，是可以的。

全年生产，全年消费；全年消费，全年生产，应有不同办法。

由于不愿加工订货，昨天劳动局和我联系织毛巾的工人有 15 000 人失业。为了减少失业，我们有些小的积压也合得来的，我们实行经济核算制产生出来的副作用。

为了我们实行经济核算制，即扭转，不翻车。

① 商品流转计划必须要从实际产〈消〉销情况出发，不是从单纯资产流转，和根据政策的观点反对不照顾生产，保守观点；反对资本主义经营思想，反对降低到私商的地位上去。

我们掌握四面八方政策，劳资两利公私兼顾。

了解产〈消〉销情况不够，经济核算制是科学的东西，必须了解清楚。同时，不注意政策，小商人经营的方法即违犯了政策。从政策出发，从合理囤〈集〉积的去实行经济核算制。

② 加强干部的政策学习和业务学习，政策和业务学习结合起来，反对不耐

[心]学习,不肯学习,不愿学习的人,是不行的。各位是否下午不办公,学习。

③ 依靠群众,把大家发动起来想办法,搞经济核算制。

刘经理关于反官僚主义反供给制工作的总结

1953 年 4 月 13 日

(一) 刘经理报告反官僚主义反供给制思想总结

1. 我们干部中存在着严重的不团结,原粮食会,原供应局,如基建科的给杜敏提,粮食公司给王中武提,利用拉拢收买的小集团思想。

三营业部合并后,也有不团结现象。

生活散漫不遵守制度也是很严重的,执行一个什么,推动不下去,还存报喜不报忧、表扬欢喜批评即不高兴,这一种〈各〉个人主义是严重的。这些问题是经大家检查和揭发找出来的。供给制思想揭发批判不多,供给制思想要多批判一些。

2. 单纯依靠上级,不用脑子,不算细账,懒〈汗〉汉思想,实际即是不负责任。有的单纯业务观点,单纯完成任务的观点。在国家统一计划下完成任务是好的,如何赚钱多、不赔钱,不顾国家政策是错误的。谈塘沽面粉红粮,西安的蚕虫。

1952 年第二季[度]调来红粮,大部都有虫子。

面粉生产,盲目生产,要求数量,减少了出粉率,几年加工粉质不正常。

1952 年 4—8 月,我们厂子和其他厂子少半—2 斤,2 月中少出 4 500 克。

保管上是分等保管,但没有这样做,所[以]在清点中,找几个干部评一下,我们来不是过秤而是估计数字,向外发每一货位,搭 5 包,搭进去一个货位。

中南发粮 55 车错了 38 车,有的去过磅,过了很长时间才知磅不对,更有的过磅看对象。化验不准,大米水分 16,但海关局 14 多,我们又化[验]14 多。

检查工作,市公司规定水分大的每天检查一次,一货场好几天未检查。

3 月来发生事故 66 件,营业部二库发生两次工伤事故。

有些问题坏了,领导负责,但有的问题,一般谁做的谁应负责。以上这些产[生]的原因,主要领导上官僚主义,领导不深入,布置工作不具体。

① 力求精确,干部明确地分工。关于有关放升政策,领导干部自负责,但〈放〉防止事务主义,不放手不大胆。

② 建立健全各种制[度]。

但必须贯彻过去适合的制[度],上次反官僚主义反出来的问题和制度锁在抽屉中。

③ 为了巩固反官僚主义成果,防止官僚主义〈在〉再起,充分发扬民主,展开批评[与]自我批评,尤其自上而下的批评,要把自下而上的监督做好,和损害人民利益的现象进行坚决的斗争,但领导上,要注意人民来信、群众意见。

忠心职守,钻研自己的业务,把自己工作做好、做完,再帮助别人工作。

(二) 刘主任谈经济核算制的情况

为什么实行经济核算制? 什么是经济核算制? 怎么办?

1. 为什么实行经济核算制? 核算制是社会主义的经营方法,国营企业是社会主义性质的科学管理方法,我们已具备这种条件。我们〈已〉以前的市物价还不稳定,物价放下来恐引起物价波动,我们现在全国物价已稳定,又实行大规模建设,所以资金下放,又能启发职工的积极性。

2. 什么是经济核算制?

在国家统一计划下、政策下独立经济,我们实行经济核算不同于私商,私商是为了赚钱。我们也要赚钱,但必须国家的统一计划下、政策下经营。

3. 怎么办?

① 你现在存在着哪些供给制思想,如何克服?

② 通过反官僚主义、反供给制思想斗争,你解决了哪些思想问题,还有哪些问题未解决,今后如何解决?

③ 为什么要实行经济核算制,以前进行的反官僚主义、反供给制,你如何认识?

④ 什么是经济核算制,你们怎样实行,目前存在着哪些思想障碍和模糊认识?

杨部长结合马林科夫报告谈反官僚主义问题

1953 年 1 月 6 日

杨部长报告马林〈克〉夫科报告第三部分。

从反官僚主义来看,思想领导差,尤其批评[与]自我批评。两个月以来反官僚主义所反出来的问题看是严重的。

1. 工作不深入,有单位群众给干部评语,领导干部高高在上,中层干部推推让让,下层干部吊儿郎当。

2. 男干部上班后喝茶〈瞭〉聊天，女干部打毛衣。

[影响所及]电工二厂等事故 49 件，罐头厂损失 222 900 个，109 亿元。机器厂造机器几十台，做成了，一看图绘错了。财经贸易部门 164 件，440 多亿。有一个单位买胶片，13 万一打按一块 13 万付款。有一个单位放在私人货[库]25 吨西钢，忘了。市政府财政局把颜料当涮浆粉卖了。电车公司修电车道修了半截，地基不能走了。

不重视职工身体健康，7—10 月统计工伤事故 4 077 起。

有的〈常〉长期当临时工人，不[给]转正。

主要根源是忽视思想工作和政治工作，思想工作和组织工作落后。反官僚主义一般是领导负[责]，层层带头搞得很好；但也有的[有]过关思想，只谈小不谈大，只谈明的不谈暗[的]，只谈形[式]不谈事实根源。有的领导干部说群众批评，威信有妨碍，说批评有组织原则，压制民主或变相地压制批评，这都是恶劣作风。自批评[与]自我批评最需的是自下而上的批评，如果说领导干部态度好，即批评开展起来。

马林〈克〉科夫批评[与]自我批评作为布尔什维克教育干部的灵魂，所以要求所有的党员运用这一个武器，如有了武器不使用，等于缴械。要掌握布尔什维克的原则性，布尔什维克的原则性表现在对错误做不调〈合〉和的斗争，这即是高度的严肃性。要大胆地、诚恳地提出来（马林〈克〉科夫），不应熟视无睹和故意隐瞒。如有的违犯利益的，反映到党的中央。特别的是对反映问题的报复，这是反党的罪恶，也是党员义务。在讨论马林〈克〉科夫报告时联系我们的思想。

3. 在批评与自我批评中来检阅我们党员的党性和立场，原则性、斗争性。

（1）互相批评的动机要正，从国家利益、人民的利益，提高自己、提高别人的动机去帮助，反之即是不对的。领导干部应当敢于揭露缺点，找出根源，下定决心改正，共产党员不怕〈报〉暴露缺点。对别人提出来的批评，要虚心接受；即使批评错了，也应闻者足戒。

（2）老实而公开地〈莫〉要求改正自己的错误，批评从实际出发，不要闹无原则的纠纷。往往我们批评时帽子大小都是不〈脱〉妥当的，特别领导干部把错误放在一个人身上。有一单位一个人说我是做政治工作的，他是做业务工作，所以我不负责任，我说你不是实际的政治工作，不要检讨过去，不〈在〉再翻后账。

（3）开展批评着重原则，不要着重生活小〈结〉节，马林〈克〉科夫报告中说阻碍批[评]、压制批评的，当作当[前]的死敌。特别是有的批评别[人]〈心〉幸〈哉〉

灾乐〈贺〉祸，批评自己不高兴。但我们要分清是非，今后防止官僚主义的再起，我们开展批评[与]自我批评。

干部问题，组织工作正确地挑选人才，不然即不能正确使用。选择干部，一是政治，二是业务能力。我们是德才。必须熟悉干部，不但业务上去了解，非业务地方也必须去了解。

提拔干部，掌握德才，不管党内党外，干部政策是一〈事〉视同〈人〉仁。今后建设任务开始了，我[们]要大批提拔干部，必须要熟悉。我们不能再和过去那样看干部，留用人员已经过了几大运动，不能再说[留]用人员。斯大林同志说过把技术人员当眼珠子看，所以我们要重视人才，掌握技术，学习技术。

工商党委会张部长总结报告

1953 年 1 月 21 日

一、今后建党工作中的几个问题。

1. 经过讨论，大家一致认为 1952 年把培养成熟[的]已接收入党，但是积极分子已增到 957 人，但质量还不如过去，保证要完成建党任[务]。根据积[极]、慎重的建党方针，训练一批发展一批。党委确定 1953 年上半年 250 个对象，所以要积极慎重地进[行]审查。现在以教育为主，根据训练的程度可以作出每月计划数字，保证完成。总的精神以训练发展结合起来，目前以训练为主。党委要求各支部在这次会议把积极分子来一次彻底的排队，不够的可清除出去，发现新积极分子吸收进来，然后进行分类排队。① 历史清白；② 有问题未弄清者。再根据分类排队情况，作出培养训练考察的步骤，先训练哪[些]后训哪些，这样心中有底了(有问题未弄清，代政治性的)。并根据清[理]、整[顿]、排队情况，具体研究一哪一部门有条件，支部力量大一些，哪单位也不少，条件也不充足，暂时停一下。

如白点的部门有没有条件，但力量下大一些，业务机要部门，切实清底。有什么好处呢？清底后可以修正计划，增减数[目]，定出切实可行的计划。这一工作什么时候完成呢？要在 1 月底完成(排队研究分析，修正计划半年的)，书面报党委会。

2. 如何培养教育与登记考察积极分子？

① 什么是积极分子？1952 年 10 月 24 日《天津日报》社论。

工作积极，对党有正确认识，拥护党，能响应党的一般号召，成分好，历史清楚。

② 对积极分[子]培育教[育]，党委 1952 年下半年总结中有三点，一是上大课，二是小型座[谈]会，三是个别培养教育。

教育材料标准八项条件，确定对象，以积极分子参加为主，党员知识差的可以叫他参加，其他党员组织自修，一般群众可自愿参加。听课后支部主动领导他们讨论。有的支部提出在上课前先测验一下，把模范党员材料结合教育这种方式可以采用，有的放矢。其次在培养教育的同时，了解思想情况，批判教育，再了解再教育。我们了解思想情况，抱着以治病救人〈于〉与人为善的方法(选择对象)。上党课的时间如礼拜[①]不能执行，改到星期三晚上。各单位由党委训练的积极分子改礼拜三晚上 7 点。

③ 对积极分子考察问题。

他的觉悟是否高，历史是否清楚，作为发展对象的主要前〈题〉提条件。依靠教育提高觉悟，自觉地交代清自己的历史，是最基本方法。其次即是群众性的调查揭发和审查档案，看主要的历史阶段，结合保卫部门了解。

日常以积极分子卡片登记为基础，严格入党手续。

④ 对积极分子卡片登记问题。

为什么登记卡片？为了考察积极[分子]变化情况，认真执行积极分子名单制度，进行排队，做到心中有数，所以建立卡片是重要的。但市委的精神掌握在支部，有的交小组，有的交培养人，有的交本人，这样不合乎手续的。

今后各总支部根据一个阶段的工作，看他表现，研究登记。因支部住得分散，可交到分支部强有力的小组填写，但除交支部审查，总支同意，但不是非支部委员会来研究。

培养、教育工作是分不开的，互相推进，采取包干制的办法和粮食公司两个人培养一人[的]办法。

3. 接收哪些人入党？

① 对申请入党的积极〈分〉子，历史清楚，成分好，觉悟高，对党忠实，工作积极。懂得八条，承认八条，并在实际工作中有所表现，愿为实现八条而努力的。因此，我们对积极分子积极慎重，防止降低条件。

② 发展的同时，解除某些党员的思想障[碍]，开展批评，保证完成任务。现在的思想障碍主要怀疑等待，不是主动弄清历史。有的认为只有到朝鲜才能考

---

① 原文如此。

验，把党员条件理解太高、神〈密〉秘。把活动力大的，一看可以；把埋头苦干的[的]人，而认为不行。有的同志偏重表面上、现象上去看，没有从本质去看他的条件。我们通过建党工作，教育思想问题展开批评。

4. 建党工作必须和中心工作结合。

通过组织力量，动员全党结合中心工作，密切各部门的联系建党。同时，竞赛是〈治〉恰当考验积极分子。和各部门的关系须加强，青年团的联系。150人中，团员占81%，这充分说明团员是党的〈候〉后备军。支部通过工会、党员干部去培养积极分子，和市委组委结合起来。

5. 关于巩固党的问题。

只顾发展进来，我们要巩固成绩，注意在候补期中进行教育。严格掌握住转正的关口，使他们到期转正，或忽视教育可能延长或取消候补期。因此支部在发展的同时，有计划、有准备巩固已得成绩。

二、〈另〉零星问题。

1. "三反"中被开除的是否可列入积极分子名单，须经〈常〉长时期才行；行政上看他好，可以表扬受奖。

2. "三反"中打错或有出入，是否可以发展？可以发展。贪污10—20万，不以贪污分子论，不要操之过急。

3. 凡是政治上严重或脱党的，经过长期的严重考验，有特殊表现。老党员脱党的要严格，经市委。县委、营级脱党，经中央。

4. 没有入党要求的是否可以列入积极分子听党课？可以。因此……

5. 做好建党，领导是否重视是主要关键。

6. 成立建党小组不〈比〉必要，可设专人做建党工作，交党委批准。首[先]由支部讨论，总结报[告]，月底报党委。去年7月份以后改选的不改选了，7月份以前的还要改选。

曹部长谈：

团员全部参加，党员不分新旧，知识差的都参加，数字统计来月底。我们了解一支部，根据思想情况，以八条标准为基础，结合思想情况为内容。

靠近经理、人事的好的坏的都能掌握了思想情况，不和经理接近，又不和人事部门接近的呢，一般干部思想情况掌握不起来。对干部使用多，教育少。出的模范和积极分子，有多少党员。

宣传员以汇报群众思想情况为主。

党员小组长以汇报党员的思想情况为主。

根据反映上来的情况,〈各〉个别不同情况去分给不同部门,不同去个别谈话,和教育设计到全体问题。

通知:市委通知党支部如何领导团的工作,在支部讨论,检讨过去对团领导如何。

刘经理讲党员标准第五条

1953 年 1 月 24 日

一、为什么说党的利益与人民群众的利益,并及公共利益是一致的?

二、你是否有自私自利、个人主义的表现,今后如何克服?

三、为什么说一切自私自利的人,不肯为人民的公共利益而牺牲自己利益的人,都不能做共产党员,你过去如何认识?

1. 党纲规定每一个党员必须理解党的利益和人民利益一致性,只有人民群众享了幸福,党员才有了幸福。不然,党员的幸福是找不到的。如天津报吴运铎〈忠〉终身献给党,共负四伤,都是为牺牲个人利益服从整个利益,为了打败敌人使用各种办法做枪支。

2. 共产党员的个人利益必须服从党的利益。

生产科刘××、调供刘××同志在评级定薪时,自己提出贡献不大,不能得这样多的报酬。

尹××同志他家中来信有病人叫他回家,他说回去也是死,不回去也是死,但我回去以后呢,工作即有损失的。

并有很多同志能牺牲自己的休息时间,为人民创造人民事业。但有的也有自私自利的个人主义。

(1) 如有的单位分了四派:① 英雄主义;② 消极主义。见到损害党利益的人不批评揭发,这种人是个人主义和自由主义。为什么不向哪些人做斗争都是不对的?

(2) 压制民主的事情也有,虽不是直接压制,从事实上〈行〉形成了压制民主。群众提意见是对我们有好处的,即使反映不对了,有什么坏处呢?关于违犯党的纪律的人,是要受纪律[处罚]的。党的纪律检查委员会人民检查通信员都要检查这些事情。

(3) 同时有的功臣思想,如有功臣自居,即坏了。老子打下的天下,不是你,是在毛主席、共产党领导人民解放的中国。

评奖选模中有的贿赂。

市公司党支部全体党员大会王明同志传达张部长总结报告。

1952 年 8 月份积极分[子]479 人,现 1 200 余人,但按质量来说不如以前。根据情况来看呢,可能是比 1952 年下半年有些困难,所以我们积极慎重地进行建党方针。

党委会要求各支部会后,把积极分子进行分类、排队。

工商党委会组织员会议纪要

1953 年 2 月 4 日

工商党委会召开组织员会议。

一、自去年 10 月至 12 月共吸收 159 个,同时有 20 多个候补党员转了正,大家做的,工作的完成和大家是分不开的。有的同志带病坚持工作,及时地 3 天至 5 天送到党委会,基本执行党委的原则。东北贸易部一人谈了 7 人(1 月内),跑了 3 个地方 80 里地,把问题弄清后报党委,并有同志向党委要求工作。

工作做得不少,缺乏总结。今年上半年接收 250 个人入党,同时有半年候补期满,我们要做。今后入党的条件是比以前差一点,要慎重审查。

二、建党工作是我们的政治任务和组织任务,我们过去〈据〉局限在审查谈话。

1. 今后我们要督促检查支部建党工作,审查谈话可否入党的意见。

① 审查入党者是否够条件,因此要了解历史是[否]清〈历〉楚,觉悟是否高;② 是否合乎入党手续;③ 给予深刻教育。

2. 进行谈话以前要了解对谈话人的基本情况,是否有政治问题,何时何地参加,何人介绍,何机关进行登记,结论如何。

脱党、自首、叛党、脱离革命,找出重点,有的放矢去谈。如有历史问题,讲明忠诚老实是入党的基本条件之一。用八条来衡量自己,结合八条,谈话中看他入党动机。

3. 分析觉悟,更复杂和细致工作,从他的自传上、档案中去分析每一运动中的表现和工作表现。

4. 是否符合手续。① 是否经过教育审查，是否自愿要求入党；② 是否合乎党章规定；③ 25 岁以下人入党，一般是青年团员，如不是，找特点；④ 介绍人是否认认真对党负责，是否召开党员大会，本人是否参加，表上填的是否对，必须熟〈习〉悉党的基本知识。

由党委会负责把组织员组织成小组，10 人左右选一小组长，对市委汇报。今后组织员调动向市委联络组去转关系，每个汇报在 18 日前。小组会一月一次，最好在月中，15 日。18 日小组长向党委汇报。

传达斯大林逝世的通知及悼念安排

1953 年 3 月 7 日

1. 斯大林生平，15 岁参加革命，领导十月革命，粉碎帝国主义的围攻，打败法西斯。

2. 斯大林同志对中国革命的援助，理论、武器、物质、精神上的援助，尤其中华人民共和国成立以后，派来援助人员。

3. 斯大林逝世以后，不但苏联混〈敌〉乱，〈联〉连世界都混乱。我们应以化痛愤为力量，继承斯大林不朽事业，防止造谣破坏。

4. 〈奠〉坚定信心，我们要知道以苏联为首团结一致，毛主席电文，他的学说还继续照耀我们前进。

5. 巩固中苏友好。

星期一上午 7 点半集合，内贸 1 500 人，粮食中队 150 人，三个小队。参加党团群众可靠的，左臂黑〈古〉布整齐。

杨部长关于组织发展问题的报告

1953 年 3 月 15 日

星期日。

全市组织员 1 132 个人，截至 2 月底 10 200 多人。经组织员谈话，帮助教育，提高质量 6 071 个新党员，其中团员……工人 76.38%，学生 12.8%，其他 14%。学校党委自去年 12[月]至今[年]2 月，28 个组织员审查 280 人，从审查中阶级立场不明、觉悟不高的有 18 人。有的组织员不仅向党委要任务，并深入群众。

六区北洋纱厂，有一职工，经了解以后，在“五反”中不积极。酒业公司有一个经过审查，两个介绍人的意见不一致，经过谈话，为照顾情绪。特别有的支部有拉夫现象。

1. 有些组织员把交给的任务压起了，1 月连 1 个也完成不了，1、2[月]积压 150 多人，有的压一两个月。一区有一组织[员]贾士堂，自己作了检讨，但还有的不检讨。区委宣传部长李杰去年 12 月给一份材料，但月底才谈话。区长于龙同志 9 月以来未做这项工作，12 月份交给一份材料，月[底]没谈，退回区委，说工作忙，谈不了。

二区区委，积压材料 2 个月。

2. 谈话以前工作准备或准备不足，所以谈话没有中心。所以填写意见时马虎，工业局联合制钢厂组织员叫别[人]谈了 5 个，自己签字，这是不负责任的态度。

六区彭德桂和别人谈话，以后群众反映他要入党，我们都能入党。五区法院吴兆吉同志和一人谈话未发觉该人，“五反”时材料叫资本家看。八区张兰太和一人谈话，在[谈]话结果栏内，区委要了解该同志参加“满州”青年团的问题。

<u>有一个组织员填意见时说，思想进步，政治落后。</u>

3. 市委规定的组织员向市委报告情况，除外贸李志群、工商党委有报告，其他党委从来没有报告过。各区委和校学党委报告了，咱们联系不够。

今后工作：

今年上半年还有 3 个半月，工作还很多，卫生工作，代表大会，建党工作。上半年发[展]10 000 多人，2 月底至[今]还[完]成了 1 500 多人，还有 8.5%没有完成。任务大，还要严格入党手续，所以我们更应努力，才能保障党员的质量。我们还有 8.5%，但是根据各党委，可以修改计划。

候补党[员]700 人，还依靠组织员来谈话。首先我们着重老候补党员，其次要求我们组织员有始有终，认真负责，不要有五分钟热度。

计划不合适的修改一下。

政务院关于加强人民监察工作的指示

1953 年 3 月 15 日

中央人民政府政务院关于加强人民监察通讯员员和人民检〈查〉察接待室的指示

发展人民监察通信员，发展办法的应由各级人民监察委员会成[立]各部门监察机构与有关机关、企业单位商订计划，逐步发展。为了加强人民监察通讯员与群众的联系，人民监察通讯员的产生，应通过民主方式推选。运动中、工作中的积极分子，并具备公正负责、忠实勇敢、善于联系群众等条件者，为人民监察通讯员，由各级人民监察委员会或部门监察机构审查任命与领导。

同一机关和同地区人民监察委员通讯员 3 人以上者，应组成小组，推选组长，负责与其所隶属的监委或监察机构联系，以传达指示，研究工作，交流经验，改进工作。

人民监察通讯员的任务？

是调查政府机关、企业部门及其工作人员之贪污、浪费、官僚主义和消极怠工等一切违法乱纪、损害国家及人民利益的情况，并〈惩〉征集群众对政府政策、法令〈设〉实施的意见，向上级监察机关及本部门首长报告并协助处理。

搜集与发现问题的方法。

1. 通过自己工作活动观察和发现问题。

2. 用会谈和个别谈话等方式，经常地深入群众，发现问题和倾听群众意见。

3. 通过意见箱收集群众的控诉和申请。

4. 与人民检举接待室取得密切联系，互相协助工作。

关于行政工作与党建工作的报告

1953 年 3 月 17 日

一、每一行政工作下来以后，我们支部内小组中如何保证行政任[务]完成，但展开批评[与]自我批评不够，缺点。

我们抓了行政工作，在小组布置怎样以身作则，带动群众，缺乏检查。对推广合理建议，也无抓住中[心]推广，办公空〈汗〉喊。1952 年竞赛中从党内展开一次反资本主义经营思想。竞赛运动的推动作用，我们两单位合并后，保证搞好团结，但缺乏总结经验。

1. 行政任务首先经党内传达讨论，首先贯彻到全党保证。

2. 除党员自己带动群众外，建党当中对积极[分子]培养中结合行政工作。赵占英带动本组，并带动群众，培养旗帜。

二、支部工作与中心工作怎样结合的？有何困难？怎样解决的？有何经验？

三、对行政工作，首先党政工团思想取得步骤一致，正确执行党的政策。发动起全体党员带动群众，依靠群众。提高党员的政策水平，加强政治责任心。党内展开批评[与]自我批评。市公司属于行〈行〉政单位，营业部是业务单位，货场保管业务。

党建工作组织一个检查组。

中国百货批发站，介绍过一次经验。所以我们深入下去检查一次，吸取经验，推广全面。

一、如何对积极分子[的]考察培养[的]和入党手续。

1. 如何发现与考察培养的积极分子？积极分子的来源有多少，积极分子是否符合条件。上半年发展计划哪些人？什么时候完成？发现积极分子采取什么办法，是否根据工作与觉悟程度进行的分类排队，各类多少？

2. 如何培养教育的？是否有计划？采取了哪几种教育方法？哪一种起的作用大？通过教育起到哪些作[用]？发现什么问题？培养教育中如何结合的思想情况？取得什么经验？

3. 积极分子卡片如何执行的？是否经小组讨论、经支部研究填写的？是否掌握在支部？支部对积极分子思想变化情况有定期的研究。在表上是否能在各个运动积极与否的发展情况？

需要审查了解的主要问题是否作了详细研究？调查了解清楚是否作出结论？在执行这一制度上有什么问题，如何解决的？

4. 在考察积极分子中如何结合的中心工作？是否单独分配给积极分[子]任务，接受完成情况。

5. 目前积极分子的思想情况如何，分几类如何解决？

二、是否认真进行了审查，正确掌握党员标准。

1. 对发展对象和其他积极分子历史情况、觉悟程度、是否够条件，怎样审查的。

是否以启发自觉交代为主，支部审查。对觉悟，审查是否根据每个人的思想变化程度及入党动机、日常工作表现。

2. 在掌握党员标准上，是否有过高或过低的情况。

三、怎样动员的全党。

1. 党的领导干部是否以身作则，亲自动手有什么好坏。例子，支部是否根据每个不同的工作能力分配给一定任务，在发动全党上起了什么方式，发生过哪些问题，怎样解决的，有什么经验？

2. 怎样进行的入党手续，是否合乎中央手续，发现过什么问题，如何解决的，有什么经验？

四、对新党员如何进行培养的。

1. 对新党员的培养考察是否有专人，发生和发现什么问题，如何解决的？

2. 新党员入党以后，思想情况表现如何，举例说明。

关于推行经济核算制应注意的问题

1953 年 3 月 21 日

目前为了改进工作，顺利推行经济核算制。

1. 党员在反官僚主义及供给制思想中，掌握重点，不然我们在很短时间内，[不能]反得彻底和顺利完成。

2. 我们在反官僚主义、反供给制思想斗争中应抱什么态度。

3. 在反官僚主义供给制思想斗争中如何掌握党团群众思想情况。

(1) 职工对反官僚主义、反供给[制]思想重视情况。

(2) 是否对有些工作不重视，〈没〉漠不关心，认为对自[己]无关。

(3) 故意隐瞒错误和压制批评。

纪委会秘书谈纪律检查工作

1953 年 3 月 27 日

张部长谈 3 个月来的纪律检查工作的体会，由纪委会秘书王守彦同志〈谈〉

传达一下。〈在〉再一个问题，斯大林逝世后，有的干部嘲笑等情况，我们接到，说[一下]如何处理。

王守彦谈：

根据目前纪律检查工作，由于过去党委重视不够，因此我们没有很好对下面帮助。什么是纪律检查工作？

1. 市委已明确，配备党内搞好三大任务，结合党委所做的中心工作，检查违法乱纪的，提出处理意见。如贯彻婚[姻]法中主要的是封建残余，粮[食]公司李江打[老]婆；还有的离婚后非法同居，后来有了小孩，还在隐瞒不说。

为实行经济核算制，反官僚主义、反违法乱纪，一面检查一面处理。到市委开会已明确，是常年工作，搞出成绩。

2. 在处理党员之党籍时有不恰当处，要求今后：

(1) 以〈事〉实〈实〉事求是、认真负责，分清主观情况，分清责任，分清性质，才能得到正确处理。首先根据该同志的缺点，提出改正的方法；所犯错误的，指明是什么问题，为什么给你纠正。如粮[食]公司对开除党员齐××，没及时掌握思想情况，自己情绪不高，大家对他也看不起了，向领导提出很多意见。我们应对他抱着教育，虽开除党〈藉〉籍，还是我们国家干部，所以[要]教育。

(2) 开除党员大会时，必须叫本人参加，并准许辩护。为什么召开大会呢？即是民主的。为什么叫他参加辩护呢？恐有出入，另一方面为了叫大家批判犯错者和教育大家。处理党员问题时可以结合起历[史]上严重问题，联系起来处理。

(3) 我们在报材料时慎重清楚，不但要发生问题。

土产公司刘×的检讨，王××盖章，究竟是谁的检讨呢？市委指示还继续处[理]“三反”和反官僚主义遗留下来的问题，但有的支部〈以〉已处理完，但有支部还未处理完。反官僚主义处理案件，现在有的还未报来。要求还未报来的赶快报来，市委指示我们4月5日处理清楚。

2月份传达的纪律检查工作讨论后只3个单位报来，粮[食公司]报了，其他未报。“三反”当中修改处理和处理的，和根本没处理起来的，赶快处理。在处理的问题上，有问题要很快解决。

“三反”中有一个[干部]贪污了，而自杀家中，[家属]特别困难，想法解决。

有的现在反映，不〈赶〉敢〈到〉倒[有贪污的]大干部，迁就姑息，怕报复。所以我们在检查工作上没有很好地执行。这是不坚持原则，不分析问题的、不坚持斗争的自由主义。不管是党员，什么人违〈反〉党纪一定处理。思想检查从严，处理从宽。陆达说过，[这是]毛主席在延安时说的。现在再这样做是错误的。我们“三反”运动中检查从严，处理从宽；过去从宽，今后从严，当时是对的，正确的，今后不行，检查处理从严。所以我们在反官僚主义运动中要认真分析。官僚主义，违犯乱纪，土产、肉业部、华北合作货栈，霉坏180万斤大米，煤建以煤〈添〉填壕。[不]做政治工作，思想懒惰，工作〈托〉拖延，思想麻痹，老大自居。

[今后]重点检查压制批评，挟〈闲〉嫌报复。

另外，注意人民群众来信。建筑公司工人检举煤建公司干部，始终未答复，后来直接交党委；令其检查时，来了一个辩护。

今后意见，通过以上所说，因此我们今后继续开展党纪检查。

(1) 纪律检查工作成为支部工作之一。今后纪律检查委员主动〈向〉想办法，不要被动，结合支部通讯员。

(2) 纪律检查委员主动向支部和党委反映情况，克服消极。

(3) 通过以上，我们主动想办法，认真负责不怕地彻底展开纪律检查工作。

张部长补充：

1. 以前我们纪律检查工作没做好，今后要做出成绩，所以强调我纪律检查工作者以纪律保证做好。首先扭转，老干部和新干部一样处理，如姑息迁就等于损害了党的利益。

2. 〈作〉做好这一工作，即依靠群众和全体党员展开批评[与]自我批评，〈由〉有全体党员保证，所以我们对群众进行纪律教育才能〈作〉做好。有的单位闹不团结，反映问题的本人也有些缺点，但反映了问题。反官僚主义来了，他又捣什么乱？我们要从事出发，不能从人出发。〈以及〉即使他有反动身份，[是]坏人，他所提的意见适[合]人民利益，所以即适合党的要求，〈所以〉就要鼓〈历〉励，不然即是反党行为。

3. 我们纪律检查者要以〈事〉实〈实〉事求是的精神，不然即是[空喊]口〈喊〉号〈待〉代替政策。

4. 支部研究把纪律工作当经常工作。

张部长谈，斯大林逝世后，有一部分人思想混乱，表现很不好，参看思想情况通报。我们要以严肃的态度对待，对领袖不准[有]谩骂等行为。各单位问题，像拉二骰子、打球，或者哀悼时笑了一下。总的说是[要]严肃的态度对待。我们正在悲哀，他们〈兴〉幸〈哉〉灾乐〈贺〉祸，总的说[应]批判教育。

花纱[有人讥讽],列宁[老]二,斯大林[老]三,马林〈克〉科夫[老]四,快出五个的了。

(1) 分析他的动机是什么?是否有意识还是无意识的,或是在什么情节下说的?有的同志默哀时笑了一下,不是笑此,笑别人。是属于觉悟低呢,还是本质如何,和他过去联系起来看。过[去]一贯不好,或者有一贯好,只偶〈而〉尔,要从本质上分析。

(2) 党员、团员、群众,不能一样分析,共产党员国际主义者,群众说是外国人,但党[员]说即不行,团员比群众觉悟高一点了。

有的需要处分,总的是批判教育。唱、说,教育;一贯本质不好,形〈势〉式上看来〈兴〉幸〈哉〉灾乐〈贺〉祸、谩骂,批判教育后,看他检讨态度如何,然后看情况处理。给处分也算处理,不处分也算处理(对党员根据他的表现,不够党[员]条件的开除党籍)。态度是严肃的,但不是个个处理。

(后略)

李局长报告干部政策

1953 年 4 月 7 日

(原文没有第一点——整理者注)

二、干部总的政策:毛主席的政策是团结干部的政策是总的精神

(一) 我们革命队伍中成分复杂,工农干部很多,尤其农民出身的更多,另一半是知识分子,我们种类也很多。

军队出身工作,掌握政策的,政府部门,也有理论工作的,搞群众团结、工会农会妇会,搞保卫工作的,过去我们革命干部地区不同,工作性质不同,作风也不同。

根据以上情况,不管冀鲁豫等地区也好,都要互相尊重和互相帮助,互相学习,不要互相〈瞒〉埋〈愿〉怨,互相〈迫〉排挤。两个地区或两个部门合并一起,首先是注意团结,不管他是什么地区,看他为人民服务的观点。

(二) 干部团结在什么基础上团结,在共同思想共同政治纲领底下团结。什么共同思想呢,即是毛泽东思想,共同纲领不遵守违反即斗争,反对不为人民服务的人,我们不要无原则的团结,即感情的团结,建立在为人民服务观点上去团

结，不管你什么干部要好好为人民服务即是好干部，执行中央政策，服从中央领导，我们即团结，不服从中央领导，不执行中央及毛主席的政策即斗争。

（三）有什么东西障阻我们干部的团结。

1. 宗派主义的情绪，两个单位合并在一起，光认为自己那个单位好，党员和党员在一起，团员和团员在一起，和群众说不来，刘少奇和这样叫山头。

2. 个人背包袱，总看自己有优点，个人好多，总看别人不顺眼，一谈工作即谈自己历史和资格，自己写两下和划两下等。

3. 总看不起别人，往往闹不团结，开动脑筋，思考问题，放下包袱，看一看别人的进步，对自己觉悟提高一些，背着包袱的人进步也是慢的，我们不爱学习不开动脑筋这样是危险的。

4. 干部的团结，解决的方法，即是学习毛泽东思想，提高为人民服务的人生观，都要考虑为人民服务，即没有了不团结。经过学习，我们也能克服偏右的看法。如分析干部，一个人看着很好，发生〈事〉偏〈故〉向；但〈有〉另一个同志[能]全面地分析问题，能总结他的优点和缺点，这样分析是正确的人事工作业务，即是思考领导搞好，提高干部的思想水平。

三、提拔干部的标准

过去讲“德、才、资”，现在选拔干部的标准[是]“德、才”兼备，然后看他资历，不能首先看他资历。但我们也不能看他会说会写一套，更不能以个人[偏爱]去代替政策。

（一）德是什么：（1）对人民群众事业有无限忠心。（2）看你和人民群众有无密切联系。（3）看你是否能独立地在复杂环境中施别方针。（4）看你对人民事情是否负责任。（5）看你对敌人斗争有无高度的纪律性，有无马列主义高度的修养。

对人民群[众]事业全心全意和无限的忠心，是德的最[高]标准。

坚强的干部在脱离开领导能在复杂的环境处理问题不偏差。

我们选拔一个科长必须有单独处理问题的能力。

看他和敌人的斗争有无高度的纪律性，“三反”中内部的思想斗争。但是思想斗争即说了假的一大片，这算什么纪律性。

（二）“才”就是这一个人的本能，〈步〉部队上战斗经验就是才能。不能把能写看[成]是才能，才即是一个人的本领。才和德不是固定的，有才无德这样说也不对，才好了一定有德，德多了一定有才，有才无德，有德无才，这样说法都是不对的。

有一个医生看一个好一个，不能说他无德。这一个人能团结群众，有单独工作能力，有高度的原则性，这样的才也很大了。

要求干部对人民对组织要忠诚老实，对敌人要不老实。

你光忠心耿耿，老实，没才能不行。若有才能，不忠心耿耿也不行。

我们有些[干部]往往看着技术人员[的]小资阶级意[识]，总看着不顺眼，或[看]一个工农干部老实、文化低，工作效率低不行。

（三）“资”是表现在德、才两方面去。老干部受党的教育，多有高度的修养，能团结群众。老干部讲爱听讲不爱听，一天到酒铺[或]跑老家去种地，难道他的德好吗？有发动群众的方法即是才，光有历史，才无即是不爱学习，老干部[要]赶快学习，不然即跟不上了。[对老干部]不能单纯照顾资历，如照顾资历，就是照顾了落后了。

1. 有时我们看干部以小资产阶级个人主义想法去看，干部在反官僚主义时，给他提了一些意见，即成了坏干部。

2. 有的人给人事局去信说，新干部说[光]提拔广老干部，老干部说[光]提拔广新干部。这种都是偏左看法，宗派主义的看法，不管新干部、老干部，只[要]俱备“德才”兼[备]，原则即提拔。

3.［对］党内外人员提拔[的]看法，不管他有无本能，只要他能说能写，就用。但他政治上如何呢？有人捧他说好即提拔，谁提意见即不好，就成了用人〈为〉唯亲的办法。

（四）使用干部的政策：“人尽其才”“才尽其用”“量力使用”，根据工作能力分配工作，根据适合工作分配，但要根据工作〈须〉需要的原则分配干部。今后我们建设工作是很需要[人才]的，[要]把有专门技术的调[到]建设中去。我们要做到人尽其才。要经过谈话和了解才能适当分配，光强调自己想做什么不行，但经过了解、谈话，[就能]放到更适合的工作岗位上去。

1. 政治素质和级别有的时候可以参考，有时候也不是全参考，主要根据需要。

2. 有的理论有一套，说服不行，有的看别人进步快，悲观失望，怎样对待？教育的办法。思想问题只有教育。

讨论的重点两方面：

（1）关于干部团结问题是我们做好工作的主要斗争。

（2）对干部的认识即是德才两方面的问题。

参考文件:

① 少奇修改党章报告。

② 斯大林十八次代表大[会]报告。

③ 子文同志的报告。

王建国讲培养提拔干部

1953 年 4 月 10 日

一、为什么要培养干部(各单位存在的问题)。

总的来讲,着重在政治上思想上,再一个即是业务上。

上一课李局长讲,我们干部是来自各方面,出身不同,性质不同,思想不同,认识也不同,我们天津解放把大家教育得成为统一意志、统一思想、统一〈标目〉目标,迈进去是不容易〈得〉的。如要完成这一工作,是一个光荣的任务。

(一) 什么是政治思想教育

1. 对工人阶级、对党、对人民抱有无限忠心,有清醒头脑。

2. 和群众能团结的密切关系。

3. 在独立的复杂的环境中能识别方向。

4. 要高度的组织性纪律性,在上级指导下进行工作,要请示报告,服从组织遵守政策法令。

历史清白政治上可靠立场稳作风正派能联系群众积极工作,有历[史]问题弄清楚,如参加三青团国民党已交代结论即为历史清白。

(二) 着重在各个岗〈务〉位上熟悉业务才能的干部

二、目前在培养提拔干部中存[在]着什么问题。自去年 11 月份实行〈已〉以来虽有些成绩,正科长 20 个单位,200 多个候备科长,如工商局 12 月份开始,一季[度]已提拔 30 余个,各单位还有着很多问题。

(一) 领导不重视,找借口,我组织变动,业务忙,没有时间去谈话,是很普通的。如市政工程局法院,我们已经布置了,我们一催,他说忙,组织变动等,不去进行这一工作。我们催促多次,他们送去一个计划,是一人做的,并无经过研究讨论。工商局做得不错,但别的还有不重视[的]。工作忙,无时间谈话。谈什么呢? 就是结合财务工作,在工作中,[在]中心工作中去培养干部,不是光到党校才能培养干部。

（二）歪曲干部政策。如[有]的说[总找些]参加工作时间短、文化低、女干部等的说法。参加工作时[间]短，如工商局下的公司有一个单位，先认为[新干部]历史复杂一人，后经指出才增到 26 个人。老干部经过〈常〉长期锻炼是好的，我们不多的，光老干部完不成历史任务的。所以我们注意对新干部的提拔，因为有朝气、有敏感。但是有一个单位划出 30 岁以下的即提拔，[这也不符合]干部政策。

1. 我们有 12 000 多个干部，才有妇女 120 人，但提拔的妇女干[部]很少，在〈候〉后备制度中也很少。[这是]由于大家认为妇女同志提拔后结婚生孩子乳孩子，不愿提拔，[这是]不合乎干部政策的。

2. 有的以文化程度做标准，不管他历史如何，光看文化。两个人同等工作能〈历〉力，一个大学，一个小学，提大学的，这样我们工农干部[即]不能提拔。

有的在提拔或培养干部时〈认〉任人〈为〉唯亲地去做工作。

3. 严重地存在着本位主义保守思想。这样即影响了培养提拔，认为别培养了，提拔起来即提走了。不培养，是助手提拔起来调走了，还有的[有]自满情绪，说我们干部都不错，别培养了。

4. 我们单位找不出培养对〈向〉象。

5. 做人事工作。我们没有把培养[干]部〈造〉当成群众性的工作，只〈现〉陷在这一小圈子内。我们召集汇报工作时，大家汇报得很好。但是，事实不同，我们把这一工作当成是全党的工作。

三、怎样提拔培养干部？

[要]重视干部，重视人才，发现人才，培养人才，提拔人才，正确地使用人才。我们天津 13 000 名干部，老干部 1 800 人，我们所缺乏中级干部，一般干部我们不缺，很多要我们培养成德才兼备[的]，是很不容易的事。现有全市科级才 300 多人，今后要设一正[两]副科长，缺 717 人，〈候〉后备干部 215 人，内有 72 个〈候〉后备正科长，尚缺 200 多人。

把培养提拔干部当成完成一切任务的任务，干部决[定]一切。

工作中如何去培养干部？

（一）深入地全面地了解审查分析干部，经过考核、干部自我教育，对干部有了初步认识。

深入地、全面地，不但向上了解，[还要]从群众[中]去了解他，了解培养人。

不但到群众[中]去了解，还要去审查他的历史。我们认真负责地去做，不能从印象出发，[只靠]对自己关系去决定，否则〈途〉徒劳无功。

(二)〈候〉后备名单确定以后，首长亲自动手，有组织有计划，根据被培养人程度不同，找出培养人，但名单不能公开。为什么不公开呢？如到时不培养就[会]闹情绪。

(三)召集科长以上会议，说明这一任务是光荣的，是艰巨的，会上进行研究讨论，全面地分析，交人事和组织部审查。

大胆放手交给他工作，帮助他总结工作，给他以锻炼的机会。

(四)要爱护干部，要经常鼓〈历〉励他的进步，帮助解决困难，但也不放弃那些缺点，使他自觉地去检查。[读毛主席]《中国共产党在民族战争中的地位》[一文]。①

(五)领导培养与群众帮助相结合，听到群众反映，及时和他个别谈话，防止骄傲，脱离群众。在群众[中]树立威信，克服缺点，不然提起来群[众]不拥护。

为了很好做这一工作，达到一个正科长两个副科长是不简单的问题。

培养干部的人多了，机关上即会起很大的变化。

退一步是方法，进一步是原则。

好的党[员的标准]，参考刘[少奇《论共产党员的]修[养]》和安子文"报告"。

刘金标谈支部教育计划

1953年4月11日

下午。

总支刘金标同志谈支部教育计划，三、五、六月份。

官僚主义与供给制思想。反官僚主义中，我们反出来了一些官僚主义，但有的反出来也不管，有的忙来忙去，只管了一些小问题，没有抓出重点。官僚主义是揭发了不少，供给制揭发得不多。官僚主义、供给制思想都不是全心全意地为人民服务的，党内党员来说，存在着也很多。

市公司、基建科、业务科以及各单位发生的问题，都和党的领导干部不负责

① 原文如此。

任造成。有的说我已经请示了领导，做了我不负责任。你明知不对，为什么还做？有的干部为了照[顾下面]干部情绪，如一货场玉米坏了，问如何[坏]的，他说礼拜五检查的，礼拜[六]即坏了。一货[场][因此用]估计数补出一个货位。

营业部自满情绪，自上而下的，现在发现涨粮食。

有的犯自由主义，对有错误[的]人不加批评。

市公司，基建科，业务科，调供科，基业部，会计课，业务课，西站货场也有这样一个现象。八一粉厂还不严重，不团结。基建科今天在讨论实行经济核算制，也说领导上官僚主义，严重地不负责任，工作受到损失，也是领导上官僚主义。这种歪风邪气，我们党员不负责任，也不批判。首先是不团结的负责任，科长与科长，首先党员科长负责；两个都是党员，老党员负责，但也不是无原则地迁就。业务科党员脱离群众，老郭说（压制民主），有的还代表党，不听我的即不遵守党，并说越大干部批评我，越不改。

不照顾全局，人事科工会都感到没有办法。为照顾家属，叫他们补麻袋，没经劳动就叫介绍，但现有的党员还鼓励自己爱人来求职业，这样即犯了劳动就业政策。

保守思想也很严重，大家研究，都很好，但没有推广。如现在创造的八卦补楞法，一库创造的他一个也没有。

在反官僚主义的基础上，展开自我检讨，互相批评（内外）。

不团结，自由主义对工作不负责任。

1. 努力学习马克思列宁主义[毛泽东]思想，提高自己的觉悟程[度]。

2. 遵守党的纪律，积极参加党的政治生活，努力执行党的政策和决议。

3. 为人民服务，团结群众。

4. 遵守政府的政策。

林子元讲在职干部学习问题

1953 年 4 月 24 日

目前干部学习有六种。

一、理论学习是很重要[的]。

没有革命的理论，即没有革命的实际，每个同志应很好学习，不但学习应学得更好，在国家工作人员要领会马列主义的理论，有些人在工作上犯了错误，因为他政治水平低，思想水平不高才犯错误。

认识来[源]于实践。理论又能指导实践，实践是认识胜[利]的真理标准，学习党史中革命的经验，学完党史要去学文化，对中级要学习毛泽东思想，学习毛泽东思想方法和工作方法。

(1) 中国革命的根本路线问题。(2) 党的领[导]权的问题。(3) 有些同志不愿意来学习文件。(4) 还有的只愿联系实际，怕联系自己的缺点，学习文件后了解其中精神。

二、政策业务学习。

理论学习和政策学习有密切的联系，只学习理论不学政策，不能解决具体的问题。理论与政策结合的灵活性，中华人民共和国成立以前，是以武装去打敌人，但全国胜利以后呢，我们过去会的已经过时了，所以我们要学习业务政策。

我们〈作〉做人事工作的来说，在去年我们召集(统战工作)征求意见，他们说人事干部不敢找他们谈话，主要是我们业[务]不熟不会团结干部。

培养后备干部，都叫他〈的〉们自己去填表，有一个科长，六个字干部，盖章问数睡觉，坐板凳喝开水，不顶事。

业务学不会，我们就不能担当我们建设的伟大事业，我们要求精通政策，熟悉业务，提高自觉性，加强计划性，克服盲目性。

薄一波同志在业务会议上说过，现在有些人已钻进去了，一些正在钻进，有些还未想钻。

我们是否开办训练班，是我们都脱职去学习，我们工作如何搞？

听市委党委作报告是否可以？可以的，但不能完全依靠上级来报告。带有共同性质的，市委还是报告。[主要]依靠每一个同志自己的学习，或自己单位领导上组织报告，其余都放到各单位去自学。

三、时事学习。

根据我们的了解，学习是不够的，甚至不看报纸，应该知道的不知道，学习马林〈克〉科夫报告了一切至今存在的问题即斗争，社会知识两种，阶级斗争、生产斗争，除苏联没有阶级斗争外，各国统有阶级斗争。

四、文化学习，有些干部文化低。

五、函授大学的学生，执行制度是很好的，时间上保证给 18 小时。

六、俄文学习 887 人，学习俄文。

学习方面的领导问题：

（一）我们领导思想上解决这一个问题，我们分别清楚重点，我们要善于使用力量，适当分配时间，善于把各[个]种学习结合起来，一同进行，我们反对，单打一方法和手工业式的领导方法。

（二）关于组织问题，组织作用在于保证任务的完成，要建立适合多种学习组织，吸收多种学习领导的人参加。

（三）中心问题是领导重视，对于重视学习人称赞，表扬，如领导干部，随便占用学习时间，我们以反官僚主义精神进行斗争。

（四）学习时间：每星［期］四个早晨学习理论，二早晨学习时事业务占工作时间。

刘经理传达杜新波回津后的报告

1953 年 5 月 8 日

杜新波同志到北京，根据刘秀峰同志提的意见，谈了一下。刘秀峰同志说，做贸易工作要从思想上考虑，但缺乏思想领导。一般同志都钻进业务中去了，但我们都是部门工作是〈偏〉片面的。实行经济核算制[施行]后，发生不少问题，布置了实行经济核算制，市场物价有的不管，盲目生产，和政治脱节。如百货实行经济核算制后，经营额小了，是由于货不全，人民不去买，只了解自己，不了解别人。

我们出售大豆，半天出售 270 万斤，〈行〉形成半年〈背〉被动。我们要粮食存一个月的，卖完你要人家是否给？

1. 必须多争取当地党政意见，因党政是掌全面工作的，照顾全面。我们尊重党政意见，不然容易出偏差。

2. 非贸易部门的意见也要重视。

3. 要解决思想上的急进、冒进。

农业上发动农民多种棉，粮食不够用了，农民反应很大。

保守思想也很严重，看不见社会发展，计划制订根据，不结［合］发展〈区〉趋势，各级领导干部有这种思想。苏联 30 年才找出这一个方向，我们三个月实现是不可能，所以不少单位犯错误，急进冒进，没有很好地说服。各领导干部树立一个时间，人是一年一年成长，树是一年一年长，它是有规律的，必须把应当需要可能结合起来，必须要慎重考虑的，不过急，尤其领导干部考虑，布置容易，在执行中困难很多，所以布置工作不能机械的死板，一切工作掌握着稳步前进，今天不是过去，政权武装都在我们手里，没有一个事情是〈克〉刻不容缓的，慢一点问题还好解决，尤其没有经验的事情，更要慢点，稳步前进，急进冒进中〈站〉占了阵地有余，巩固阵地不足。所以，推到6月底7月初，现在做实行经济核算制度的准备工作。竞赛运动是突击任务，不能是一个经常的，突击任务带有强迫性。第二季[度]不开展竞赛运动，开展时待通知。

党代会议每年准[备]一次，实现党内民主。两头选举，当中委派。委派不是不民主，但不如选举更民主。委派不能很好在群众监督，群众提意见往往不接受。委派往往闹情绪，派谁是什么，为什么？不派我是什么？我们选举，群众不拥护，选不上没有办法。准备在6月底完成选举工作，使民主更发展得好。党代会要开展批评[与]自我批评，通过总结展开批评[与]自我批评。可能产生〈机〉极端民主，经过分析会解决。总结工作，自去年党代会后至今的。总结工作确定今后工作(讨论)。

准备充足，开会时间要短。候选人名单必须经大家讨论，通过讨论对党员的权利、义务的教育。

总结哪些工作，做哪些工作，区委重点私人企业五多。国营企业领导国营企业和五多。

内贸党委是什么，基层讨论提出意见。

支部委员可以当代表。

张部长把建党说了一下。4月份68人，党大会通过48人，批准了333人，伤耗了51%。半年支部报370个，党委任250个，市委批准200个，完成了123人。4月一般支部都重视了，有的不重视。

积极的，信托、百货、粮食。

不够[重]视，煤建、交电等，没完成任务。

不重视的，工商局、仓库公司、化工器材等，没完成。

完成的原因，支部抓得紧，计划灵活。

没有完成的原因，支部抓得不紧，计划盲目。

我们还有77个人要在5月20日前份完成大部，各支部必须根据报来计划完成，不然即破产了，计划不能随[便]修改。

田兆兰报告监察工作

1953 年 5 月 12 日

1. 4 个月来监察通信员的工作。

2. 监察通信员的任务工作范围。

1. 4 个月来监察通信员的工作，现在有通信员 1 284 名，说明我们队伍壮大了，战斗力加强了，财经系统成立监察室，领导的通信员 809 人，直接领导 475 人，共来讯 74 件，通讯中官僚主义的问题有一半。虽说反映的问题不太多，但问题是大了。

另外，有的监察通讯员不顾群众影响，煤建丁丙章，行政已撤，我们已解聘，有的单位本人不及时报告，如华北霉坏大米等，针织厂，〈按〉安警铃，带黑罩，他们都无汇报，为什么没有报？通讯员工作忙，怕得罪人，对自己不利或者对工作不了解，我们也要负责。

(1) 除监察室领导的通讯外，其余 475 人可来一次民主选举。

(2) 建立会议制[度]，二个月一次全体会或有重点开小组会组长会。

(3) 汇报制度，每月书面。

(4) 未编小组的选出组长，组成小组。

(5) 下次 7 月 7 号晚〈在〉再开会，有监察室通讯的不再开会。

2. 任务与工作范围。

(1) 任务：调查机关人员，政府，企业，贪污浪费、官僚主义、违法乱纪等，并且对群众、对政府政策结合，反映坏人坏事是〈察监〉监察机关的耳目。

① 政治热情；② 作风正派；③ 联系群众；④ 忠实勇敢；⑤ 原则性强。

(2) 范围：

① 首先在本单位的工作人员违犯法失职、损害人民利益负责调查了解报监委，不处理问题。

② 在本单位宣传监察工作是保证国家政策的实现。

③ 如果眼见的耳闻的违法失职的也报告。

(3) 认识不清，监察室和人事部门分不开：

① 人事部门培养教育干部，提出调遣，监察室，给处分的。

② 纪律监察委员会处理违犯党纪的，监察室，行政处分。

③ 检〈查〉察署〈联〉连百姓都管，我们只管机关工作人员。

3. 有的认为监察通讯工作和首长对立，我们说首先取得领导上的支持，材料可叫他们看，然后叫签字。

4. 通讯工作中，注意的有以[下]几点：

工作方法问题：

A. 通过自己工作活动观察发现的问题。

B. 开会谈个别谈话的方法。

C. 通过人民的意见箱搜集群众控告。

D. 和人民接待室取得联系。

5. 小组内必须分工明确。

(1) 固定地临[时]性地发现重大问题，分工了解。

(2) 小组。陆达，监察委会副主任谈。今年主要着重新“三反”工作。抗美援朝，第一个五年计划开始，民主建政，如保证三大任[务]完成，即要反官僚主义、命令主义、违法乱纪。

什么叫官僚主义，有一般性的就是改造教育，不处分，严重的是要处分的。

我们主要抓不负责的官僚主义，对人民不负责。

命令主义，是属于一般性或是严重的根据事实处理。

杜新波关于动员大会和后备党员提案的汇报

1953 年 5 月 16 日

为什么召开党〈大表代〉代表会议？1953 年第一个五年计划开始，毛主席号召三大任务：(1) 抗美援朝；(2) 超额完成国家计[划]；(3) 普选。

三大任务是有互相联系的，一个经济建设计划有国际〈义意〉意义，打击了帝国主义。第二使东南亚可吸引到社会主义方面来，苏联对我们中国的建设计划很重视，支持我们一定成功，我们第一个五年计划关系着人民的生活，我们如何完成计划，要发动群众，就要发〈样〉扬民主，扩大民主生活会，根据中央、市委指示，召开党代会，我们过去是有选举，是两头，中央—支部，但省委地委县委区委是委任的，是否对？对的，过去我们在全国还未解放[时]，不能实行选举，解放后 2 年为什么不选举。忙于接收，没有条件，现在有了条件了，但区内一般说民主生活是正常[的]，但是有些副作用，因为是委派的，减少了党员的监督作用，我们党委也是这种情况,但有的脱离群众,摆资格,组织部为什么不派我呢,我们选举把这些问题解决了,根据市委指示决定六月中旬召开党代会。

职权:省代表大会,[见]党章16条中41—46。

讨论和批准工商党委的报[告]和工作,选举党委委员和代表。

党代会和党的代表大会的区别,代表大会[是]最高权〈利〉力机构,党代会是在上下两次代表大会的中间会议。

44条/40条

党代表大会的任务,现在我们是机关党委,组织教育党员不断提高其政治觉悟,对私商有任务。

吸收新党员,征收党费,教育党员。

今后改为企业党委,机关党委是保证行政任务完成,今后领导监督行政工作,完成国家所交给的任务。

(1) 总结党委会成立以来的工作(5[月]1[日]成立),并着重总结去年市代表会议过后的工作,重点去年以后。

(2) 解决党对贸易部门的领导,内贸12 000个职工。

(3) 选举党委会,并选举出席市代表大会。

党代表大会是否开好,是决定全党是主要关键,因此要求党员认清〈义意〉意义、党员权利义务。

我们为了更好地发扬党的民主发扬民主生活,深入巩固新"三反"胜利,开展批评自我批评,批评领导改进工作。

教育党员完成我们内贸的工作。

今后我们不单搞新"三反",我们在今后结合总结工作布置工作中结合代表名额,正式代表100人,列席25人。(1 700人)

1. 为什么开代表大会,开代表会有什么用。

2. 怎样开好党代表大会,党员是抱什么态度。

传达全国总工会第七次代表大会精神

1953年6月3日

大会共召开十天,各产业工人代表820人,各国代表105人,18个国家。

大会内容：中共中央刘少奇同志致开[幕]词，指出大建设中的方针[任]务。

通过关于中国工会报告，修改工会章程报告，财务报告。

一、工会工作建设时期的任务

（一）方针任务

1948年在哈尔滨召开了第六次代表大会也是根本变化，在敌〈站〉占区工会工作反压迫反饥饿。1949[年]全国大陆完全解放了，工人阶级成了国家的领导阶级，给我们提出了新的任务。要求工人阶级加强组织性，纪律性，创造性，加强劳动态度，刘少奇同志给我们指出劳动加强国[家]工业化建设。

国家经济建设不断发展，给人民〈待〉带来了更多的幸福，目前利益和长远利益结合起来。

（二）为什么中央反复的说明，因为有一些工会领导干部还认识不清国家利益和人民利益是一致的，工会再不是受压迫的了和[反]压迫反饥饿，我们是真正成了国家支柱。

（三）根据目前规定，提高工人的觉悟程度。以搞好生产为基本内容，如果脱离了生产就要犯错误。

基本方法，搞劳动竞赛，通过此发挥大家创造性，并提高劳动效率，竞赛不竞争，竞赛，具体主义先进的帮助落后的。

我公司在去年竞赛中也证明这一点，节省1 063亿，提出了合理化建议改进了工作。但我们还有一些缺点，领导上官僚主义和保守思想，先进方法没有很好组织推广。

目前我们公司经济核算正在进行，必须做好以下几点：

1. 从讨论国家计划着手，竞赛目的为实现国家计划完成指标，要求每一个同志订好小组个人计划，要有目标口号。

2. 发现与总结新的工作经验，特别[是]学习苏联先进经验。

3. 召开各种专门会议。

4. 订立集体合同和联系合同。

5. 生活问题。工会工作尽可能地改善生活，但不能和生产脱节，全体职工必须了解目前刚开始建设是有一些困难，不能什么也解决，必须克服两种倾向：(1) 经济主义，有些单位工会领导为提高自己的威信，单搞福利给行政，造成很多困难。(2) 不关心职工的痛苦。

二、关于教育问题

（一）必须加强共产主义教育〈事时〉时事教育，加强组织纪律性，但目前有些自由散漫，自私自利，迟到早退，缺勤短假不归，应展开批评自我批评。

（二）学习苏联，按毛主席指示，不论新干部老干部都掀起学习苏联。

（三）进一步、有计划、有步骤地进行文化学习，为适应国家需要。

（四）国际工作，胜利的中国，不只担负以上任务，对世界上工人团结统一保卫和平。

基层工会任务：

1. 组织全体职工和工程师技术人[员]巩固劳动态度。

2. 关心职工的福利工作，实现劳保条例。

3. 组织全体工人，工程技[术]人员，包括文化、政治、技术学习和文娱活动。

4. 吸收会员，征收会费，向上报告工作，向下布置工会工作。

（1）传达大会决议。

（2）讨论赖若愚工会工作的报告。

（3）着重讨论四项任务：1 生产；2 生活；3 教育；4 国防。

（4）讨论工会章程部分。

商业部部长关于上年度工作总结报告

1953 年 6 月 10 日

[天津市]商业部部长报告：

（一）今年的情况比去年强得多了，比 1951 年也强

1. 基本原因是人民购买力提高了，国家又大规模建设，除此以外去年调整[商]业以后有好转，不和往年淡季一样。

2. 国营批发商业百货和花布下降了，百货、花布、工业燃料为大，但也有加大的如粮、石油，是上升的。

造成错误是很复杂的。几家贸易占用资金很多，抽出钱来去搞工业生产，拿出来是对，但拿多了是错误，现在我们库存不像以前那样了，估计情况压低得过严重。

一方面强调压低库存，很少存应存的商品，主要交代政策不够明确，开始执行施行经济核算制〈已〉以来是有很大变化和成绩。进行研究算细账，计划经营也把我们经营中毛病暴露出来了，我们不能全[面]开展要有重点地去搞，全面搞

地区脱节，我们全面去施行核算制。

3. 化工原料、西药，西药比朝鲜战[争]开始前贱一半，由于[进]来[的]多，进口三大法宝，控制外汇买进来。

后半年人民购置力还不是继续提高吗？国家投资还不小。

（二）今年下半年的任务

1. 正确掌握价格政策，尽量适合国家人民的需要，进一步促进物资交流，扩大社会流转。

2. 巩固发展批发比重、扶助合作社商业，巩固国营合作社和零售比重。

3. 加强工业员和农产品的收购，积极地正确地收购，保证旺季，供营稳定物价。

4. 贯彻经济核算，加速资金周转，降低费用，适当库存，不合理积压要减少。

（三）怎么做

1. 适当修改计划，收购计划、销货任务。

百货公司第一季拿回来一万亿，第二季又给了他一万两千亿。

我们有些货物该减价的减一些价。

2. 巩固发展批发商业，布匹、白纸、烟等，对大城市大批发商根据行业压缩淘汰，其他行业其他城市限〈止〉制到一定范围内，对小批发商发挥其积极作用。

上海、天津组织货源畅销的能销，扩大生产，控制货源，加工订货，适当扩大，小百货我们在上海天津要控制大部分，根据原料：

(1) 来源够用等由短期合同变为长期合同。

(2) 积极推销收购地方工业产品，一切有销路况且不是长期积压，可以收购。

(3) 商业利润我们不能要太高了，好货好价，次货次价，使生产好的工厂有利可图。

工业器材我们在广州可以关门，资本主义国家进口管制。

3. 收购棉花、烟叶等出口物资。

4. 合理调整价格，适当地调整价格。

扩大生产，加速流通，以价格政策来保证，巩固工农联盟，领导私人经济，有时平衡价格如有的工商局有的提一些价误成资本主义经营思想，该提高即提高就是更客观一些。

5. 巩固零售比重。

(1) 一般零售机构不增加，批零差价不变，工矿区新城市不放〈去〉弃，我们天津增加卖烧鸡。

大部分零售商和小贩，到我们周围，大城市批发逐渐淘汰。

(2) 防止放任自流，市场我们还要管理，但我们管得太严。

百货公司施行经济核算制，树立全面的核算制的精神，根据《人民日报》社论，给我们钱叫我们做买卖管理市场，巩固工农联盟，领导私商产销平衡，发展生产，推向社会主义。没有社会主义的商业，社会主义搞不成，但我们有些人不愿这个买卖，连牌都不愿带。即是因为我们有些同志还不知道它的重要性。

经济核算制的经营方法，是社会主义经营的方法，加速资金周转，扩[大]流通，降低费用，经济核算制只管市场不管生产，是脱离无产阶级领导的，我们要经常和私商不一样，我们是为社会主义经营，私商唯利是图，要经常教育干部，检查、讨论。

(四) 逐渐增强计划性

为什么增强计划性呢，我们领导市场所以加强计划指导生产，指导私人经济，领导小农经济。

因此国营商业要有计划性，的确资本家还存在，小农经济很分散是有困难，所以我们要逐渐增强计划性。基本方法是逐渐增强。

1. 把熟悉商品的找来，把合作有经验工厂工人找来研究。

2. 大城市中城市学习上海天津生产调查工作，不能光依靠工商局。

3. 发展报道工作，产销情况、百货零售等情况报道后大家学习。

(五) 增强我们的组织性

基层组织要有整体思想在统一领导下发挥企中的企业(原文如此——整理者注)。

要在整体统一领导下发挥积极性。

管理机关省市公司不做经营，但要把企业管理好。

要[很]好地管理价格，深入检查，总结经验，培养典型，推进全面国营企业建立政治部门。

几十万贸易部门的职工，了解了他的地位作用，通过检查业务了解思想，搞政治工作，他们了解了就会积极起来。

谈一谈营业员他们是和生产者、购销者、消费者，他是直接和群众接近，具体贯彻政策的，所以要很好地依靠群众。

经理要依靠群众，才能起来，计划要群众讨论。

讨论计划时明确每个人的职责。

经理过少者要增加副理。

杨部长报告天津市委如何克服五多问题

1953 年 6 月 20 日

杨部长报告天津市委如何克服五多问题。

在工厂中任务中心工作多影响生产。

上边是多头多脑，中间晕头晕脑，下边无头无脑。

脱产干部开会可以，生产干部开会即影响生产。

有的一个月〈另〉零二天 53 次，有一个派出所 7 天 80 次。有的开会无主题。① 聊天、睡觉、漫扯等耽误时间。② 工厂有的组织有 30 余种，街道、妈妈会、儿童交通队、组织重叠，作用不大。

任务多，组织多，会议会，兼职多，有一套主席身兼 20 余职，居民委员还有身兼六职的。

表报多，街道的居民委员向街道委员会书面报告一次，区向街道限三天要表报，上边催得急由心火，下面完不成即做假报告。

工厂中有了劳模各处来访闹不清工作到深夜 12 点，这样就要影响他们身体健康，也不能巩固成绩。

造成五多的主要是由于上边没有很好地控制，这是由于分散主义、官僚主义、形式主义所造成，但下面也有责任，党团员生产下降学习也学不好。

① 加强市委区委统一领导，加强组织纪律性，加强计划性，克服多头多脑的现象，工厂农村生产是压倒一切的工作，街道居民为中心。

今后布置克服五多以后，市委各单位布置工作，你认为不[合]适可反映。

② 较大型会议事前要做预算，时间内容计划好报上级批准，不应开的不开，大会能小开的小开，能短开不长开，该合并开的就合并开，必要开的计划人数、内容、时间、解决什么问题，会议有充分准备到时就开，准时开，参加会的按时到，如主持会没有按[时]开提出意见，没有计划不准开。

③ 精减现有组织，除去必要组织外，该合并的合并，该取消的一律取消。区内组织除市委同意组织外，临时组织批准。

④ 大力减少兼职，区街主要干部多增设副职，一般干部不得超过两个兼职，临时性的可以。

⑤ 今后建立统一报告制，人事公安由统计局负责。

首先加强统一领导：

① 属于全市性的工作中心工作，由市委正副书记召各区党委召集布置。

政府市长副市长召集，正副区长布置。

② 市府各局向区街布置工作，按照财经、政法、文教，由委员会[前]十五天前研究报市委。

③ 区政府、公安分局、法院统一到区委。

④ 中央、华北局向国营企业布置工作，同一级党委有权提。

⑤ 公安分局布置工作统一到街公所。

⑥ 市委各部各局可向下布置工作，部局所属科，不能向下布置。

市委各局处按季度造计划，市委批准，区委党委按月计划报市委。

国营工厂提出几点解决意见：

一、由党委统一调配会议时间，每周计划，每次会不得超过二小时，大会超过二小时造预算，大会每月不得超过两次，时间支配，每天有下班后二小时业余时间，三次文化党团活动二小时，二小时工会活动，其他二小[时]为机动时间，各单位时间自定。

关于采访要统一谈一次，星期日一般不准开会，三班制可以开，在三班休时不得胡侵犯。

私营工厂和国营一样。

区长会议每月不得超过一次，时间不得超过一天。

市府各局处召开科长会议每月不超过二次 4 小时。

二、解决组织多的问题。

工厂保留，工厂管理委员会，合理化委员会，宣传栏中苏友好，200 人以上工厂工会下放劳保、宣传、文教。100 人以上女工设女工委员会委员，管托儿所、家属工作。

取消工会领导下的宣传队，够党内宣传员者吸收到党内宣传员，生产小组、互动组可以保留，自由成立起来，经济互助但保留。

三、解决兼职多问题。

党委厂长不得超过三职。

私厂支部书记最多不得过两职。

全市性劳模由工业局负责解决。

区委最多不得超过五职。

积极分子不得兼职。

四、精简公文报表统一检查。

区委向市委每两月报一次，属于人事、生产数字统一人事局，不得随便向下要，市委检查工作日报，属于中心工作运动，办公室掌握，除部直接去外，其他由市委工业部同意。

减少工作为了[加]强抓重点工作，不是没有工作。

宋罗岐选举法学习解答报告

1953年6月24日

一、普选及人民代表大会的认识方面。

（一）人民代表大会和政治协商会议的职权是什么，普选后各级政治协商会议是否存在。

人民代表大会和政治协商会议不同，中华人民共和国政权是属于人民，人民如何施行的政权，通过各级代表大会，通过各级人民代表大会普选办法产生的各级人民代表大会最高权力机关普选产生政府，各级人民代表大会是新民主主义的基本制度，人民代表大会和政治协商会有基本上的不同，政治协商会议是我们国家初期工人、农民、小资产[阶]级、各民主党派用协商所组成的，不是基本的，它是过渡到召开全国各级代表会议，但在未召开以前，政治协商会议代替了人民代表大会的职权。

政治协商会议执行代表大会职权是正确的。有的说既能代替即不用召开了，这样说也是不对的，没有认识到我们初期不能召开，我们现在条件[能]召开，如果那样看是不合乎发展和现实的，这也是毛主席的思想，人民代表大会召开以前是一样的。

召开以后，政治协商会议仍是向人民政府中央有建议权的统一战线组织，仍然存在，讨论时联系一些有关统一战线文件。

市区政治协商委员会是否存在，根据共同纲领中规[定]建立地方性机关，全国存在同样存在,区现不肯定。各界代表会议即不需要了。

(二) 有人认为我们普选还不够民主的。

旧民主主义思想在群众中或在干部中存在着,认为不民主的,即是没有从实质去看问题,我们阶级社会中是不能那样做的。关于人数不一致,我们农民住得分散,占中国人数[百分之]九十以上。我们认为是实际的民主,毛主席没有提平等的直接的不记名的。苏联在 1936 年才做到不记名,完全平等直接秘密的。不能拿美国和国民党的选举办法和我们比。

(三) 有些同志对普选学习意义认识不足。

有的同志提这次选举是形式主义,毛主席威望很大,不选也是主席,刘少奇同志讲过,没有很好的新民主主义政治即没有新民主主义的经济,所以我们人民普选发挥民主,发展生产,加强抗美援朝,不是形式,不是单独为选毛主席的。候选提出是否民主,我们说是民主的,各已由各民主党派联合提候选人,选民联合提出候选人名单,交选民小组讨论约一个月时间,历史情况介绍,还可以见面。

凡不限于在候选人中,充分讨论是更民主的。

国民党他们是限于候选人中,写了别[人]作废。

二、关于人口调查选民登记问题。

(一) 人口调查选民登记是普选中最复杂的工作。只有把人口调查清楚才能确定选民人数,人口调查关系经济建设。

(二) 人口调查选民方登记办法。

同时同地进行是否够资格,是否参加选举或转移,中央要求我们人口调查全面确切。

机关学校的登记,工厂一人统计一人去登记,不够好。最好的是人人亲自去登记领选民证。

(三) 选民资格的审查问题。

1. 对于选[民]资格审查、剥夺与否,不能轻〈意〉易,由政府按法律办。地主阶级如何改变成分,在什么时候什么条件下改变,首先弄清什么人是地主阶级分子,地主占有土地,自己不劳动或附带劳动,依靠剥削为生活来源。

虽是家庭出身于地主,本人是革命职员、学生、教员,不是地主分子,不能把所[有]都是地主分子。

服从政府法令,没有任何反动行为,努力劳动,连续劳动五年以上者改变,经过乡村人民代表大会通过。

城市街道居民会讨论，报区批准，机关工厂由工会等一定的群众讨论通过，报所在区批准。

地主兼资本家按地主论，资本家兼地主以资本家论。

2. 资本家在“五反”中犯了五毒，有的入狱出来没有判刑，就有选举被选权。

3. 判刑缓刑的是否有选举权被选举权，反革命分子判刑缓刑，缓刑后判刑，无选举权被选举权一般，判刑后缓刑二年以下的有权。二年以上根[据]执行情形决定。

没有国籍者、没有加入中国籍没选举权，中国和外国人结婚混血子是否入中国籍而确定。

三、选举的几个步骤。

（一）直接投票选举是直接选举，〈兼〉间接选举。

1. 划分选区，设立人口调查选民登记站。

2. 进行人口调查选民登记。

3. 公布选民名单。

4. 把选[民]调查民选后编组，酝酿候选人。

5. 提出候选，公布候选人。

6. 进行选举。

（二）有职业人口在哪里选举。

选举是以地区来选为主，结合照顾到职业单位。

不属于固定的长期的职业，参加地区选举。

（三）如何照顾到多数的选举。除开会选民大会选举外，延长十二个钟头，医院病人不能参加会，主席派上代表找他去写票，密封交来。

（四）候选[人]的提出。

中国共产党及各民主党派联合提出或选民联合提出。

（五）区代表出席市代表大会代表是否普选，区代表、政府委员不见得是市代表。

什么是满意的人和必要的人？

我们人民代表大会是统一战线的形式的，必要的人，要从人民的利益着想，即是国家建设满意的人是我们人民群众所拥戴的人，但不是隔开去看。

四、我们机关干部对普选所提的态度。

选举是我们中历史[上]最大的一次民主运动，我们干部要积极行动起来参加选举，对选举采取〈浮掩〉敷衍塞责都是错误的。进一步加强学习，进行宣传，热烈地参加选举，希望我们每个干部成为积极者、宣传者、组织者。

蒋树精传达选举进行步骤

1953 年 7 月 16 日

蒋树精传达选举进行步骤：

1. 步骤：

8 月 1 日—10 日为划区宣传。

8 月 10 日—25 日选民登记，选民资格审查。

8[月]26[日]—9[月]6[日]宣布选民名单。

估计在 10 月 1 号至 10 号进行举行，正式选举 9[月]6[日]，月底提出候选人名单，发至各选民区讨论，选举前 5 天宣布正式候选人名单。

2. 7[月]7[日]成立选举委员会训练了一些干部。

8 月 1 日—10 日进行全面宣传，划选民区，选民小组提出候选人发至各选民区讨论，45—60 个选区 5 000 人—6 000 人。

《参考消息》阅读范围的规定

1953 年 7 月 16 日

1. 机关团体凡正式党员都能看。

2. 内贸系统科员以上正式党员和个别办事员。

3. 工厂中工会主席团支部委员，凡正式党[员]都能看。

4. 留党察看，未撤销处分者不准看。

5. 有历史问题未弄清者、候补党员一律不准看。

6. 凡已经批准阅读的，不再请示。

7. 一般办事员文化程[度]低的，党委统一给阅读。

8. 总支做收发工作，必须有一总支兼任或指定干事来作，管理发行清退。

9. 支部收发工作由支部委员兼任。

刘公然报告第一次代表大会的决议

1953 年 7 月 18 日

刘公然同志报告第一次代表大会的决议：

1. 大会意义和收获。

2. 下半年的任务业务建党。

3. 加强政治思想领导。

4. 如何贯彻决议。

大会意义和收获：

在全党的积极努力和全党反复讨论了总结和月余的筹备工作，6 月 29 日正式开幕，批准了报告，批准了提案审[查]报告，大小共千余件，批准了提案审查报告〈决〉绝大部分是正确[的]，批准了下半年的业务方针。

选出了刘公然、郝腾德、张猛、马秀中、李康亭、张国让、门诚、唐岐、苏振华[为]委员，并选出市代表 26 人，我们召开是在“三反”“五反”运动已经过了锻炼，尤其在学习马林科夫报告学习后，大家都有进步。

为了适合国家大规模的建设，由机关党委改为企业党委。

大会收获

(1) 这次大会明确了加强政治思想领导，“多少年没解决的”思想工作，两种，国营经济，我们无产阶级占领导地位，如何划清界限，负责工农联盟，为共产主义服务。

(2) 正确地总结过去建党方针，指出了今后建党的方针。

二年来：A. 发展建党教育和中心工作结合起来；B. 培养教育审查教育相结合；C. 发展与巩固相结合。

党代会传达讨论

1953 年 7 月 25 日

总支扩大会议研究刘公然同志报告，如何传达党代会决议。

准备分小组讨论，但大家记录不全，所以要以支部分头传达，传达什么，占用什么时间，把我们企业部门以党为核心，在这次传达时扭转，为作用更大就应结合我们的主要情况传达，时效可能更大的，原来大会决议没原则的，但也不能脱离决定的精神，结[合]本单位支部情况。

结合哪些，主要的和普遍的。

贯彻时，一周传达，二周讨论，一周总结报告，共四周。

宣传，必须向外宣传我们党的贸易政策。

1. 干部中有的同志怕做保管工作，怕粮食坏了受处分，所以对九二米八一粉水分大不好保管？

2. 党群关系不太好，杜宪章和赵锡章。……

3. 党的政治政策如何贯彻到人民群众中去。

4. 只有了解了行政任务计划，才能监督工作。

刘金标传达党代会决议

1953 年 8 月 1 日

星期六上午 7 点。

并选出席市代表大会的以李耕涛、刘公然等 26 人代表，第一个五年计划是艰巨的，根据市委决定，由机关党委改为企业党委。

大会收获有 4 点：

1. 从思想上解决了一个最根本的问题，加强党的政治思想领导，知道了党在企业部门监督保证行政任务完成，以确保党在企业中的无产阶级思想，正确贯[彻]党的政策，准确完成任务，深刻地认识到政治和业务的一致性。

2. 总结了建党经验，今后如何办。

发展党与中心工作结合。

3. 发展与提高相结合，发展一批巩固一批的方针，今后发展生产业务部门。

讨论和通过了下半年的任务。

4. 由于大会发扬民主展开了批评，对代表教育尤其是上届党委委员更深刻。

陈同志谈当前工作要点和不足

1953 年 8 月 2 日

市委组织部陈同志：

不强调党做个人计划。

小组讨论重点，党员对支部总支工作，有哪些意见。

检查政治工作要点：

利用党团大会，号召团员起带头模范作用。

宣传工作上是有成绩的，编快板、半月刊和口号，反对一推一动的工作作风……缺点是宣传工作搞起来得晚，和口号不太多。同时结合思想提高什么、反对什么这方面是不够的。应当根据我们的工作重点和群众的思想主要的带普遍性[的问题]，[研究清楚]通过宣传解[决]哪几个问题。

郝书记、刘经理报告党代大会情况

1953 年 8 月 12 日

郝书记听取党代会工作的汇报后，做总结发言。

郝书记：

从今天汇报来看，我们正在扭转业务放在会议的主要问题，抓政策方面，如何组织力量来实现，支部真正成为核心，商业国家建设中的作[用]地位。

支部工作，是政治工作，不重视业务，做业务不重视政治。

无产阶级思想在业务部门中的绝对领导。

刘经理报告：贯彻党代会讨论情况

全体党员 267 人，参加讨论的 255 人，其讨论四次。

总支支部委员深入到组，各组展开了热烈的讨论，对支部总支工作提出了批评，通过检查，展开了批评自我批评，大家讨论也抓住了重点结合本单位具体情况。

（一）收获：

1. 领会程度——经过这次讨论普遍地提高了觉悟程度，提[高了]党的基本知识。

2. 认识了加强政治思想工作的重要性，无产阶级思想在企业部门〈站〉占绝对领导，政治业务不能密切结合。

3. 建党工作，巩固为主、重点发展的方针，发展党与中心工作相结合，积极教育与慎重审查接收相结合，今后提以工人及生产业务部门发展。

（二）检查出来的主要问题有五点：

1. 经过讨论检[查]，全党受到了一次教育，尤其总支与支部委员教育更为深刻，有人认为是额外负担。

2. 有的党员过去不重视政治思想领导工作，没有认清政治工作是领导行政工作前进的首要条件，认为是人事和秘书部门的事情，要想做好行政工作，脱离了政治工作是不可能的。

政治脱离了业务工作，也是盲目的空洞的和不〈接〉结合实际的。

市委关于干部问题的报告

1953年8月20日

审查了解培养棵高，下半年干部工作精神。

（1）干部工作是党的工作的主要部分，特别是组织部门一部分要求党委检查一下是否重视，首先谈了解如何去了解。

日常工作，执行任务，政策，立场，观点，工作方法，另外通过各运[动]中去了解其历史，掌握突出的优缺点，同时了解干部从重点到全面。

（2）干部管理问题，主要[是]调动问题，局长级〈规〉归中央，市科长华北管，天津公司科长市委管，区委代管，代管有权利培养教育，不许随便调，一是按市委规定办事，不要硬性调，对方提出不愿商议。

（3）干部管理机构，各单位要有此机构，和各部门结合，通过运动培养教育，行政是执行机关，党是决定机关。

（4）关于干部后备问题，我们过去没有准备，今后一定要列入候补名单才能提拔，为了今后对干部的审查，每人一份自传，没有补〈其〉齐，年终来一次干部总结，来一次干部大鉴定。

为把工作搞〈好〉，先写出自传，了解干部情况，〈作〉做到心中有数。

(5) 关于训练问题

今后培养：① 文化；② 理论；市委规定凡高小以下的都学习文化，初中以上暂时在理论上提高，根据这个精神作出计划，哪些人在职学习，哪些人离职学习，在工作不受大的影响，在尽可能短的时间内训练完，计划作出后别向外讲。

(6) 审查问题

目前开始准备，审查内容是政治问题，该弄清的弄清，该结论的结论，问题不大经过试验该结论的结论。

(7) 报告制度与请示分开，报告几个问题，重点带普遍性的。

刘金标布置第四季度干部工作

1953 年 10 月 14 日

组织部副部长兼人事主任刘金标同志布置第四季[度]的干部工作。

星期三。

按目前来讲，我们干部缺乏质量也缺乏人才。

为了完成或超额完成 5 000 亿的光荣任[务]，通过这一运动考验干部，提高干部，为了这个目的，我们〈作〉做组织干部的〈作〉做好以下几点：

一、后备干部制度

干部工作是组织工作和人事工作的重要任务之一，斯大林同志说过，“干部决定一切”，从实际工作中去看也证明这一点，干部也是完成工作的先决条件，干部工作要抓住增产竞赛的有利条件，对后备干[部]抓紧培养教育，同时也是考验干部的机会，这样来完成我们的后备计划，又能推动了竞赛工作。

后备干部情况：

内贸系统全年科长 169 人，共中正职 16 人，副职 153 人，1 至 9 月走 80 名，到 9 月底提拔 57 人，其中只二组正职占原计划 71%，按全年计划 34%，第四又计划完成 62 人，9 月份检[查]延至 1954 年 42 人，取消的 8 人。

科长级缺 127 人，其[中]正[职]70 个，副职 57 人。

计算方法，除保卫检查单职外，其余按双职计算。

虽说我们没有完成计划，但我们成绩是大的。

经理级 10 人，科长 57 人，这样充实了领导力量，支持了业务，改进了工作。

后备我们是有缺点的，没有完成计划和不平衡。

（一）完成和基本完成的：粮食，仓储，百货。

（二）也下了最大努力但也未完成。

第三种情况流于形式，计划破产了。

主要原因：

1. 完成任务的是领导干部认真负[责]，在挑选干部时根据"德才"，没有完成任务的主要轻政治，把政治和业务分开了，因为工作忙不去培养，有 2 个月没给被培养人谈话，有的支部〈作〉做了计[划]不管了。

2. 在制订计划时，有的支部追求数字差不多，有历史问题，〈作〉做十个人的计划完成一个，或有历史复杂。

3. 在培养过程中一般重视业务，但对政治教育是差的，经过培养后产生出自高自大，脱离群众。

以上缺点不只光单位，从组织部和大事室来讲也是喜欢数字大，更没有很好帮助，我们本身也有责任。

二、今后意见

（一）培养干部必须和当前中心工作相结合，要大胆地放手使用，去培养考验，领导上要必须及时地检查，这样才能进行具体帮助，防止光使用不帮助的偏向。

（二）培养要与审查相结合，除放手使用外，还要审查了解其历史，要与群众相结合，培养审查。

（三）根据不同对象订出不同的重点和方法，过去有偏重业务一点，培养的要德才相具才为成熟。

（四）干部后备工作是我们经常的工作，除完成第四季计划外，还要通过运动发现新的后备对象，我[们]继续培养，不要中断，后备工作今年时间很短了，已经支部审查讨论不能再变了，没在后备制度的现在够条[件]的也可以提拔。

今后发现对象长期培养。

第二个工作调配干部的工作。

为什么调配干部，根据报来 11 个单位不短干部。

13 个单位，缺人员 1 126 人，科 127 个，迫切的是 720 个。

干部须大家想办法(业务训练有技术的)。

教育局训练班，有一千余人，扫盲委员会有 300 多人，转业军人，华侨，依靠我们内部调整一下，储运干部可以调到业务上去，基本办法是我们培养。

培养干部和教学合同结合起来，和业务学习结合起来，过去在干部的配备上存[在]着很大的盲目性，"乱"，组织扩大或新建立，任务来了，马上要，任务过去又向外送。

有的单位意见不一致，人员多少弄不清，所以使工作有时困难。

有时要干部条件高，业务熟练。送干部的把有包袱的输出去，干部来源劳动局给一部分新失业的。

过去向外交干部有的单位交出不少了，粮食、仓储、〈另〉零售，干部都不错，但今后也要向外交，但是[在]自愿的基础上，照顾到全面，受点损失也可，在本单位不适合也可调到其他单位去。

第三个政治思想领导。

在目前增产节约过程中，职工情绪都很好，在津开会也谈到了展开课题竞赛，石油批发站搞好了和工人的关系。

按有的单位少数干部动的劲头不大，业务部门动起来的劲头大，行政部门不太足。

1. 人事部门必须及时深入了解职工的思想情况，把教育跟上去，结合工会团启发教育职工[作]要以先进带动落后的，利用起宣传工具，如竞赛通报，我们还没有活人活事宣传出去教育大家。

2. 要结合培养干部，提高业务技术，政策水平，加强各方面的业务教育，保卫人事应注意什么，及时发现批评教育，订立教学合同，其他没订，有一组订了通报出去，我们工作要抓住主要问题，重点和本职工作结合起来。

3. 加强劳动纪律的教育，严格人事制度管理，每月向群众公布，要和年中鉴定评奖结合起来。

4. 密切结合工会小组，开展批评与自我批评，个人在竞赛中完成计划情况，经检查是一很大教育。

5. 做好职工的福利工作，上级决[定]把5%奖〈历〉励金抽出五分之二来〈做〉作为救济金，自今年1月1日开始了。提出补助生活困难的，或冬季棉衣、棉被不能做进行帮助。

奖励金已由人事和工会拟出奖〈历〉励办法，不久即发(不拟定)。

6. 运动过程中必须加强记载工作，好的坏的记出来，〈已〉以〈作〉做评奖的物质基础严明奖惩。

调训干部，内贸开一训练班，目前各单位需要[目前]调干部来学习，从 20 个报来的条件不够，训练科员、办事员，内容业务政策，报来的 70 个人中，大部分会计、人事、勤杂、警卫，有思想毛病的，有病的，有历史问题的。

这样一来，我们即不能开了，准备每期 400 人，这一百余人打算阴历年前结束一大期，找一些经验。

1. 具有高小或相当高小程度的。

2. 年龄 45 岁以下男女都可以(怀孕的不要送)。

3. 身体健康，无传染疾病者。

4. 思想进步，有培养前途的科员办事员。

已经送来，条件不符换一下，20 号前报人事室。

干部写自传：

自 10 月份开始，到 11 月 20 号前，科长级写出报来，科长以下，自行掌握，具体做法另等通知。

统计工作：

人员统计工作，人员未有增添即错了，审查未盖章领导干部具体要帮助。

总支会传达中央指示

1954 年 1 月 19 日

1 月 19 日星期二晚召开总支委员会。

(前略)

最近中央发了一个通知，加强工农联盟的思想教育。使全体职工认识到工人农民阶级城市和乡村的关系，工人阶级是领导阶级，主要领导农民、小资产[阶级]、民族资产[阶级]，是改造农民，是劳动者也是改造[者]，但他和别的阶级不同。

过去有的人说农民创造大生活低，不承认工人阶级的领导的狭隘思想，农民离开工人可以活，工人离开农民不能活，没有看到工人领导革命走向胜利。

工人光看到自己好，有的工人把钱捎到家放高利贷，有的回家借衣服手表，回去要威风，财大气粗，这是非无产阶级思想的反映。

但有的农民出[身]，进城以后看不起农民土包子，目前进[行]教育是非常必要的。

1. 目的要求。

一使全体职工懂[得]工人农民、工业农业、城市和乡村互相支援的道理，以工农[联盟]。

二使职工懂得国家在过渡时期总路线是符合工人农民利益的。

三使全体职工懂得工农利益是完全一致的，因为都是劳动。

四使工人懂得实现工人阶级的领[导]作用，就必须在国家建设起模范作用的道理，但有的人回去后干涉农民的事，农民提出意见，他说他是领导阶级。

通过这些回家互相〈争〉征[求]一些意见，互相尊重，互相友爱，互相支持，互相照顾。

2. 具体做法。

(1) 根据宣传要点，结合本单位特点，进行一次报告正面报告，报告后组织一次到二次的讨论，检查出来的进行批判，25 号，报告讨论结果报党委。

(2) 对回家职工的听报在一起，另组织讨论座谈。

三要三不要。

宣传工业化的报纸材料宣传不要暴露机密。

回来以后由工会出面召集开会，由支部总结报告教育，2 月 8 号报党委。不回家的人教育做好保卫工作，普遍给家乡写信。

3. 工农联盟教育，支部生活 2 期，春节联欢晚会也以工农联盟去教育，由工会去支部领。

农村来的家属，招待热诚，回家的每人买一本支部生活二期。

4. 教育职工按时回到工作岗位上来。

5. 春节联欢会分散开。

李肃亭同志传达学习 260 期《建设》①。

实事即是上半年的工作安排，学习总路线以后，召开党代会，总路线从头学习，中央拟出学习提纲三月底学完。

[黄]火青同志说以后别忘了[把]周总理的总结插进去去检查工作。

召开党代会[问题]。

---

① 《建设》，是当时中共中央华北局机关报。

学习第一步插上周恩来同志总结，插进去检查工作，全市材料印出来，[把]高岗同志报告、李富春同志的报告刊印一下。在马列主义宝库找一些材料，检查工作。1952 年党代大会〈以〉已着重了达到改进工作、提高工作，达到团结[的思想]，让下面提意见，但不要仅仅检查自己，防止〈偏〉片面偏差。最后召开党代会。

二页倒五行，我们标着革命性质的转变开始。

第三部分第四小节毛主席写的。

第五部分十八页十二行，发挥党内民主到小节结束。

李超传达市委组织部干部提拔管理办法

1954 年 8 月 19 日

市委组织部干部处李超同志传达：

现在有 10 万干部，进城时是 7 000 人，所以干部要分级管理，使政治与业务结合更密切了，宣传部设干部管理处、财贸处、政治处、群干管理处、综合处，现都在组织部，今后都垂直下来，各单位和处直接联系。

上半年工作：

审干工作总的精神谈一下，另有专门会议。

组织部如何掌握的“德才”。

1. 关于上半年的提拔工作，局处级座 100 人，完成 95 人。

市级科长(特)原计划 500 人，实际完成 540 人。

区级科长提了 501 人，是不精确的。

新吸收了 2 100 多人，是经批准的，现我们超编又暂不吸收了，总之是都经过了长期工作和党的考验，这样增加了新的力量。

转 141 工厂，现已转出 100 人，他们都是负责的同志，单位不断扩大。就必须提拔干部采取的是按批提拔，不然就不适合工作需要，科长级干部由人事部门、组织部门研究，报党委审查市委批准。

负责干部对“德才”“兼备”已有明确的认识。

根据现有预备情况，和市内所了解的提出提拔。组织复审小组，分头分阅档案和各党委多次交换意见，基本符合华北局的大量提拔干部的原则。

具备下列条件之一者均提拔。

① 政治可靠历史清楚，对党忠诚，不计较个人得失，工作积极，能正确掌握政策不出偏差者。

② “德才”能胜任现职工作，思想作风有缺点但不严重者。

③ 经过警告处分以后，虽已给了处[分]已有改正无重犯已取消者。

④ 历史上曾有过问题，情节不严重，已彻底交代，经组织结论又经考验，表现良好。

有下列情形之一者均未批准：

1. 工作能力不强，思想不进步，现职还勉强，尚不能胜任。

2. 历史上有政治问题，叛变自首者、蜕化者，虽有结论，情节严重。

3. 犯过严重错误尚无彻底改正，受过处分(撤销留察)，未撤销者。

4. 现有严重社会关系，港台关系、被镇压亲属，界限不明，有错误认识不清，如过去家是富农被斗争而无正确认识，虽工作，不忠实的。

总之我们是根据政治品质、业务能力，来体会的‘德才’兼备，组织会议以后思想上比较明确了。

这次提拔领导重视亲自掌握，而且细审查完成的顺利，组织人事部门是否努力分不开。

副局长做政治工作〈必〉比过去明确了，税局贾林同志进行排队审查是重视的。

排队评比，税局粮局工商局召开不少会工作就顺利。

组织部门人事部门结合得很好，翻阅档案，分类，有的单位列四类提拔与审查干部相结合，进一步明确了培养对象。

过去后备是一种形式而已，列上一个名而已，如培养或有历史不清。

还有晚提拔的越多调出去可〈息〉惜，上级和他要多给少、要好给差，有的保守、怕冒尖，有的恩赐观点、有的从历史上打圈子，仍存在着资产阶级思想重业务轻政治，我们审 30 多人有政治问题。

有的提拔在解放前是反苏大游行的指挥人，没搞清。虽有以上缺点，我们成绩是大的。我们一正两副还须继续配备，大胆的提拔干部，有的问上次报的为什么没批回去，有〈克〉客观情况最近就批回去了。

下半年工作安排：

全年[是]提拔市科长以上 1 000 人现完成 400 人了。

一、自学习四中全会决[议]以后检查出来一些自满情绪，通过学习以后大家思想水平提高了，今后继续贯彻四中全会决议，展开批评自我批评。每月专题总结干部思想情况，思想情况及时汇报研究，“三反”检查了一下，面粉计划供应上又出现了资产阶级思想，投机取巧，是资产阶级思想。如还有的弄虚作假的资产阶级思想，我们入城前是不会有的，加强干部思想教育特别是新干部的教[育]，不仅思想教育更注意政策业务的教育，提拔起来以后应继续培养提高。（绝不是工人提拔干部叫群众讨论）。

今后继续大力地培养干部，银行每年有 500 人轮训。

我们是在职的培养教育。

二、审干工作。

是根据天津市情况和华北局指示。

我们是入城时是不到 8 000 干部，现有 10 万干部，8 万是[新]吸收[的]。

有的是私人介绍来的，成分复杂历史不清，也有的是反革命分子，“三反”中交代关系，和各种运动的考察，但是并不能完全解决所遗留问题。或当时认为没有发现新问题，又由于有的领导只重视业务不重视政治。

因此要和目前工作相结合，即不采取整风运动，也不因工作忙而不做这项。而和目前工作结合起来而进行审干工作，现已发到几个党委借以后试点做，13 级的市委审查，市级科长由党委结合搞。

市级科长今年下半年要完成一半的[明]年上半年完。

一般干部要在 1956 年上半年完成这项工作。

由各党委负责，成立审干委员会，市内不成立了。

审干应注意的问题。

调查了解认真细致实事求是，改正过激极〈断〉端和粗枝大叶，主要取[决]于自觉和大家帮助，另开专门会议 8 月份开会。

三、提拔问题。

为适合工作的需要，提高干部质量，加强后备制度，是提拔干部的计划性，摆脱被动和零碎，今年下半年提拔 500 人。

今后按系统分：

党群 100 人，财贸 110 人，工厂 120 人。

股长级也要定出计划，局处长级市内考虑。

后备制度暂[行]办法已发至各单位。

四、调配干部。

下半年干部调配很多，市委还要设几个部，当前调配等市委确定后再另计划。

党校政校[学]员，除回原单位的外，分配到别的单位。

下半年轮训干部正在抽调。

加强中学以上的组织力量，凭以具名单报市委。

过去干部是统一管理，今后是分部分级管理不能出现一点问题。

今年逐步垂直下去是一项新的工作。

关于了解干部，有些是不清楚的，是由于过去组织不重视的，如不了解干部就不能合理地正确地使用干部，加强全市干部的无产阶级思想肃清资产阶级意识。

反对资产阶级个人主义，10级以上干部经四中全会决议文件学习以后而提高了很多。

检查出来了认为组织对不起他计较个人地位待遇个人主义。

了解干部是在市委统一领导下进行分清管理代管理，组织和人事部门结合起来，了解干部是全党的工作。

一般了解，姓名年龄等。

[每]填一次表[都]有他一定〈义〉意义：

① 政治历史上学历经历，考察历史，无结论者经调查了解作出结论。

② 当时的思想动态。

③ 工作，包括政策工作能力。

④ 了解干部要看政治品质、业务能力，反对[纯]业务观点、资历观点、印象观点。

由领导上自上而下了解，也应由自下而上地了解，这样防止看干部的片面性。

评级定薪的工作。

8月份准备这项工作。

（下略）

"肃反"工作安排部署

1955年8月4日

"肃反"工作：

认为粮食职工对刘局报告精神领会了，进行这一工作必要，但也[有]一些问题。

1. 主要小组长领导，现在群众思想斗争，就如何发动群众。每天市局普遍小组发言冷淡。第一次还好点。应如何办？

(1) 要讲策略,领会文件精神,联系实际,将要冷淡,谈下文[件]再讨论。

(2) 学习的方针政策要明确,提高警惕,清除反革命。

(3) 组长善于依靠骨干与积极分子。

(4) 小组长对本小组人员情况做到心中有数。

小组长发言不要过多而注意诱导。

(5) 领会精神,联系实际。不仅外面的,也得本单位的。目前防止过关,不得纠缠一般问题。

(6) 小组长要注意〈经〉总结经验。他说组长是落后于群众,有的人指出交代会后也不进行工作。思想动员和坦白检举不能决然分开。

(7) 小组讨论时,内容要丰富。揭发一些问题。

财粮贸系统的情况:

目前群众初步发动,敌情紧张,领导没有经验。

学习文件要反复地学,领会精神,联系实际。通过学习交代政策,克服麻痹,提高警惕,提高识别能力;联系实际,发现问题,给下步准备条件。

联系实际,本单位〈尤於〉由于麻痹,给革命〈遭〉造成的危害。

联系实际,个人主义、自由主义、宗派主义对革命的危害,不是单纯去学文件,讨论联系实际。

2. 摸底排队,分清敌我,心中有数,有力地指导运动。

如何排队共四类:

(1) 政治历史清楚,或者已弄清作了结论者,并在运动中表现积极,对敌斗争明确。

(2) 中坚力量,一般好人没有什么大问题,也不太积极。

(3) 比较落后的,指没问题,思想落后。

(4) 有问题的对象。

争取中间,教育落后,扩大骨干,培养积极分子,孤立与动摇反革命。

培养方法:学过讨论,联系实际,克服麻痹,提高警惕,提高识别能力。(1) 学习文件,讨论报告。(2) 反复联系实[际],〈恢意〉回忆过去。(3) 思想斗争,提高群众,通过积极分子带动中间、教育落后。(4) 个别谈话。

3. 确定重要人物根据:

(1) 过去已掌握了材[料]。

(2) 运动中暴露出来的问题。

(3) 群众检举材料。

4. 重要人条件:

(1) 五类反革命,没有交代或交代不彻底。

(2) 有现行反革命嫌疑。

(3) 搞小集团的主谋者。

(4) 有港台关系或其〈别〉他可疑复杂的社会关系。

(5) 在运动中发现有重大问题。

(6) 发生过重大事故,带有政治嫌疑的。

(7) 有严重的政治历史问题,没作结论的。

(8) 其他。

5. 小组长如何领导:

(1) 避免顶牛现象。

(2) 不能轮流发言。

(3) 不指定人发言。

(4) 根据不同情况,灵活掌握。

(5) 必须引导运动逐步发展,不能停留[于]表示态度。

(6) 联系实际要具体。

(7) 组长对本组的基本情况要有底,但队形要保密。

(8) 组长对本组发展情况要随时研究,方针、政策、目〈底〉的一定要明确。

根据具体实际,提高群众,教育群众。

今后完[成]内容:

(1) 运动整[体]情况,包括进度;(2) 思想情况,群众发动情况;(3) 敌情,他们特殊表现;(4) 领导方法及经验;(5) 发生和存在的问题。

最后提出见立分户账。

关于审查反革命人员的方法与程序

1955 年 8 月 16 日

一、审查工作任务及分工。

(一) 查批骨干人员,有问题的小组长要撤换。

（二）审批逮捕反革命犯人名单，整理材料，按系统报批。

（三）专案审查和专案斗争的指导工作。

（四）对正问题找法律根据。

（五）填写审批表。据市五人小组。

分类统计、处理、登记专案问题。转案。

发现需要调查的，拟出调查提纲，外出调查。

二、如何选重点的问题。

（一）材料来源。首先保卫、人事、组织[部]门掌握材料和运动中发现的问题搜集起来，进行分析研究是否够重点，还要分析是调查重点还是捕的重点。

（二）重点人的标准。

1. 现实特务和历史特务。

2. 现实破坏活动分子。

3. 有重大罪恶和血债问题。

4. 反动党团骨干分子。

5. 反动道首。

6. 阶级异己分子。

7. 投敌叛变分子。

8, 重大政治嫌疑分子。

9. 带政治性的集团。

10. 其他问题。

三、专案审查小组，组织任务斗争方法。

（一）专案来源：主要从广泛材料找出重点，重点中找出专案。

（二）专案标准：1. 需公安局门进行追查的。2. 根[据]情[况]处理破案，有与特务联系的；现行特务、反革命性的小集团符合上述标准，报专案。

（三）专案小组成员：

事先准备工作，组织小组，从战斗小组抽几人进[行]整理材料、分析，做专案审查工作。

在什么情况下组成：1. 在小组打得差不多，经研究外出调查。2. 有些不便小组内谈，可向专[案]小组谈。3. 情况特别复杂的转[专]案小组。

专案小组任务，始终负责。

1. 把材料逐节逐段查对。

2. 外部调查的指导工作。

3. 取得法律根据。

4. 全部档案的整理,提出处理意见。

5. 战争方法:

(1) 叫对象写材料,应掌握一定劲头,过早写材料怕隐瞒。个人要求写,可以;交代差不多了,也可以。

(2) 个别谈话。

(3) 有计划、有准备的集体审查,有 3—5 人进行谈话。实际就是第二战场。

(4) 外部查对工作。但这些方法应注意一个问题,必须和战事小组密切配合作战。怎样配合?

在不暴[露][秘]密的情况[下],可以告诉战斗小组材料,鼓〈厉〉励战斗情绪。

对长期侦察的专案也可告诉一部分。

四、什么时间逮捕,总的原则——对运动有无好处。哪些人可以逮捕。

(一) 血债分子,无论坦白的或检举的一律逮捕。

(二) 有重大反革命历史问题,身份高,特务组长、战犯、伪军官有罪恶的,在运动[中]抗拒分子。

好人是不抗拒的。

(三) 运动中破坏的也逮捕起来。

(四) 交代问题,抗拒、自杀、破坏也要逮捕起来。

(五) 带政治性或反革命的小集团首要分子、威胁性同盟。

(六) 其他。

除逮捕外,还可以拘留,24 小时内办理手续,[如]经三处××。

什么时候捕了,不捕就阻碍运动者,自杀、逃跑、报复,为下次运动准备条件。

五、小集团的问题。

(一) 怎样看小集团?主要看首要分子是什么人。集团分子情况复杂,有几种情况:有历史问题,阶级敌对分子,蜕化变质对我不满,还有个人主义落后思想对我不满,不是阶级仇恨而不满者,和政治问题严格分开,要具体人具体分析。

(二) 看小集团活动是什么性质的。一种是政治性,一种落后性;但要联系起来看,落后性的有反革命分子参加,政治性可能有落后分子参加。

小集团的材料整[理]:首先他们的成员,他们材料哪是坦白,哪是群众揭发。

分析意见怎么样,交专案小组审查。

(三) 对小集团怎样斗争? 一般放到小组斗争,找出起义对〈像〉象,在小组去揭发。找什么样的起义人员? 一般对我们不满,知[道]材料多的;找出缺口,攻开写材料。

订了攻守同盟者,找缺口再攻不开,令其反省,局小组就可以批准。

但要作好布置工作。

六、搜查问题。

市委决定凡批准逮捕或隔开反省的,搜查他宿舍,但必须经市五人小组批准。

七、逃跑自杀多,主要交代政策不清。

李局长谈本周工作安排

1955 年 8 月 17 日

李局长一周工作〈按〉安排:

1. 盲目攻坚停止下来,有材料攻半截,还攻有材料的,搞 6 个半天也可以。

2. 攻坚半截顶了牛,把他〈压〉押起来反省。

3. 这星期主要发动落后群众。

排队工作:敌人和落后要区别开来,中间落后区别于反革命。积极分子分工,团结中间,争〈去〉取落后,阵线分明。

4. 一方面发动群众,根据今天报[告]和杜主任报告,结合讨论。

5. 对重点人的材料要有充分掌握、整理,结合经验。每一核心组组长掌握重点案件,亲临战场作战。

审调组任务与分工

1955 年 8 月 17 日

审调组任务与分工。

整理材料部分:

1. 综合整理逮捕、拘留、隔离的案件,提出处理意见,请示上报的行文。

2. 专案材料的整理,提出线索进行侦查,并上报市财粮贸小组批准。

3. 坦白检举材料，提出处理意见。

专案审查和专案斗争的指导工作部分：

1. 指导与掌握、研究专案小组的斗争情况及斗争要求目的。

2. 配合小组作战，介绍重点人之材料。

3. 负责运动中的保卫工作和重点人之思想动态，凡有行凶、自杀、逃跑、破坏之可疑者，及时报办公室，采取措施。

4. 参加汇报，深入重点小组，掌握重点人的坦白材料。

统计分类：

1. 按级坦白检[举]材料，提出处理意见，一般的就自行处理，较大的交组长审查。

2. 各种材料数字的登统。

3. 负责各种报表上报材料。

4. 收发文件。

调查工作部分：

负责专案线索的调查，找出法律根据及重要人材料之查对；

1. 整理材料部分：×××、×××。

2. 专案审查指导：×××、×××、×××。

3. 登统坦白检举：×××、×××、×××。

4. 调查：×××、×××、×××、××、×××、×××、×××、×××、×××、×××。

(共20人)

传达讨论市六办五人小组扩大会相关内容

1955年8月20日

李局长传达市六办五人小组扩大会：

群众发动比以前有进步，坦白检举比以[前]增多。转入重点审查。

但缺点发动不够，使用群众不够，形成孤军作战。

1. 小组变化情况，127个组，减少[了]16个。

一类：27.1%上升到40%，82个小组；

二类：53.4%，下降 45.8%，92 个小组；

三类：19.4%，下降 13.5%，27 个小组。

2. 重点人变。截至 16 号。

611 个占 14.48%。粮食局 15.8%。

3. 交代问题的 178 人，交代 194 件。

4. 检举 241 人，318 件，重大问题 68 件。

5. 小集团：6 个单位 34 件。

6. 初步战果：进攻 191 个人，有 40 个基本下来，有 10 个攻下来。

7. 组织专案问题。

现组织 4 个专案小组。

8. 胡风[分]子和胡风嫌疑分子的区别。

9. 呈报逮捕二件。

10. 发生事件：逃跑的、自杀二件。

讨论杜新波同志报告：

1. 有的人怕报复；2. 怕伤感情；3. 怕完不成任务；4. 怕破坏；5. 不好处理；6. 怕打错了，因怕顶牛；7. 怕搞病了等十怕。

盐务局估计不足，罪恶大，胆了小，一攻即破。

1. 怜悯敌人，会后安〈温〉慰敌人，给敌人辩护。

2. 信心不错，一攻不[开]，二攻不开，三攻失败，悲观失望。

3. 自满情绪差不多的思想。

4. 恶风邪气没受到打击。

5. 闹个人问题，现在没有补助而闹情绪。

关于发动群众，过去做得不太好，不相信群众，不依靠群众，怕接近落后群众而担嫌疑。

特别是咱们排队不当，24 个人中，骨干 4 个，中间 13 个。会外活动少或有的与反革命分子一起研究策略。

中间与落后群众区别不清。

对敌斗争的策略问题：

1. 盲目作战现象还有，声势浩大，战斗力不强。特别小组没有全面计划，临时商量，甚至不策略到。有的说下午重点人发言，有的下次不进行你；你下去写材料，我研究你的矛盾。

2. 骨干分子发言长。

动员报告后一般收效很大。

听报告，很多人检查思想，坦白问题，展开对面斗[争]。小集团分化，对反革命压力很大，动摇了。敌人推翻了，而又承认起来，有的钻空子。

现存在问题及意见：

首先谈组织专案小组，发动群众，就必须克服麻痹右倾思想，不相信群众、依靠群众。

1. 分类：

一类根据市委精神，斗争积极，敌人分化；

二类小组，发言普通，联系实际，揭发问题；

三类小组，就是坏的。

今后一般小组不得变化。

重点人物的分析审查，如有变化，当天上报。按张冲布置的十个条件统计。

港台关系、直系亲属给国民党做事的，一般不算。

今后对重点人进攻，三级五人小组要有一定安排。

2. 重点人有多少？反革命分子多少？正打、准备打、已打下的各多少？

每一个作战的有一个研〈研〉究组。五人小组加强重点。

加强群众的思想摸底工作，才能积极发动群众。

五人小组加强对办公室的领导。

讨论的问题：

1. 专案小组干部条件可以放宽一点（田用人多）。

2. 分类问题，按十条。

3. 制定统一作战计划问题。

张冲谈专案问题：

专案的来源，从一般问题找出重点就是专案。

二类专案运动中斗争出来的历史反革命、血债现实反革命。

专案小组组成：在战斗组找二、三人去搞，党团员、没问题的群众。

组成人员根据案情确定，重大问题审查参加一人。

1. 打得差不多，只是〈斟〉甄别一些细节的问题，就为专案。

2. 不便于战或要泄密及大问题已闹清，细节小事顶牛。

3. 案情太复杂者看。

外出调查专案小组：通过审[查]小组外出，找出法律根据。每一专案小组有一整理材料的。专案小组是战争小组，可以叫他写材料，可以谈话，和战斗小组配合起来。

交专案小组时可以宣布。专案第一类的不宣布，结案后可以宣传。

专[案]小组对〈像〉象须经市批准。组成人员由五人小组同意即可。

统一制订作战计划，由核心组为单位，分级负责，重点领导，五人小组、核心小组都应抓重点。

发动群众放到领导日程上去，防止逼供信。

万晓塘关于“肃反”问题的报告

1955年10月12日

万晓塘同志报告：

一、中共中央关于传达暗藏的反革命分子，充分发动群众，保证运动健康的发展。

(一) 全国29个城市220多万人，暴露坏分子110 000人，反革命嫌疑50 000多人(是9月25号)。从数字看成绩是大的，不仅揭发了上述坏分子，同时也提高了政治觉悟(党团员、基本群众)。中央指示特别发动落后群众。过去我们领导不善于教育落后群众，使落后的、中间的[与]我们党脱节。

运动发展是健康的。运动当[中]发生了一些偏差，纠正是快的(按全国)，有的领导发觉自己扭转了。

我们在任何一个运动依靠群众。陆定一同志讲领导注意纠正偏差，有些干部存有右倾思想，不愿发动群众，但群众发动起来要注意掌握。

(二) 群众已充分发动。发现以下几个问题：

划清了好坏人界限(大致)，还未有完全划清，揭露的问题还未定案，就有二个可能：一就是反革命，一就是好人。

隐藏深的反革命，现正在揭露，所以也就不说完全划清。从发现问题看，也没完全划清。

(1) 打击面过宽;(2) 产生了顶牛。[这种情况]全国大体 40%。

根据全国各地经验,是可以解决的。发生顶牛,不及时采取有力措施,就会发生以上二种情况。(敌人是死牛,先把我们的牛拉下来)

1. 发生打骂人、逼供信现象。有的闹坦白斗争大会。怎样搞的? 就是顶牛下不来,搞大会压的方法。

坦白大会搞的结果有的地方到 50%。我们全国情况掌握坏人 5%左右,一般政治历史 15%左右。

有的为坦白大会,以宽大无边的方法,有的有血债宽大,有的反革命坦白了当了小组长。

2. 半途而废或者犯逼供信的方法、车轮战方法。有的出现厌战和一些假案子,有的曾白天斗争、晚上看守反革命分子。运动已搞二个月,长期不行,同时业务工作也有影响。

有一个单位 19 个重点,打成 18 个特务,12 个有血债。他为了想睡觉就给说假话。

应细心审查,证据有假。

3. 有的领导表现软弱无力,骨干少,但又不敢发动群众,要继续反对右倾思想,要在整个动运动[中]贯彻。

有的打骂人、逼供信,出现一些假案子。这样对敌人有〈力〉利。中央指示反对右倾同时要防左。七一、八一。

11 个省市会议上没有一个人敢说左。

中央指示搞错的应纠正,犯错误如果屡教不改的,坏人有意再搞,指出还不检查,要处理但也不要多了。

如真是没有经验水平,敌人顽强、不讲理,也要批评教育,但批评要严〈历〉厉。

由上述看出,群众发动起来不是一切问题都解决了,必须和专门机关结合起来。

我们过去二个月反对右倾充分发动群众,揭露坏分子,群众眼睛擦亮了。但我们也有缺点,有些反革命分子隐藏得深,就容[易漏]。

陆定一同志说 1950 年搞“镇反”,还逮错了一些人,现在我们不要唱了三岔口!

碰到顶牛就〈修〉休整。车轮战不是我们党员搞的,搞了一夜第二天是假的。

一般的不要过大的压力,不然会出现假坦白。延安整风时缺点也有,是运动完他一推，很长时间搞不清。

有的出去了解材料，愿听坏的不听好的。

领导无数，问题无头，材料无边。

不把群众发动起来结合专案，就可能二种前途。

1. 组织人数少、短而精的专案小组，进行审查。方法——进行调查研究，和群众压力结[合]起来，根据证据作出正确的处[理]。揭发出坏分子，也打出好人，“就放掉一个反革命分子，也不〈愿意〉冤枉一个好[人]”。

2. 有的愿搞坦白大会，表面上轰轰烈烈，但容易出偏差。

审干：发动群众是对的。当时没有很好掌握，是一些缺点。

充分发动群众，组织专案小组进行细致工作，就做到不漏掉一个坏分子，不〈愿意〉冤枉一个好人。根本方法依靠证据。所谓证据就是人证、物证。

找证据，发动群众号[召]坦白检举，争取起义。整理材料，细致查对。

运动结束以后，敌人推翻是更非事，敌人知道共产党〈事实〉实事求是。要有证据。

专案小组任务，就是要调查、研究、审问，找出证据。群众充分发动了，基本搞清就转专案小组。战斗小组为辅，专案小组为主。

3. “肃反”运动不漏掉一个坏人，不〈愿意〉冤枉一个好人。采取三个步骤：

(1) 小组斗争；(2) 专门。

小组斗争：所有参加运动的参加小组织斗争，提高觉悟，擦亮眼睛，揭露反革命分子，基本上打下反革命，交专案小组，大部分回业务上组，有时再需要小组斗时再回来。不漏掉坏分子，再排一排队，是否还有人交代问题。

专门小组细致调查材料和坏分子的情况，研究斗争方法和审问的方法。

审问的要有严格纪律。专案小组〈再〉在公安部门指导下进行工作。专门小组公安人员适当调剂，大的案子公安系统组成小组。如发现坏分子未交代，交原战斗组。最后提出处理意见，交别组审查、甄别，组在检察院领导处理。

4. 为处理坏分子。

(1) 历史特务、血债分[子]由公安部门看管，一部分由机关审查定案。

(2) 把已经可以判刑教养的，指定时再送。

(3) 情节不严重，不够判刑，又一时闹不清；问题比较严重，但一时还闹不清，不判，怎么办？放下去一批，去搞业务，听〈后〉候审查。

(4) 集中力量进行一批，哪些问题重大，又有材料，顽强的，特别有现实破坏活动的坏分子。

小集团的处理。

有反革命集团、流氓集团、落后集团。

反革命与流氓集团都算现时活动。小集团不是一人，可以争取起义。

运动和业务的矛盾，中央确定旺季不搞，淡季搞；农村今年不搞了，明年再搞。

目前把开展起来单位搞好。我们争取一年半搞完。苏联全国性的是在1935年—1938年搞完。强调一下纪律性。

不得随便检查信件，如检查通过五人小组批准。公安人员公安局材[料]不得外拿。

强调不得骄傲自满。我们还是有缺点。

今后公安、政法要很好地进行，配合"肃反"工作。

工厂企业、高等〈校学〉学校党团组织〈再〉在三五年内配备一些经过运动的党团干部。

二、根据中央指示，市委进行研究，对我们天津运动健康发展有了明确方向。今后意见。

（一）全市67 000多人参加运动。6个大学16 000多人，教职员也是10 000多人，共30 000多人。

市内8大系统，加四郊共34 000多人。目前情况〈是〉与中央指示是相符的。专案小组斗争，有些单位还进行小组斗争。中〈校〉学教员，中央研究有15%—50%，我们教职员和技术校搞出来1.06%。我们天津抓捕340多人。总平均5.4%，捕900多人，搞出小集团60多个。解放初期5 000多教员，现在10 000多人，大部分都是"镇反"后吸收的。

暴露问题8 000多人，23%；重大问[题]1 400多，54%，大体和全国情况相同。

共揭发1 500多中〈校〉学教员、大学生，64%；历现特务800多；重大血债400多个。

全市小集团420个，2 000多人，首要分子、骨干、五类反革命阶级敌对分子。

专案200多〈人〉个，破获140，还有100多个。

180个隔离反省的。

搜出子弹3 000多粒、电台六部，还有手枪、证件等。发生事故233起，自杀、真正〈叛〉判死刑是少数，真正好人也是少数。大部分是属于历史问题，或现时活动的。

发现 63 个先后打人现象，设计公司、第一工业局严重。

（二）顶牛现[象]8 月 27 日〈已〉以后少了，还有 200 多。

发展阶段：1. 八月，学习文件，发动群众，批判右倾思想和特别发动落后群众，同并反对只重业务、轻视政治，对进度迟缓的单位进行批评。我们是认真地执行了“七一”的指示。8 月 27 日斗争展开了。

2. 发生了顶牛。共 1 000 多个组，有一半顶牛，有的发生了打人、骂人、逼供现象。自上次火青同志报告，斗争的灵活性和攻心战指示，打人、骂[人]违犯党的政策，各单位进行〈修〉休整排队，加强调查研究工作，重新做作战计划，打人、骂人、逼供基本克服，揭露了一些问题，小组创造了一些经验。

3. 从 9 月中旬到现在，运动已初[步]发动起来了。但顶牛现象占四分之一多点，少数单位又发生了打人、骂人的现象。

顶牛是可以解决的。顶牛停下来，我们了解以后再斗争，否则顶牛就要发生偏差。打人、骂人。

有的发生偏差，批评无力。发生顶牛，要防止左的偏向逼供信的错误。

不认真地发动群众细致研究材料，领导打打看，群众开完会就散。被斗人说无法办。

我们运[动]发展总的讲是健康的，执行了中央的指示，发[生]偏差，及时纠正。

我们运动不断深入发展。单位运动发展不平衡。

只有放手发动群众和专案结合起来，才能查出反革命分子。只有认真研究中央指示，〈就〉才能保证运动健康发展。上述发生一些问题就是没有认真研究中央的指示。（七一、八一指示）

缺点。以下几点：

1. 群众发动起来以后，和专门机关结合起[来]才解决问题。我们对中央研究是不够的，也没有根据运动发展变换方法，是不够的——就是小组斗争和专门小组结合。小组和专案小组分工不明，没有研究中央指示，组织各种小组。

专案小组组织来指导是不够的，同时市委五人小组对各系统五人小组指导也无力，专案小组无有充分发挥他的作用。

2. 市委五人小组对运动情况掌握不够全面，没有很好地掌握各单位运动发展的平衡性。

对技术人员斗争注意不够，当时认为他们开展不错，所以认为不错，没有叫汇报，发生了打骂人。

我们各五人小组检查只听汇报，没有下去检查，因此解决一些问题不深不透。

不能把经验有系统地交流。

发生有偏差，也没有及时纠正。研究吸取教训。

有些单位没有及时报告情况。

3. 市委五人小组指导思想，对右倾思想是注意群众起来，发现打骂人及时检查也不严格。上次开了会就认为解决，依然还有打人、骂人的。

建筑工程局、第一工业局，市五人小组检查不够，是有责任的。

4. 开展全面比较宽了。

中间有一〈断〉段处理问题被动，情况掌握不起来。有的单位力量不足，建工局核心组三人，经理病。

保卫计划科长去搞高技术人员是不容易的。

三、今后意见。

（一）各大学、中等技术学校运动已基本结束，应[劳动]教养的应做定案工作。为正确处理，指定一个负责同志，和五人小组协助公安部门进行调查，还须继[续]搞。专门机构指导搞，有的长期侦查的，进行〈常〉长期侦查。

有些领导干部存在严重思想作风问题，应做个检查。建立一些必要制度，提高警惕性的教育。

市八大系统，按照中央指[示]普遍〈修〉休整，学习一下中央“八二五”指示，总结上阶段工作发生错误。1. 应检查一下右倾错[误]或右的错误，〈事实〉实事求是。

2. 已经揭露出来的坏分子，根据中央指示处理，继续审查的进行排队。

3. 检查一下发动群众情况、调查研究情况、专案小组进行情况，检查以后向积极分子报告小组长以上，有的单位积极分子也可训练贯彻。

（二）各单位发展不平衡。1. 检查下进度的快慢。有的单位坦白检举不够，检查一下是否还有遗留下来反革命嫌疑，如没有了就进入结束，大部分转入业务。

2. 运动进展快，问题复杂，还必须进行小组斗争。加强专案小组工作，争取结案。

3. 运动进展迟缓的，右倾思想者，应继续发动群众，进行调查了解，建立专门小组。

一、二、三类暴露出来一般政治历史问题，应结论，放下包袱。如果已交代，没新变化，不重新处理。

严重政治历史问题，也可不在小组斗争。

（三）根据当前运动开展应变方式，加强专案小组的领导，主要调查、研究、侦查、审讯，配备能胜任的干部，根据情况，确定人数。

什么人到专案小组？小组斗争基本可结案的，由公安部门训练，由五人小组领导，吸收原单位参加，专案小组接收以后订出计划。

案情审查的问题要求和目〈底〉的、调查和审查的方法，最后提出处理意见。

专案小组进行工作与原单位取得联系，尤其熟悉材料人的联系。

甄别定案：

建立甄别定案小组，就是审专案小组定案的证据审查。甄别定案小组一般找被审查人谈话。

各级五人小组不怕谈话，不要怕翻案，有材料是不翻的。

不要怕疑，不要怕推翻。

甄别定案小组，各单位讨论时，必要建立就建立起来。

（四）为了贯彻中央指示，斗争采取多样方式。发动群众反对右倾，有些单位还未充分发动起来，就必须反对右倾。

有的单位打人、骂人，必须检查“左倾”；同时要加强对群众进行教育，说明压力方法搞出来问题，出现不真实现象。

已产生左与右的，就停下来〈修〉休整研究，专案小组也要整顿。

防止诱供、逼供，或出假材料。

要检查逼供刑信。

要有充分准备，不打无准备之仗。纠正小组偏差时，首先领导先检查，再检查注意坏人破坏。

有的打错了，〈评〉平反时还是教原来掌握的去做，这样避免对小组长有意见。

（五）现在我们已逮700多人。〈已〉以后逮捕人，市委要控制。不是不捕，有血债和重大罪恶、现时破坏活动的，原来错的还没有。但是我[们]粗糙了点。

今后〈居留〉拘留和隔离反省，按过去手续办。

搜查我们起了一些作用，搜查成批的收效大。今后要有计划搜查，市五人小组批准再做。

市委管的干部工程师,要经过中央批准。

1. 限制到反革命分子和反革命嫌疑的。

2. 事前研究目〈底〉的根据。

3. 搜查的方式讲究,劳动教养的现在无法放,转在机关。

(六) 外出调查工作取得不少成绩,但也出了不少问题。今后外出人员要经过选择,教育调查的方法和调查目〈底〉的。

为了调查工作搞得好,应由各系统五人小组控制。

(七) 各级五人小组,根据运动发展,强调执行市委指示和纪律,如发现错误不报,或只报好不报坏,这是错误。市委高级技术人员斗,经市批准。

(八) 各系统五人小组为保持运动健康发展,应总结一下推进运动发展。

今天报告讨论一天或一天半,各系统五人小组也讨论。礼拜一市召集汇报讨论。

税务局关于“肃反”运动情况汇报

1955 年 10 月 14 日

税务局发言:

1. 参加运[动]的人数 189 个人,已打下 27 个,打了的人 31 个。有一个人公安局搞的。从 7 月 30 号开始共打了 6 批,14[个]反革命,11 个嫌疑,2 个坏分子。

2. 正打的还有 4 个,估计 15 号才能打下来。

3. 还有应打的重点 9 个,虽材料不多,可当嫌疑打。

4. 最[后]搜出时,调查换的还有 29 个。

以上共 69 个。

按 223 人来算,打下 12.11%。组长办公室人员共 30 人。从群众发动情[况]来看已发动起来。

5. 群众警惕性提高,发现了很多重点人,比如有一个叫××,原[来]我们没有考虑他有问题,从闲谈中他说能〈差〉拆盒子枪零件,群众说他有问题。

6. 敌我界线大体分清,点了名的群众知道,没有点名的也不再接近,有问题的人十分孤立。

7. 中间与落后分子不太明显了，从小组斗争都发言。

8. 从 7 月 30 号共打了 6 批，没有打错一个人，也无打人、骂[人]等。但在调查工作有错误，缺点扭转很快。预计月底就打光了重点。

我们运动中的体会。

1. 我们群众如何发动起来的？学习一个礼拜后，没有一个提到运动的事，另外很多人不发言，甚至党员也不发言。后经五人小组研究，扭转了这个局面。

(1) 召开支部会，批判了右倾思想，开四次小组会——党员如何作好“肃反”工作。

(2) 党员分头动员群众。我们那有一个老头，表现不积极，曾有组长动员四次。

2. 我们怎样确定重点，打一个中一个？我们排队，有保卫人事原掌握的材料为基础，我们每一个都细致研究，初步确定 32 个重点人。第一批把三个和群众见了面。我们要打李，二处小组说打，谢我们尊重了他们的意见。打的时候做充分准备工作，不致打错。

留用人员 74 人中，有 24 个重点。

私人介绍 12 人，有 5 个是重点。

招考录用。

新的重点：我们经常听取群众意见，结合查对他的历史。

3. 怎样把敌人打下来的？

历史有问题，有现时活动明显的，群众发动起来容易打。材料不多，死硬，个别大会就是不交代。掌握材料不多点了以后，他知道我们掌[握]了他的材料，承认去过香港，〈她〉低了头要求交代问题。

有材料点一点，含意很大，看他态度再揭[发]，才有作用。

个别谈话与小组斗争相结合，谈话和大会小会相结[合]，谈谈以后小组很好搞。

领导骨干非常团结，拧成一根绳，在市委及财粮贸的指示，认真研究党的政策，相信群众，依靠了群众。

我们缺点：

开始就存有右的倾向。我们进行了批评，又教育了别人，如张铁，组织批准，撤掉了组长职务。

左的倾向也有。有一个人，计划材料没有了，有一个人说你不老[实]，从头上打了他一下，发现，立即制止了。

今后如何办：

重点人 40 个，在本月 25 号打下来。29 个人分成七个小组，漫谈方法交代。如有重点人，才放到战斗小组斗争。

并设专案小组三个。设一个审查组。

晓塘同志报告讨论情况不好，没有认真讨论。

粮食局做个思想检查，可以不要分阶段。

讨论本单位究竟是什么问题，检查缺点只检查下面，不检查上面。实际关键在于领导，有的单位认识不一致，左右不一。

有的单位说“我们没有可以检讨的”，就没有缺点吗？但[实]事求是看，有无党员打人的？没有打人没有别的？税务局是否没有？据我认识财贸系统打人不多，骂人的不少。熬骂的有无？税务局不漏掉坏人做〈的〉得好，是否〈愿意〉冤枉好人？不够 5%。如确没有也可以。

有的单位排队排得不透，是审查了？是否应该斗？不要打打看。

讨论得不认真，不深。今后工作就不认真研究的。有的单位讨论以后觉得没事干，有的认为仍无办法，找不出重点，无事干。今后工作也是一般化。

讨论一般也会发生问题，有的没有讨论。我们有的单位断章取义的方法讨论，有的认为斗过了。晓塘同志说是否斗透了？

又说一个不杀、大部不抓。是在运动中，不要向下传达。

我们这个系统在下礼拜停下来〈修〉休整。

尤其是落后单位，发动群众如何？暴露出来问题如何？特别是今后做法尽量具体。

专案小组哪些由局搞？哪些结合专门机关搞了？工商税务局尽量具体，下边有核心组的也要具体。

总的就是认真讨论，保证运动健康发展。

不要松劲，从发现的问题才 4%，多的不见，反〈愿意〉冤枉好人，没有搞光。

研究材料调查要提前搞。

1. 进展快，问题少。

2. 进展快，问题多。

3. 进度迟缓。

财贸系统：

1. 进度快，单位小，问题少，怎样搞？搜底专案人用不开，就去搞业务，商业干校。

2. 进展快，单位大，问题多。如税务局商业三局长芦等。应以专案为主，人员要很好〈按〉安排。专门专案突击搞调查的，多少先搞的隔离。

3. 单位大，搞出来一批反革命，连百分之三、四(中等)。应斗争为主，适当搞专案，要看各单位力量去做。注意打骂人。粮食局等单位。

4. 进度迟缓单位：化工公司、保险公司等，但不要着急，从头搞起，发动群众摸底排队工作，专案大的。

根据本单位情况，提出适当的方案来。

如税务局单位就考虑是否搞净了，是否有假的。

向市汇报后，有了结论，报告后再〈修〉休整。如有顶牛的，停下来。(明天下午来结合。)

粮食局、外贸局运动情况汇报

1955 年 10 月 16 日

粮食局：

调查人员还少，别的单位都是 10%。

调查干部的质量应高，方法要训练。

应认真检查，任务还很大。应训练骨干。

一库是第四类，但也有的 5%。

正打的或准备应很好排排队。注意发现新重点人。

发动高潮，准备不好不开始。各库起伏不见得一致。

外贸局汇报：

开始时 22 个小组，后 18 个小组，668 人参加运动。

开始重点 49 个，现在 63 个，占 9.4%；打下来 34 个，4.9%。

31 个属于反革命，逮捕了 8 个。

现在正打 18 个，没有动的 14 个。

暴露坦白问题 234 件，165 人，占 23%。

打骂人 14 个，40 人，党员 6，团员 9 个。

变〈像〉相软禁 3 个。四个组变〈像〉相打人的。

通过党团力量发动群众不够。

自始至终地反右，但注意了防左。49 次骂人，7 次打人。

银行系统汇报“肃反”运动情况

1955 年 10 月 17 日

银行汇报：

参加 14 个单位，6 个核心组，1 116 个人，党[员]226 人，20.2%。

团[员]181 人，占 16.2%；群众 709 人，占 63.6%。38 个小组，现在 51 个小摊（包括一个专案小组），骨干 296 人，22.5%；积[极]530 人，中间；重点人 69 个人，占 6.7%。

斗争当中撤换、调动 8 个人（党员 3，团员 3 个，群众 3 个）。

打下来 52 个人，占 4.66%。

营业部 306，打下 12 个，3.92%。

训练 332，打下 14 个。

归口 196，打下 10 个。

各室 308，打下 18 个。

反革命 28 个，反革命嫌疑 20 个，坏分子 4 个。

招考 24 个，留用 16 个，私人介绍 4 个，归口 4 个，统一分配 2 个人，入城的 2 个人。

招考 474 人。

坦白检举 343 人，占 30.57%。重大问题 38 个人，一般问题 87 个，历史问题 271 人。

检举 613 个人，1 584 件。

目前当斗 16 个人，未有动的还有 1 个。

逮捕起 3 个，隔离 4 个，自杀 1 个，自杀未死 2 个。

第一阶段存在的问题：

1. 开始时，运动认为〈常〉长不了，估计敌人胆小好搞，结果不好搞。

2. 有组织，有领导，组织几个起伏是不够的。单位重点 46 个，斗争没有做好控制，影响力量集中使用。下面发生以下三点缺点：(1) 盲目斗争；(2) 斗起来不做深入研究，久攻不下；(3) 有的小组没有发现敌情，就先过筛子后过箩的方法。

3. 通过调查指导运动不够，组织调查人员不够，盲目外出调查，收效不大，浪费了时间。调查人员不能及时扩大线索。五人组也无很好地控制。

4. 对重点人材料研究不深不透，虽有计划也很笼统。各小组发生普遍现象的顶牛。

第二个阶段自 9 月 10 号到现在。

1. 五人小组对中央指示研究得不深不透，对别的单位经验研究少，自己的经验总结不够。

2. 领导上存在着麻痹思想。主要在前阶段对运动的复杂性认识不足，另一方面也产生左的表现。如对软禁者，知道也未及时制止，搞晚点也可以，不管用什么方法搞下反革命就可以。

有 10 个小组曾骂人。13 个人，2 个党员。

有 4 个小组发生拉人或摇头的，搬凳子。

12 点以后 24 个人，90 多次，最多的重点一个人 14 次。一般的到两点钟，最晚的到第二天六七点钟。

杜主任说：

1. 各单位回去以后，听了各单位情况，自己检查不足，检查整理材料报 20 份。

2. 各单位订出〈修〉休整方案，经批准〈修〉休整。

目〈底〉的解决什么问题？调查如何跟上去？

有核心组的各核心组如何搞？没有核心组的分个组，小组人员调配和业务如何结合？

根据各单位情况，〈修〉休整时间长〈期〉短由各单位提出，但不要〈修〉休整〈瞭〉潦草，七天或多些。摸底调查工作要抓紧。

（略）

李局长传达杜新波的总结：

1. 打下 260 个敌人，5.04%。

2. 检查：

第一阶段，7 月底开始至 8 月中旬，学习文件，讨论精神，反右倾准备不足，盲目性很大，战斗仓促。

第二阶段，强调了策略，进展迟缓，成绩不大，顶牛现象严重，敌人气焰没有打下去。

(1) 盲目性，敌我界限不清，强调反右倾，产生自满情绪。打错了。群众思想混〈敌〉乱，造成人人过关，造成长期顶。

(2) 发动群众是一般的方法，有计划、有目的不够。

(3) 调查研究工作不够，造成迟缓落后。

怎样？

1. 中央经验介绍，市委指示，火青同志报告。

2. 事实教育了我们，由案情逼的我们。

3. 先进经验的介绍。

第三个阶段，在市委指示对粮局工作进行了检查，搞出了一批敌[人]。

但出现二种矛盾：(1) 自上而下地产生急躁情绪，而因数字要求产生打人，20 人；(2) 严重的不平衡。

经验：自始至终反对右倾，发动群众，强调调查了解。财贸关键在于领导。

缺点——

1. 研究中央指示不够，三个关键性的整体领会不足，调查研究工作出了不少问题。另外，光调查不研究，光调查不斗争。

对专案斗争重视不够，体现我们对〈修〉休整〈义意〉意义认识不足。〈修〉休整就是领会中央政策。目前财贸系统还是右倾思〈想〉为主。运动初期无敌英雄打下一个敌[人]就自满。口头说反右倾思想，在实事上克服不够，有的搞出一些成绩就认为差不多了。

搞的成绩不大的认为没办法。

财贸打人 23 个，对左的倾向严格禁止，注意思想教育不够，使得群[众]对领导不满的，尤其党团积极分子水平高，更不能打骂人。

另一种思想：捕得多就好。

2. 严重的不平衡，对落[后]单位及时帮助不够，领导上有毛病，运动迟缓，特别业务单位迟缓，一般的超过 5%。业务单位应多，〈及〉即便指出来的都是历史问题，送法院的还工作量很大，没搞出大案子。

领导没有及时转入运动，政治思想不足。

3. 领导方法——实干、苦干不够的，一般正常工作但是不能完成，思想斗争不够，具体领导在于研究分工负责，统一思想。中央指示不是很好能贯彻下去的应检查。

今后意见：

1. 中央指示“不漏掉一个坏人，不冤枉一个好人”应分类。商三局。第一类转向专案斗争，动员摸底，检查来源，查对档案。二类以专案为主，适当小组斗争、小组摸底排队。三类以小组斗争为主，适当组织专案斗争。四类重新摸底排队。

2. 专案斗 40 个。

3. 甄别工作是保证贯彻政策的工作。

成立六个甄别组，人员要交心，干部质量要提高。

4. 处理一批，逮捕血债。结论，放下一批。

重新摸底排队。

5. 调查工作，结案应调查，斗争需调查。送法院也应调查，调查人员应不下 10%，应很好训练调查人员。

6. 继续解决左右倾的，做好战斗工作。财贸新年不开头，但准备一批干部投到调查工作中去。

杜主任关于“肃反”工作意见

1955 年 10 月 21 日

杜主任意见：

1. 核心组〈修正〉休整，主要领会中央的、市委的精神，检查工作，定出工作今后意见。但小组长力量是否有调整计划？准备下次高潮计划？

小组长和骨干也按上边精神〈修正〉休整，检查工作，找出主要问题。重点人也有了，计划也就作出来了。

核心组与战斗组提出重点人斗争要一致。

2. 调查人员〈修正〉休整快，提前出发。

3. 五人小组在〈修正〉休整期间，加强思想领导，防止松劲，组织领导时间〈按〉安排。〈修正〉休整时间有核心的半月。〈修正〉休整在小组上宣布，总结再战，告诉重点人准备交代问题，也可不叫重点人参加宣布。保卫工作要注意〈按〉安排。

4.“肃反”工作和业务工作两不误，安排工作，特别提出粮食局工作应研究。仓库，如“肃反”影响工作可停下来。

王元之关于“肃反”工作的报告

1955 年 10 月 22 日

王元之同志报告：

准备讲 7 个问题。

(一) 自万晓塘同志传达了中央及市委的指示、机关市五人小组的检查，经各系统讨论，一致同意中央、市委指示，严肃检查了工作。根据系统检查，市委认为运动正常健康的。10 月 9[日]查出了 751 个人，已达到总人数 5.5%，〈是〉使我们多年没有得到解决和解决不彻底的得到了解决；成立了大批专案，而还有牵连很广的。

我们对我们运动来个全面估计是不可能的。如通过运动，我们发[现]了大量的一般问题〈以〉已一万件以上；通过运动，广大干部得到教育、提高。领导干部光问业务、不问政治也受到了教育。吴一同志说过这样一个例子，说“肃反”运动要〈完〉晚开始，我也坏了(指有些人和有问题拉拉扯扯)。

参加运动干部都是兢兢业业、情绪〈包〉饱满。正是因为领导同志们的努力，我们成绩是大的。如果光满足以往成绩，不想再提高一步，看不到我们成绩，看不到我们任务艰巨[性]质，那是不对；光见到缺[点]，也是不对。

运动中我们也发生了一些缺点错误，我们及时搬掉。运动开始我们发现右倾缺点，就反掉了。开始反对右倾完全是对的。中央指示为把运动搞得彻底，继续反对右倾，防止松劲；市委讨论时认为反对右倾是对的。也发现有的组“左倾”，是 9 月中旬—国庆节前，也及时纠正了，首先由各系统自己发现就纠正了。这说[明]领导在运动[中]保持了清醒头脑，是按马列主义原则进行工作的，反对倾向领导上是很坚决的，纠正了错误。

如果不是这样，如忽左忽右，马列主义太少了。在这样广大的群众性运动[中]，不出一点偏差也是难以想〈向〉象的。我们是在纠正偏向中前进的。

同志们听万晓塘同志报告以后，大家认为是新的。这不是很确切的，虽有新的，但七一指示中已有反右、防“左”，运动初期着重反对右倾情绪。

主席指示我们“群众未发动起来前防右，群众起来要注意防‘左’”。目前我们是防止“左”倾情绪，不是出了什[么]偏差，纠偏问题不要有什么误解。

（二）虽然产生“左”的错误，仅仅少数单位，时间很短，但对运动危害性很大。在 1 446 个小组统计，316 个小组发生了程度不[同]的“左”的错误，占 20%，骂人，推人，罚站。其中，78 个小组发生比较严重“左”倾的错误。设计公司、第一轻工业局，肉刑有 20 几种。

设计公司 23 个小组，有 13 个小组进行体罚，没有经市委批准就斗 17 个工程师。第一轻工业局，车轮战，疼重点人。7 个小组[有]6 个小组发生体罚，这是党的政策所不能允许的。虽时间短，也是不对。如发展下去，发生逼供和冤枉好人，使运动半途而废，“左”倾不仅搞不[出]反革命，不会有好的结果。

有的重点人说，你们这样搞，违犯宪法。不叫吃喝，自己交代，第二天推翻。

凡是发生打人、骂人的小组，行动是不正常的。

另一方面，现在一些小组长期顶牛，不很快设法解决，就会产生二种结果——逼供和打人、骂人。今天群众发动起来，防止“左”的错误。

产生错误的原因：

1. 首先是由〈於〉于我[们]有些“肃反”骨干，对斗争艰巨性、复杂性认识不足。为什么？这阶级斗争是三岔口的斗争。同时对中央、市委指示研究、讨论不够。有领导没有体会中央政策，中央曾总结党历史整党和兄弟国家经验，我们没很好地领会。另一方面，缺乏深入具体的领导，而是一般的领导，高高在上，只听汇报。

工业系统有单位犯了比较严重错误，〈尤於〉由于犯了急躁情绪，〈逞〉乘胜追击，加速小组斗争。如〈逞〉乘胜追击，看敌是否动摇了，可〈逞〉乘胜追击。不叫敌人[有]喘息机会，不叫敌吃喝睡觉，只有敌讲一些一文不〈置〉值的假口供，这是我们共产党人不能办的。有些领导满足于小组斗争形〈势〉式。小组斗争是重要，没有群众斗争配合，审干是困难，如当成是唯一的，就错误了。群众眼[光]是有限〈止〉制的，有些不是一般小组都能解决的。领导如不很好解决，就会产生逼供信的。

满足一般性斗争方式，顶了牛，不及时〈修〉休整，光群众压力是不行的；同时，压力不光在于轰轰烈烈，而是要揭发问题。

2. 有些领导存在不健康情绪，个人主义。有人怕说他右倾，见到一些“左”倾也不制止，也不反映，睁一个眼闭一个眼〈晶〉睛，正确反对右倾和违法的“左”倾混为一谈。有一些人追求数字,〈要〉邀功表功,用各种非法手段去搞。有的人认为平时打人违反宪法,运动中打人没什么。有的说我不打人,不打好人。更有的[认为]运动中打人是难免的。打人骂人是违反宪法,不是一般错误。

3. 斗争队伍不够纯洁,坏人故意找空子制造混乱。有的重点人去打正斗的重点人,斗我时再打我。

以上三个原因,责任是我们领导,缺乏严密制度去领导,高高在上。

今后为防止"左"的错误,采取以下措[施]:

1. 加强干部骨干、积极分子教育,使他们真认识到变〈像〉相的刑讯、问供、逼供的危害性,正是向敌[人]的示弱。必须按中[央指]示。

2. 要向积极骨干分子再三地说明,我们有的是时间,千万别急躁。我们有全部政权,就能得到全部材料,认真去调查,研究材料,搞出敌人。

3. 按中央指示,加强专案工作。

4. 凡产生"左"的错误的单[位],作一次检查,立即纠正,要分别情况,做必要的处理。有以下几点:

(1) 斗争的对〈像〉象确实应斗。群众有愤而发生刑讯逼供,错误。向群众说明政策和道理,向敌[人]如何斗[争]。

如果说不应斗的,应立即停止。

如果说所斗争的完全斗错,纠正,并由领导出面承认错误。

(2) 有限〈止〉制自由的,有的软禁,应进行分别情况处理。够隔离反省的,赶快呈报批准;不够一般都应解除。但先和积极分子商量好。对限〈止〉制自由的人进[行]谈话,有问题要责令交代问题。

(3) 对个别坏分子有意制造混乱,查明,进行严肃处分(但注意是个别的)。但报市五人小组批准。

(4) 对于个别领头打人的小组长,情况严重、影响坏的,除批评教育外,撤换了他小组长的职务,但要和他讲明道理。

(市级科长原审干时分类情况:共 24 人,原审干一类的 17 人,二类的 7 人)

(5) 为了运动健康发展,要在群众觉悟提高的基础上向积极分[子]宣布纪律。

A. 不准刑讯逼供、变〈像〉相肉刑,应讲政策、战术,说理斗智。

B. 不要指名问供、诱供,加强调查研究,查对材料有根据、有道理的去问。

C. 不准搞车轮战、熬鹰。

D. 不准私自限〈止〉制自由，不能私自搜查，检查斗争对〈像〉象的信件。

最后应强调提出的是，检查、纠正错误不能简单批评、指责下面，而要说明错误的严重性，引向群众正确道路，又不影响群众积极性。

检查并不是追求责任，而是用批评自[我]批评方法，明确方向；不是降低士气，通过检查，提高了士气。

我们检[查]，防止检查错误，防止消〈急〉极情绪。

1. 当时分工，我不如搞业务，〈危取〉委屈情绪。

2. 纠正不好会产生前怕龙后怕虎，就要半途而废。

3. 或对群众限〈止〉制得过严，使群众不敢斗。主要防止忽"左"忽右，〈服〉扶起东来又倒西。

(三) 关于排队工作。

1. 目前统计，九大系统，三个郊区，计算对象 2 725 个；其中斗过 1 063 名，正斗加未斗的 1 662 个。从这个数看，斗争任务很重，决不能有任何松懈。这个数占运动 7.5%。一方面，数稍大了些，另一方面，可能有些坏人未包括进去。讨论晓塘报告时，有的想收缩点，笼统说是不〈脱〉妥当的，超过了一点。按毛主席指示的，经常排队，把好人排出去，把坏人排进来，不能消极收缩的。

不漏掉一个坏人，不冤枉一个好人，是我们党全面的政策，不能〈偏〉片面领会。如把好人当坏人斗，就是宁宽无漏，是不对；放掉坏人，也是[不]对的。如中小〈校〉学结束，有的冤枉了好人，坏人没有查出。我们要经过排队做到"不宽不漏"。中央提出 5%是防线和关口，有的单位已超过 5%，如税务局到 14%。市委认为如超过 5%，应特别谨慎，注意工作质量。5%是指这一个地区，有的单位也可能多少，真正超过也不是错了。

讨[论]：

2. 什么是好人、什么[是]坏人的界线。有严重历史问题是否去斗？"肃反"审干如何结合？

(1) 坏人指的反革命、坏分子、反革命嫌疑。坏人指流氓、盗窃、奸污妇女、诈骗、阶级异己、自守变节的分子、投敌分子等。

(2) 关于严重的政治历史问题是否斗争。有政治历史严重的，没现时活动，这样人分三类：

A. 有的有严重政治历史问题，已彻底交代，作了结论。这人几[年]来工作一般表现不坏，不斗了。

B. 有严重政治历史问题，虽作过交代，不彻底，我们没掌握材料。不斗，去作长期考察。

C. 历史上有问题，根本没有交代或者交代不彻底，我们又掌握了一定可靠材料，经过了一些准备工作，我们认为可以斗争。

什么人该斗争，具体问题具体分析。是否该斗，根据不同人不[同]对〈像〉象采取不同的斗争方法。有的可采取个别谈话、组织专案或拿党组会或群众小组会斗。斗到什么分寸，按辩证法去搞。

如市管干部要通过市批准才能斗争。

从严重的政治历史问题，在后面隐藏着反革命的大问题，第三类我们要注意斗到一定程度，要研究分析，做到适可而〈知〉止。这不是冤枉好人。

3. “肃反”工作和审干工作怎样结合。

我们认为基本上是一致的。为什么？“肃反”搞反革命及嫌疑、坏分子，审干也是搞这些。已经结合起来了。当然也有不能结合的。有二点：一部分有严重政治历史问题，有无材料——不多，拿到小组上去斗，今后长期考察；另一部分一般政治历史问题的，结论。（现交代 16 921 件）人事和组织部门的事，按干部管理制度，党、监察部门逐个进行结论。“运动中口头不算结论。”

运动中还是在一定时期内向党员号召忠诚老实，反对说假话。

我们认为二个工作基本可以结合的，如无结合，就不会有这样的成绩。没开展运[动]的、运动结束的单位要做正常审干工作。

（四）关于专案工作。

专案小组已经成为当前斗争的主要形〈势〉式。各级五人小组必须掌握这个策略斗争的转变，这是更高级的斗争，更细致了，做必要的思想工作。市委认为转好坏是个关键，如收缩，向公安局一推，使工作半途而废。

群众斗到什么程度转？中央在群众已充分发动、小组斗争作用已经充分发挥之后必须坚决转到专案小组，群众小组斗争作为辅助的斗争，如仍固〈值〉执作为主要斗争就不对了。

什么时候充分发挥了小组斗争作用？群众把斗争对〈像〉象所知道问题已揭发了，一般调查的都调查了，材料怀疑都提出来，斗争无进展就可转了。

转专案可能发生的二种情况：

一种不该转而转了，推到专案小组；

一种也防止该转而不转。

每个单位忙,组多专案?一组多少人?小组什么条件?具体也不好规定。

一般小组,三至五个人即可,有的调查,有的整材料,人数要看案情。小组长强点。

我们应当是兵对兵、将对将,〈欺往〉期望他或相逢对手。确定好以后各五人小组训练。

专案工作,市五人小组起草了一个方案。

专案小组接〈收〉受了任务,应作计划,包括:性质、要求、目〈底〉的、进行的方法。

希望各级五人小组创造经验,报市委五人小组。

除市委成立五人专案小组,各系统五人小组也要成立专案。除管理下边的,还亲自掌握。公安部作指导工作,责任重大。但各级五人小组负责,不能光推到公安部门。

(五)甄别工作。

甄别定案工作,希各系统、各区应很快把专案组、甄别组建立起来。有些案子要定起来,就需要甄别,有的呈请批准逮捕,现无有甄别。参加甄别小组,一部[分]原搞专案的,熟悉情[况],一部[分]不是搞专案的,头脑清醒者。甄别组要高度负责。

(六)进一步加[强]领导。

1. 各级五人小组加强集体领导,应深入下边去,加强具体领导,克服一般化的领导。各级五人小组了解情况,发现问题,分析研究,帮助解决,防止发生大的错误。有的发现了一些错误,没有及[时]抓住纠正。希望大系统加强办公室的力量。

2. 希望各系统经常地研究、总结工作,特别对一些专门的问题进行细致的总结。如调查研究,搜查专案,审讯,清查档案,争取起义,应细致总结,不仅当前指导运动,对下次开展也是必要的。

3. 要加强组织性、纪律性。因为运动进入到下阶段,就强调组[织]纪[律]性;工作越细致、越深入,更应加强组织纪律性。失窃、泄密、限〈止〉制自由、搜查、用不着东西也要拿。

各系统给市委写报告少,但质量不高,今后要加强请示报告制度。重要的负责同志写,水平究竟是不同,秘书就不如负责同志亲自写。

有的不执行中央指示,也不报,光报喜不报忧的;有的要收缩,结束或开展要经市委批准，按规定办事。

4. 各级五人小组正确地开展批评自我批评，防止自满情绪，[将]都取得的成绩毁灭掉，及时纠正缺点、错误。

陆定一同志说，不漏掉坏人，我们还要苦学苦练。有的同志对系统的负责，对本单位不负责。

（七）传达布置。

中央、市委指示传达到小组。

传达后，讨论防止可能发生的错觉。

讨论以后，把本单位工作具体情况向积极分子传达。

希望各系统检查情况和今后工作报市委。好的和问题多的单位也报市委。

杜新波关于五人小组新规划的报告

1955 年 10 月 24 日

杜新波同志报告（小组全面规划）：

一、关于〈修〉休整问题。各局五人小组〈修〉休整都重视了。〈修〉休整就是从思想上组织〈修〉休整下来。有些组〈修〉休整不下来，应〈修〉休整下来。〈修〉休整就是练兵再战。

从组织加强，工作上很好安排，〈修〉休整不得在时间打圈子。〈修〉休整不好，就不能作战；〈修〉休整一定〈修〉休整好。高潮不一定同时开始，没有核心组，哪组〈修〉休整哪组战斗。

检查工作要实事求是，有“右”反“右”，有“左”反“左”，领导要头脑清楚。

二、〈修〉休整要点。

（一）领会中央和市委指示新内[容]。

（二）领会了精神，就进行重新排队。不许打打看，不许打错，不是重点人不打。不排队，调查人员就不能去了解，也不能做计划。

正斗的、重点斗的对不对，是否重点准备斗的，看是否够重点人。

（三）做计划。根据具体情况，做出战斗计划。另外注意做调查工作。应调查的人有三类：

1. 现在写上要出去调查的，马上出去；

2.〈虽〉随时发现问题,〈虽〉随时出去查对;

3. 查对定案也要出去,但按我们这个单位,没有力量应服从准备的任务。

三、专案准备工作。

现在听上边为主,核心组还以斗争为主,专案要搞。各单[位]报上去,经过训练,今后定都经专案。

放下的有多少人? 指重点人。重大的成专案。

一般的放,不见得建立专案。

甄别定案组也要改变人选。

四、〈修〉休整经验。

核心组抓三个环节:1. 核心组本身〈修〉休整好。2. 骨干力量〈修〉休整好。3. 群众〈修〉休整好。

要将三方向结合起来,不要上忙下闲、群众冷起来。〈修〉休整当中可以拿出一部分做业务,但要说清楚不是休息,而是准备再战。

小组长和可靠的骨干传达中央和市委的指示。本单位传达,可结合中央、市委精神,没有问题的党员和可靠群众参加。

小组座谈会积极分子掌握,会上向群众教育,也可在会上〈搞〉告诉群众到一定程度转入专案,还可〈争〉征求群众对领导运动的意见,也可批评[与]自「我」批评,斗争经验或揭发问题。在这个会上,听取群众的善意批评。特别是三、四类的单位,非常必要开这样的小会。也可轮班座谈、轮班业务。把群众安排,上面就可以做计划了。

对重点人安排,可告诉他我们〈修〉休整了,调查研究,责令他交代问题及反省。这是对重点人的压力,〈修〉休整中交代问题也可以。

各单位根据具体情况定出计划。

市委最近传达七届六中全会精神。

就发挥办公室、检查组的力量,加强各核心组独立负责的精神。

王元之同志报告传达到战斗小组正、副组长中去、

今后作战〈布〉部署必须经过批准。

小组长经核心组批准,核心组〈布〉部署经三级五人小组批准,三级五人小组作战〈布〉部署经财贸五人小组批准。

我们参加"肃反"868 人,重点 76 人,打下来 31 个,3.58%。

还能报账的 4 个。

市局准备再打下6个……就8个。

市局各核心组打下20个，连前35个，共55个，占百分之六。

到这样程度，可转入专案斗争。

五人小组研究：

1. 礼拜□召开党团员会议，号召积极参加运动，以核心组为单位。（报告〈修〉休整意义，挂上忠〈成〉诚老实，如何保证）

2. 群众会议也以核心组为单位，礼拜四、五报告。

3. 明天传达王元之报告。

万局长谈清理敌伪档案问题

1955年10月26日

一类：属于反革命性质；

二类：属于严重政治历史问题；

三类：属于一般历史问题。

（略）

关于清理档案。

万局长谈：

清查敌伪档案，对"肃反"有很大帮助。河北省共发现10 000多件。天津过去面小，只限公安部门的，有必要发动全市搞这个工作。恒大烟厂从镇压工人档案中发现很多特务线索。

人事档案，不光人事，还〈加〉夹杂严重问题。业务部门也有能发现材料，他们在业务上也搞政治斗争。如对"肃反"无帮助，对审干也有帮助。所出材料就是物证。

杜建时的一个小箱子，我们没人开过。

所以各单位组织力量，清理档案，并总结经验，交流经验。过去有的单位虽已经做了，还须重做。

还须发动群众，提供线索（而是在党内）。

做好这项工作的关键，就是重视这项工作，拿出力量。市内分工作万局长负责，具体负责的姜局长、李超同志。

姜局长说：

进行摸底，建立组织，发现材料对证，分析研究，发现问题。

确定人员：政治可靠，共产党员，有一定文化。被捕、有政治怀疑不叫参加。

市里成立查案办公室，属五人小组领导，各单位小组属支部领导，业务上属办公室领导。

1. 月底前要报去多少档案，分类上报。

2. 敌人书刊、资料、报纸，也要报告他们。

现在主要查“肃反”、审干有关的。

查出来敌人如何订，就怎样，不得〈折〉拆开。

咱们有多少伪档案和工作计划？

规定纪律，一定保密。

注意把档案放到安全地方。

注意：保险柜开不了的报市五人小组。

市说有什么困难，市可帮助。

下面单位，要下去帮助。

（略）

1. 清理敌伪档案，需建立组织，固定专人。

2. “肃反”工作中结合，弄清一般问题，需有人负责整理。

3. 市管干部问题。

4. 敌伪档〈按〉案，民调处的不知去向。

关于抽调学员培训问题的报告

1956 年 2 月 11 日

财资处召开会议（2 月 11 日下午）：

今天主要研究抽调学员问题，根据计划在五年内把市科长以下训练一遍，为什么？光使用不培养是不对的。〈尤於〉由于天津才解放，抽调一些不好去学习改造。尤其 1952 年，现干校就是政治理论学习不是审查干部，要求各单位扭转这种看法，并有的这次抽他下次还抽他。这就达不到轮训的目〈底〉的。政校一个班主任见到一个人去了四次。

一、主要提高干部，培养训练，通过学习改造思想，认真挑选培养提高的目〈底〉的。

这次招收 650 名财贸 154 名，其中非党 144 名，党员 10 名，团员不在其内。

非党干部 20[级]以上 14 级以下的，党员级别不限，20 级以下，人〈室〉事党务政治工作的，因为[是]各运动中的骨干，他们无机会学习，故抽出一定时间让他去学习。

不是审干重点，面对你就行，有一般政治历史问题已交代，结论这就可以或弄清。

二、身体无传染病的。

三、上文化业校的尽量别抽调。

这次选送学员不考试，但表格要认真填写，特别是行政意见应认真填实。

表格不多，别损坏，要求各单位把表在二十二号前送财贸处。送的学员不要档案光送表。

外贸 20 个	非党 18 个	党员 2 个
银行 15 个	13 个	2 个
一局 25 个	23 个	2 个
二局 15 个	14 个	1 个
三局 7 个	非党 7 个	
郊区社 2 个	非党 2 个	
财政局 8 个	非党 8 个	
粮食局 15 个	8 个	党员 1 个
税务局 4 个		
供电局 20 个	18 个	2 个
工商 2 个	2 个	
交通运输 10 个		1 个
港务局 9[个]	8[个]	1[个]

(毕业后一定回原单位)

抽调文化补习〈校学〉学校 96 名，录取 15 名(市科长级)。

三年内把十七级上的提高到初中文化程度。

十七级以上的有多少文盲和半文盲报财贸文化，准备编学习[材料]。

上午部里开会，主要提拔、培养干部。

各局报来的数要求差得太远，部计划 300 个，我们各位报 196 个。部里今天提出要各单位大胆地破格提拔，在现有市科长[的基础上]，再提 90 名。

今后提拔干部不要看级别，主要看他是否称职，但也要参考级别。

米丽谈怎样清理敌伪档案

1955 年 11 月 5 日

一、怎样清理敌伪档案；二、谈谈敌情。

一、清理档案的重要〈义意〉意义：

中央 8 月份指示清理档案，省市已开始获得重要敌伪档案，如吉林省敌宪旧址挖掘出很多材料，对"肃反"审干都有很大帮助。山西省也发现了很多材料，天津在 7 月公安局等五单位清 25 000 卷，发现 10 000 多一般政治历史问题，投敌自首 200 多人，特务等不少[于]5 000 件，其中有 70 人在我们机关尚无交代。我们现放着材料，但到处去调查材料，如我们单位有一人向敌人叛变之材料就证实了。

青年锄奸团团长现在津隐蔽，我们从档案中查出来了。

〈尤於〉由于前清理档案人少成绩不大，因此市扩大了干部清理 29 个单位，报 50 000 多卷，主要清理政治性档案，和"肃反"结合有力。

清理敌伪档〈按〉案的范围：

国民党、日、伪和其他帝国主义特务宪兵警察机关的档案。

市科长级干部查的问题不得向外讲、报市五人组。

清档办法：先分性质，然后登记。

看卷要分开性质看，如五内五个人就分开看人事卷，另一部人看国民党、党团卷。

看卷怎样发现问题？关键在于熟悉〈按〉案情要有敌情知识，如看人事卷就可看他参加过什么？如何被捕的？也要看他在敌面前看他坚决还是叛变了？

公文密令中也容易发现问题。谁拟稿谁批准打的？

从书刊报纸也能发现问题。

反动党团的职务或一般活动情况。

社团由什么确定他是反动的？看他成员和活动。

查情报卷时但他有时不写真名而是化名，不好找，要进一步和原卡片字中去对证。我们查出一些人目前有的不知在何处,我们登记起来整理发〈王〉往各地。

发现密码,速报市五人组。

填单位卡片应注意填其反动身份的,不填没有反动身份的,如参加伪工会的人名单都填而只理监事等。

注意事项:

1. 这项工作是很细致的,加强责任心对党对人民负责。

2. 千万别张〈官〉冠李戴,应事实就是做这项工作。

3. 问题要真实,辞句要肯定,不得粗心大意、模糊。

工作纪律:

1. 我们查阅档案者不得泄密,不得向任何人讲。

2. 应很好地爱护保存好,〈支〉只句片字不损坏,加强保管。

现有的翻阅,现没有的要挖掘敌人档案。

发现档案知道哪有去找这个线索。

汇报时间:壹号十号〈卅〉廿号,每10天一次。

二、敌情:

敌特三大系统:中统、保密局、国防二所。

(一)中统局即中央统计调查局:1927年蒋匪想消灭共产党,在1928年成立,陈〈国〉果夫、陈立夫负责,并设俱乐部,是中统前身。1935年和CC派合并,戴笠负责,1938年分开。

1947年中统改为党员通讯局(党通局)。

各党部设统计室,如海员党部。

1945.10.中统天津通信区,即甘舍棠任区长。

工运小组、商运小组、学运小组、妇运小组、帮〈邦〉会小组、保运小组、国党实验剧院、天津市党部统计室、统计处。

中华海员特别党部、天津特别区党部。

中华海工会天津分会。

天津中南报社,兴中学会天津分会。

中华日报社、世界新闻社、建新公司天津分公司。

社团:

1. 天津地方自治协进会。

2. 星期六画报。

3. 工商周报。

4. 进步通讯社、天津县中统王义南组织。

5. 海丰剧社。

6. 青年自修社。

7. 中华海运公务社。

调查人员是基本特务、特情人员、党员通讯网。

在它内部建立特务组织,特约通讯员(特务)。

组织活动的特点:动刑和说服,重用叛徒,以毒攻毒。

(二)保密局:

蒋介石亲自掌握的,成立于 1931 年,"九一八"事变后有很多人革命要求抗日他就暗杀。力行社成立 1937 年,1939 年就改为军统局,1946 年即改为国防部保密局代它,本部就是军统局本部。

军统设〈机〉缉〈察〉查处,并通过警察总局控制,天津组织 19 个。

1. 天津站有 9 个组。

2. 天津站外有 7 个组。

社团组织:

1. 青年联谊会,军统外围组织。

2. 忠义普济社。

3. 建国日报,敌控制。

4. 青年供给社,1946 年组织的。

天津特别站(航运站):杨省三领导。

天津真善美画报唐山站。

抗日杀奸团(抗团)1937 年成立,45 年改为互助社,专门组织暗杀。

三友公司华北办事处,1948 年。

天津区〈汗〉汉奸肃清委员会。

〈住〉驻津军事联络官员。

中美无线电厂。

中国〈扩〉广播电台。

军事联络组。

天津汽车修备总厂,警察处,他的训练机构。

中央警官〈校学〉学校,特种警察训练班。

浙江警官〈校学〉学校，特种警察训练班。

财政部查缉班。

中美合作所训练班。

组织活动特点是蒋贼亲自掌握他的行动，就暗杀[来说]，廿多年来杀害我革命干部，暗杀破坏逃台后还是干这些勾当，他军事性势力最大。

（三）国防二所：

1946年成立，郑介民组织，主要搜集军事情报，解放战争当中作用很大。

绥靖总署，剿总工处，特种参谋二科。

天津活动查第二、七、八组。

天津〈井〉警备司令部电讯材料调查组。

活[动]特点：〈暴〉爆破队，敌人三大系统就谈到这里。

这个报告下午讨论，各区委下星期一到办公室汇报。市内各系统星期上午8点，杏林路44号去汇报，电3.423 3。

各单位作一个计划：① 初步清理分类多长时间；② 看卷需多长时间。

汇报问题，10号一次，20、30号，每月3次。

国营工业系统没领到文件去领文件。

人事工作总结提纲内容要求

1955年11月5日

12月10号之前送到。

一、用人制度

（一）干部"肃反"运动中暴露出反革命分子坏分子多少人，他们担任什么职务，从不同的来源上进行分析。

入城、留用、统一分配的学生。

军队转业的，由工人店员提拔。

招考录用，私人介绍各占比重。

（二）私人引进的干部，哪些部门较多，哪些时期较多，1949年前、50、51、52、53、54、55年〈分〉份。现在是否还有私人引进现象，私人引进干部中发现多少坏分子反革命分子，都是什么性质，哪些干部介绍人较多，介绍私人当中有几种不同情况。

本身有政治问题，他对被介绍知道有问题有多少，有些人事[前]不知道事后知道不向组[织]报告的多少，根本不知道属于思想麻痹多少，除按数字统计外，并将典型的书面说明。

对私人介绍反革命分子的干部，如何区别不同情况处理的。

（三）从反革命分子和其他坏分子混入干部队伍的情况看，在用人制度方面存在哪些缺点，原因是什么，工作上〈遭〉造成哪些损失，特别着重领导。

（四）今后如何堵塞吸收干部的漏洞，需建立哪些制度。

二、干部调动转移方面

（一）调动转移有哪些制度不严，手续混乱现象。

（二）由于调动手续不严制度混乱以及输入干部卸包袱，在工作遭受哪些损失，哪些部门严重。

（三）今后如何办。

三、干部考察了解方面

（一）从"肃反"斗争中揭发的材料看过去对干部识别了解存在哪些问题，是否认真贯彻了市委关于了解干部办法。

（二）不了解干部政治面目，把坏人当好人现象怎样产生的，对[过]去已发现有政治性有问题的干部是否有丧失警惕长期不做处理。

（三）今后如何加强考察了解工作，如何把审查了解与实际工作中的检查监督结合起来。

四、执行干部政策

（一）从"肃反"运动揭发出严重情况，各级领导上在掌握选拔干部政策上如何。

（二）在选拔干部时只看业务技术文化或只看资格或以亲疏好恶，忽视政治使革命受到哪些危害?

（三）是否认真执行了干部后备制度？各要害部门的职能，科室人员政治情况复杂为什么长期没能改变，今后如何加强党的领导和调整培养干部?

（四）今后应采取哪些具体措施，加强对干部政策检查？如何正确掌握执行党的干部才德政策，有效培养干部。

五、干部教育

（一）从"肃反"运动中揭发的材料党对干部的思想教育检查监督存在哪些

错误倾向，对犯有各种错[误]是否有迁就姑息现象，原因[有哪些]？

（二）对干部中忽视政治倾向是否有了高度警惕，采取了哪些相应措施，由于对干部思想教育不够有哪些危害？

（三）如何改善思想教育工作？

六、干部工作机构方面

（一）人事工作机构设置干部配备存在哪些问题？

（二）干部分管后在考察了解上存在哪些问题原因是什么？

（三）自实行干部分管后，人事部门进行哪些工作？党的工作如何指导人事部门工作？在分工与结合上提调干部关系手续存在哪些问题？

（四）实行干部分管制度，党的组织及人事部门如何加强？如何妥善解决管理上组织领导问题？

传达张冲关于专案斗争标准的报告

1955 年 11 月 12 日

程文修传达张冲同志报告：

关于专案斗争的标准：

一、第一类专案

确有现时破坏的特务分子。

（一）盗窃国家机密与情报活动者——中心局分清他的动机和目〈底〉的、性质。

（二）阴谋实施行动暗害、纵火爆破，阴谋实施，暗地二人以上有计划地进行破坏有行动事实。

（三）实施政治性的挑拨，阴谋进行策反及颠覆活动的。

1. 看他什么出身。

2. 动机是有意无意。

3. 平时表现如何。

4. 偶然还是一贯的。

5. 看在什么场合下。

6. 损害程度如何。

7. 根据敌情是否合乎。

策反是什么？就[是]敌特用各种方法，把我干部拉去做工作。方法：通讯。拉拢哪些人？就政治未交代清，另外敌人在我内部有基础和对我之不满者。

颠覆活[动]就是打算推翻我政权。

（四）在我内部发展反革命组[织]及反革命为目的小集团和进行非法活动。

1. 小集团成员全部大部有反革命身份，或大部是残余的五类反革命，活动以反革命为目的的。

2. 一部分成员是反革命分子，操动一部分人进行反革命活动，也算反革命集团。但虽少，反革命操纵活动是落后，不是反革命为目的也算落后的。

3. 组成人员都是落后分子，活动也是落后的，这就[是]落后集团，落后集团包括流氓集团。

集团主要看组成人员及活动性质。

第一类，全部打击，程度不同；第二类，打击骨干一般争取起义，流氓集团够刑处就劳动教养。

第一二类集团成立专案，三类不成立专案。

什么是非法组[织]？没经上级批准。

（五）充当〈特敌〉敌特机关交通〈连〉联络人员，给敌人转拨经费人员，主要弄清机干和利用三种空投通讯。

（六）进行造谣诬蔑张贴涂写散发反动标语者。

有造谣有传谣有意和无意，根据以[下]七点：

1. 有反革命动机；2. 适合敌情；3. 一般说我们一个大事件就造谣；4. 一贯的还是偶然；5. 在什么场合；6. 看他的出身；7. 最重要追其来源。

诬蔑看动机是否有自由主义要根据[以]上七条分析，涂写反动标语也全面分析。

（七）有意制造政治事故实施反革命破坏活动者。

1. 阶级出身和一贯的思想表现。

2. 根据他的业务水平基础处理。

3. 一贯的工作作风如何？

4. 发生这些事故偶然一贯的。

5. 我们制度如何？

6. 根据事故发生过程度去分析。

二、第二类专案

与反革命组织有一定联系者(联系本身就是活动)。

(一) 敌特机关派遣的特务分子。

敌人派人潜伏在内部,一般的是在1950年以后,一般华侨归国学生、失业人员、知识分子,回国求学的方法。

潜伏:解放前本身就是反革命,如苏××就是有组织有计划潜伏,接受敌人任务潜伏下来。

(二) 为敌特"策反"或潜伏下来的反革命分子和内奸分子。

策反为特务机关拉我内部人员为敌服务。

(三) 经侦〈察〉查机关〈监〉鉴别,确〈於〉与海外敌特机关和联络机构有联络,但还未判明性质就可以为专案。

(四) 与现行侦察查证的反革命组织保持联系的。

三、第三类[专]案

历史特务和反革命分子。

(一) 隐瞒特务的身份运动中拒不交代,交代不彻底,有矛盾,不能结案。

1. 历史特务

履行一定的手续,经特务机关介绍,参加特务组织的叫特务,一般的三大系统。

还有日特也算特务,警察局特高科、组[也]算特务。

刑事队的特务,地方性军队便衣特务。

日本特务机关的翻译,日宪兵队的翻译,军队谍报组员,特别是组长。

2. 历史反革命

反动党团骨干,国民党区分部以上,以下算不良成分:

民社党支部长以上。

青年党小组长以上的。

三青团分队长以上的(中队小队长都算)。

反动会道门头子,一贯道点传师,相当于点传师的坛主,世界新佛会盘主以上,圣母军指挥长、土匪。

解放前为匪,解放后继续为匪,聚众叛乱抢劫群众的〈贯〉惯匪、匪首,坐地分赃的窝主,以及现行的土匪。

什么样不算土匪?解放前为匪,解放后[表]现不错民愤不大,解放前为生活所[迫],有群众性抢[劫]或在匪吓〈呼〉唬之下和敌吃过几次饭。

解放初期抢东西不算。

恶〈坝〉霸——依靠和组织反动势力，称〈坝〉霸一方。以私人利益用暴力权势，欺压人民掠夺人民财产查有根据，工矿严重封建把头，罪恶严重，不办不平民愤的。

（二）隐瞒重大历史罪恶血债，拒不交代或避重就轻逃避惩罚。

1. 什么是重大历史罪恶？一贯效忠敌人，积极供给情报，镇压运动，勾结敌人，搜捕革命人员，使群众军干遭受迫害者。

2. 依仗反动势力一贯进行敲诈勒索横征暴敛，抢夺〈坝〉霸占人民财物，强奸妇女，罪恶较大有民愤一贯性。

3. 解放前勾结敌伪军政官吏特务，进行还乡倒算，为人民痛恨者，时间一般七七事变以后。

4. 血债——以反革命为目的，杀人有证据，主谋犯或积极参加杀人的。

但敌人内部互相殴打死了不算，打群架互相伤亡不算，或是打死伪敌官吏，反对敌暴征打死不算，敌内部互相杀死不算。

〈致〉至于在他的职权范围内杀人，应根据具体情节分别对待，如反动党团骨干专门进行杀人算。

敌伪蒋匪统〈制〉治时期下阶人员，执行命令抓兵，无下落病死不算，因抓兵家属吓死不算，悼念亲人死了不算，或抓去以后生活困难死亡不算。

蒋匪的一般士兵法警奉命杀人不算，

敌人蒋匪人员打过群众，后因生活条件不好生病死亡不算。

敌我互战打死不算，〈致〉至于集体大〈突〉屠杀应由积极主谋负责，协从分别对待杀助威不算。

（三）凡属实有历史反革命身份或有过严重罪恶，虽经小组斗争查明情况也须经专案小组复查，核实交代的情节罪证。

四、第四类专案

自〈守〉首变节叛变投敌，情节严重造成对革命有严重危害者。

（一）自〈守〉首——凡是共产党员机关干部，以党员面目，向敌人承认错误悔过叫自〈守〉首。

如果是被捕，在特殊情况下经上级指示履行手续出来的不算，或者被迫以群众面目自〈守〉首，或由亲戚朋友代替自〈守〉首，无情抗拒不算，入党前交代清不算。

什么叫叛变——凡共产党员干部向民族敌人或阶级敌人，把党的秘密组织机关交代，或帮助敌破坏革命组织，投向敌人或积极诬蔑党或破坏党的事业。

什么是变节——凡是投敌自〈守〉首，被捕自〈守〉首投敌都算变节。

但投敌叛变自〈守〉首，不一定有严重损失。

五、第五类专案

阶级异己分子，钻入内部伺机报复。反革命、出身地主阶级，不放〈去〉弃原反动立场，混入党企图报复，企图伺机破坏报复。

六、第八类

反革命嫌疑分子

1. 现在有反革命秘密文件证物，而尚不能确定为反革命者。

2. 过去与敌人特务机关或特务人员有联系，至今尚不能确定断〈决〉绝联系者。

3. 该地党政机关和上级保卫机关指示的材料确有嫌疑的人。

4. 地方党政有汇报材料或通知，经过审查确嫌疑者。

5. 在被捕被俘立即逃出和释放，不适合当时情况，情节可疑，要详细研究有可疑者。

6. 有被党内同志以负责的书面控告。

7. 从反革命分子的口供，经审查认为有部分可靠程度细致查对。

8. 过去参加反革命组织曾进行过悔过，但暗中进行反革命活动还无取得证据。

9. 已登记未登记的骨干反动分子，还进行和反动组织联系。

10. 确系有意泄露国家机密。

11. 鼓动组织罢工请愿与重大事故有关人员，研究有嫌疑。

12. 不遵守操作规〈成〉程，屡出事故。

13. 不属上述材料都算。

七、第九类案

盗窃、诈骗、流氓分子

1. 抢盗、〈贯〉惯窃、骗子手窝主和一贯〈消〉销赃分子，或者不是一贯，情节严重危害治安也算。

2. 组织积极参加盗窃国家资财分子。

3. 扰乱〈共公〉公共秩序，强奸妇女，组织暗娼的流氓恶棍。

4. 以赌博为业的赌头、赌棍分子。

5. 制造贩卖毒品。

6. 一贯走私贩卖金银，编造伪造假人民币，扰乱金融的分子，虽不是一贯严重者也算。

7. 一贯引诱,唆使儿童犯罪者。

8. 抢人伤害人身的分子。

财贸五人小组的指示,李局长谈:

咱们 26 个组,19 个组有任务,7 组无任务。

1. 有战斗任务小组有无专案,有专案抽几人去搞,另一部人摸底排〈对〉队,号召忠诚老实,但不是人人过关。也对抽一部〈部〉分帮助有任务的小组,其他去做业务。

2. 重点人排队,打下来由专案组去排队。

特别正在进行还未进行的重点人排成三批,有多少打的,有多少放,有多少否。光怀疑无嫌疑是审干问题,逃跑的单〈例〉列一项。

3. 把发动群众的情况检查一下,积极、中间、落后各多少。

4. 顶牛的马上停下来,研究计划,还未开始斗的重[点]人,五人小组要研究。

5. 争取起义、条件和对〈像〉象要了解一下。

6. 够反革命嫌疑就可以斗,但方式要讲究。

(1) 非党员不得看档案,经与财贸联系党员看党员[的],积极分子看群众的。

(2) 没有战斗任务的小组,改为[礼拜]三、五下午学习。

(3) 各核心组把群众发动情况报办公室(礼拜二)。

(4) 各核心组礼拜二、三排重点人,礼拜四市局研究。

市管干部审查工作的安排

1955 年 11 月 15 日

1. 市委要求市管干部审查在明年 3 月底完成。

参加运动的,结合运动的搞清。

没有参加运动的单位可用审干方法,审查完。

要求在这个礼拜作出计划。

要把〈正〉整个市管审查,有问题研究问题,通过研究问题分析是什么问题,进行计划,指定专人限制时间完成,建立哪些制度完成。

市委提出二个〈节〉阶段：第一，从现在到年底，要解决哪些问题；第二，明年1月[到]3月完成。

如果市管干部有些问题弄不清影响"肃反"，另外计划是今年完成，不能再拖下去了。

2. 检举材料涉及市管干部，报市委。

市内转去检举市管干部多少，本单位检举本单位市管干部的多少，本单位原件送市委密件建档。

检举材料起了哪些作用，证实多少，起线索作用的多少件，没有起到作用的多少件。

3. 后备干部，根据目前缺少数量，今后能提拔的数量，确定好名单20号前报财贸处。

〈例〉列入名的可能级别低点，但不要约束。

4. 人事总结。

有的布置以后已经研究，还有没有研究，今天汇报，准备写几个问题说一下，下次会议谈如何总结。

5. 总结在12月1号口头汇报，10日前交书面。

部门、姓名、现职务、政治面目、级别(备考新旧)。

报二份表。

梁宝瑞传达财贸五人小组会议精神

1955年11月25日

梁宝瑞传达财贸五人小组核心组会议情况：

一、这一段的斗争情况

为了正确贯彻中央市委的指示，各级五人组核心组进行了〈修〉休整，对工作进行检查，训练了干[部]，教育了干部。

自11月7日就开始了战争，一般顺利的开始专案斗争。

小组斗争这〈此〉次排队摸底的情况，小组斗争任务很繁重，粮局20个，共170人打下来，财贸9%，税务局最多，银行最少7%。比〈修〉休[整]前少27个小组，开始战斗的72个小组。

目前斗争情况：〈修〉休整后，斗争前准备充分，斗争顺利，阵线明确，采取说理斗智方法，群众情绪高，共打下 20 个，粮 6 个。落后的单位也有转变，保险也有小组准备不足，选对〈像〉象缺口不当，顶牛，发生了急躁。五人小组，核心组纠正，有的小组束手束脚不敢斗也纠正了，但今后仍应提高警惕。

基本结束，斗争的单位集中力量搞专案。

① 11 月底小组斗[争]基本结束的单位，以专案为主兼〈固〉顾其他单位；② 如粮局本身二库；③ 其他单位。

12 月中旬—12 月底，以小组斗争为主领导兼〈固〉顾专案。

关于各[单]位都进行清底摸底工作要明确任务，就是为清除一切暗藏的反革命。这个界线要明确，因此对清底换底要严肃〈沈〉慎重，这样就不漏掉反革命，也不冤枉一个好人，因此人员必须纯洁人少精干。要加强保密教育，如有泄露，使有一般政治历史问题的人不安，〈行〉形成人人过关。应根据现掌握的材料再看档案，领导上应排队怀疑程度，集中面小了进行调查，必要时个别谈话。有反革命嫌疑的可小组斗争，有一般政治历史问题交审干长期审查，没有重点的，可翻档〈按〉案。如摸出有反革命嫌疑，本组转搞专案，没有二批的去搞，如有二批的放到第二批。

二、几种案件处理标准

现已打 290 多人，有的一些斗过，不够重点人，根据中央处理，放下审查批，是体现党的政策。处理要严肃慎[重]，不漏掉坏人，该判刑劳教就判，行政处分也可给的，不冤枉一个好人。

（一）转为专案斗争，暂不处理。

（二）应判刑的就可报捕，如查实可以立案，够判刑之历史特务、历史血债和现时反革命报捕。

（三）劳动教养低于刑事处分高于行政处分。

（四）应作结论的：

1. 已经查清确实不是坏分子，或是坏分子情节比较轻，坦白彻底或立过功的人可作结论，放下包袱。

2. 不属于反革命分子，但有一般政治历史问题，已全部审查清，作出全面结论，或个别问题未查清但一时不容易查清，先对查清的作出结论，未查清的长期审查。

3. 有一般历史问题：隐瞒党龄，年龄，未经小组斗争，自己坦白，交审干处理。

如何处理？凡是小组斗过的，在小组去结论，领导、群众、本人认为结论恰当才行。

结论通过,一种形式,开展批评与自我批评,以此提高群众觉悟。结论前五人小组要讨论结论内容方法,要进行研究,在斗过的群众中去酝酿,取得一致,大家都同意结论。指定专人谈话,叫斗他的组长,或高一级干部给他谈话,叫他承认自己错误。在群众中结论时,叫群众提出处理意见,领导写出文字结论,本人签字后交所管干部单位。

(问题性质、查对结果、处理意见)

4. 长期审查的应是问题性质不严重,不够判刑也不够劳教的,但一时也不查清定案的或者虽然情节严重,但材料一时不能查清者。

(1) 与资本主义体系国家〈住〉驻我国的大〈事〉使馆、领事馆、家有关系的人。

(2) 和国外敌人进行斗争中,须有侦查价值或者可能是派遣潜伏特务案件。

(3) 其他经侦查机关〈监〉鉴别,须由公安部门侦查管理的案件,交公安局。

(4) 有一般政治历史问题一时不易弄清者。

(5) 有重大事故,一时不能判明性质,但能查清责任者,就先按责任事故处理,但性质仍要继续进行审查,性质不明责任不清就放下来长期审查。

(6) 经常挑拨离间,造谣诬蔑破坏,一时不能判明性质者,先把弄清者处理或放下审查。

对以上案件如何放?采取以[下]三个方法:

(1) 不结暗挂,不结论,不告诉,适合前三种。

主要原因,如何利于我们侦查,对群众也有交代,领导不能讲清,使群众提高警惕麻痹了敌人。

(2) 部分结部分挂,适合第五、六〈二〉两条,不然就会漏掉敌人,也不冤枉好人。

(3) 明着挂起来,适合第五条后半部,或者明显的重大政治历史问题,也可告诉本人和群众。

5. 需要处分的。

按照党与行政方法,结论采取集权制,报财贸二分。

对作结论也应排一下队,放下结论的一般都给工作,做原来工作,以后慢慢处理。

“肃反”斗争是从发动开始的,结束时也必须教育群众方法范围可与前方法,放下结论给处分,领导要亲自出面谈话,最少是高一级谈话。

三、领导问题

加强领导统一〈按〉安排，不要松〈紧〉劲，材料领导亲自过目，不能在结束时松懈下来。除保险公司外，其他单位在 12 月中旬基本结束，转向专案斗争，明年 2 月底完成，就安排下批斗争工作。

四、专案斗争，张冲同志谈

（一）专案干部经过训练进行了排队

数字不精确——数字经常变化，审查、专案五人组报数都不一致，项目不清，情况掌握不统一，这说明打击重点缺乏统一的研究。

有的说处理的不处理放下，有的判刑也不处理，应该重点撤销了重点人。凡经过小组打过人，不[包]括正打、准备打、捕了的和专案，其他应很好地排队研究。

（1）先排专案；

（2）处理的；

（3）放下的；

（4）交战斗组的；

（5）把数字排了以后变化，也就有秩序。

（二）专案斗争情况

训练 59 个组，有 46 个组活动，还有的不健全，也有的有官无兵，有兵无官，官兵都有质量低，战斗任务不大，应转专案，转得慢了一些，要求各单位把组织建立起来，特别一类要充实起来。确定专案的一般的就不必调动，每一小组不得超过两三个案子，人员不足再训练一批。

专案建立起来的就立起案来。

已经开始斗，审问 14 个，准备斗的 24 个，一般的进行是顺利的。从立案情况看进度迟缓原因，有的认为专案不必要，领导不重视，专案人员劲头不足，也有的是打了半怕推翻，经验不多，力量弱，领导方法不多，创造经验。

1. 求领导专案斗争抓案子

2. 全面规划，分期分批分工包干，要求明年 2 月底基本结束。

3. 加强思想领[导]，克服自[身]弱[点]，虽经验不多，经验是斗争中得来。也不要怕他推翻，假的希望推翻，真的推翻就处理，认识不一致，可以争辩。

怕推翻不敢斗争是错误[的]。

专案树立，边打边练的精神。

以两三种方法、结论采取暗挂的方法，如果有派遣潜伏，因你过去与特务和机关有联系，群众不得不怀疑你，又无搞出问题，也可书面结论。

赵步崇同志说：

“斗争任务不大，如果群众去做业务如何方法？个别的有抵触情绪，或没参加‘肃反’的，怀疑对他不〈想〉相信，可利用先党内后党外进行讨论，以减抵触情绪。”

“如果骨干积极分子去搞专案，可打破原来建制，成立小组管理业务。”

杜主任谈：

斗争一般在12月结束，有二批任务的放到二批去搞，如无有二批的放到以后再说。

因进展不一样，领导任务重要，特别核心组，如小组斗争任务不小，专案任务也不小，核心组抓战斗组，如不然造成先紧后松。

五人小组可以专案为主了。

小组结束摸底，号召一次忠诚老实，可能成绩不大，也是个教育，如〈右〉又发现一般政治问题再找他，也有话说，报告后讨论二次。

转业务，专案斗争的，但转业务的也要做思想工作，别宣布运动结束了。

斗过的人没有问题了，领导出面谈话，卸掉包袱。

不应留尾巴的别留，该留的不留不对。

下批的工作应考虑〈按〉安排：

1. 党员干部学习党刊，对党员有什么作用和收获，觉悟程度有哪些提高，对市委批转中央材料阅读如何，对介绍经验、短评、询问、解答是否认真阅读，阅读后有哪些收获？

2. 党员对党刊编辑有什么意见，哪些材料发表得不及时，配合重大工作有什么作用，稿件是否有扩大事实？

3. 其他还有什么意见。

以上着重天津工作，星期四写。

甄别定案小组工作细则

1955年11月28日

（一）甄别定案小组工作细则

1. 甄别定案组报上级处理的案件错了不能上推。

2. 附表一有无前科是否受过刑事处分。

(1) 写起诉书的意义：

起诉书是法律一种东西，通俗说就是写状法院才受理。宪法上也规定起诉书是体现国家法律的严肃性，今后凡是刑事处分都写起诉书。

写起诉书是检察院的业务，但“肃反”任务太大完成是困难，所以依〈党〉靠大家来完成这个任务。

(2) 什么情况下写起诉书：

经小组甄别罪证确〈鉴〉凿，根据罪恶要判刑的，任何空话，估计在法律上都是站不住脚的。

还有似是而非的事实不行，都不能作为结案的根据，必须有法律观点。

(3) 起诉书内容：

A. 表达出合法化，所谓“合法”就是起诉。

B. 表达出案件罪恶是何种性质。

C. 表达出犯罪人的姓名、年〈令〉龄等。

D. 表达出犯罪的事实，要求一条一条简单清楚。

E. 综合犯罪事实性[质]。

F. 表达出我们的处理意见。

必要时也可引证惩治反革命条例，还要说明交代问题态度，从宽或严？

(4) 写起诉书应注意问题：

A. 证据确实的写上，证据不确〈鉴〉凿的不写。光口供，无旁证不写，〈行〉含糊其词不写，无关重要的也不写。

主要的罪恶要具体，词不要多。

B. 写材料主次分清。

C. 下定义的时候〈事实〉实事求是地写，一条人命别写[得]血债累累的。

D. 有的案件未搞清就别写。

(二) 有关材料整理

基层看[并]研究，系统研究，市也[要]研究，都费很长时间。

1. 报材料，根据要求按顺序排列，装订好，分出页号。

2. 材料首订二张白纸，填写目录、证据。

3. 综合报主要罪恶，主要证据(写见某页)。

4. 排列罪恶按大小排列，大前小后，证实在前，不确〈鉴〉凿在后。

所有上报案件就要经甄别，组领导分别研究。

为今后工作方便，做个 12 月处理计划，上、中、下旬分别什么时候报，经专案几个，未经专案几个？

被结案人的问题，要求 12 月 3 号来报计划，负责甄别定人员名单，电话号码，现在各单位有条件上报及时报来。

潘成俊：

甄别工作细致，责任重大，我们斗争这长时间决定错了。漏掉反革命或冤枉好人，政治责任很大。大胆怀疑，〈事实〉实事求是，反对主观〈偏〉片面，注[意]不感情[用事]，要严肃公正，根据证据，〈事实〉实事求〈实〉是，坚持真理，坚持原则，为党负责。

工作要细心，慎重，不要粗枝大叶，遇到困难，也应克服。被审查对象也可能狡猾，反复无常，有的同志怕推翻，盲目定案。或因我们工作不熟，无经验遇到困难。

学习文件、领会精神、熟悉做法、计划工作。

1. 目前立案的不谈了，如立案的能处理也可以的。

2. 目前应处理的逮捕，宽大，结论。

目前主要审捕和结论：

12 月 3 号写出一个简单计划。

学习惩治反革命条例，宪法中有关的[内容]。

(今后大小问题要报告，重点取消或结论)

党员处理，五人小组就是党组织的。

市委检查组：11.28 晚

1. 松劲情绪，特别是市局核心组，五人组中工作未抓住。

2. 几个主要问题串联好。

3. 专案工作转得慢了一些，这个现[在]还是萌芽时期，学习时不见得一致。

审查档案工作中，找出之一般历史问[题]，是否可以由小组长，个别谈话，询问方法不追。

明天上午忠诚老实报告以后的工作。

1. 没有战斗任务的组，讨论忠诚老实 2—3 次，有交代问题的交代，如没有，转入业务。组长骨干摸底，如有一般历史问题可询问，个别谈话。

2. 有战斗任务的组即开始斗争。

3. 打下之重点人排队〈正〉整个规则。

动员大会后的工作安排

1955 年 11 月 29 日

研究动员大会后的工作：

1. 今天下午就开始讨论，一般讨论两次至三次，如有交代问题可适当延长。

2. 讨论时一定有人掌握，不能〈行〉形成自流，如有交代问题的，应观[察]不应迎头去追问，以防造成顾虑。讨论积极分子参加，交代彻底，可在会后询问的方法进[行]个别谈话，应当比被谈话高一级。

政治可靠历史清楚，有一定分析能力，品质优良的骨干。

积极分子有计划有目的进行摸底，做到心中有数(主要反革命)。

3. 讨论内容：

根据李局长的报告，领会政策。

忠诚老实，坦白检举，已交[代]过的历史不再重复，但不是人人过关。不得指名交代问题，如我们知道有问题不交[代]，暗示启发的方法，促其交代。如有揭发问题的在会后，找组长领导个别谈。

小组人数不要太大太小，小组长心中有数，善于启发诱导，善于发现顾虑解除顾虑交代问题。

4. 小组类型划分及安排。

(1) 有战斗任务小组具备斗争条件的积极开展斗争，条件不成熟的积极查对，准备材料。另一部分人摸底，一般群众可去做几天业务。

(2) 没战斗任务的组有专[案]，一部分专案，一部分摸底，一部分搞业务。

(3) 无战斗及专案任务，抽一部分人支援其他有任务的组，另一部分摸底，其余去做业务工作。

(4) 以上三型小组划分人员安排类型，礼拜六礼拜日把讨论情况排队情况。

(5) 做业务的如何转法？应在排好队伍的基[础]上，认为确有部分人去做业务先头出头，召开座谈会，讲清业务工作情况。虽去做业务运动不是结束，我们小组战斗正准备条件再战，座谈会不叫打过人参加。

个别谈话的方法(不是斗的重点人)，说明你的问题交代或未交代清尚须交代，先安心去业务，以后给你作结论。

座谈会上进一步贯彻“肃反”〈义意〉意义，告诉反得不要松劲。个别交代了一般政治历史问题，可在座谈会上讲的同志，已交代很好，待今后结论。

已经打下的敌人不得去做业务，个别谈话写材料想问题。专案甄别够处理抓紧处理〈常〉，长期审查去作业务。

摸底工作目〈底〉的就[是]，肃清一切暗藏的反革命分子。有目〈底〉的有计划地翻阅档案，而是有重大怀疑和反革命嫌疑，摸出就调查，有反革命嫌疑交组斗争，历史问题交审干审查。

翻档工作，先有怀疑，逐个翻阅。

“肃反”运动中对叛变、自首的具体定义

1955 年 12 月 10 日

（一）什么是叛变？

是共产党员被阶级[敌人]逮捕以后，向阶级敌人或民族敌人暴露党的秘密，组织、人名或其他秘密，从事反革命活动（公开或秘密的）。一律按叛变分子处理，开除党〈藉〉籍，有血债重大罪恶法办。

重新入党的：

1. 叛变以后从事反革命活动，重新入党以反革命论，开除党〈藉〉籍。

2. 叛变后没从事反革命活动，重新入党，〈查〉察觉开除党〈藉〉籍。

3. 叛变后已经向党坦白，重新入党，开除党〈藉〉籍，如经长期考验，对党有特殊贡献由中央局决定。

4. 狱中或敌人法庭叛变，出狱后采取欺骗手段向党隐瞒〈回〉恢复关系，开除党籍。

（二）什么叫自〈守〉首？

以党员面目或革命干部向敌人坦白悔过。

1. 有过（分）的[反]共行为言论，拥护敌主张，开除党〈藉〉籍。

2. 向党隐瞒自首情况，查清后开除党〈藉〉籍，情节轻〈危〉微另论。

3. 家中成员亲友给坦白，另行处理。

群捕经别的老乡指出，不得不承认，另处理。

上述党员开除党〈藉〉籍，上[报]二级批准。

上述党员不能担任负责机要工作和出国之事。

税务局：

220 个人 2 个人翻档，2 个调查，2 个兼职。翻档未停，伪档案 4 个人清理。

卫生局：

360 多人，审干十几个人，“肃反”运动开始，审查组和秘书。

人民委员会：

（原缺）

工商局：

至今尚未恢复审干工作，清伪档对审干有好处。

结论：

1. 简历。

2. 问题、发生经过，过去是否交代过。

3. 调查证实结果。

4. 分析及处理意见。

结论一定要肯定问题的性质，被捕情况。

1. 讨论本人处分，一般可参加，本人申诉或上诉。

但支部要有统一意见。

2. 审查结论不通过支部，是通[过]审查组研究，开除党〈藉〉籍要经支部讨论。

3. 过去交代过、已结论，但看新交代是否影响结论？党委准备成立审干办公室，一般干部要求 1956 年完成。

“肃反”运动开始至今，你组交代市局核心组。

各小组汇报一次，除重点人外，所交代的政治历史问题和一般政治历史问题。

（中略）

（1）属于一般历史问题：隐瞒年龄、学历、经历、成分等。

（2）一般政治历史问题：反动会道门、迷信道门。

（3）一般反动党团分子：国民党、三青团、民社党、青年党。

（4）搞不正当男女关系的，强奸及侮辱妇女的。

（5）参加落[后]反动集团。

（6）有港台关系者。

（7）历史上脱党、脱团、妥协、投敌、叛变、被捕。

(8) 伪军警宪及一般行政人员。

(9) 伪军政官吏。

(10) 反动党团骨干。

(11) 历史不清,有政治嫌疑者。

财贸五人小组专案斗争进展讨论

1955 年 12 月 10 日

(一) 赵步崇谈目前情况:

共打下 5.78%,内贸 4.7%,外贸 5.3%,银行 5.7%,财政 7.3%,工商 5.1%,税务 15.3%,粮食 4.1%,打下 361,还有 182 个,正打的 9 个。

(二) 今后意见:

最近厌战情绪严重,应加强思想工作和政治工作,宁左勿右,不冤枉好人,不漏掉一个反革命是一体的。

1. 加强专案斗争,局五人小组核心组应具体领导,明天准备再训练一批,一个专案组。一个案子最多不超过二个,专案人员占参加运动的 10%,专案斗争要求 1 月底完成。

2. 各单位要把重点人进行排队,有一般政治历史问题不够重点就否去。在这次摸底出来的重点人不斗了。须斗,经五人小组批准另组织人,斗错了应谈话承认错误,斗了有一般政治问题结论。

排队应叫组参加,根据材料确定。

3. 继续加强调查人员纪律政策的教育,加强工作检查,材料要认真分析,过去了解材料是成绩,甄别确实也是成绩。

对调查人员教育,思想教[育]个别的要处分。

4. 摸底要有计划,有领导,有目〈底〉的的进行。面不要过宽,时间不要过长,号召忠诚老实,也不是人人过关。

摸出一般交审干,反革命交五人组研究。

5. 转入专案,有的愿去搞业[务],要做好思想工作,并抓紧作结论。

6. 加强对案件处理的手续一律报批,防止过宽过严。

(三) 第二批准备工作,廿号以[后]财贸就训练,20 号前报去,找出战斗小组长。

处分以上的和挂起来的重点人报批。

结论不给处分，备案，凡斗过的都要处理。一般反动党团自己交代，交审干处理。

甄审组不能光坐家等材料，应下去，防左一定防右，有的还不[到]百分之五，有漏网的危险，不是人人过关。

杜新波同志发言：

打击反革命多少？主要是主观原因还是〈克〉客观原因？没打出来就是没有努力。五金公司要补课，粮食局有的单位在二批补课，长期顶牛的停下来研究。光说打下来，还有二个关没过，可能还少。冤枉好人不太大，漏掉坏人可能性不小，但该结论就结论，将来有问题他还要负责。

斗的问题，左的倾向存在，还要防右。

专案不是光复查一遍，必须有发展才算成绩，力量配备足，时间不要过长。

明年规划，下周研究。公社合营很忙，业务、斗争二条战线的争取搞完。

“肃反”、业务全面规划，统一领导。

有关“肃反”结合审干的相关问题

1955 年 12 月 16 日

审干工作的首要任[务]，就是肃清混入干部队伍中的一切反革命分子和坏分子。目前全国正在开展“肃反”运动，审干工作就必须和这个运动结合进行，这个运动的声势和动员的范围比审干工作要大得多。随着运动的发展，广大干部群众的政治觉悟和革命警惕有了显著提高，已有 220 多万人中清查出大批的反革[命]分子和坏分子。工作较好的单位进行了反复的分类排队，大体上摸清了干部中所存在的问题，这对审干工作提供了有利条件，因〈些〉此要适当地安排审干工作。

一、必须配备专人进行审干工作

（一）审干干部必须政治上完全可靠，作风正派，具有一定的政治思想水平和工作能力。

（二）在工作过程中，如发现审干干部有政治历史问题或思想意识有较严重的毛病,应随[时]调离,另行调适合的干部担任这一工作。

二、审干工作必须严肃慎重地进行,绝不容许有任何马虎从事草率现象发生,因此要认真地进[行]排队,防止漏掉坏人。

排历史问题和现实问题,思想问题还是政治问题?哪些需调查?哪些人索要材料?哪些人写结论的多少?哪些人写补充材料?

1. 历史问题,分一般历史问题,一般政治历史问题,还是严重的政治历史问题,按类〈刑〉型划清。

2. 现实问题排队时应考虑研究:

(1) 解放以来,对国内外发生的重大事件,有无可疑的言行表现。

(2) 在执行党的政策和国家法令时,有无有意歪曲、破坏的行为,工作中曾发生过重大事故。

(3) 有无和可疑的社会关系来往或通讯?

(4) 平日生活花钱是否很多,超过收[入]来源不明?

(5) 有无思想变化,很突然,而又表现得很可疑者?

(6) 日常言行表现有无可疑?

对现实审查必须慎重、严[肃]、〈事实〉实事求是。

3. 哪些人什么问[题]?需外出调查的多少人?

4. 哪些人不须调查,通过索要材料可以解决?

5. 有多少人,什么问题须结论?

6. 有多少人,什么问题,不须结论可以经了解弄清,写补[充]材料就可以解决?

三、调查了解工作,审干是党严重的政治任务。审干政策贯彻的好坏,关系到党的团结与队伍的纯洁与巩固,因此调查干部政治完全可靠,作风正派,分析问题[实]事求〈实〉是的判定问题。

〈尤於〉由于过去对这项工作的审查不严,也出了一些问题,今后要对外出人员进行教育,防止违犯纪律,破坏党的政策。

凡须外出调查的问题,可有二个形〈势〉式:

(一) 专人外出调查。

(二) 结"肃反"专案调查,同地区同路线,统一外出的方法调查。

四、结论工作:

我们审干工作开始将近一年,我们结论。还有,开始说明我们工作中缺点。

结论工作才能说明我审干的成绩,如需结论的应迅速报来。

五、把肃[反]中交代出来的问题综合材料建立档案。

〈另〉零星问题：

（一）防止失密事件。

（二）审干翻档案发现的问题，可以整理谈话，提纲谈话（包括摸底发现的一般问题）。

（三）防止不重视这一工作现象。

（四）恢复审干制度请示报告。

（五）要密切与“肃反”结合，也防止停止审干。

（六）（原缺）

财贸五人小组汇报会概要

1955 年 12 月 20 日

今天财贸召开各五人小组汇报：

各单位对专案重视了，除粮食、银行、保险，1 月中旬就[都]完成专案斗争[了]。

粮食局说，加强了三级专案组，领导拆散下面专案组不对，专案组立案、结案等分开是不对的，不同意这样〈作〉做。

立、结案 8 个人分到组内去，力量就大了。

汇报说，向局长二天汇报错了，精神是向五人组二天汇报。各核心组如何向专案组长汇报，应直接向五人组汇报，赵步崇同志说，“最好各核心组长向五人组报告。”

凡受过专案[培]训的不许〈作〉做别的工作，已去〈作〉做别的工作去，能回来的回来，不能要请示。

如〈象〉像×××情况，该放的就放下，不要拖住放下。

放下条件：

通过群众斗争，又经调查，又无进展，就放下，但放下不是不管。

专案斗争、群众斗争相结合，开始就结合。如有些材料还未揭发出来就去发动，如专案顶牛，再发动群众斗争，专案中有了进展，向群众说明，除公安局长期审查，否的问题还要和群众商量。

结论否定都要人事保卫做工作，他们有抵触，专案斗争与侦察相结合，通过公安局侦察。

如不承认,我们也[须]证实。如交代合理,经查对就可结案。

领导抓专案斗争为主要,立结案次要的。财贸专案斗争迟缓,领导重视不够,关键在于领导如何说明。领导松懈,往往以官僚主义方法去抓,这样就产生二种结果,影响二批斗争完不成任务。另外发生顶牛逼供信,不漏掉坏人或冤枉好人。

原则上一组一案,订出计划,五人组核心抓典型指导,一般凡顶牛就停下来,专案掌握敌情。

总之,要1月份完成专案斗争。

传达中央市委关于审干计划

1955年12月21日

财贸召开审干会议,邵庆荣同志传达中央市委关于审干计划:

一、市管干部要求明[年]第一季度全部坚决审查完毕。

但我究竟有多大任务不详,过去审查分类四类。中央定规,重新划类。审查面27%,新干部占7%,老干部20%。根据情况看才15%,是说一类不算,显然对中央要求不符合,但一类不算加上去40%,〈希〉系全市分类统计。

中央指示重新划,按三类划分,明确问题性质,经过研究有多大任务。

中央划类规规定:

1. 应列为审查对象的,审查范围有七项:

(1) 历史不清,来历不明,或历史上重要关节含糊不清的干部。

(2) 曾被捕,被俘,自〈守〉首,变节嫌疑的干部。

(3) 曾为反动党团、会道门骨干或曾在敌伪军政警宪任过主要职务者。

(4) 曾加入过特务组织,或进行过特务活动的干部。

(5) 伪造历史,隐瞒政治问题,或其他政治上可疑的干部。

(6) 品质恶劣丧失立场,经常对党不满,抱敌对态度的干部。

(7) 脱离过革命队伍的干部。

2. 不列为审查对〈像〉象的四项规定:

(1) 政治历史,曾有问题,已查清,并有结论,以后也未发现什么问题的干部。

(2) 经组织了解没有问题的干部。

(3) 虽然经过没有系统的审查,经〈常〉长期考验没有可疑的干部。

(4) 历史虽有问题但非政治问题,不列审查的[干部]。

(5) 有些家庭及社会关系中虽有有问题的人,但本人已向组织交代清〈础〉楚,并从本人整个历史看没有问题和没有可疑之处,不应列入审查。

关于划类:

今后按三类划分:

一类 反革命与反革命嫌疑:

1. 现行特务活动;2. 历史特务(土匪恶〈坝〉霸反动党团骨干反[动]道首);3. 现实破坏活动嫌疑;4. 严重罪恶和血债分子;5. 胡风分子;6. 反革命集团首要分子;7. 托派嫌疑;8. 阶级异己分子;9. 投敌叛变分子。

二类 严重政治历史问题:

1. 伪军政官吏;2. 自〈守〉首变节分子;3. 社会关系严重复杂;4. 一般的历史罪恶;5. 脱党或混入党内。

三类 一般性政治历史问题:

1. 一般反动党团员;2. 一般的伪军警宪人员;3. 被捕或释放不清;4. 入党隐瞒一般问题;5. 胡风影响分子;6. 来历不清分子;7. 妥协逃跑分子(政治动摇第三类)。

市委有一个表,由各系统填报各单位需审查的,排队什么时候完,有多少人,要求明天报来。

要求:

1. 对问题性质、情节必须明确。

2. 一般把入党入伍时间填清楚。

3. 根据新的划类,一类填前,第三类填后边。

有的工程师要审查填后面。

4. 填表好后前面放一封面,干部多少,各类多少,占市骨干多少,[写清楚]。

5. 备考有被捕、隔离、反省、被斗争的。

对一般干部的审查:

因为没跟上去,也心中无数,把总数搞出,其中需审查多少,各类多少,各类占总干部多少,这个数字要下礼拜送来。

关于市管干部审查,市委几次催结论,报来不多,报来不合要求。

结论方法：

问题性质不明确，经过不清楚，要四部分。

1. 发生问题时间、地点、当时所做工作和职务。

2. 问题发生的经过。

3. 问题情况及性质。

4. 对问题的处理意见与结论（过去如何认识，现在如何认识，为何结论）。

目前按新分类，抓住二类结论。

第一类按“肃反”手续报。

各局党组可以研究结论，报党委一份，财贸一份。填表是确定性质，应有党委书记或局长参加、研究填写。

长期离职休养和到北京学习的还列[入]统计内，市管干部结论研究出初稿，先报财贸审阅再打印。

关于“肃反”以来干部思想情况的报告

1955 年 12 月 24 日

粮食部军供科长李森、党委宣传部林子元。

“肃反”以来干部的思想情况和解决的意见。

党内外干部思想情况：

有的是积极分[子]，有的大小问题，各种思想不同。

一、党员〈决〉绝大多数听了动员报告以后，很大检查了右倾麻痹思想，纠正后成了骨干，表现斗争中党员阶级立场。为调查克服困难完成任务，内勤加班普遍现象，有的党员三个月星期[天]未休息，有的同志有肺病半天工作，一“肃反”整天上班。有的党员要求看管隔离反省的，有的不积极党员，运动中积极起来，成为骨干，同时认识到个人主义是敌掳取对〈像〉象。

有些人有点问题，组织上无有结论，也抱着积极态度找材料。上述对“肃反”动运动，起到保证作用。

但仍有部分党员，没有拿出党员身份关心“肃反”，〈莫〉漠不关心：

（一）比较普通，有些问题党员对党不忠诚，多半不主动彻底地交代。据统计，党员重大问题 44 个人，没有一个人向组织作彻底交代，一般都是指一点说一点,说轻不说重。有的情节严重说了又推翻,有一般政治历史问题能不交代就不交代,动员时还是哭闹,不交代。

作[为]一个党员应主动交代自己的问题,但运动中不是这样。

(二) 少数领导干部存在右倾麻痹思想。据目前统计,科长以上党员表现右倾思想,已撤销了"肃反"运动领导职务。右倾麻痹表现三种形式:

一种,盲目乐观。不相信在他领导的干部没有反革命分子,这些人开始时,认为别的科有。我这科无有反革命,工作都积极。学习阶段强调工作忙,抽干部做业务,运动中谈业务。

小组斗争开始不注意发动群众,因而阻碍了运动。农林水利局一个科长就这样,运动搞不起来,撤了他的职,另〈还〉换一人去,不久搞出二个反革命。

二种,不敢开展尖锐的思想斗争。光想讲方式,斗争时软弱无力,不敢提阶级斗争。认为劲大,就起缓和作用,就〈柱仗〉助长敌〈势〉士气。

三种,缩手缩脚。处处为敌着想,恐冤枉了好人,这些人多是"三反"中挨过打,这些人几年来一〈致〉直对组织不满意,在运动中散布。运动中不〈勉〉免要打错人,就影响了群[众]斗〈智〉志。有的歪曲"三反"政策言论不制止,有的右倾强调绝不冤枉好人,但对不放过一个坏人就不提了。

上述情况也有的得到了扭转,但仍有个别的对现在还是这样,有的说交代问题靠自己,不必隔离反省。

现应注意的:"肃反"转入专案甄别定案,不〈相〉像前斗争激烈而细致了。有的恢复了正常工作,而某些干部右倾思想又在滋长,要防止,不然就要潦草收兵,虎头蛇尾。

(三) 因为本身有些政治历史问题。没有叫他任"肃反"领导职务,这些人对运动不大关心。一种自己问题未交[代]清楚,领导谈话以后就背了包袱。参加运动时,对小组活动也不积极,发言不多,打不〈重〉中敌人要害;另一种不积极思想厌倦。教育有一个批重点,找他谈话,打瞌睡。有的地方来找他证明问题,不接见,又来找,勉强接见,但不介绍情况。调查人叫给写个材料,他说你不相信我,我是党员。

这些人多〈尤於〉由于本身历史没有搞清〈础〉楚,认为比别人低,对运动不过问,分配什么做什么,对业务工作还比较负责。

(四) 少数同志运动中不是全力〈一负〉以赴去搞运动,而闹不团结,个人主义,摆老资格。散布某青年不懂什么,小青年搞出什么来? 领导谈,不接受。

(五) 少数候补党员,对这次运动害怕,对自己的问题不敢暴[露],怕挨斗。有些见斗争剧烈自己不敢交代,后经数次动员未交代出来。

(六) 对运动厌〈繁〉烦,愿〈忆〉意去做业务。看各单位都有,他们怕业务有影响,但明提出来的不多,可是谈业务忙如何办?

(七) 党员中骄傲自满情绪还有的。

积极分子的思想情况:

积极分子运动中热情很高,对运动有很大作用。他们加班看管隔离反省分子,外出调查去,能克服困难,愉快表现。

二、不好表[现]也有二种:

(一) 骄傲情绪。严重的是无组织无纪律,个人主义。认为自己清白不交代,也不检举,分配做业务去。他想,领导怀疑我什么?不参加游行,夜班不光□,教育局,搞“肃反”第一类干部,业务工作的是第二类干部。有的坐着不去做业务,恐不是积极分子,搞的成绩大的;财政局,副小组长认为自己了不起,有些原则问题不请示领导,擅自布置叫警卫监视主任,警卫向主任说了。

(二)〈皮蹋〉疲沓和急躁情绪。国庆后有松动情绪,人委有33个看管隔离反省的,分配很好。时间一长表现了不愿看管,或拒〈决〉绝礼[拜]六看管。对敌人顽抗狡猾也感到厌〈繁〉烦,有的说斗争来斗[争]去几个月还这些问题,什么时候完?1956年完不了,农林水利局有一个这样表现,交法院和公安局去。

三、本身有问题,经小组斗争过的。

根据个人问题轻重表现不同:

(一) 问题比较大,情节严重。表现不老实,向组织对抗。〈漫〉谩骂领导,领导搞我是官僚主义,反省时睡觉看小说等。作诗,一天希望一天空,一天斗来一天仇,还打击〈风〉讽刺积极分子。

(二) 问题比较严重,斗了以后,又做业务工作的。

工作不安心,有的给自己量刑,自己作了安排,准备坐法院。〈又〉有的说自己计算和坦白判三,不然还多。

(三) 问题不太大,斗了以后又做工作,表现比较积极。分析:一方面是交代清〈础〉楚,轻松愉快;另一方面问题未交代清,积极工作掩盖。

(四) 有的满不在乎,斗以后嬉皮笑脸。这些人都是每次运动都有,不在乎。

四、有问题尚未揭发的,思想有二种:

(一) 心神不安,打听风声。有的改变了平时作风,当党团员时说国民党也是反革命分子，开除了干什么去？献殷勤，问谁的问题没搞清？有的表现很慎重，坐在家看看书报。

（二）放空气掩盖自己的问题。一再表示和反革命没有政治联系，或检查有麻痹思想，过去重业务轻政治。有的说那个反革命对领导也不错，信任他才得职务。

五、落后群众的思想情况：

落后群众，经过教育，有的成了积极的，很好。但有的从始〈致〉至终还未改变，开会就参加，会后又找敌拉拢。大部思想是，我没问题也不管闲事，粮食局就有几个。

现总起来说，"肃反"运[动]收获是很大的。主要的，不要忽视，党内外存[在]的思想情况；次要的，也是很难〈勉〉免的。党内外干部存在这些问题，总[结]起来，主要是积极分子骄傲自满看不起别人，还有些人怕打，存心怀不满（组织上不相信）。一般群众对运动不大摸底，有些厌倦情绪，小心谨慎，不大胆不主动，交给什么做什么，主要这三种。这样对"肃反"对日常工作团结都是不利的，必须适当地加以解决。目前有的已大体结束，接近结束，怎样解决？

党委考虑二点：

（一）抓紧时间。什么时候？应在年前根据思想情况向全体党员作一报告。结合本单位报告后，很好地组织一次讨论。首先叫党员认识，这些思想存在对运动的危害性，能主动解决，先从党内解决。

（二）新年前后要有计划有目〈底〉的〈的〉地召开各种〈坐〉座谈会，这也是每年的〈贯〉惯例。[新]年前后抓紧时间，谈有什么收获，有什么建议，有什么意见。根据他们提的意见进行一下分析，看他们思想究竟在什么地方。

党内最好年前报告，讨论可在年后。

市委办公厅通知：

关于党刊编辑：

1. 党员干部学习了党刊，对党员有什么作用收获？对党刊，市委中央批转指示，阅读如何？经验短，大家是否认真阅[读]？

2. 党员对党刊有什么意见？哪些发表不及时？配合重大工作有什么作[用]？稿件是否扩大事实？其他有什么意见？

着重天津工作，30 号汇报。

万晓塘关于1956年结束审干"肃反"工作的谈话

1955年12月25日

抄自彭致中记录。

万晓塘同志关于结束工作的指示：

1月5号，中央召开各省、市五人组长会议，汇报内容：

1. 当前运动进展情况及存在问题。

2. 对高级知识分子的斗争情况。

3. 1956年规划问题。

市五人小组谈的主要是向中央汇报的材料，另要各系统写补充报告数字。

报捕、劳教、宽大各多少，专案多少人，多少案子，小组斗争情况人数，结论的多少，转审干多少，长期审查多少，各系统要总结斗争经验。

当前存在问题：

一、左右倾问题：从全国范围内来看，左的现象主要表现在对高级知识分子较严重的。（一）天津也有这几点：1. 该放的放不下，该否的不愿否；2. 专案材料有些勉强，一般偏重。正面考虑多，反面考虑少，没从否定方面考虑，对案件处理意见偏重；3. 急躁情绪。对专案没要求，拖拉，要求一月完成，又产生急躁情绪。

（二）有[左]的表现，防右现在也是主要的：

1. 纠左批判有的不适当，产生束手束脚，不敢斗争；

2. 另一种是，大化小，小化了，看不见敌人；

3. 厌倦情绪；

4. 只管搞业务，不管"肃反"。

（三）有些单位有二种表现：1. 领导松动，不加具体领导，下面不敢决定。分工不好，专职人员很少搞"肃反"；2. 开始曾出毛病，未结束时也会出毛病。领导上要很好分工安排，特别领导上不能松懈，否则就要冤枉好人，漏掉反革命。

（四）再就是对战斗领导指示不够，逼供〈讯〉信没有，但反的不深不透是主要的，主要领导上没有很好分析案情。各单位要讨论一下左右倾(粮食局主要是右，左不是没有，右是贯彻始终的，占很大程度)。

二、关于高级知识分子问题：

全国情况是斗争面宽了一些。天津讲师以上斗争了12%，人员16%。原因：他们社会关系复杂，他们历代都是为资产统治阶级服务的，同时港台关系多，对高级知识分子“肃反”斗争，是很复杂的，不很好研究会发生问[题]。怀疑很大，摸摸可以，但不能交群众斗争。有的就是思想反动，思想落后，这就容易打得面宽。这里有反革命，但要很好安排。肃清反革命的方针不能动摇，方法可以讲究，广大知识分子才会支持我们，不会脱离群众。一定注意反革命分子，和反革命分子有普遍关系，不[一]样[对]待。不能对有一般关系的人轻易怀疑，知识分子自尊心很强，一不注意就会出乱子。知识分子与反革命分子有一般联系，解放后无联系，已交代就算了。即便问题较严重，已交代，表现也好，那就不应与一般人对待（宽一些），要继续工作。

对虽然有反动思想，落后思想，但没有行动，不能当为反革命对待，应当耐心教育批评使他认识到错误，这必须有充分时间和耐心的等待，现在我们有这种条件。（国内外情况）

我们现斗争力量很不相称，有很多事不懂，理解不够。

三、审干问题：

“肃反”中揭发出不少一般政治历史问题，这都要经审干解决，这就需要审干工作赶上去。一个是他背上包袱，一个是没人管。

市委决定 1956 年一年搞完。

第一季[度]市级科长要搞清。

但审干中也可能审查出反革命，搞出的反革命，要交“肃反”处理，二项工作结合进行。

办法：组织上结合起来，审干也在五人小组领导下进行。五人小组要分工（各核心组也分工），但审干结论，由党委结论，这些可以保证不漏掉一个反革命。一般问题有人管，市科长，有 5%要在“肃反”中解决，要求不要松劲，松劲就要破坏成绩。

下一批各系统要成立检察院（中央尚未批准）。

放下的，一定要有人管。

重点人打过了，放下了，这个要算数字（反革命嫌疑揭发出一部分，不能定案，法律手续不齐）。

四、规划问题：

（一）财贸 55 901 人进行，其中干部 38 179 人，工代 17 722 人。不包括改造的，已进行 5 588 人，归区委 13 390 人，还有 36 913 人。

各单位明年上半年12 401人。外贸3 686人，粮1 399，银行1 357人，财政471人，商一2 525人，商二1 430人，商三1 533人(工商税务没有了)。

明年下半年内、外，粮食15 094人，外贸4 010人，粮1 347人(还不包括恒大)，商一2 806，商二3 771人，商三3 160人。

1957年，三个商业局。下半年可能还有，以上可定了。

(二) 李骧：

准备工作以昨天正式开始，每期分四个阶段：

1. 准备阶段；2. 群众斗争阶段；3. 专案斗争阶段；4. 甄别定案阶段。

第一阶段　由现在开始，至明年2月底结束。

第二阶段　从3月初开始至，4月末结束。

(一组20人以上30以下，3个重点，一个半月)

(每期发动三个高潮，每个半个月，准备一周斗争一周)

第三阶段　从3月半开始，5月半结束，共二个月。

第四阶段　可穿插进行，6月底结束。

5月半专案结束，批[斗]准备开始。

五、准备工作，目前做二个工作：

1. 选择骨干，建立机构，骨干占20%左右，最低不得下于15%。

2. 开始翻档摸底(我们要写自传)，也可个别谈话，正副组长占6%，五人组核心组办公室人员占4%，专案人员6%，专职调查4%(出市)，26号必须报上。

批准权限：五人小组、办公室主任、组长、核心组成员、专案组长、调查人员。

战斗组长、一般专案成员、五人小组批准财贸备案，这些开始时作战斗核心。

一开始准备，即明确责任，统一使用。

28日一定批下来(加快、加多、加好)。

骨干训练昨天开始，1956年1月3日开始训练。

财贸是战斗组长以上骨干，1月3号杜主任报告(方针政策、政策界限)，组织讨论一周，各五人组再作辅导报告(好坏界限)。

第二周张冲报告，如何做调查工作，还讨论一周。

半月后调查发动群众即开始，旧历年要作一次发动群众报告(还是骨干)。

过了旧历年就开始宣战，群众开始学习，骨干调查研究，并有意发动群众，准备战斗。

财贸再训练一次战斗，准备报告。还有一次搜查报告，二月底三月初就开始战斗。

六、领导问题：

明年任务很重，加多、加快、加好。干部要分工，行政副职、党委书记搞“肃反”，业务办公室、“肃反”办公室、行政正职，党委副书记搞业务，不能因分工而放松集体领导。

旧的要搞好，新的拿起来。

一般 1 月底才能腾出手。

下批人员复杂，如何在不同人员中进行“肃反”，还缺少经验（要害先调出警卫先下枪）。

今年利用党的保证很不够，群众会前，要在党内动员，斗争中加强党内生活，发挥支部作用。

工厂工人，准备时间可长一些，战斗短一些。

工厂 3 月初不能开始，向后推也可以。

重点人该解放的就解放，不要放着。

新年保卫工作注意一下。

排队，先定罪，主观结论不好。

杜新波同志指示：

这一期要有始有终地结束下来。

后期右倾先紧后松，很严重。第一期结尾不好，恶果很大，影响下批。

杜新波关于“肃反”工作情况的报告

1955 年 12 月 26 日

杜新波同志报告：

巩固战果，扩大成绩，把运动深入一步。

5 755 人。坦白检举暴露 1 612 人，[占]29.4%，斗争对〈像〉象 458 人，占 7.96%，已结论。到 20 日，查出反革命 171 人，坏分子 57 个，反革命嫌疑，占 5.45%。

内贸 4.6%，商一 4.31%，商二 4.59%，商三 8.85%，干校 7%，外贸 5.07%，外本 5%，海关 3.13%，商检[银行]，财政局 7.45%，粮食 4.34%，税 12.9%，工

商 4.71%。

搞出来的敌人，[人]数不平衡，什么原因？当然敌人分布不一样，那么税务局敌人就多，没搞来的就少？我们的政策就是：不漏掉反革命，不冤枉一个好人，但我们不冤枉好[人]问题不大，漏掉反革命可能性不小。

除打下的外，还有 142 人重点，现有 32 人正进行斗争，有〈二〉2 个跑了没有回来。

〈例〉列入专案 123 起，已可定案的 18 起，销案的 5 起。

目前搞运动 2 000 多人，3 000 人去搞业务去了。

财贸等运动正常的健康的，经过运动，清〈楚〉除了大批反革命，改善了党群关系，有很多积极分子要求入党。

成绩：由于党的明确领导，参加“肃反”同志的努力。

经验：

1. 认真研究中央与市委的指示。

2. 反右防左自始至终的，特别防右。

3. 抓住了几个基本环节：(1) 劳动群众；(2) 调查了解；(3) 交代政策争取起义；(4) 就是领导亲自下手。

现在我们运[动]到了一个新的阶段，就是专案斗争。除花布站、保险公司全力转入了专案，专案是高级斗争形〈势〉式，并不是结束。目前专案要作好，专案斗争要求 1 月底搞完，向后推也得在旧历年前，不能放久处理。

(一) 必须反对各种类型的右倾，右倾三种：1. 虎头蛇尾、松手懈劲情况；2. 厌倦疲沓情绪；3. 业务“肃反”安排得不好，影响“肃反”。

我们不漏掉坏人，不冤枉好人，把敌人搞完、搞透是立场，是不能动摇。现提出来“加多、加快、加好”。

如不防止右倾的恶果，把抓住的敌人又[放]跑了，影响明年斗争。

(二) 专案主要进展迟缓。任务重，人员不足进度迟缓，原因二条：1. 〈克〉客观经验不足；2. 领导重视不够，缺乏指导。

(1) 怕难情绪不敢斗，总在枝节上打圈子，怕顶牛怕推翻，缺乏〈事实〉实事求是的精神。

有六个人证明他不是特务，还不敢否定。

(2) 有些人不应放到专案去的，也放到专案去。

(3) 调查与审问结合不好。

有些不调查不敢问题，审问不是攻心斗智而是问案。

(4) 不是针对思想动态，讲明政策，攻心斗智。

(5) 各单位专案斗争进展不平衡。

我们根据这些问题要解决：A. 各单位抽调力量，充实对了。但还应加强领导，搜集经验指导一般，还必须加强政治思想领导；B. 对现专案斗争对〈像〉象进行排队，〈事实〉实事求是，细致研究材料，找出关键，采取措施，问题已搞清，证据已具备，就可定案。问题已基本搞清，还须查对，就搞调查。主要问题未弄清，未取材料，怀疑重大，就搞材料斗争，搜查。总之要排队，根据斗争对〈像〉象，订出不同的斗争方案；C. 加强专案的审问工作，要攻心斗智，讲政策，分别瓦解敌人，争取起义，反对主观臆断，强攻硬压，简单化的做法，善于研究敌人的思想动态，以便正确运用各种策略；D. 专案斗争和群众斗争小组密切结合，专案斗争如不老实，与小组研究或对证情况。

(三) 注意对调查人员的政策、纪律的教育。

甄别定案，不冤枉好人，关系运动的成败，是主要的一项工作。

1. 送到案件材料，证据不足无法定案。

2. 有些材料帽子大，品质恶劣，没有条件。

3. 问题的性质不明，[条]条很多，看不出哪是主要的。

搞业务的还有一些思想问题：

1. 个人主义。转业务时我们没有告诉他，发生误会，认为搞业务去就是二等干部，思想背上包袱，形成大事往上推，小事往下推。

另一方面，我们有的认识不清运动的长期性、艰苦性和复杂性。台湾还未解放，世界上还有资本主义国家，我们解决以下几点：

2. 要全面规划(把工作统一安排)，加强领导。

局长以上要有分工，有一批专职搞"肃反"的。

行政副职、党委书记、人事保卫搞"肃反"，行政正职、党委副书记搞业务，搞业务的还要兼职，还须集体领导，把做"肃反"工作的定下来。领导和专职都有了安排，就贯彻了不冤枉好人，不漏掉反革命，转入专案斗争的兼顾小组斗争。

最后没有摸底，搞一次忠成老实，就订立制度，堵塞漏洞。

转业务也要〈作〉做工作座谈，回去检查一下，我们〈又〉有无右倾思想。

明年规划：财贸共 5 万多人，明年上半年搞 12 000 人。

陈德阜关于审干工作的情况汇报

1955 年 12 月 31 日

陈德阜同志谈审干工作：

中央组织部最近对审干工作是正常顺利健康的，审干有两个特点：

1. 不是采取突击运动形式，而是与日常工作。

2. 主要强调了调查研究，逼供现象没有，〈啧测〉责斥也少。

缺点也有，进行这项工作，从政治审查，强调不够，宁多勿漏，有的面就宽了，有的 40.60％，甚至有的 98％，保留的问题多。

主要是中央发的文件中有点毛病，目的中，说从日常工作品质，就和日常工作混淆。

现在审查干部，目的是为从政治上，弄清每人的政治面目，肃清混入党政机关[的]一切反革命坏分子，保持了纯洁，以便使用干部。

现在审查哪些，审一，不再审查的：

1. 对这个人了解，没有政治历史问题。

2. 政治历史曾有问题，已结论，没有发现新的不再审查。

3. 没有经系统的审查，但经〈常〉长期考验没问题者。

4. 历史虽有问题，非政治性的。

5. 家庭关系、社会关系复杂，社会关系有问题。

入党已交代，不再审查。

须审查的：

1. 审查来历不明，历史不清，关键问题含〈乎〉糊不清。

2. 被捕投敌自首。

3. 反动党派骨干分子参加伪军警宪。

4. 参加过特务组织进行活动的。

5. 伪造历史，混入党内有其他可疑者。

6. 品质恶劣，丧失立场，对党持对立态度。

7. 脱离过革命，掉过队，要细致审查。

中央对比重估计：

需要审查的干部〈要〉占 27％，老干部占 20％左右，新干部占 30％左右。

严重的占审查干部(重大政治历史)5%左右,我们队伍基本是纯洁,但须审查。

市科长以上明年第一季[度]完成,一般干部上半年完成。

审干重点,应是县科长以上,特别中央管干部。工作重点,应放在百分之五左右。问题上,可能有些干部问题复杂,不能按时完成,放下长期审查,但不等于不管。

"肃反"运动实际和审干结合了,在"肃反"基础上,审干与"肃反"很好结合,"肃反"提供了有利条件。"肃反"审查干部有一致性和联系性,但性质上,不是敌对,而搞出反革命就是反革命。

审干是解决属于历史问题的好人,"肃反"运动依群众斗争,审干主要调查,一般应"肃反"。

目前正审查,无"肃反"的审查骨干,准备力量,搜集材料。"肃反"审干都未搞也作准备,审干完了的按审干工作审查,"肃反"审干同时进行的,就在运动结束后进行建设工作。

"肃反"五人组对审干要适当安排,把审干组织建立起来,党委建立审干组,凡弄清都要结论。占有材料,慎重研究,严肃作出结论。结论根据性质统一标准结论,成批地审查,防止过轻过重。

叛变自〈守〉首处理办法:

主要分别对待,恢复工作党〈藉〉籍后的表现,有无隐瞒。

要求各总支[部],努力上半年完成审干。各支部根据中央指示,检查我们过去布置目〈底〉的、界限、范围、比例如何?根据天津和中央差不多的,只许提前不许错后,配备干部等有什么问题。

关于结论:

结论工作成批研究,中央管干部,市委结论,报中央批准。市管党委,结论报市批准,一般干部报党委批准。

要计划在明年[1月]10日前报来,上半年搞完。

发展党的工作。

党委今年及明年共700多人,任务加上批驳数就得900人。

今年没有完成,因搞"肃反"工作,没有发展。现已结束,我们明年注意发展工作。

市财贸处:

1. 重新进行分类排,根据七审五不审,据排审出来的,如与先[前]不对的更正，不是审对〈像〉象不结论。

先列审查对〈像〉象，不够条件的可取消。有无长期审查的？一月中旬有能结论的多少？派出多少人？去了解几人问题？长期审查的放一放。

下旬，再搞一批。

2. 组织建设情况：

市管干部怎样安排，一般干部如何安排？

调查、结论同时抓。

1 月上旬，还可能召集一次汇[报]。

杜新波关于第二批“肃反”计划的报告

1956 年 1 月 4 日

杜新波同志报告第二批“肃反”计划：

第二批参加，7 个大单位，57 个基层单位，12 000 人。

（一）为什么要开展“肃反”运动：

我现在正过渡时期，紧张复杂的阶级斗争，我们要建设社会主义就必须消灭城乡剥削。一切剥削阶级不会自动退出历史舞台，反革命分子残余还未完全肃清。我镇压过反革命，那大部分是公开暴露的敌人，隐藏的敌人并未搞完搞透，还有的反革命对我对抗，有的释放后还进行破坏活动，地主富农破坏，贪污盗窃，杀人放火的。一些人还未搞完，我们领土台湾还未解放，我国周围日本、韩国。

帝国主义为了侵略我国，不〈息〉惜一切代价对我国进行破坏，我一点不能放松警惕。敌人钱不是白花，设立机构，就是对我国随时破坏。

几年财贸也出了不少政治事故，他们对我们破坏二种。一种是公开的，他现在小岛上，我们有巩固的国防，他不可能在群众有威信，他公开的不敢。但他不放〈去〉弃采取了一种阴险的、隐蔽的进行破坏，两面派伪装钻到内部进行破坏。

胡风反革命集团就是钻入我内部（有二个）。

我们财贸清除混入党内的 15 个反革命分子，他都采取伪装方法混进来的。

我们财贸系统出了不少政治事故。

我们已开展了肃清一切暗藏的反革命分子，敌人破坏政治文教，也破坏我们财贸工作。我们人员发展快，手续不严，混入进来一些反革命。人员中有留用，私人介绍，招考来的，来历复杂。财贸敌情是严重的，又是敌人破坏目标，如"天罗地网"。还有的在这机关无行[动]，另到别机关破坏。一次参加运动 5 000 人，清除出反、嫌、坏三种共搞出来 300 多，[占]5.49%。是否搞净了？不敢保障搞净了。

重点还有 41 个，占 2.46%，共合计 8%。

有血债分子，有反革命分子，有历史特务，现实特务，政治骗子，伪造历史混入党内，派遣特务等。他散布谣言破坏粮食计划供应，他造谣，搞反革命落后，流〈盲〉氓集团，〈漫〉谩骂领袖，制造事故嫁祸于人。

挑拨离间，挑拨上下级关系。如我们不进行肃清反革命，我们怎样能顺利执行？因此中央指示在全国开展肃清反革命非常必要。

我们有无条件？有：

1. 有党中央毛主席的领[导]，天津市有市委的领导。

2. 有我们整个的政权，从旧档〈按〉案找出很多材料。

3. 我们有这个经验，有"镇反"和第一批"肃反"经验。

4. 解放建国六年相处，都互相了解。

5. 我们有充裕的时间。

我们有很多有利条件，哪怕敌人隐藏得深。

（一）"肃反"的方针政策：

教人民提高觉悟，擦亮眼〈晶〉睛，坚决彻底干净地肃清一切暗藏的反革命分子。要搞好这项工作，必须了解中央方针"提高警惕肃清一切暗藏的反革命分子，防止偏差，不冤枉一个好人"这二句话必须全面贯彻，不得〈偏〉片面。

为正确贯彻中央方针，开始时反对右倾，防止"左倾"。右了反不出反革命，左了就出偏差，既反右又防左，右倾思想是主要的，尤其开始要防止右倾。

右倾思想表现以[下]几方面：

1. 认为革命胜利。很大胜利〈充混〉冲昏头脑，看不见反革命分子在我们人中间是有的。在反胡风前严重，报纸公布胡风问题，有的说文艺界的事，不过思想问题而〈矣〉已。反革命分子又没带兵，小鱼翻不了什么大浪，他们不知敌人的严重，敌人已钻入我〈干〉肝脏，还不知道。

2. 埋头业务，不问政治。不懂得过〈期〉渡时期尖锐复杂的阶级斗争，所以出一些怪问题、怪事，就是有些问题没有破案。

3. 无敌论。不相信自己领导下的有反革命分子，并不是像看电[影]那样好看。

4. 有的没有看到“肃反”工作是一个〈坚〉艰苦复杂的斗争。

5. 我们官僚主义，不深入下去看不到敌人。

为了搞好“肃反”，必须要反对以上右倾，右倾就是〈防〉妨碍了运动发展。

右倾客观上有利于敌，影响了运动。

我们系统右倾思想，它的根源有三条：

1. 对中央指示方针，“肃反”运动指示，抱有怀疑态度。

2. 对过渡时期阶级斗争的尖锐复杂性认识不足。

3. 就是本身不干净。

左在初不会有的，左是在群众起来以后，可能出现前期运动，中间左两头右。

反对右倾的同时要知道，我们人员绝大多数，百分之九十几都是好人，有缺点有错误也算好人。反革命分子绝对少数，就是大约百分之五。如果搞的面宽就要犯“左倾”，我们这次是搞反革命，一般性问题，交代就算了，如不交代是错误的，可能就被人利用，交代了就和大家站在一起斗争敌人。

同时告诉一切[人]要检举，知道不检举就是包庇反革命。党员知道不检举开除党〈藉〉籍，群众也要受处分。也不要搞不出反革命也不要草木皆兵。

怎样才不出偏差？

1. 头脑要清醒。不要脑子热弄得草木皆兵，遍地是特务。

2. 开展斗争，掌握几个环节：(1) 发动群众。运动好坏，基本看发动群众。特别注意发动落后群众，群众是否发动起来的标志，就看落后的是否起来。因为发动起落后群众，对敌斗争是很有力的，细心发动。

(2) 调查研究工作：对敌斗[争]最有力的一环。调查就是搜集弹药，掌[握]材料。他是什么问题，斗他什么？我们有了材料、证据，不承认也不行。敌他也说真的也说假，我们要〈视〉识别真假。调查工作是很艰巨的，弄清一个人问题，有 10 次 60 次，调查乡外。内部，个人谈话就能取得材料，调查工作要[遵守]纪律。

(3) 反复交代政策，争取起义，挖心战术。我们政策：坦白从宽，抗拒从严。坦白从宽，立功将功折罪，立大功受奖，“奖并不是提拔”，如果抗拒，假坦白要严办。

(4) 战术、斗争的方法。剥皮战术，怎样攻，攻什么等？斗争好，二次、三次搞下来，不然就有 3 个月的。

（三）为胜利进行第二批“肃反”工作好，充分准备工作。认真贯彻中央方针健康的发展，大体分四个阶段：准备、小组斗争、专案斗争、甄别定案共四个阶段。

第一阶段：

准备工作好坏，关系到今后“肃反”斗争顺利〈于〉与否，目前准备工作是主要关键。上次准备不足，仓促应战，战线不清，斗争混乱。这是上次“肃反”的教训，第二批我们作好准备，做到以下几点：(1) 斗争对〈像〉象基本上不错；(2) 群众队伍组织起来；(3) 弹药要充分（做好调查工作）；(4) 开战顺利，准备了作长时，一斗就顶牛就不顺利了。

为做到这样程度，就得细致做准备工作，不打无准备之仗，不打无把握之仗，准[备]工作以下四方面：

1. 思想准备。懂得“肃反”的〈义意〉意义，“肃反”要有一个规划，作战要有决心，要有把反革命分子搞光搞透的决心。

2. 组织准备。领导机构、办公机构，审查检查组等准备，有了军官就要训练。群众的队伍要组织起来，发动群众，使中间落后群众积极起来。

3. 工作准备。摸底排队，确定斗争对〈像〉象，就划清了阵线。从哪摸？有以下几方面：

(1) 摸来历；(2) 查关系，他和哪些有政治问题关系；(3) 查表现；(4) 查事故（是政治事故）。

4. 组织队伍。搞战斗计划，怎样斗，斗什么？

全面准备，重点进行，准备二个月，从现在起到 2 月底，或二个半月，有的单位提前也可以。

二个半月分三期：

一期：训练骨干。就是今天准备，还有二个报告，好坏人界线，还有个报告调查工作，领导上要学习中央“肃反”的政策方针。

二期：十五号以后就是工作准备。调查研究，摸底排〈对〉队，确定斗争对〈像〉象。

(1) 查档案，亲自翻；(2) 外出调查；(3) 重点发动群众，就是一把〈要〉钥匙开一把锁。谁和他接近，知道他情况，就发动。发动谁，谁去发动，用什么方法？

向敌人〈询〉寻找材料，“肃反”运动展开，机关敌人有变化。敌人有二种情况：(1) 思想打通，可能[向]组织交代自己[的]问题，这就找了材料；(2) 向敌人找材料。向重点人个别谈话，但有重点目〈底〉的。证实他几点问题，找哪些线索,有领导有计划地进行,不然会发生问题,谈的时候别叫他过于紧张。

三期:2月20号以后,全面发动群众组织群众。大会动员学习文件,继续搞调查研究,分类排队,制定作战计划,做好战前准备工作,组织第一个战役,打得要顺利。

这时还报告一次,有关战斗策略。

能不[能]搞好?能够。

我们[有]中央及市委的领导,有前段的经验,有10%骨干。我们向党内进行动员,准备时要提高警惕,防止敌人破坏,防止〈洩秘〉泄密。

第二阶段:小组斗争划分。小组斗争和专门机关要结合起来,可能用一个半月,可能还短,最主要的是准备工作。

第三阶段:专案斗争。经小组斗[争],转入更高级的斗争。

第四阶段:专案斗争以后结束,进行甄别定案。

(四)领导上机构问题:

"肃反"运动搞〈的〉得好坏,关键在于领导:

1. 反复学习中央的方针政策,学习时联系实际。

2. 要把"肃反"工作和业务工作全盘安排,"肃反"运动、业务工作二不误。

党委正职、行政副职、人事保卫,搞"肃反"运动。

党委副职、行政〈政治〉正职搞业务。主要领导还要兼着,明确分工,集体领导。

3. 加强"肃反"中的政治思想工作,是什么?主要反对右倾,防止"左倾",就是干这些,正确贯彻中央政策。

4. 为保证运动健康发展。

(1)斗争对〈像〉象,核心组五人组确定不斗了,也得批准。

(2)市管干部、高级知识分子,报市批准再斗。

(3)隔离反省,也得经市批准,搜查也应批准。

(4)停职反省也应由那级批准。

有纪律是否限制运动发展?不是的。

5. "肃反"与审干结合问题,我们搞的是"肃反"不是审干。

两个工作不要混淆起来,一下一块搞清,就阵线不清了,面太宽〈行〉形成人人自〈卫〉危。

1. 讨论一周时间,各单位自定。

2. 各局五人小组搜集讨论汇报。

3. 过去同志们听了不少报告，参加讨论不见的都参加。

4. 各组提出的问题，各五人组辅导。

5. 保密，不得向外讲。

1. 各单位根据传达精神进行讨论。

2. 设几个专职，审干的是谁？

3. 报审查范围、标准，进行分类排队。

4. 今年上半年完成多少？

8 号上午报来。

张淮三传达审干工作的安排

1956 年 1 月 16 日

通知恒大 4 个厂，"肃反"由区负责。

总支委员会，刘丕昌同志传达，白坚、张淮三布置。

张淮三传达审干：

1. [天]津市审干工作，1954 年开始，1955 年下半年结[束]，"肃反"进行。开始时，公安部门摸底排队，"肃反"开始，审干人员投入"肃反"。

市科长 3 265 名，25 个有问题，严重的 195 人，局处长 382 人，须审查 16 人（严重的）。

重要缺点：

有宁多无漏的思想。有的局 80%，有的省市 40%、50%，对着重审查政治问题，认识不足。

目的主要弄清每个干部的政治面目，以便使用。

2. "肃反"工作，结束的单位，抽调干部转入审干。

审干目的，为在政治上弄清每个政治面目，肃清混入党内的反革命分子和坏分子，纯洁党的队[伍]，以便使用干部。

要 1956 年底完成审干工作。

市级机关各区委要求 1956 年上半年完成。

市科长级要求在 1956 年第一季度完成。

3. 各单位加强检查审批结论，因此市委建立审查工作委员会（主任张淮三）设办公室；各分管部、处、成立小组，下设办公室；各区党委成立小组，下设办公室。

白坚关于整党问题的报告

1956 年 1 月 16 日

白坚同志报告：

1. 党的发展巩固党。

全国 785 万党员，国家团体 75 万人，厂矿 85 万。

贸易 35 万人，军队 120 万人。

天津市 68 000 党员。

全国工人中党员还不到 10%。

巩固发展，既不要关门，也不要开门，既要发展又要整顿（动员出党、清洗）。还有的骄傲自满，新党章公布后至 1958 年，全面进行整党。

2. 审干和“肃反”的结合。

推动一点带动全盘，“肃反”工作就弄出 5 300 多人。“肃反”与审干互相结合，善于安排运[动]两个工作。

3. 加强干部的使用配备。

有的单位过多过强，这就是浪费。干部是宝中之宝，浪费是错误。有些单位配备弱，也是不对的，全面地进行，调整规划干部。

使用调配上存在着保守，应善于发挥使用，解放干部的生产力。

各地都需要干部，我们不让缺，别本位。

4. 加强干部的管理。按名单分管，挖掘发现干部的潜在力，在每一个部门施行制度。

工业交通部、财贸工作部：马明方。

今后部的工作摆脱业[务]，主要监督检查，掌握政策，防止宗派，按党的政策办事。

5. 整顿编制：

中央给编制 1 800 人，现 21 000 人。

打破常规和保守思想。

1. 审干。计划前做的是否可以,如可以是否还做?

2. 具体用什么方法?

3. 以总支名〈誉〉义下一通知。

总支所局单位人数　　3 710 人

各粮店粮食科及干事　4 392 人

私改归国代销 232 户　1 115 人(劳方 547 人)

(后略)

程文修传达财贸系统“肃反”意见

1956 年 1 月 29 日

程文修传达财贸“肃反”意见:

1. 有的已进行调查,组织了骨干,平均 18%。

2. 重点 596 人,[占]5%。稍加工 156 个,就成的 1%多。

3. 目前干部专职不专,兼职不兼。粮食局五人小组不好,下边搞得不错。财政局也很差。

4. 摸出重点人,粮食局九点多。

领导右倾思想,骄傲自满,领导分工不明。

要求 2 月中旬开始战斗,最晚不得超过 3 月 5 号。

领导上克服拖延时间。

全面全力加强调查研究工作。

各级五人组,有专人管新的工作。

凡参加第一批骨干力量,大力使用。

思想领导,调查工作,出去怕过年回不来,怕冷。

重点人有的惊慌,现有的现申请入党。

1957 年搞完“肃反”的,都改到 1956 年完成。

三级五人组成立调查组 2—5 人。

专案人员不能叫兼职,就是专职。

翻〈按〉案的方法:

逮人考虑到对运动有力。

赵步崇：

调查一人一案或二、三人一案。

重点人 697 人，才 5.6%，我们迟缓。

步骤不一样，看[法]和调查的脱节。

领导右倾，表现了赶后不赶前，不重视调查。

1. 五人小组核心组，全部搞调查。

2. 调查力量要求 8%—10%，现不足应组织。

3. 调查工作不采取多代方法。

4. 科长组长，都调查。

5. 最晚 3 月 5 号准备好。

6. 斗争前准备三分之二重点。

7. 战斗一——三天搞下一个。

8. 调查对象，有怀疑线索就调查。

9. 叫总结经验交流。

过春节骨干一般不得请假，〈防〉妨碍工作。

梁宝瑞同志，准备工作：

1 412 人参加，怀疑 133 个重点，已捕〈九〉9 个，30 个明显，〈二〉2 个公司最多，(工业公司 26 个)合 2.1%，30 个。

工业 3 个，储运 9 个，四七库 7 个，二库就一个，三八[库]3 个，一库 4 个，军粮 3 个，五库 6 个，无明显。

军粮 18 个有8 个明确

二库　　　3 个明确

工业　　　4 个明确

储运　　　9 个

四七库　　7 个

普遍存出去，代的人多。

重点标准还有的不太明〈明〉确。

李局长谈：

1. 把重点人之任务放到小组内去。

2. 保卫科人留到办公室。

民族政策报告：

天津市 20 多个民族，少数民族特穷和落[后]。

传达中央组织部省市部长会议内容

1956 年 12 月

中共中央组织部召开各省市组织部长会议，安子文同志[作]的总结报[告]，报告很重要。

关于干部工作中的几个问题

今后干部工作的方针

改进干部管理工作

干训工作

一、善于制定规划问题

(一) 今后干部工作的方针：是稳定提高干部的方针，稳定、提高是分不开的，不稳定就不能提高，只有稳定下来才能钻研业务提高技术。

提出方针的根据，刘少奇说，一般讲大批提拔工作已经过去。

对少奇指示〈有〉要全面了解，不要[偏]片面化、机械化，这是指党政机关讲的。党的事业还有大发展，一、二、三个五年计划，不是说一个不提拔了，干部还要死，还有撤职、退休的，外交工作等还要提拔。

稳定有二个含义：做哪行就[在]一定行业中固定下来，另一个在一定行业中稳定下来，不能只能升不能降，只高不低，比职位，比待遇。干部工作也有错误，不提不能发挥作用或指不平衡。为使干部稳定下来还要调整，如固定下来不合适就调整，结合整编进行调整是经常工作，调整后不是一个不提，少数民族非党干部和骨干等需提者提。

为什么提出提高干部的方针？因与社会建设有矛盾，干部思想觉悟与建设不适应，解决矛盾，长期工作，加强干部训练，用整风方法自上而下和自下而上进行。

加强政治思想教育。做官思想、特权思想脱离群众，群众关系淡薄——每隔一时期来一次整风运动。干部中有一大部分未经过整风，不知什么是民主，认为民主是目的，不是方法，愿搞大民主。

结合中心工作进行,不是一二年能解决的。

干部专业化方法,就是提高干部工作能力的根本方法,实行专业化不仅稳定,下用各种方法引导干部成为内行。

培养提高干部方针:是全体干部,重点是几十万骨干及其中的一万高[级]领导干部。

稳定提高方针和发挥干部的积极性是一致的,还要解决有关的政治思想问题。

1. 充分发挥非党干部的积极作用。

2. 更加重视培养少数民族的干部。

3. 充分发挥技术干部作用。

4. 培养文化低老干部。

5. 地方化问题。

6. 重视妇女干部。

7. 正确对待犯各种错误。

8. 关心下级干部生活。

今年提拔10万县以上干部,有成绩,也有缺点。成绩就是满足了需要,扭转了干部工作的被动局面,缺点[就是],超过了需要不应提的也提了,成绩是基本的。

(二) 改进干部管理工作:

干部工作的首要任务:是管好几十万领导骨干,他们是工作好坏的基础。(人事部)

1. 管好党委管理以内的干部,了解他们、正确使用他们。

2. 管好整个干部队伍,普遍大量的要提出解决办法,二者[是]紧密结合进行的。今后干部数量少,稳定下来了就为管好干部。(1) 坚决执行三项原则,管干部的同时负[责]检查干部实际工作制度,加强上级对下级的巡视,一定党的工作部门监督一定行政部门。分管问题:邓小平八大报告,党干管理近8年进步。开始了分级管理,使管[理]工作与政治监督检查工作结合起来,应推进一个新的水平,沿着这个方向前进。宣传统战,一种工作部,一种组织部又是一种;(2) 根据体制,新党之中发挥下[级]党委团的工作作用。党应加强检查,督促县党委管理干部,不到20%;(3) 管干中,强调群[众]路线,自上而下了解干部相结合的方法及领[导]与[群]众相结合的方法。目前上下级对一个干部的看法不一致;(4) 改进干部管[理]制度前，先缩小中央管的数量，由 14 000 人降到 7 000 人。

（三）干训工作：

方针：加强领导，提高质量，积极培养教学人员办好党干校。为[加]强干部训练，加强党校组织部管理。其次，加强专业干校，提高干部专业知识。再次，(加)强文化干校，方针以业余学习为主。〈决〉绝大部分工农领导干[部]，也不能也不需要都抽出来，脱职学习不完全可能。

（四）制定干部规则：

应该有成绩。了解干部情况，使干[部]工作与各种工作有了结合，但存有缺点和问题，不仅是提拔干部方面，严重的是吸收干部，计划冒了一些，再次研究不够。

组织部强调了满足需要，但节省人力注意不够。

凡已经定稿，根据这次精神修改；调整稳定使用没制定的，根据这次精神制定。有困[难]就不做，上半年看看，下半年再做，着重规划、全面规划有困难做几个系统规划。

二、发展新党员的问题

今年接收，估计年底 300 万人，成绩很大，缺点不少，[工]作不细，未完全保证质量。根据执政党的特点，在人民群众中，无上高威信，根据人大提高我党 1 200 万人，有 300 万预备党员，明年基本停止吸收。只在有条件的地区、部门方面能保质的情况，才能吸收一些新党员，才能拿出时间对 300 万预备党员教育转正，才能教育全党，才能对接收今年党员质量总结，停止发展必要也是应该的。中组明年基本停止，是否后年也是这个方针？不一定。今后无论如何，不能采取新年方法。今年有利条件三大高潮中，因此成绩大，缺点不大，今后随工作的开展仔细挑选补充党的新血液。

各级党组织做好调研工作，看哪些地方有条件，宁少点也不能降低质量，这样能否影响薄弱，使党分配不平衡。重要部[门]的建立是重要的，如无条件，强要求平衡，生产队科室是不对的。明年基本不发展，不等于不准备挑选，培养不能不停止。是否给积极分子泼冷水？不能，正是对他们考验。不能入党就消极，就不够纯，吃苦在先，享受在后，以入党刺激积极性是不对的。

明年做好 300 万党员转正很重要。今年做得粗，而要细致，承认党纲党章是认识，候备期衡量是否真正够党员放到很重要的工作上，重数不重质，任何时候都是错误的，不够条件妥善处理找出原因教育全党。

是否进行整党？中央不作统一规定，这次整风也是整党。

三、精简机构克服官僚主义

国家机关和党的组织，存在机构庞大，人浮于事，组织重叠。几年来整顿，确未改变，脱离生产畅通，回到生产闭塞，脱[离]生产越多官僚主义越发展，官僚主义发展越脱离，群众国家将遭到损失。根据八届二中全会要各部门进行一次精简，主要反对官僚主义，我们党是执政的党，担负着保全事业，不精简就产生官僚主义。

以下方法参考，中央未研究。

（一）精简上层充实下层组织。

部门设置不要强调上下对口，下级组织不要分得过细，党委设一些部门必要不要过细，县可更粗，核减或合并性相同，减少层次。

（二）紧缩编制。各级党政一律[不]增添机构编[制]，个别必设的要报各市或中央批准。

事业企业要与行政分开，不互占名额。

（三）对脱产人员严格控制。工矿人脱产人员，要经市或指定一定人员批准，农村别吸收了，个别人要县地委批准。

（四）加强下级党委与基层领导。中央派一批优秀干部到下边，县长书、市长书记、企业厂长、书记、县地委也要派一些到乡下去，乡长或支书下去，干部工资不动。

明年组织工作会议(一月)

（一）稳定和调整问题。

1. 稳定下来专业化。

2. 干部中有什么思想问题如何解决。

3. 检查干部提拔中存[在]的问题，提得不适当。

4. 新提拔的和原有的骨干，在原工作稳定下来，哪些要下放？

5. 调整和精简相结合。

加强区充实基层，精简人员统一手续考虑，安排层层下推。

下放干部，有的参加生产，有退职，有的要转到[学]校。

（二）培养干部教育干部。

1. 怎样管好，领导骨干思想工作。结合八大，研究干部思想状况，研究解决如何提高自觉性？

2. 怎样贯彻中央管好干部？要求他们永远不脱离群众，永远不怕难，永远自我批评，接收[受]下面批评，改进工作，关心教育他们所领导的干部。

3. 怎样贯彻 1955 年管干三项原则？管干与实际工作结合，上级对下级巡视工作，党的部门监督一定行政部门工作。如何加强思想工作？机关支部特别领导干部的思想监督。

4. 如何通过检查执行政策，完成任务了解干部？了解什么？对干部看法存在什么[问题]？怎样把工作放到了解干部？现在什么困难？了解干部如何向群众结合？怎样自上而下自下而上结合。

5. 怎样结合日常工作，培养总经验，提出办法？

干部工作是如何提高质量？

（三）干部政策。如何发挥各类干部的积极性？

党、非、妇女、少数民族、专技干部、转业干部、犯错误的干部、工农文化低的老干部。

非党干部、专业技术、妇女、文化低老干部、部队转业干部。

使用这些干部有什么问题，提出改进意见。目前看法使用存在什么问题，培训上有什么问题，对他们困难关心如何，团结关系存在什么问题？

（四）干部管理制度。

总的发挥下面的积极性，体制政府部门考虑，我们也可以考虑市委各部。

对市组织部和财贸部，有什么意见也可提出。（干管）

明年 1 月底开，材料 20 号交市委书记处。

各单位召开，各公司或人事部门作[座]谈，八号前一定我们召集汇报。

李安民说的不传达，培章同志说的传达。

机关党委关于加强政治思想工作的报告

1957 年 1 月 16 日

1 月 16 日，机关党委第一季度的工作，韩副书记报告。

今年天津二大中心工作：一方面就是增产节约，另一方面就是加强政治思想领导工作。我们党委的工作，就是加强政治思想领导为工作的中心。吸取匈波事件的教训，匈90万党员垮了，主要就是缺乏政治思想工作。

有的不愿担任支委或不重视支部工作的现象，不能认为支部工作是可有可无的，行政工作搞好，也得要做好支部工作。

加强政治思想工作，提高党员社会主义觉悟，发扬密切联系群众的优良传统。第一季根据“八大”学习作好思想检查工作，改进工作。党组领导就支[持]不关心不对。八大检查群众有顾[虑]：1. 恐不改；2. 是提出不检查。有些领导怕检查，想法过关，群众意见有的不对的，就否定一切。市委强调了自觉，小整风是要刮点风，刮太大了。支部对领导干部思想要监督，对一般干部要思想教育，这次检查后要改，到什么程度了还要向党委汇报。

（一）活跃党的民主生活。在党内从思想上活泼，不是在党的会议拿出自己的意见争论，领导上对群众意见不够支持，所[以]不活跃。“八大”调动一切积极因素，党内也应调动起来呀！有的党员不畅所欲言的，有顾虑，群众不敢提怕报复。解决要从我们本身，主动〈征〉争求意见表明态度，如张学林打击报复等典型已处理。如何活跃：

1. 充分发扬民主，领导以自[身]作则：(党内无民主传统，大家害怕)常在党的监督下，会不犯大错误，群众学习“八大”，以群众觉悟提高，要民主就民主，但有的群众过火，领导给工作都不做，是不对的。

2. 全党必须重视支部工作，加强领导力量。全党做支部工作，支部按党章改选，现有二年也不改选。当支部委员，别当负担而是光荣。当选的支委就要提任起你的职务来，专职干部全担起来有困难。编制无有，办公费无有，一定要有专人做支部工作。实职支委，党的小组长也是做好支部工作的环节。

3. 党的组织和领导干部必须了解干部思想情况。机关党委搞不太好的，小组长不了解党员情况，支部就不能了解全支部党员情况。万晓塘同志说：“过去我们政治工作没有结合思想而进行，教育不够的，了解思想情况要解决。”

4. 根据不同的思想问题，采取了不同的方法解决。如开支部大会思想报告，过去开得不少，就是处分党员，通过入党。今后我们要试一试，问题不要多，有准备地到会上去争论。开好党的小组会，小组不少，而形式没有，认真地展开批评自我批评。到礼拜才问支部，没准备的会就不开。

5. 严格领导组织生活。局长处长以上的生活会，平常领导在本小组，一季度局、处长支部在一起开一次生活会，由支部掌握。

6. 结合目前“八大”学习，抓检查工作，机会活跃。

（二）〈论理〉理论学习，采取三种形式：

1. 理论水平高的组织自学。

2. 理论水平低的参加业政校自便。

3. 老弱妇女规定课慢一点。

（三）凡党员都学新党章。有阅读能力的自学，新党员听党课。

（四）春节前，国际形势，增产节约的宣传教育。

（五）建党工作，1957 年基本停止发展，不要外讲，组织会议未传达。

一季[度]不发展审查教育工作，对积极分子加以排队。

（六）监察工作。一季度开些案例会，根据八大会议精神，谈处理、不谈处理的就不处理了，只有坚持错误才处理，检[查]革命意志衰退，要支部中去教育别人。

（七）统战工作——统战教育，根据[目]前检查的去报告教育，建立的制度就执行。

（八）党对团的工作加强领导，有的重视有的无视这一个工作。

传达中央及市委组织部发展新党员的通知

1957 年 3 月 8 日

机关党委召开组织委员会议。

王兴中传达市委组织部副部长马力华关于批准新党员和预备党员转正的意见。

今年 2 月 5 号中央有一个通知，[即]1957 年发展党员的通知。

1. 中央估计 1956 年底发展 300 万左右党员。1956 年建党是有成绩，也有粗糙现象，光追求数字，忽视质量的现象，所以有些不够条件的人吸收到党内来。

2. 由于重数轻质的思想又发生，对预备党员疏于考察教育。例说：组织部成为发展部了，非党分子抓得紧，忽视了党员教育。

3. 根据这种情况，1956—1957 年建党计划经中央批准的停止执行，我们 1957 年建党计划停止执行。

4. 目前党内预备党员数量大，占党员数的四分之一。把预备党员做好转正是极其重要的工作，把一个非党群众发展成预备党员这才第一步，如成为正式党员要做更多的工作。另外还有新党员数量说更大，多一个组织，对预备党员转为正式党员比接收一个预备党员所使用的力量。

1957 年必须把预备党员转正工作做好。

市委的一些具体意见：处理待批的入党问题，要根据“八大”党章提高的基础去要求，执政党应向党员提出更高的要求，所以对要求入党的人要求高[与]接收时条件。

新党员标准是什么？

中共组[织]部副部长王孚同志：

党员标准什么地方提高了，条文找不到，是精神提高了。如过去农村说觉悟高，入互助组合作社上。现在不行了，那是一般觉悟了。那现看你在合作社组织中的作用，不是“八大”后马上提高了，标准也不是尺子，要按精神掌握条文，上第一条也说明提高了。

第二条十条义务，党员条件可以说第一、二条。

党员义务有些变更，也有新增加的，原有现提高了，另一种没变，修改更明确了，如精通自己的业务，改为不断提高自己的业务能力，新增的如维护团结。

党员大会通过未批准的，就按这个去批，因为不是具体条件，就具体问题具体分析，或先批二头明显够或不够的先批了，中间的再具体研究批。

批驳的要讲清道理，避免他们对党伤害感情。另有的可能，有的提出，先批准条件还不如我？我要求还是批准，要与他说明“八大”以后和以前条件不一样，“八大”以后要求条件更高了。

还有一种情况支部大会，无讨论小组讨论，或有人告诉他的问题待解决，应向他说明“八大”后条件提高了，原打算接收你，“八大”后不行了，今后党还要培养。

预备党员转正。2 月 24 号旅大会议人民日报，天津日报社论应当学习经验。

预备党员转正取决于提高预备党员的质量，如何对他们培养，培养不能仅理解为上党课。有的支部工作计划中提出如何分配他们？工作中去培[养]考验，指定专人培养谈话，也有的由小组培养。

对预备党员采取定期鉴定预备党员。第一季[度]三月份把预备党员鉴定一次，今后每季[度]鉴定一次，内容是工作思想等方面。

〈尤於〉由于前些日子国际共产主义运动——波匈事件，帝国主义向国际共产主义运动的进攻。有的党员或预备党员思想混乱，拥护铁托和卡德尔的发言；有的说马列主义不能指导百家争鸣，不能〈密〉迷信党员，党员也有思想不稳的。

鉴定预备党员也可以艰苦朴素,闹工资等问题。

如何鉴定? 1. 小组、支部委员会、支部大会,由各支部根据自己情况具体做。不管什么方法,必须要本人出席,并写出书面的鉴定交支部作为转正的参考材料。

2. 预备党员考察了解问题,方法也很多。指出专人,支部委员亲自抓,任务交到小组,都是方法。一般支部都是指定专人考察培养,但不能与预备党员所在小组脱节。

支部重视起来经常研究,遇到问题提出解决的方法。对于有历史问题,支部要抓紧弄清,如参加三青团已交代了,转正前提出证明有结论,这个历史问题有了根据。

预备党员期满按新党章标准去转,不够就不转。由于我们去年接收党员而粗糙,有些人不大突出,预备期间也不突出,就不转,拖一下补补课,做些工作再讨论转正。[天]津市 23 000 名预备党员,如按新党章,大部分不够,讨论一个取消,再讨论再取消,那大部分就取消了。所以就先补课,也不延〈常〉长拖一下。有历史问题已经交代了有证明再讨论转正。

对预备党员帮助有一个计划,谁去帮助,帮助什么? 有历史问题谁负责弄清?

取消预备党员的要讲清道理,说明不够的条件,还可以说明他是积极分子,这是说无历史问题的好人。

审批方法:预备党员由总支委员讨论批准,大家坐下来讨论,不要以传阅方法通过,并不能个人名〈誉〉义批准。

全市有 3 000 人,待批入党的人约有 2 000 人,被批驳、少批驳也得 1 500 人,提高到和你支部好党员比。

高部长谈 3 月份工作计划:

1. 搜集研究党员思想情况,这是支部的经常工作,也是在工业和工作战线更重要的,不然就不知敌情。通过“八大”检查暴露了一些,但今后如何克服是主要问题,提出克服的办法。

要求最后搜集一下,总结 25 号报上来。

今后每季度党和要各支部每季一次书面或口头汇报。

今后党委要求了解领导干部的思想情况(除了解一般情况外),你们把“八大”检查记录给抄一份。

2. 领导干部严格党的生活。领导干部编一个组不适合的，这样脱离了党员干部的鉴定，今后领导党员和一般党员编为一个组。

每季度领导干部召开一次生活会议，党组成员、行政领导组成(九人)，但根据人数去组织内容思想见面。由于过去做得不够，因此“八大”中有下不了台的。“八大”已检查了，第一季[度]就不开了。检查不透还要看，开会通知党委。

3. 业余组织员自1956年12月交到党委领导。

组织员任务协助党委做好建党工作，对预备党员谈话的责任。过去市委领导组织员、党委也做了一些工作，但有的长期病和调动工作无调整。市委指示调整一次，我们整顿支部根据情况提出意见，那[哪]些留和取。注意〈争〉征求本人意见，报到组织部再执行。有一个任免手续，有解除职务的也应报到党委。3月20号提出意见，然后报党委，3月底市委任命通知书报到党委，党委任命的组织员调出党委不再转组织关系。今后除新建单位，不再任命组织员了。

4. 审干工作。党委系统已经基本结束，但有的还未完，要求二点：

(1) 有些单位还未结束，有的部八〈子〉个市科长级没完。要求三月搞完，如实不能搞清，长期审查，研究定下来。

(2) 一般干部还有176人还没有完，希望加一把力及早结束。主要是领导上不能及时研究，我们要求这季[度]结束，最迟不得过五月。各单位报一个时间，归档工作有一个办法，发到各单位，归档是最后工作和结束工作很快整理起来，不要有用材料不归档，无用的归到档案内。

市科级以上的要求三月份归还市委。

一般干部的归档任务较大，要求加强干部抓紧这次工作，支部要检查。

过去档案管理是比较混乱的，所以经过这次清理，管理好。

5. 支部改选工作。要按时改选，各支部进行检查，1月3个，2月3个，4月改选的5个，一年改选一次。

6. 党务专职干部

基层党委不少于4人，条件：局处级。

总支不少于3人，条件：市科长级，副书记。

党员50人以上设一专职干部，不足50人的，工作地点分散也设一专职干部。

7. 无头档案，名单回去你交人事部看一下，知道现在下落者请填上，月底送来。

传达市委组织会议稳定提高干部方针的精神

1957 年 3 月 20 日

中共市委组织会议，万晓塘：

组织工作，去年提拔了大批干部和吸收大批党员，今年中央又提出稳定提高干部的方针。[天]津市有二万多预备党员转为正式党员，还要做好多工作，还要加强基层的领导力量。

会议稳定干部提高干部的方针，教育和新党员转[正]工作，主要我们放到统一认识(方针作法上)。

会议正式四天。

张淮三同志的报告：

(一) 稳定提高干部

稳定干部职务，提高干部质量。

1949[年]18 000 多人，1956 年 8.4 万多干部。天津市 300 万人，每 26 人中有一个干部。

干部稳定下来是好事，过稳定的社会都这样要求，提拔是坏思想。

在干部职务不变动的情况，规定一些相应制度，改变他们的报酬，希望各党委组织党员干部讨论稳定干部的方针，注意干部提高，不要光想提拔。

1. 调整干部的问题。

2. 干部提拔，去年提拔 56〈年〉名，41 名区科长以上的。

3. 提高干部的问题。

干部培养训练干部，着重领导骨干，有的领导不分是非，不表明态度，调和主义，采取中立态度，或有些作风不好干部，提级时卖好，领导干部本身思想上解决了，党外一般群众干部思想就好解决了。

(二) 改进干部管理工作(安子文谈)

1. 今后干部稳定下来：

(1) 坚决执行 1955 年党代会决议的原则。

(2) 中央对地方、上级对下级巡视工作的原则。

(3) 党的一定部门监督一定的行政工作部门。

2. 发挥下级党委的积极作用，除有关管干部的外，下级党委有协助管理的责任。加强国家机关、群众、团体的干部工作，防止不务正业。

3. 进一步贯彻群众路线，贯彻干部了解自下而上的结合，干部管理首要任务管好骨干。

小平同志报告全国县以上干部有30多万人，经常了解他们的工作、生活情况，使他们永远不脱离群众。

各级领导亲自管几个应管的干部，逐级分工负责，市委各部监督局党组工作。

加强支部工作，行政干部的思想监督。

每季度各主管部门研究系统的思想情况。

考察了解干部，各级主管部门对应管干部有一个了解。经审干、“肃反”对干部的政治历史有了了解，对他们思想状况[了]解不够，了解干部上下结合也不够。

全市非党干部占68%，发挥他们的积极性，克服宗派主义。

专业技术干部有15 000人，加强对他们教育，发挥他们的专长。

对犯过各种错误的同志要进行教育，有些对犯错误的同志降职降薪，弄得生活成问题。

机关党委无管干部的责任。

8个区委有48人要求退党员，有些党员特别妇女党员，有些特殊一时不能解决所以也不满意。

（三）切实加强基层组织的领导，充实基层的骨干力量

1. 分部管理的基层组织，按目前情况不变。有些同志对改变基层领导关系而不安，应主动创造经验，像区文化馆变系统领导党的关系，商业财贸部有一个意见，市还未研究。

2. 领导不同基层组织的职责（党章51条）。

区委不仅对领导的基层组织对行政有领导的职责。

3. 机关党的基层党组织工作，虽对行政有领导监督的责任，可是对每个党员有监督教育的责任。

要活跃支部生活，开展批评自我批评。

少奇“七大”报告中[有]关于支部生活——精神。有的人把小组作为基层组织。

毛主席讲话：

你们有什么问题提出来好说。

就讲百家争鸣，百花齐放，好不好？这是大家关心的问题。百家争鸣就是阶级政策，社会主义改造高潮。

政治面貌有改变之后，经济面貌也就[会]改变，我们为改变政治面貌，花了几十年的时间，我开始什么也不会的，都是学习的。

黄火青同志讲话：

一是搞建设，另一个是搞人民内部矛盾事。马克思没有提到人民内部的事，列宁曾提过，斯大林死前提出过没注意。中共中央提出内部之事，毛主席到我们天津来讲，给我们很大鼓舞。百家争鸣有四种：反对、赞成、怀疑、担心的。搞阶级斗争我们差不多，建设无经验，别总按过去去办了。不会只有人教，叩三个头也干。毛主席提出十条，调动一切积极因素，调动得怎样？一方面调动起来，一方面要老老实实地学习。

阶级斗争已经基本结束，主要就是人民内部矛盾，就是思想问题；百家争鸣就是两家争鸣，即无产阶级和资产阶级思想的斗争，不能采取阶级斗争的方法。

用马列主义方法，把资产阶级思想化成[无]产阶级思想。方法百家争鸣，要让他说，不能压的方法。你[有]什么就说他就积极了，我们思想解放发展认识。他不满的事说出来，再用争鸣的方法，说服批评，心服口服，就解决了思想问题。

我们有的同志说百家争鸣好，[但]资本小不敢上战场。

有些人有反动思想，看了《参考消息》，有了造谣机会。百家争鸣是党的政策，很好执行。百家争鸣，99 家都争，我们不争不行哪！争鸣用道理说服，不要光扣几个帽子而压回去。二中全会，省市委书记会议后，经“八大”检查以后收获不小，生活作风上注意了，主观主义和宗派主义还注意检查不够，有些人名誉地位，闹待遇很严重。非提我一级我不干，我老婆提二级我得提三级。不到百人以上的工厂我不干。甚至有的一见有缺……就申请自己去。达不到提级就说按酬付劳。入党时叫我吃苦在先，现在还叫我吃苦在[先]，叫我吃苦在先到什么时候？给多少钱干多少活。

有的提出今天不是讲忠诚老实，而是讲才〈花〉华，有的说参加会议叫集体坐牢。

主要我们教育不够。新干[部]涌入我们队伍，思想不坚[定]，老干部说老叫吃苦在前，到什么时候？

百家齐放、百家争鸣，不能压着不[让]讲[话]。老子革命，这些年压下去[的]方法不对。不要使我们脑子硬化，不要教条，在我们干部中主要[是]教条，或对骂我们老祖宗也不敢作声。

讨论毛主席的指示时，要检查一下宗派主义、主观主义。上次讨论合作化问题，这一关不好过，有的说农村左，城市右了。有人说中央政策掌握不稳，合作有三个缺点，太快、太大、太远。[说]毛主席光讲合作化优越，不讲缺点，看得片面。

合作化有什么缺点？把资本主义的路堵上。有的人说上面政策对，下面和尚念错经。有的说，农民穷富都不如解放以前。

代表富裕中农思想的[人]说，我们村有上中农30%多以上，是否可以入社？如否，如此不取消分红。[①]

党内也可百家争鸣，有什么不满意提出来，我们也可批判的。全党都负起责任，光依组织部、监委不行的。

市委组织会议大会发言纪要

1957年3月23日

上午，组织会议大会发言。

红桥区：

干部管理和党的基层分级管理。

组织部与各部的关系，存在的思想问题主要是一般干部——河北区组织部干部的考察了解工作。

干部工作是党的一项重要工作，了解干部就须辩证地全面地看干部，才能很好地使用干部。去年第三季度开始对部分干部进行了考察，内容“德才”。具体的内容：1. 政治历史；2. 政治品质思想表现；3. 业务能力，学习态度和效果。

第一步　熟悉现有的材料和档案材料。

第二步　深入了解情况，贯彻群众路线，自上而下和自下而上个别进行谈话，必要时深入到基层去了解。另外就是结合中心工作考察了解干部，还通过社会了解。

第三步　就是整理资料，以免材料丢失，材料要真实，不仅有缺点也要有优点，以全面地了解干部。

---

① 原文如此。

我们还有以下缺点：

1. 通过检查工作看干部活动的效果，认识还不足，对各部门工作不熟悉。

2. 发动全党各级负责这项工作还是不够的，所以今后汇报工作的同时也要汇报干部的思想。

3. 过去我们向书记全面汇报还是不够的，争取书记帮助。

人委人事处：

人事工作的缺点。

1. 人事工作的范围还不清。工资福利、保卫、监察外，还管下水道、托儿所、电影票，不务正业。张报告说："干部工作，主要搞干部的考察，了解和政治思想工作，当然干部生活应帮助解决，但……"

2. 有些单位人事机构，特别基层单位，人事机构不健全。有的单位，1953 年人 7.61％，1956 年 64.13％（轻工业局），根据干部下放，考了干部要由人事部门来做的，因此要加强人[事]机构，充实人员，并稳定下来。

3. 人事部门的领导。各单位领导是重视的，但有的重视不够，很少列入日程，认为"人事工作有什么？办任免手续，放几个人算了"。希望各级领导重视和支持，配备足够的质量强的干部。整编中有的单位一三以放，二人做人事，应当有布置，有检查发挥人事部门的作用。

人事部门的工作作风。

人事处本身不能深入下去，帮助改进工作。某些问题拖拉积压，存有官僚。

有些人事部门不民主。民主人士说：人事我就是谈问题"群众反映不要得罪人事，干部影响提拔"。

此外还有些人事干部，认为人事工作复杂，不专业、不好做、不愿做的思想。今后克服上述缺点，搞好人事工作。

机关党委、组织部唐文彬：

1. 税务局支部发挥核心作用，保证行政任务完成。遇有中心工作，党内外统一贯彻执行。

2. 发扬党内民主，活跃党内生活，开展批评和自我批评。如房地产管理局，外贸局为做好工作，开展批评自我批评。

3. 行政民主生活会。税务局几年来坚持得很好，检查工作和思想，开展批评与自我批评会。

加〈加〉强政治思想领导，还以税局为例。

市统战部：

1. 统战部干部管理范围和民主人士的管理。

民主人士：过去剥削阶级和我们有联系，爱国、拥护社会主义建设。

管理名单，管理民主人士的特点：（1）民主人士〈决〉绝大部分是大学生，剥削阶级生活，经过几年来他们有进步。目前存在进步、中间、落后三部分。（2）兼职多，[一个人]4—5[个]职[务]。河西统计 178 人，复杂性多。

2. 民主人士管理基本任务和方法。

基本任务不说了，和其他干部管理一样，但方法不一样：① 干部政策就是要掌握统战政策，不能看他政〈质〉治品[质]和才[能]，而看他的代表性。为什么安排傅作义，他有代表性。② 对民主人士管理是背对背，不是面对面，审查了解都不能公开。③ 民主人士分〈部〉布各单位，这就需各有关部门协助，分工合作。④ 对民主人士安排和提[拔]部干部一样，先〈争〉征求党组研究，其次和民主人士协商，再向所在单位搞通。

3. 民主人士管理分工联系的问题。

没有行政职务的由统战部管，有行政职务的由有关部和有关局党组管理。

（1）市和区统战部管理名单以内的，安排和市区有关部研究，副市长副区长副处长、副市长由主管部管。

（2）安排市区主要人物安排，副市长市统战部管，报市委批准。市区代表大会政协委和有关部研究，报市委批准，统战部代审查。

（3）对资产阶级分子的管理，中央关于加强对资产阶级分子的管理决定。市区代表人物由市区统战部管理，安排了行政职务的由有关部管，有关任命的要征求统战部的意见。

（4）对民主人士考察了解问题。

他们在职务上的情况，主理部门了解多，社会上我们了解多。A. 通过基层支部和党组了解；B. 通过政协和工商联了解；C. 通过统战工作接触了解；D. 通过妇联、进步的家属了解；E. 通过有关部门了解。

（5）对民主人士审查排队问题。

属市的由市审查，属区者区审查，对他们的鉴定，由党组负责调查研究，主要工作、思想表现等。

（6）民主人士养教问题。

民主人士干部养教是干部工作的中心，大部民主人士已经都安排，如何提高他们养教，作为党组的中心。

A. 发挥他们的积极性，帮助他们提高工作能力，叫他们有职有权，放手叫他们去做，文件电报按分工叫他批办或看。

B. 关心他们的学习，困难帮助解决。

C. 改造资产阶级分子是一个重要的工作。

D. 属于中央管理的名单，由中央统战部去管。

E. 通过政协和工商联组织他们学习。

F. 通过有关团体了解。

G. 市区统战部共同了解。

和平区谈街道工作：

13 个支部，300 多名党员，其中 200 多名是居民党员，街道工作是很重要，过去认识不足，下面有些意见。

发电三厂：

对预备党员定期进行鉴定。

1. 简单情况：鉴定预备党员制度是 1956 年建立的。原来卡片，党员转正时大家临时凑材料，平时无人培养，缺点上：卡片填本人不知道，培养人弄不过来。

鉴定制度两个月一次，鉴定前小组长告诉他工作中优缺点和思想作风，入党时存在的缺点，准备材料在党的小组会鉴定，支部委参加，最后鉴定意见填入卡片。

李振元，过去工作完了以后自己就坐着不帮别人，每月休三次班，经过小组鉴定，而工作上很积极，检查锅炉细心了，按期转为正式党员。

2. 体会：

(1) 领导重视是这个工作的关键。

及时进行检查，我们批判了党员不愿培养预备党员的思想。

(2) 要指定专人培养预备党员，同进还在一起工作的人。

(3) 如何鉴定的方法是：A. 解决主要问题；B. 鉴定时注意方法。

城厢区：

谈基层支部书记学习小组方法的作用。

怎样在企业中做政治工作？

明确党的基本知识在企业中的工作方法，政治工作有了提高。

市委组织会议大会发言纪要(续)

1957 年 3 月 23 日

下午。

李超同志发言：

关于审干工作：现已经进行 2 年了，市区二级已经基本完了，财贸工业基层单位未完，105 850 人，审查对象 15 000 人，完成了 82.3%，二年来审干有成绩，12 492 人问题已查清。

当前存在的缺点和解决意见：

1. 根据中央规定政策路线分析研究不够。“八大”以后比较好，主要是具体工作的同志对审干目的不清，有些同志认为查出问题就要处分，也有把思想问题和政治历史问题联系起来处理。

2. 市区二级结束进行了检查，大部分做的是恰当的，符合实际，但有的也加重语气，措词[辞]不当。也有些调查人员对调查研究的目的认识不足，肯定了问题，认为有成绩，否定了的就垂头丧气，所以也错搞了一个结论。也有的调查人员叫证明在五分钟内写出，否则你也有问题，那人写了一个材料第二天跑了。

3. 对审干工作的政治思想领导注意不够，广大党员群众对交代问题不是欢迎而歧视，有的审查对象对审查他而不满。

4. 目前审干较前迟缓。主要领导松劲，专职不专，兼职也不兼，审干工作人员也松劲潦草现象。

市委要求今年第二季完成，善始善终，提出以下意见：

(1) 范围内的 2 780 人，还未审清，再加无翻档的共 3 000 多人，多分散在基层，要求各级党委帮助过去审查委会和小组，定期开会研究，保证如期完成。

据具体情况范围以外，不影响范围内任务就审起来，如无力量可就不审了。

(2) 进行思想教育工作，是审干工作的主要环节，缺少政治思想是不行的。教育审干人员审干工作的政策界线，审干是为弄清干部的主要政治历史目的，处理并不是目的。审干人要体贴被审查人员的心〈里〉理，对交代问题的要欢迎，不要歧视和等待。有些被审人员有不满情绪要进行教育。

(3) 认真做好审干的结论工作，也是干部工作、重要工作，正确处理对今后全面认识干部的依据。

处理干部政治历史问题时,要恰当结论,划清隐瞒交代的界线。

A. 审干经过动员,经组织指点,个人交代了又检讨,算作交代。过去隐瞒是不对的应教育,这次交代思想进步了,否则他不交代,光凭态度处理是不对的。处理历史问题要看他一贯表现,不应把历史、表现隔离。历史问题与思想作风不能合并处理,思想作风处理由有关部门再去处理。

B. 审查结论通过本人准许申诉。

(4) 做好复查工作,过去检查了一次弥补审干工作的不足。漏掉不是大问题,主要查是否结论错。

证明材料是否结果符合政策,本人对结论的意见,结果领导必须亲自动手,复查时有错,不要过多地追究任务。

认真细致的归档工作。

(5) 认真做好审干工作总结、经验、收获和通过审干对干部全面的看法。

国营工业部干部处处长,李苏华。

关于干部工作稳定和提高及加强政治思想领导一些问题。

1. 加强政治理论教育。已初中以上的就学习理论,除坚持每半天外,还可举办业余政治学习班。

2. 除巩固业大、技校外,有条件的还可扩大。

3 整顿现有的业余学习组织,业[余]大学可适当收缩。

组织部副部长马玉华同志:

1. 去年大发展对不对? 今年基本停止发展对不对? 去年大发展是必要的,去年社会主义高潮也是必要的,在农民工人和知识分子、大学生接收新党员,去年发展是有〈克〉客观条件的,去年大发展是对的。

今年基本不发展,按天津有 25 000 预备党员,培养预备党员任务大,不能再有力量去接收,另外老积极分子已都接收差不多了,所以基本停止发展也是对的。

分析问题看问题要看当地的具体情况来分析。

革命发展有一个时期就要快有一个时期要慢。

2. 目前建党中存在的问题,对提高党员质量重视不足:(1) 有一万多预备党员不预期转正还未讨论,支部对预备党员不申请不讨论;(2) 对教育预备党员不够;(3) 对预备党员纪律教育不严,制度不健全,发电三厂方法,全市都可用的。

还有的单位接收新党员降低标准的现象,上级批驳,总支"八大"后批准。

接收党员不从质量上去衡量,而是从工作需要而考虑。甚至有的单位把"三反”运动叛徒,刑才撤一年就接收了。

3. 建党中的一些具体问题:

(1) 剥削地主、富农、资本家,不劳动就算剥削,已放弃剥削,发展不发展?目前一般讲不发展,什么时候需要再说。

剥削阶级子弟学生吃家中饭,算不算变相剥削?不算。但要会[和]家中划清界限。

有小量股票和房屋算不算剥削?问题复杂,凡依靠劳动维持生活的有小量房屋、股票,不算剥削,可以不可以入党?如放弃股票也可以的。

小量房屋交国家也不收,空房也不好的,如非愿交也可以的。

倒卖东西〈蒜〉算不〈蒜〉算剥削,是一贯的还是偶尔的?有的党员干部倒卖一两次收音机和自行车,不算剥削,但要教育。

有严重的自私自利〈蒜〉算不〈蒜〉算剥削思想,他是受了资产阶级影响,不算剥削思想。

赌博算不算?就是如何教育不算剥削?

(2) 历史清楚。生本市,25 岁以下学生,不见[得]〈在〉再调查。

青年工人本市长大的不见得再调查取得证明和旁证材料,但个别的还会有问题的。

有的人全国大城市都去过,这干二天,那干几天就要调查取得证明,但要充分研究再调查。

有的人参加过反动会道门和反动党团就须调查证实,调查也不要怕困难,有问题就……

(3) 入党应交代哪些社会关系?

交代:家属和自己来往的亲戚朋友关系,政治面目和阶级,交代了证实了就算了,不要给他社会关系搞什么结论。

(4) 怎样才算承认党纲党章?

应从他的实际行动看,不是测验答得对不对,答得对不对不能是根据,主要看他实际行动如何。

(5) 是否全心全意为人民服务?对一个新党员要求要长期培养,教育的是他奋斗方向。必须是全心全意为人民服务,不脱离群众。

(6) 工作表现问题:

工作表现的好坏,过去我们光从一时一事去考察,而一件事好就成了对〈像〉

象。要注意他的一贯性工作，好坏是一贯是偶尔。有的人入党后愿望是党员又科长，再找一个好老婆。

总的说是否够党，要全面看，不要一点论。

党员的一二条是新老党员的奋斗目标。

路达同志发言：

（一）干部工作的稳定提高的问题：

可以三方面：

1. 按工作发展情况，不同时期不同工作方法和重点。革命飞跃发展的时期，不大量提拔干部，是不适应的。现在是建设的经常时期，就不能那样提拔，所以我们要以大量提拔干部转变为稳定提高干部的方式。

讨论中多数干部同意了，但还有的同志不[同意]，所以再研究。去年大量提拔，今年不稳定提高，这是掌握政策不稳，还有的说去年提拔的大多数不称职，去年提多了，今年纠偏。另有的说，再提拔一批，再提稳定提高就好了。

既然是有这样反映，执行起来就有阻力了，所[以]要研究，我们要全面地看问题，另外我们还采取过去的方法就落后了，只有搞通思想才能积极执行中央市委精神。

2. 稳定提高是今后干部工作的基本方法。

稳定了还有提拔，调整了还有调整，不是说今后不再调整和提拔了。中央文件随干部工作能力的增长，而工资还要增长的，但也不是活成与过去一样。

有的人认为过去大力后备和提拔，今天大转弯 180 度了，但转弯需要有一个过程进行这一工作。有的说“这一来该提的也提不了”，张部长报告说“今后还提拔”“主任不死，科长也不能提了”“干事不死，工友总工友了”。有的人说“就一登之差不然上去了”这种悲观情绪。

工作上要从变化看问题。

3. 稳定干部也是为提高干部。

事业发展干部能力，〈从〉总提不高不行，所以就要提高工作能力，赶上事业发展的需要。老干部、老子革命多少年，总这么〈高〉搞革命就是对革命有贡献，不是说革命多钱一个。要分析好坏思想，就是思想工作，不要依[赖]宣传部门，都应做。资格表现在历史上，使用干部就是“德才”兼备，老干部、新干部团结在一起要学很多东西。

稳定下来是很好提高的机会，努力学习领会深刻些。

岗位上的行业工作也不说就绝对做一辈子。

哪里需要就到哪里去。一是这个干部错不了，不光想当长，行行当状元，我这行就不行？行行出状元，不能否认的。有的说“学文化当不了教员”“学理论也当不了马克思”。

今年结合整编，调查下放干部就是到实际工作去锻炼干部，今后领导干部都应有基层工作经验。

回到生产，有条件的才能回到生产上去。

（二）干部管理：

1. 实行分管制度，应该说小平同志党章报告说这[是]好的方法，干部工作也是全党要做的工作。综合部是组织部有综合性工作也有分工工作，主要解决这个问题的方法是协作，以哪部为主。

2. 主管。功管监管，上级党委主管，下级行政部门协管，党委监管，分管不是光为调动而是为管好。

3. 三种类型，国家机关团体的一个体制问题。

第一类　除协管允许垂直管理。

第二类　管本部门不垂直下去。

第三类　管本部门干还代市协管。

4. 职务名称表。

为管好干部适当缩小管理范围，不从张三李四出发，而是从职务出发的。

中央管到哪里我们就研究管到哪，不是不变的。

中共天津市委组织工作会议总结报告

1957 年 3 月 28 日

中共天津市委组织工作会议总结报告。

万晓塘同志报告：

我们会开了五天，三天小组讨论，一天大会讨论，主要对中央和市委指示讨论领会，也提出了很多意见，对加强市的工作有好处。

今天共谈三类：1. 讨论的情况；2. 已经研究解决问题；3. 还有些继续研究的问题。

先谈一个问题，就是我们〈已〉以前工作，成绩先肯定一下。过去几年各级党委和各级人事部门工作有成绩，提拔干部等方面，1949 年我们干部 1 万多人，现 8 万多人，党员那时几千人，现 8 万多人，对干部进了教育工作。1955 年下半年进行审干、“肃反”工作，混在我们队伍的反革命已经基本弄清，政治历史问题已经基本结论完。有些老干部和新干部的一些历史问题几年没清，现已基本弄清。市委研究是有成绩的，个别人有些意见，这使我们对干部有了了解。

发展党员比 1949 年增 10 倍，去年发展 2 万人。据统计，新发展党员有 2%—3%不够条件。手工业合作社郊区社发展的条件差点，成绩和我们今天在座的分不开的。我们对成[绩]应有正确的认识，去年大力提拔干部是有成绩，干部大提拔也出现了一些问题，争名誉、待遇，闹不团结，革命意志衰退，对农业合作化的看法等问题。“八大”以后我们注意了，这半年来初步得到一些解决，干部中正气上升，缺点受到批评。开展批评在党内有了，歪风邪气受到批评，态度是严肃的，方法是和蔼地、自觉地去检查，批评那些与党员标准不相容的。

批评教育的方法即说服教育，也有的说有些压力，当然正确思想对邪气就是有压力。我们讲道理的方法正确而对不正确的就有压力，反对不正确的思想和看法。虽然解决了一些，不是完全解决了，也不是那样容易。个人主义思想在去年增资以后有上升，暴露出来了，还须我们今后加强政治思想工作，解决这些问题。市委准备四月开党代表会议，主要是增产节约和思想工作，因中央一些事要传达，所以没开。明年要整风。

（一）讨论情况：

稳定提高干部的一些问题。

讨论中大部分同志赞成中央和市委稳定提高干部方针，但也[有]一些不正确的认识。对去年提干方针怀疑，去年就大胆提拔，今年就不提拔，去年提的干部大部不够条件，今年悬崖勒马，纠偏思想。还有的说不提拔就不能发挥作用，我们认为这个意见不正确的。

党的干部工作是根据党不同时期不同任务组织干部工作。党各个时期有不同任务和不同要求，所以对干部工作方法也不同，干部工作随任务变化而变化。

过去我们党重要力量放到阶级斗争。过去革命处在〈具〉巨大变化时期，“三反”“五反”“镇反”“肃反”，社会改造有飞跃发展，大量提拔干部是必要的和正确的。（过去有的候补党员县委书记，有的一出来就当司令）当时不这样做就不适合工作的需要，现在不行，现进入建设时期。工业建设发展不那样快，是经常发展时期,现干部不是不够而有的是多了,今后就不能再大量提拔了,是根据国家的任务需要而确定的。

干部方法就必须改变。1942年也有精兵简政哪！干部工作要根据任务而变的。把稳定提高干部是今后干部工作的基本方法。稳定下来才能熟悉自己工作,业务技术才能很好地钻研。

我们有些同志看不到这个变化,应当机构一天天多,职位一天天高,这就是思想落后于实际,看不到形势发展,对中央指示思想抵触,一说稳定提高就搞不通,有一些是情绪,我上了半截就不叫上了。另外我们解释得不清〈础〉楚。

对去年工作有不全面的看法,肯定一切否定一切都是不对的。肯定一切否定了我们的缺点这讲不通,否定一切就把以前的成绩也否定了。去年提拔5 600人,〈决〉绝大部分是够条件,充实各级党的领导和各级行政部门领导和社会改造高潮的需要。社会发展高潮,当时干部工作不好做的,组织部长不好当？要干部要不来就提拔吧。

缺点：层次多,人浮于事,注意不够,提干按当时机构提的。

不同系统不同单位深入研究不够,有些提拔超过需要,也提拔了一些不应提拔的干部。提干中强调就地取材,对调查注意不够,和本位思想有关系。

提干的同时对基层加强不够,对基层强干部提上来的多。

提干有一定程度的盲目性,对形势变化认识研究不够,但必须说明这些优点,肯定成绩,也不因有缺点就说稳定提高就不对。主席说"看问题要二面"总体来说,成绩是多的,当机构和人员配备是需要的,局处长级无超过一正二副的。全市去年上半年提干是多的,三季[度]就少,四季[度]就更少了,四季[度]就看到了这一点。

中央去年12月〈分〉份组织会议,少奇同志讲话以后我们思想有了明确。我们对去年工作成绩缺点都有正确的看法,稳定提高加强政治教育是会搞通的,提拔不当的今后工作中注意解决,真正够条件,好的还是可以提拔的。

必须指出任何人、任何时候、任何情况下闹名誉地位是不对的。

认为不提拔就不能发挥积极,那更是不对的。为什么说他不对呢？因为他是小资产阶级思想,与我们共产党员称号不相容,应批评教育,批评以说服教育。共产党员要有先锋队的思想。

为了提拔干部,对干部教育工作没有跟上去,对自己所担任的工作不是做得那样好,也不是那样熟练。

现干部73%是1949年以后参加的,23%是1949年参加工作,经过各种锻炼就更不多了。

干部的觉悟还赶不上社会发展需要。

现干部的思想不如以前单纯,过去一说中央意见就搞通。

所谓稳定就专业化在行业稳定或现岗位上稳定下来,使干部积极担负起社会发展需[要]。还要必要的调整放适合的行业和岗位上去,精简上层充实下层,加强各级领导。但也有的提出根据干部的志愿和兴趣稳定。要说大部分在现岗位稳定。根据兴趣和志愿调查来调整这是不行也是办不到的,那我们就应根据需要来稳定。有的说行行出状元,我这行不能出状元,不愿干。状元就是有能力有经验工作好。

干部稳定下来,长期打算,提高技术学习马列主义,安心工作。

干部稳定下来十年、二十年或干一辈子,如有的农民就一辈子。

中央文件中说有些干[部]愿上不愿下,愿当官不愿民。

加强基层是为加[强]工作也为锻炼干部,下放的干[部]工资待遇不动。

有些同志讲:有些干部怕放下去,干部降低他们职务,要解释清楚。下放干部主要树立领导核心,调整干部要慎重考虑,放去当区委更慎重。现市委正考虑。另外缺乏一个全市调查的计划,下放干部。

1. 有些单位有保守思想不愿向外调骨干,凡下去的干部还认为原单位人多,是否这些同志下去了,可能两方面的态度。

2. 下放干部方法简单,主要政治思想工作没做好。少干部单位少多少,输出的输出多少,还无数字。

有些同志提出编余人如何办?主要系统调解,商业人不少,无基层单位的无处放。过去才四十万人。只地方工业还可以去些人,愿回去的就可回去,或基层编制大一些总得有个限制的。

稳定提高干部是根据党的需要,个人利益和党的利益共同理解。

稳定提高是一个问题的二方面,提高什么,怎样提高。所谓提高就是提高政治思想和业务水平,提高的方法就是提高他们理论思想水平和实际业务的锻炼。加强马列主义学习,提高理论和思想水平是提高干部的基本方法。政治工作和业务不能隔离开看。归根到底,党的事业成功,决定干部马列主义水平和实践决定的因素。

有人提党的工作、行政工作的干部学习的问题:我们说光行政干部熟悉业务〈变〉便利我们的工作，党的行政工作的干部也不是都要求精通。主要熟悉自己的工作也应该学习业务生产的知识，了解这方面的情况以便把政治工作和行政工作搞好，顺利贯彻我们的政策。如有时间也可钻研业务，我们工作也不是做得那样好的，工作也不是那样清楚的。如做党务工作的，少奇小平同志的政治报告，一些新东西是都知道了？有的连我党历史都不知道。

有些党员不愿做党务工作和少数专职党务干部也不愿做。

有的提到，提高到什么程度，不需要有那样一个划分。

关于干部训练。市委有规定，可现在即按此执行，训练提高干部是多种多样的。有的认为非脱产学习不可，广大非党干部今后搞专业干校训练。系统无专业干校，市也考虑。

提高主要是领导骨[干]的训练。过去市党校和行政干校抽的领导骨干不多的，抽调骨干和工作也矛盾的，这是不可克服的，但抽出来也不是完全不行的。领导骨干提高了以后，通过他们去提高广大的干部。明年整风也要领导干部先行一步，才能去整别人。调整干部中要计划抽调，学习干部脱产是训干方法，但也不能都脱产去学习了，经常在工作上提高有90%的干部。要有业务技术和文化的学习，政治理论学习是主要的。

加强这方面工作的领导，各单位一些主要领导干部加强这方面的领导。

文化教育，把干部提到初中文化程度，40岁以上可选课，要学代数和化学就很难了。

（二）干部管理工作：

首先管理好党委应管的干部，经常考察了解干部进行分析，针对思想搞好政治思想工作。

协管、监管有什么区别。（领导干部监督管理要加强的）不好区别的，主要哪些问题，由谁来主管解决。管好队伍就市委管理适当缩小，明年是否有变不一定。我们主要管职务是不管级，各级党委也应分级、分层划分管理干部。各部都管干部，各级党委组织部负责总合性干部工作，各部按系统管，市组[织]部也不是所有干部都管而分层管。有大小部之说是不对的，各部工作加强联系互相配合协商。

结合检查工作来了解干部，前说干部经肃、审工作历史已经基本弄清，加强机关人民团体管干部的积极性。区委把协管监管搞好，干部调动主管干部的单位多与协管单位协商。互相协商不成领导解决。

郊区是否分管？有条件的就分管，无条件就不分管由组织部管理。

组织部和干部工作部门有不务正业，而主要是考察了解干部，整编减得多了一些，这可多配备一些，讨论要一个比例。市认为不好规定，各单位可提一下，工作也可少，市委也可考虑。人事干部作风特权思想的特点。不懂业务的也可钻研，了解思想状况供给领导去谈，成为领导的助手。

（三）发展党员的工作：

讨论时大家都同意中央决定。有的认识不全面，有的认为有条件就发展，不发展对积极分子不好交代，更有说中央和市委掌握政策不稳。

要知道全国300万预备党员四分之一，1957年应基本停发展。[天]津市2万多预备党员也将近四分之一。毛主席曾说上马和下马的问题，过去打一仗就休整，所以我们去年发展，今年可要整顿和教育。发展党的工作更重要的是质量，去年发展的成绩总起来质量是好的，因为有一万多要转正，还有的吸收粗，工作很多，今年基本停发展是正确的。有的单位条件力量还可发展但需保证质量。今年控制3 000人，还可以多一点少一点，预备党员的教育工作没做好，新党员又接收就更做不好了。

有些同志认为基本停止发展，培养教育积极分子的工作就不注意了，应是经常的一项工作，积极分子名单党内掌握。有些不好交代就是暴露，要向他们说明"八大"以后条件提高了。去年接收的党员，今年工作还很多，你要决心入党就努力工作是会实现的。

党员标准。我们认为不要再有具体的了，因党章已有规定。提高党员标准就是再吸收党员一定要按新党章。经实际考察教育，确实愿为人民服务够条件也可接收的。

我们教育跟不上去，党员也会落后的。预备党员转正必接收一个新党员，费力量还要大的。

组织一些同志专做这项教育预备党员的工作。采取脱职训练的方法提高，这还是少数的，多数的教育还是发动全党通过实际工作来教育。预备党员转正保证质量不拖拉。

整顿就是提高的问题，就是批评教育。只要改正错误就不给什么处分，对阶级异己分[子脱]蜕化变质要清除。整顿支部要结合当前的工作，通过"八大"已解决了就不再整顿。

（四）加强基层领导：

有些问题不好肯定。

1. 加强基层组织问题。有些领导对基层工作无很好研究，及时解决，有些规定也不明确。有些领导抓行政工作多，对区的基层抓得不多。

2. 党委各部分工。从二方面讲：(1) 具体工作分工区委、党委，根据市委已经有的规定，你们提出一些来自己规定先去做，先做一段，不适合我规定再改正。哪些工作哪些问题，哪个部管和不管；(2) 加强部与部之间的联系，分工要合作，不是截然分开的。制度再具体不联系也不行，对基层干部训练组织部多管一些。

3. 巡视员问题。各部都可设，区各部也可设，在部长领导下工作。具体方法你们可找些经验，可以指定联系单位，根据情况去研究确定。党委专职书记要比行政领导强，"能领导起来"无有这样条件的，由强的那个行政领导兼任。基层、街道、派出所[所]长参加支委会也可以的。基层工作依你们去创造经验。

另外说一个干部作风问题。主席说去年有很大变化，也引起了一些思想反映，也反映到党内来。我们进入建设，我们工作要踏实更安心，纠正我们处理工作简单化、偏[片]面性。事事要求规定简单一些，本来是复杂的问题简单不上来。

传达组织会议：

1. 干部调整各区委党委提出数。

2. 预备党员教育搞起来。

3. 干部调动的管理。

区委书记、副书记、正部长、局长、副部，第一批学毛主席的讲话。

传达市委组织会议精神

1957 年 4 月 22 日

人委第三会议室，中共市人民委员会机关党委组织会议。

会议预计一天到一天半，上午报告下午讨论。

高勇传达市委组织会议精神：

(一) 稳定提高干部的问题。

(二) 加强党的基层工作。

(三) 提高党员条件问题。

(一) 稳定提高干部的问题。目前国家机构已定，位置已定，迅速地提拔干部已过去，国家飞跃发展时期已经过去，已进入正常的发展时期。目前干部不是过少而是多了，当然根据事业发展还是提，所以今后干部工作方法就是稳定提高。

1. 为使干部稳定下来，结合整编进行一次调整。市级部门下放一些领导骨干，精减上层充实下层区级和重点单位，各区之正副部大厂厂长、支书共缺三百人，抽调干部时不能留强去弱的保守思想，调配中对文化过低，脱产不久营业员、勤杂〈原〉愿回到生产去的有计划地回到生产去。

对长期从事革命，积累成疾，年老体弱的不下放，对其他年老体弱的干部也要妥善地处理。

调整时要根据“决心大，步骤稳”先安排后调动的精神进行，以便把干部放到最合适的工作岗位上去，但也必须教育干部服从组织分配，根据需要和可能调动干部。

也不是说今后就不提拔干部了，根据党的事业发展还要适当提拔。市委提出去年提拔干部有成绩，1956 年共提拔 1 600 多名市科长以上的。缺点是提拔了一些不应提拔的干部。今后如何解决？在工作调整解决。

2. 加强管理骨干，做好思想工作：就是加强思想监督工作。对高级干部分管部直接管理，不属于市委管理不算内，各局和各区委管理。市委缩小管理干部的范围，市委要求党委每一季[度]向党汇报一次思想情况。党委要各基层党委、党总支、支部汇报一次领导干部的思想情况，材料可由小组对这个领导的意见形成组织材料。

3. 加强对干部的训练。通过对领导干部的训练，才能提高一般干部，1956 年到 1962 年到中级党校和高级党校，轮训 50%以上。

对文化不足初中程度的老干部到文化干校选课学。

4. 转变干部作风，克服不务正业的工作方法。克服人事干部脱离群众的作风，有些人反映不敢接近人事干部。

5. 根据德才兼备的干部政策，检查干部政策。检查提拔起来的干部发挥作用如何？有无光强调文化程度，忽视政治质量和强调资历的观点？

（二）加强党的基层领导：基层工作就是支部工作。过去提得不少，但具体措施不多。支部工作做不[好]，一切工作都不能做好，社会秩序也不能安定。农业合作社、城市手工业合作社、企业都是工作的基础，加强基层派强有力的干部到基层去。党章 50 条第一项和 51 条第二项都提到基层工作。我们加强就如何克服那些不愿作支部工作的思想。通过“八大”检查有不少人不愿做支部工作和不重视思想领导。

领导干部要了解群众思想情况：

1. 按第八次代表大会，新党章的精神，分两类基层组织。对行政有领导监督的责任的基层组织，另一种无监督领导责任的基层组织。（党委负责制）

对行政有领导监督责任的基层，加强集体领导在党委员领导下分工负责制，即大的工作要党委或支部通过贯彻执行，但也不要管得太多太宽。

对行政不负责有领导监督责任的支部，对行政工作要保证完成，和企业的保证不同，机关是保证机关工作思想领导。

第一类支部党的领导干部要比行政强一些。第二类也要和党员条件相等。

基层党委不少于 4 个专职，专职副书记局处长级、支部书记也应是科长级干部。

50 个党员以上的设专职，不到五人也可设一个人。

2. 扭转行政工作脱离支部的工作。领导干[部]习惯于行政手段执行工作，因此机关生活不活跃，为发挥机关支部的堡垒作[用]，行政上的中心工作要经支部讨论。首[先]向党员贯彻，再向群众布置，机关支部协助行政贯彻党的政策。行政领导干部也应该发挥基层组织的作用，比较大的工作措施执行前，吸收支部书记参加并交党员讨论。

几年来领导干部不参加会议已有扭转，支部对领导干部思想监督不够，今后要做好这项工作。有的领导干部思想作风没有及时解决，所以有些领导干部有压抑批评或有的干部钩心斗角，影响党的团结。群众对领导的意见要转达本人，并视其克服程度，如无改正可逐级向上反映。

召开领导干部的生活检讨会，专门解决他们之间存在的问题，时间每季度召开一次。要求第二季度开展一次。

3. 活跃机关支部生活。支部生活呆板，大会少。小组会开展批评不够，从上向下去的多，自下而上提出的要求不多。小组会轮流检讨一遍，或是固定一个去检讨。

要开好支部大会，是教育党员很好的形式，所以不仅〈现〉限于[公]布和传达上级的决议，而要结[合]本单位情况开会，希望今后每月开一次支大会，凡能在大会解决的大会解决。

小组会议内容除讨论党内政治思想情[况]外，还要关心党员的生活、学习和文艺生活方面。每月召开一次小组生活会议，总的精神是大会多开，小组会少开。

4. 加强党的思想领导

(1) 对党员教育的同时也要对群众的思想领导，行政生活会议的领导。

(2) 党刊学习。结合本单位的思想进行,以便联系实际和自我检查。

(3)〈事时〉时事学习。对当前时局的变化,以及思想反映进行学习,如“百花齐放,百家争鸣”,匈波事件,南斯拉夫铁托和卡德尔的发言都有些反映支部没做时事报告,今后支部每来一次事时报告(利用学习好的)。

(4) 加强对青年团的领导。青年团要改名称,25—28 岁退团也可,不退也行。28 岁以上的必须退团。

(三) 提高党员标准的问题。市委提出为提高党员标准而斗争,“八大”比“七大”从哪条提高了,文字上看不出来,主要从精神提高了。邓小平同志报告——对党员提出更高的要求。

党的标准是什么? 主要第一二条,八条不再提,已包括到新党章中。

今后:(1) 必须从事劳动;(2) 必须政治历史清楚;(3) 必须经过党的教育,有高度觉悟;(4) 必须吃苦在前,享受在后;(5) 必须愿遵守党纲党章。

1. 1957 年基本上停止接收新党员,但绝不是说培养积极[份]分子和接收新党员的工作就不做了,所以根据积极分子名单看一下,但有人提出要求入党,应向他们讲清“八大”以后党员标准提高了。去年接收新党员很多,今年还有很多的工作,要求入党就是为什么? 今后要努力是会解决的。目前我们有 30 人还未批,大约批驳一半,再有今年发展 15 人和待批的共 30 人,但也不是绝对的。我们也不能向下分配了,因为 40 个单位 100 个支部也不好分配的。市委考虑哪总支去年发展得多,今年可不发展。

2. 新党章的规定。总支可以批准党员,市委指示复杂的要报党委批,哪些是复杂的,党委没考虑好。

预备党员考察提高的问题。目前有预备党员 581 人,占 10%,停止接受新党员的精神,主要任务放到预备的工作。

对预备党员教育:(1) 制定对预备党员考察提高的计划,但不能光理解为党课教育。要从更多的方面着手否则就不能提高,计划有具体内容,定期召开座谈会,召开预备党员领导报告,有条件时也可集训;(2) 组织全党特别介绍人和小组长和分工的人要求对他们考察,要与他们接触;(3) 要求对预备党员定期地鉴定。每季度一次目的就是及时改正错[误],修正缺点,也是对我们工作中一个很好的考察。第一季没做,第二季做。内容:自我鉴定或谁分工谁就,小组的鉴定意见和支部的意见。

鉴定形式小组会上鉴[定],党员不多的单位可在支部大会上鉴定,要有鉴定的书面材料。

预备党员转正的条件：觉悟程度政治品质衡量要向更高的党员标准去要求。对入党时觉悟程度有严重缺点不愿克服，觉悟也无提高，取消他们的资格。已具〈体〉备党员条件的，但是历史不清的可延长他们的预备期。

预备党员转正普遍遇到的问题，觉悟程度不高和作用不大，但老老实实。有的主张他们转到党内来教育，也有的主张不能转。总的要根据具体人具体事解决，第二季度对全体党[员]进行一次教育，明年要整风。

存在那[哪]些不健康思想和存在的思想问题。

进行共产主义教育，群众路线实事求是的教育，民主集中制的教育，各支部计划和党委的要一致。

市委组织工作会议，自 3 月 20 日至 3 月 28 日，实际开了 5 天，3 天小组讨论，一天大会讨论。在会议当中，张淮三同志报告了关于 1957 年组织工作计划。

会议的主要内容共 4 部分：

（一）贯彻执行稳定和提高的工作方法。

目前我们国家机构已经定下来了，绝大部分干部在现在工作岗位上积累了一些经验。为了不断地提高干部的社会主义觉悟和业务水平，适应社会主义建设的需要，今后的干部工作方法，必须有一个根本的改变，就是要从过去大批地迅速地提升干部职务的方法改变为稳定干部职务，提高干部能力的方法。

1. 为了使干部长期稳定下来，今年结合整编对部分干部进行一次调整。

2. 不断加强对干部的政治教育工作，提高干部的社会主义觉悟。

3. 继续加强干部的培养训练工作，提高干部的思想水平和业务能力。

（二）改进干部管理工作，充分发挥干部的社会主义积极性。

干部管理工作的首要任务就是管好领导骨干[干]部，必须贯彻党委统一领导下分部分级管理干部的原则（市委只管到市科长级正职），逐级制定分管干部的具体名单，此外还好整个干部的队伍。

（三）做好对党员的教育工作，进一步提高党员的质量。

1956 年全党总数 90 993 人，大约有四分之一的预备党员，市委 1956 年至 1957 年发展新党员计划停止执行，1957 年发展新党员控制在 3 000 人左右。

（四）切实加强对基层组织的领导，充实基层的干部力量，准备组织工作会议，传达人事工作的和政治工作的，一天到一天半。

传达组织会议关于稳定提高干部工作总结报告

1957 年 4 月 24 日

组织会议总结报告：

关于稳定提高干部。本来机关党委不管，但有时也要管。稳定提高的方针，是中共中央的指示，贯彻到党员中去是有好处的，以免党员对党的政策有思想抵触。

（一）提高党员标准问题：

1. 党员标准：党员标准如何掌握，还不是那样有把[握]过去有几条，很明确。为什么还有降低条件的？这就需要我们在实际工作中研究掌握标准，如认为明确了就不学习了，就会有问题。市委明确的掌握标准还要灵活地掌握，如要求入党的人必须懂得党的事业和党纲章。

2. 今年接收新党员：基本停止发展也不是绝对不发展，有条件的还可以。所以控制发展 30 名，争取不超过，但发展得多一点少一点不是问题，而主要是否够条件。这样说就不是大发展了，那[哪]个支部如准备发展党员要做计划，报党委批准，不发展党委也不要任务。

3, 接收党员和转正派人谈话，就是组织员谈。除组织员谈话外，批准机关也可以谈话。过去市任命的组织员由市委领导，现由党委领导，组织员还是组织，任务不变，但组织谈话，有公式化和概念化，提不出什么问题和看不出什么问题来。

有剥削行为和剥削思想的人是否能入党？肯定说不行。

剥削行为是剥削思想的表现，另外就是没剥削行为的不见得就无剥削思想，是通过认识和言论看出来的。

有小量股票如何办？现党员有股票如何办。要分清是家庭和个人的分清楚。有的非党积极分子要求捐献，要看他为什么捐献和什么时候提出来的，现为入党献股的，他还没认识到剥削是可耻的。

有的党员有股票捐献，按 1954 年规定原则可接受。但要看到是否取得了完全的处理权？数量大要经省（市）委批准，数量小的也暂缓处理。

青年团员捐献财产一般的不予接收。

国家工作人员捐献原则上不接收。

资本家捐献一律不接收。

25 岁以下的入党必须是团员，25 岁以上入党必须参加先进组织，如机关无工会的只要够条件的也可以。

4. 非党积极分子。

原有的积极分子重新审查，好的仍为积极分子，坏[的]就取消但别公布。

(1) 党的目前状况讲一讲(接收新党员的精神)，全党 1 200 万党员，预备党员 300 万人约四分之一。

(2) 党员标准提高了，再[相]像过去那样条件不行了，须要更高的条件，主要叫他们知道提高了。

(3) 党的质量提得更高，如他们爱护党就不能反对党，暂时停止发展。

(4) 暂时停止发展对要求入党的一个考验，一说停止发展工作就消极了，情绪不高，不是真正为革命而为了入党。

(5) 不接收新党员，别说得那样死，如条件质量不断提高，今后还可以接收入党的，但别许愿。

A. 对积极分子继续进行培养教育。

B. 今后在工作中发现新的积极分子，积极分子理解为为发展党挑积极〈份〉分子，重要的是为了工作。不要叫他们本人知道是积极分子。

C. 积极〈份〉分子条件，党员标准提高，积极〈份〉分子也应提高。积极〈份〉分子的条件也应提高，现无规定，各支部研究党委也研究。

5. 培养考察预备党员。

(1) 应认识到去年接收新党员按标准不见得无问题，有粗糙现象，认识到这一点有好处。

(2) 培养教育考察要有一个计划，我讲怎样考察教育？要有专人管理。支部委员会经常研究预备党员的状况。

(3) 机关党委有一个计划，准备在九月份党员权利义务教育，你别等着有条件，可自己做。预备党员党转正必须受到权利义务的教育，叫他们讨论并联系实际检查自己。预备党[员]够不够转正条件，要从实际工作的表现。

预备党员定期鉴定，不要为鉴定而鉴定，而为提高。

(4) 预备党员转正：有的人老老实实，为人为党老实，工作能力不大，作用不大，因为他是好人就难了。要具体问题具体分析，可以延长预备期，再教育，如自己丧失信心再取消。

历史不清延长或取消。已经交代了,是真假还未证明就拖一拖,了解回来如属实就不能延长预备期,没有弄清者别转正。

王甫同志报告第十条与党章是否有矛盾?党员大会与批准时间不一样,上级批准支部大会决议的,预备期就在党员大会批准算起。

预备党员到期也够条件,支部拖了,支部可提意见,按预备期满时算党[令]龄,到期不够条件者可按通过时间算。

(5) 延长预备期不超过一年,延长半年还不够条件可再延长半年。

(二) 加强基层组织的工作:

1. 两种不同类型的支部,是按什么确定的?是根据支部所在单位性质而决定的,机关支部不负领导监督的责任,不是机关支部的对行政工作负有领导监督的责任。

但有的也像机关也是企业,如银行又是机关又有业务,按哪个确定都可以。机关支部对党员包括行政领导干部的思想监督。

(1) 行政领导干部是党员就按党员来要求。

(2) 科长以上民主生活会对领导也是一种监督。

(3) 处室的民主生活也是对领导监督,处(室)务会和民主生活会区别开来。处务会自上而下贯[彻],生活会是自下而上提意见。

从政治关心行政领导干部就是监督。

2. 支部、党组、人事部门的关系。

支部和党组的关系,谁不领导谁的。

党组是相当党委指定,支部是党员选举的,党组对相当党委负责,支部对党员大会负责。但也有不同的和相同的,党组动员贯彻政策,反对官僚主义相同,这就需要联系。支部书记不是党组成员应列席党组会议。

(都传达到每一个党员,怎样传达,什么时候传达各支部研究。)

但必要时党组也可指导支部工作。(“七大”,刘)

人事科、支部,谁也不领导谁,工作相同需联系。

人事部门调动干部要和支部说一下,出了事支部也知道。

3. 支部委员人数和分工。

(1) 支部不超过 9 人,总支 13 人,3 人以上才能算支部。

(2) 干部的条件:支部书记,局处长或科长级的。

(3) 分工:书记组织宣传统战;监察,青年委员(还可设妇女委员)。

(4) 保证行政任务完成,和企业的保证不同。有限度的保证叫支部保证,行政工作完成首先应叫支部知道行政工作,动员党员保证完成。

(5) 支部要领导群众团体,就是青年团、工会。责成青年团向支部反映情况,帮助他们分析思想问题。

(6) 支部大会、小组会,应强调支部大会的作用,小组作用不要过分强调。支部大会内容:关键性的普遍性的问题在大会讨论,对行政工作在大会讨论,对党负有教育意义的在大会讨论。小组汇报情况,大会讨论预备党员前小组讨论。

(三) 政治思想工作:

1. 政治思想工作是经常的工作,经常地分析研究找出主次,及时解决。政治思想不是专门找坏思想,也要找好的树立起来。

2. 思想工作是细致的工作。

3. 做思想工作要主动,不要被动:(1) 要了解情况不要等。(2) 发现问题及时解决。(3) 要预防工作。(4) 必须全党做思想工作,大了说全体做思想工作。(5) 做支部工作必须要学习,不要〈一枝半节〉一知半解,毛主席"教育别人先教育自己"。(6) 批评要有"治病救人"的精神。(7) 强调思想工作但也不能忽视纪律。

王局长传达财贸工作会议和组织会议精神

1957 年 5 月 4 日

王局长传达财贸工作会议和组织会议精神。

(一) 开展增产节约运动的问题。

做好粮食工作,大力推动社会节约粮食。竞赛是全党的任[务],条条块块都应管,区内发展群众,督促检查局内制定计划。组织领导:组织领导设专人不设办公室,委员会有人管就行。各党支部根据实际情况确定检查提纲,检查重点:1. 政策执行如何;2. 贯彻政策方面,政策检查是自己检查自己。

(二) 关于精简机构整顿编制的工作。

大家讨论,都认为这个工作有好处。贯彻市委方针,该并就并该撤就撤。改进工作和克服官僚主义相结合,精简上层充实下层,公司,站的机构,局提出报财贸批准。对多余人员适当安置或组织工作队,无法安置的就要包下来。

研究编制,领导与群众相结[合],要做到留者安心,调动满意,下去愉快。

（三）政治工作是一切工作的灵魂，阶级斗争已经基本结束。由人民内部矛盾反映出来，商业工作政策性强，人员来自各方面，提高阶级觉悟。

经济工作到哪里，政治工作就到哪里。政治思想教育，也无〈借镜〉捷径和什么窍门，采取说服教育的方法，不能是压服的方法。

（四）关于基层组织工作。

商业企业中实行党委会制，党委集体领导下的经理负责制，凡经营业务的企业，有行政管理企业，经营支部有保证监督，光行政工作就不是监督。

（五）郊区财贸工作。

黄火青关于整风运动的报告

1957 年 5 月 17 日

黄火青同志：关于整风运动的报告

一、为什么要〈正〉整风。

中央指出：我们国家正起巨大变化，我党肩负着重大任务，即建设社会主义。我党几十年来和全国人民共同革命，取得了革命胜利建立了人民政权，几年来我们有些干部对名利地位享受感兴趣，不和群众做〈坚〉艰苦思想工作，甚至产生国民党作风脱离群众，脱离实际，官僚主义。〈正〉整风是自我改造，提高马列主义水平。

形〈式〉势必变，从革命到建设。主席说我们革命三十年，经过几次路线的错误，经过许多曲折的道路摸索一套革命的经验。我们建设经验不足，要很短时间少犯错误。去年提出 12 年赶上先进国家。国内打倒了三大敌人，去年三大改造完成，中央叫我们把一切可以团结[的]人，可以调动的因素，都调动起来团结起来。进城以来叫我们学习，向苏联先进经验学习。

我们有些同志不懂装懂，还不虚心听取别人意见，还不放手叫专家有职有权，职工合理化建议放到抽屉中，一年不解决。

还有些同志高高在上，情况不了解，主观决定强加于人。错误的地方又怕批评，维持自己的威信，压制别人的积极性的发挥。我们要不反对官僚主义、宗派主义、主观主义，建设社会主义建设推迟，还会犯可以避免的错误。

从夺得胜利和巩固社会主义政权，我们执政党管六万万人民的大事。同时我们掌握政权，所以产生领导与被领导的关系，领导与被领导之间矛盾，整个来讲是一致的。但个体与整体利益有矛盾，但向人民讲清楚这个矛盾，是可以解决的。工作上有了错误就承认，群众是会原谅的，所[以]领导与人民利害是基本一致的。就怕执政党的地位，而报喜不报忧，采取官僚主义和宗派主义打击报复，欺上压下，工资高低悬殊，高的买几个汽车，就出现特权的阶级，有了阶级就要起来革命，推翻你这个阶级。

我们党是大公无私诚意为人民服务，从不向人民隐瞒错误，提出以处理人民内部矛盾为中心的整风运动。

二、这次整风一些有利条件和思想情况。

和延安整风有什么不同，我们党更加成熟更加团结了。另一方面各机关已经过“肃反”运动，延安当时整风有一段“肃反”，所以这次整风主要是思想问题，不会发展到其他方面去。

[天]津市来说，已经过反官僚主义为中心的思想检查，为我们这次整风做了充分准备，把向上看的思想压住了。全市有 4 000 人分到下面，其中 1 000 多人回到生产去。

工贸关系上协作上有了改进，我们党政府给人民解决问题及时，同时工作的方式方法。

自中央发出指示。

有的打听这次大搞是小搞，恐怕狂风暴雨吃不消。

有的说和风细雨不过瘾，和风细雨才能严肃认真。

上次思想检查也是有缺点的，对新的形势认识不足。

对检查出来的没有从处理人民内部矛盾去分析，所[以]检查得不深。

还有的同志说，整风也是检查官僚主义，已检查过了，应该检查下面了。

从传达省市委书记主席的讲话至今，党内外还不敢恐天下大乱。主要对处理人民内部的矛盾，思想没有准备，一旦矛盾暴[露]就没有方法解决。承认这个矛盾，解决这些矛盾，学会处理人民内部的矛盾，摸到一些处理人民内部矛盾的规律，所以应提出正确处理人民内部的矛盾。百花齐放、百家争鸣，长期共存互相监督，不是偶然的，放出一些毒草和唯心主义[斗]争的结果还是马列主义胜利。

三、民主人士参加整风的问题。

整风文件说，民主人士参加欢迎。自最高国务会议讲话以后，从报纸上的批评对提高我们党的威信，帮助我们整风，从社会上给我们一些压力。整风主要是我们党内，不号召他们民主党派整风，主要帮助我们。对一些右派不正确的言论不要批判，以此叫他们畅所欲言，右派及反革命的议论发表出来叫群众认识认识。现在有些中学教员和中小企业也要求鸣和放。

四、参加劳动生产的问题。

中央认为参加劳动是解决矛盾的主要环节，领导干部参加劳动，改变思想和劳动人民的观感。干部向群众看，不要才提二、三级都不干了，要和群众比艰苦比劳动，干部加强劳动联系群众，改变干部闹名誉地位思想，改变轻视劳动的思想。

参加劳动对民主人士一个很好的影响，另一方面锻炼身体。

参加劳动改变作风，联系群众的好办法。

不仅参加劳动还深入了[解]群众，了解情况。

仅仅才脱鞋下田，就使农村生产面貌一新，鼓舞生产起了很大的作用。

最后市委的计划上：

（一）这会整风强调领导带头，上次自己检查做的差点。整风，分期、分批地进行，有[他]它的连续性和统一性。

（二）检查和处理相结合，一面整，一面解决暴露出来的问题。整风领导上，要和风细雨，严肃认真。〈即〉既要弄清问题，又要团结同志。

（三）组织领导，市委整风小组，15个常委加王笑一和梁寒冰同志。下设办公室，由淮三同志负责。

杜新波关于整风运动文件学习问题的报告

1957年5月21日

财贸整风小组召开办公室主任会议。

对群众有煽动性的不发表。

关于外交政策和影响国际关系的不发表。

“肃反”工作具体不发表。

杜新波说：

一、目前全国整风迅速的〈亦〉异常发展顺利，好得很，我们财贸迟缓。二三商粮食局召开一些消费者会议。财贸召开座谈会，民主人士、人事干部等三个座谈会。

二、学习文件问题：

（一）第一个学什么文件，主席报告可能发表或印一些。

怎样对待人民内部矛盾。

全党必须学会处理人民内部矛盾。

为什[么]整风。

中央和天津市委的整风指示。

从团[结]愿望出发。

（二）群众是否参加整风，大会动员以处室征取意见真正自愿。

学习小组群众也可担任组长，市科长也可，二边都参加的。

今后财贸召开会通知谁来就来不得派代表。

财贸部长主持党组书记要参加。

根据这次反映情况，主要党员领导干部人事保卫部门的意见，告诉他们要沉住气。

整风核心组会议讨论纪要

1957 年 5 月 24 日

整风核心组会议：

自传达主席的报[告]和整风的指示公布以后，开展得很顺利。社会压力对整风有好处，不管提得对不对，是有好处。也有我们知道和不知道，但也有反共言论。有的右派反共还是叫他放在人民群众中暴露出来的，无害的，不会引起骚动的就不登。上海北京右派很猖狂，右派分成几派还未形成。马寅初替我们说了一点话，右派就攻击他。

谩骂我们说特殊化，主要表现在宗派主义。正确的和不正确的形不成派，骂我们总不说话就会出事。注意形势变化，团结中间力量，如正确的和不正确的成派，中间的就可批评右派。[天]津市有些人还有顾虑不敢放，民主人士的下层促[使]他们发表意见，所以还要叫他们放。

现党内有些人不愿放，现在看到这些反映，你看怎样弄？晓塘同志说，反映宗派(提干部)。我看有。有些人对整风审干、“三反”“肃反”不满。

对提的意见正确接受,不要盲目地都接受,而要分析的。

形势变化,不要叫看成放。批评整的阶段,可随时放驳。不要弄得面过宽,不好控制,所以在机关中进行。工厂工人中和中小学生中不要闹,事前要有准备,不要闹乱了,所[以]集中解决,机关和知识分[子]中进行。有的人说提意见,条条有答复,应很好去学整风指示、和风细雨。

现党的领导干部和人事部意见大,弄得抬不[起]头来也很自然。因为"三反""肃反"都在人事保卫部门,市委有责任,当然具体工作的缺点也是有的。"肃反"这样大运动很难避免的,现解释不通还得这样解释。

党外有些人提出中央提出和风细雨是否右倾。一般党员说整风是整领导,党外人士说毛主席讲话是对党员讲的,整他们。

所以要很好领导学习,毛主席报告传达记不清。据说,不久就公布,或又把发的文件传阅,一般干部可多学中央指示和九篇社论。学习时还座谈,对领导有什么意见或表明态度,赞〈诚〉成或反对谁的发言。要很好地学习文件,思想有什么就谈什么。座谈也可以群众、党员分别开。

党员意见也不一致的,领导干部的思想情况要很好掌握,不掌握就不会很好领导整风。

没有做整风计划的,赶快制定,做动员报告,已报告动员的要抓思想动态。所[有]党组加强研究,哪些是能改的,哪些现在不能搞的,整风与工作很好地安排一下。水上公园有"三反",因无粮食而停工一天。还有想自杀。有的应答复而就答复,不应答复的以后再说。

机关党委传达中央政治局的指示

1957年5月28日

机关党委根据市委整风小组传达中央政治局的指示。

礼拜日万晓塘同志传达彭真同志的指示。

1. 整风的必要:

党的作风不整不得了。最近民主人士揭露了很多缺点,很严重。有些党员对党外人士发号〈势〉施令,党员的工资比党外人士高,职权大、盛气〈令〉凌人。党员、院长架子大,随便指使党外院长。

外文系党员主任不懂英文，叫他开课不能开，还架子大，不虚心学习。总之，揭出缺点很严重，不然党会毁灭。如不改变缺点，就有毁灭危险。

2. 内外夹击：

内外对我们的批评报纸公布很多，对整风有很大好处，如不采取内外夹击不会很短时间揭发出这样多问题。民主人士在〈则〉侧面看问题，我们过去整过他们，看得就深刻，〈待〉带有情绪批评也有错误的。因为我们党的威信高，党员自满，提的意见不好接受，事实面前无话可讲。又一校党员副校长到北京开会，去我的职，由正校长代理。目前〈势形〉形势克服自满情绪有好处，另一方面也会有抵抗情绪（右翼分子）。

物资供应处被斗分子要斗处长，文化局话剧团也有这类情况。但也必须知道是我们领导的，叫他们说有 90%是诚恳的，有毒草也不怕，毛主席说还可当肥料，好坏意见我们知道了都有好处。

3. 现在放得不[够]，各大城市都放得不够：不是召集他来座谈才有意见，而是已经早有，叫他讲完。北京有些大学放得不够。为什么叫放？放的好处，许多党员不知道，所以不敢放火烧掉错误，他们不知道自己克服了缺点才能领导别人。特别对右翼〈份〉分子的不爱听，越批评越批评不倒，也会天下大乱，这样放也不会再来 2.5 万[里]长[征]，也不会再做地下工作，光有威信，党的领导权不会转变。现在看起来放得不够，过去（“三反”“五反”“肃反”）几个还不久，所以放得不够。党外有些人士害怕，不敢放，不放手发动群众是不会起来的。在大中〈校学〉学校想法发动起来，高潮中把群众发动起来。发动不起来事〈备〉倍功〈办〉半，“一寸光阴一寸金”时间不会等待，不要错过有利时机。叫群众提深提透，[群]众提意见是否和风细雨？群众提意见，现狂风暴雨。叫群众提够提透提完，骂也要听，反动意见也不要批驳。群众提出意见领导不要争论，党和群众可在一起学习研究。座谈会〈争〉征求意见，党员和群众不能在一起，因党员在不好说话，讨论时党员也要发言。……一党员也可争，自己认为该讲，党员讲什么。

4. 整风的目的：

对党员说明整风的目的，讲清党员就不会迷失方向。党员讲什么不讲什么？整风为改进工作吸取教训，反掉三大主义，提高马列主义水平，团结中间力量，建设社会主义，加强党对社会主义改造的领导作用，密切联系群众。

〈即〉既要保护左派又要团结中间力量，使他经过整风更对党靠拢。整风能不能取得胜利，决定能不能团结多数，起决定性的关键[是]中间力量，能不能团结中间力量,决定于是否能克服三大主义。

5. 适时把狂风暴雨转为和风细雨:

现不仅狂风暴雨还是阶级斗争——为什么能暴露这么多问题? 主要是主席讲清了两个不同性质的矛盾,所以就敢谈了。同时,在政协他们充分发表了意见。他们讲的有好多我们根本不知道的,讲出来是好的。原中央说 1957 年准备 1958 年整风,现意见很多。不现整不得了,狂风暴[雨]不能长期下去,要循循善诱,〈股〉釜底抽〈心〉薪,转向和风细雨。

必须做好以下工作:

1. “肃反”。凡群众发动起来的地方都有这个问题。凡错了的当众平反,〈再〉在什么范围斗的什么范围平反或大点范围道〈谦〉歉恢复名誉,不要留尾巴,这样平反气就服了。不要怕失掉威信,平反是树立威信。因群众有意见,平反了正是树立威信。有罪免于处分就是免于处分,但“肃反”问题上必须肯定成绩和必要性,不仅有错必纠,有反必肃。有以[下]四个成绩:(1) 清除大批反革命,光依公安部门做不到的;(2) 解决了不少人的问题。有问题的弄清楚了,没问题的也弄清了,不然就得长期怀疑,但方法粗暴一点不对,也是事出〈由〉有〈引〉因,〈讲〉将功折过;(3) 教育了群众,群众眼〈晶〉睛亮了。宪法规定,人人有责,宪法有规[定]工人阶级领导通过党实现的。党所以成立十人小组,但无直接去捕人;(4) 积极分子带头好。消极好? 积极好? 带头好? 如说积极分子拍马就是消极,如无积极分子就不能取得这样大的成绩。有的说是假积极分子,那就另一〈会〉回事。

2. 思想改造问题。

思想改造人民内部的问题,改造方法有的地方粗了一点。有错的地方可改正,承认检讨,但当时没有分清二类矛盾的性质呀! 他们就可出冤枉气,就团结中间力量,但注意改造的必要和成绩。但他们旧社会出身,工人阶级要改造,他就不要改造,有的思想改造早了一点。有一个美国回来的一个学生,说话中说出崇拜,“肃反”搞了一下就不满了,所以过急了。我们机关也有,有〈出〉错我们就接受,提几次承认几次。

传达到此,不向下传达。

张淮三同志,礼拜三下午召集各党委。

机关动的劲小,党员不如群众动的劲大,进行迟缓。不像整风的劲,采取些措施迅速发动起群众来。要〈累历〉雷厉风行的,不要慢慢腾腾的。现报纸上,社会上争论的，也可叫我们党员们讨论，讨论但不要登报，不要扣帽子。也要引导引导，党员思想也就活泼起来了。现阶段各机关也可多订几份报纸，现不过分强调工作忙，无时间讨论整风。淮三同志说，别等党代大会后再安排整风，有事可请假。党委和主管部都推动这项工作。有经验也可通报，在两个星期内扭转这种迟缓的局面，各部领导、我机关党委也帮助搞。

刘丕昌谈整风学习的问题

1957年5月29日

礼拜三。

党员大会——刘丕昌同志谈整风学习的问题。

党员不如群众的劲足。中央开展得快，地方开展得慢，三大城市天津市开展得慢了一些。当然慢也有好处吸取一些经验，但慢了有些人等得也不耐烦了，总之“鸣放”还不够，粮食局也是这样，“鸣放”也是逐渐深入，因此就研究先提一提，再学习再座谈，通过学习文化历史背景和理论上提高。提的意见绝大部分是对的，但党员就产生很多想法，党外也有想法。有的说毛主席一谈矛盾就出来了，劳动工资处就有这样想法，我们党员也要敞开，有矛盾总是有，纸内包不住火的。增兴厚——寿丰、大生问题不是现在才有。

这样闹下去是否会乱？这自然同志们关心党。现报纸上对党批评，尤其高级民主人士批评我们更厉害，章伯钧、章乃器九三学社秘书长，等提出很多批评。黄心平——发言，他说我们吸收党员低头哈腰，阿谀奉承的奴才，叫党退出学校，各党派轮流执政。戎子正说在农村还有一个开明士〈申〉绅，但对资产阶级就政治经济上斗争。

马寅初发言，北京师大陈——发言有的说他们大杀风气。千家驹发言，批判了章乃器和毕鸣齐。

我们光荣的伟大，鸣放不会影响，光荣和伟大的。党员有顾虑，放吧不知如何鸣放，不说话吧又不好受。因此就有的说等上级的布置吧。

但也有的不冷静或者不听。有一个厂的支部书记说你们唧唧什么，毛主席讲一次就不说了。中央指示我们硬着头皮也要听，作为一个考验。

准备在局开一些座谈会，过去也提了一些，光与党员去玩，团员一块玩。工资问题、提拔问题，党员入城的、留用的，最后才是私改的。

我们党员要保证这项工作。有的民主人士提出不要打击报复。

第二个就是我们也要鸣放。工资提拔看文件，反映宗派主义，党员个人责任不大的。我们党员也可敞开的，自己认为对的就提。群众提的不同意见也可说。放时也要有分寸。市场问题、评级问题、讨论入党的问题。当然对处长的意见，你认为群众提得对也可以说。

广播台录音[不]知对不对，弄大字报。凡属于大点事向党打个招〈乎〉呼，党员不要出谋划策的。

第三个认真地学习文件。党代会中认识也不一致，和风细雨和狂风暴雨，哪一种对还争论。把这几〈片〉篇社论学习好，发言就有了说服力。

第四个及时注意形势的发展和动态变化。

第一，行政和企业干部各种〈金〉津贴有哪些不合理，提出改进意见。

第二，干部任免存在哪些问题，提出个反意见。

第三，组织机构设置，人事部门，清一色好还是有群众参加好?

干部提拔有哪些不合理地方，群众好没提拔党员干部不好而提拔。

在使用提拔干部，配备干部有哪不妥当的地方。

第四，群众参加会议看文件，哪些应看不应的。

第五，建党吸收党员有哪些人，不好吸收了，好的没有吸收。

第六，审干有哪些人提出结论不符合事实，先摸底考虑意见如何改进。

第七，政治思想领导工作考虑设在哪好。

李耕涛谈整风形势及其方针

1957 年 6 月 11 日

李耕涛同志谈：

1. 目前整风形〈式〉势和我们的方针：

中央自 5 月初在报纸公布整风以后，开始就先在各民主党派 6 个大学和市区机关、知识分[子]中学教员，主要听党外人士给我们提意见，现在是大鸣大放！这几天有所内缩，但还是要放，提的大部分意见是好的、善意的，是帮助我们党整风的态度。揭露了我[们]工作和一些党员思想作风的缺点，都值得我们考虑。

意见中反映官僚主义相当严重，宗派主义也有，民主人士说对他们不信任，这对调动一切积极因素建设社会主义是有影响的。提出的三大主义意见是善意，要认真严肃检查改正，才能建设社会主义，才能把一切积极因素调动起来。

但我们也看到一些党外人士、资本家民主人士，大鸣放暴露了很多的错误。有的很严重，反对党的领导，反对社会主义，如要取消〈校学〉学校党委。"党天下""一党专政"，各党派轮流执政。有的说共产党不下台，不平民愤。甚至有的说我们不如沦陷的国民党。有的要有民主人士组织整风委员会，要用粗风暴雨方法。甚至[有]猖狂的煽动工人农民搞共产党，骂我们共产党员是小特务，对发表正面意见的人写匿名信。——解放几年来，谁战谁胜的问题解决了，社会主义改造基本完成，但思想问题没有解决，喊共产万岁，是骂我们妈。说国民党好的，只是那些极少数人，〈倚〉骑在人民头上作威作福。有二条：一就是我们摆脱帝国主义压迫，人民生活有改善；二是我们建设有了成绩，天津房屋建[设]等于原天津的40%。

有极少[数]人要求共产党下台，搞资产阶级专政，那要杀共产党的头。整风运动也是阶级斗争，反教条。他反马列主义、反宗派主义、反共产党、反主观主义、反官僚主义、反对社会主义。所以阶级斗争没有完全结束，在一定时期表现得还相当严重。

我们整风要和风细雨，他们要搞粗风暴雨。大部分意见是好的，善意的，也不见得都对。虽恶意也听取合理的部分。现有些确实很关心，确实有些人不关心，连标题都[不]看。现在还有些机[关]闹什么工资福利，就没看到有人要推翻我们的社会主义制度？今天到会同志是企业的领导，要关心政治，看报纸业余无时间，工作时间也要看。在和平环境中不能锻炼，在这时才能锻炼，这是一场斗争，很好地锻炼我们。他们有什么都讲出来弄清，使他们也受到教育。

方针：继续大鸣大放一齐放也争鸣。要坚持整风，也要驳斥谬论。你们也放我们也放，你鸣我们也鸣，都说出来，究竟谁对谁不对。无产阶级执政的国家，我们一说就压抑你们，不许我们说[是]不行的。我们党有成绩有威信，人民不会走资本主义道路。这次思想斗争对人民有很大教育，提高我们觉悟程度和辨别是非的能力。我们有些同志水平不高，有意见很气愤，但说不出来。提高思想水平和战斗力一齐放有好处，有什么意见放吧，现正锻炼我们时机。要认真地好好地学习，不仅看社论，还要看错误的言论。要彻底地敞开思想，哪是对和不对的，这是处〈论〉理人民内部矛盾，用说服的方法，不是用压服的办法。对谬论的错误要争要鸣，解决了再〈生〉剩下来和风细雨地解决工作思想问题。

2. 第二批整风的当前怎样办？

暂不进行。为什么？我们要有计划有步骤地开展整风，现在有人叫我们都搞起来，那不行。把上层机关解决了才能去领导你们下面。

怎样办：(1) 注意学习；(2) 业务要搞好，主动积极地下楼解决问题，有缺点该改正的应改，应该注意以下二点：

A. 要向你们单位职工说现有些资本家、民主人士向工人阶级进攻，我们要注意他们的进〈工〉攻，工资有问题是短时间不能解决的，这是很复杂的。当前团结起来看看形势，有人想搞阶级斗[争]，不要上他们的当。我们要搞好增产节约运动。

B. 有些企业在〈校学〉学校工厂商店搞起来，没上级指示，他们去了发动群众，把他们轰出去不要叫他们得逞。

C. 要积极主动地改正缺点，免得被动。生活作风上有缺点现在要改正。党员工资评高了，不如主动地自己降下来。"肃反"中的问题，确实不是反革命，搞错了要道〈谦〉歉。如果他和反革命组织有过联系，未弄清问题不必道〈谦〉歉。"肃反"运动成绩是大的，这是肯定，我们搞出了一大批。

"三反""五反"成绩是很大的。你们党组织讨论一下，有什么缺点要改，整风也好整了。工资不能随便提，不能许愿。

3. 一定要把业务做好。

今天到会各部门，你们担负天津市 300 万人口的事。如在我们这个环节上出了事那不得了。领导要把业务做好，不要放下业务，不好。特别做副食供应工作的单位，回去把你们的业务很好地讨论一下。

党团叛变标准的问题，标准有八条。

(1) 反对党的领导，反对社会主义。

(2) 公开地或[秘]密地散布反动言论，拥护党外的反党言论。

(3) 在右派的影响要挟下向党外泄露党的秘密或自动泄露的。

(4) 投靠右派或被拉过去的，反对党的领导。

(5) 在党内成为右派的坐探，把党的机密泄露。

(6) 公开地谩骂党的领导，有意地挑拨离间无中生有的，造谣生事。

(7) 背着党的组织进行秘密的活动，煽动群众，反对党的领导，组织反党集团。

(8) 公开宣布退党退团，公开的污蔑党的。

对整风运动初步总结报告

1957 年 6 月 26 日

晚。

1. 整风的领导问题

各局都由局长、副局长亲自领导。从各局看，群众开始有顾虑，动员他们讲开始早的都捞了一些。有民主党派的组织向我们进攻，虽无有，也有几个右派向我们进攻，要向右派反击，达到再有风波也不敢抬头了，这一仗打好才能转入和风细雨。反击大体要三个礼拜，在七月中旬大体差不多。不然人代大会，中央领导说了话，他们就不再说了。

2. 排队问题

先排右派，但左中右要分的，要向党内讲一下，这是个事实存在的，这不是谁安的。要的是今后人民一闻到他就臭。

右派的标准是什么？政治标准的六条。具体到一个单位不好说，可搞案例研究。右派和反革命嫌疑不一样，右派和中间派也有区别，更不好划。中间派，拥护共[产]党领导，拥护社会主义，有意见过分不〈满〉谩骂的也是应该的。一方面发表的言论和右派一样，不是〈正〉整个系统的意见，但也有糊涂观念，也算中间。对右派有联系，他不跟右派走，右派言论有的也[不]同，对右派反击说过早过火的也是中间派。

划左、中、右，主要看言论和行动去分。

右派有〈划〉画龙添足，有〈划〉画龙不添足的。他无准备，几天说的总结，一起看他的说法，另一方面看他过去一贯如何，历史也搞清。

划分时全面研究，确有分析。划时要头脑冷静，划时核心组可拿一个意见。

3. 组织队伍

组织党、团、群众队伍的方法是很多的。党内的党员政治态度，先明确你同意谁，不同意谁，党员报密不行的。支持反动言论，同情思想，投降〈已〉以后再说。团内也要组织，把彭真同志的话变自己的话去动员团员。

群众组织也不好做，个别谈心现在将来都必要。上层人物是可以的，中层可召集三、五个漫谈，透信由浅入深的。初步检查报告向党内先报告，也可向左派中谈一下，初步检查方案，〈争〉征求他们意见而是谈心，不是布置任务。

报告要虚心承受，左中听了同意，右派也不刺耳。反击。谁去反击？如何反击？党员和处长都有些准备，由不点名开始，还是由点一个，还是点二个？

（下略）

关于中央对整风指示的传达和讨论

1957 年 7 月 2 日

中央对整风指示：

1. 打击右派分子和孤立右派分子。7 月 1 日登了，事情在变化，是否我们已经认清在思想战线的思想斗争，谁战胜谁的问题，民主党派内的斗争。党内斗争，想颠覆政权，章罗想取而代之，打垮我们，他们执政，必须打垮他们。他们已超出内部矛盾，已成了阶级敌人。报纸上说他右派分子，虽打下去了要〈称〉乘胜追击，要打歼灭战，不要打溃击战的，要对右派排队找[合]适的人去打。右派划得别少了，极右派是少的。他们是不〈干〉甘心亡国的，露出的右派上千个的划少了，不好，但扩大也不好。防止左右倾。要叫群众知道他们的言行，他们才能举手投降，现在就叫可靠党员搜他们历史的言行。

2. 反击右。团结左派和中派，争取中右派，打击右派。和土[地]改革争取中农一样的作用，要〈劲〉尽量做好这项工作。要讲清社会主义道路，对三大主义和突出的缺点克服一部分，提得对就解决，不对的要解释。

对右派搞垮、搞臭把他们的言行在群众[中]暴露，不要轻易收场。

3. 斗争时要以理服人。对中偏右不要斗了，会对团结中间不利。指定一些党员去和他们谈心，民主党派、高级知识分子要从内部工作叫他〈高〉搞内反。

天津市：

1. 大中[学]校快一些，要看推的对象是否群众公认。我们闹得晚了一些，为什么一发表就不再谈反面意见，但反击右派时再捞一把，他写的别人知道，攻他准备什么说一说。

工程技术界，揭露出来不少，正反击。医务界还没有闹开，由于师生关系和派系没闹开。

工商界中闹荣子正，再放上毕鸣岐，因他是章乃器[的]大将。

机关中进入反击的还是少数，正组织队伍排队。鸣放不出什么东西，进度迟缓。有些党员对目前斗争还不热情,领导上认识不清、涣散,内部不大团结,应团结一致,一致对外。

关于准备工作,关在屋内排队不好,应一面组织队伍,一面反击,一面斗争,一面争取中间。〈又〉有的把右派〈份〉分子面排宽排窄。

2. 什么叫极右派? 历史反革命有杀父之仇。反对我们反对党和社会主义,立[刻]到了反革命边沿上的,中右间,基本拥护社会主义。鸣放中,跟右派跑的已经争取过来了叫中右派。对右派处理点名不〈代〉戴帽,〈代〉戴帽不登报。对右派斗争,市科知识分子报市委,一般的系统批。

作战计划不要太难了。就怎样反击,反击什么。鸣放中对领导提意见最多的,领导不力就由领导派人去。关于“肃反”中问题,作为批评自我批评。反击一次就修正一次。学习社论主席报告,找些理论基础。

反击时间原计划到 7 月 15 号,可延长到 20 号。

万晓塘整风运动的报告

1957 年 7 月 23 日

万晓塘同志整风运动的报告。

1. 运动的形成和目的:

反右派运动自 5 月份开始的(中旬),5 月 16 日中央电报指出右派分子向我们进攻。处理人民内部矛盾,想引导群众反对党的领导,就暴露右派分子真面目。五月就向右派反击,报纸上看到右派一些东西,我们抓住不放。二个月变化很大,打了一些大鱼,收到了一些成绩,取得了政治上成绩。思想方面的要今后很多工作,思想斗争仅仅是开端,中央指示要深入,这次斗争是灭资兴无的斗争。“百花齐放,百家争鸣”方针也是灭资兴无的方针。一方面就是有毒草不要他放出来,思想上压服,在政治造成恶果。另一个方法就是“放鸣”,把毒草放出来,再经过争鸣锄掉。这样就启发我们思想活泼,发展我们思想,只有这样的思想才能巩固,这次整[风]既表现思想上也表现政治上,不仅[是]思想斗争亦是政治斗争。反党反社会主义道路吗? 政治斗争是一个长期的,但有时表现是激烈的。现在就表现激烈,不能设想资产阶级能自动退出政治历史舞台。章罗联盟就是想搞复辟,但我们有 300 万军队,是不好复辟的。但他们为什么这样搞? 而是想慢慢〈消〉削弱我们最后一次消灭，因此需要长时也能解决。资产阶级“三反”“五反”以后，他们客气一点了，但在苏共 20 次代表大会以后，尤其整风运动开始他们猖狂地露出来，主席说要经几个五年计划才能解决。经过这次他们有的就不敢来了，但也不是要变游击战，每次都歼灭他一些力量，我们的力量就发展了。

领导这个斗争要认识〈他〉它的特点，每次战役要注意什么问题，就不出大乱子了。

当前运动两件事，整风又反右派。反右派是整风的一个内容，整风克服三大主义，反右派〈消〉削弱资产阶级。“灭资兴无”有利于全国人民团结，人民民主，民主集中，国际团结。毛主席讲的那六条标准，三大主义不利于这六条。反右派是有利于整风。一反右派有些同志看不通自己的缺点，有些翘尾巴，认为一反右派，整风就结束了。

右派分子利用的一些情况向党进攻，有的也放出一些香花。整风烧掉三大主义，有右派出现就烧右派，整风即烧三大主义也烧掉右派。

“百花齐放，百家争鸣，长期共存，互相监督”这 16 个字，是否减少成色的？不会。如无 16 个字，就烧不出牛鬼蛇神。“鸣放”是继续的，要向右派说明，如他们认为必要可保留他们的意见。全国章乃器比章伯钧更强！他要接受了批判就结束了，这是活教员，不接受就继续批判。不因反右派就闹得人们今后不敢说话了。是否能决定长期共存，互相监督？不光由我们决定，还要看他们民主党[派]的表现。各民主党派，要以左派、中左为骨干，但其中有右派，把他们放到不主要地位，这是解决五百万知识分子的问题。他们作用很大，不改造他们由右派领导就不会起好作用，对待知识分子要慎重。知识分子的特点，你说一句话他记你一辈子。

2. 运动的步骤：

二个月主要打的政治仗，也结合了思想仗，思想论战还不多的。整个的斗争有政治仗和思想仗，政治仗时间短，思想仗是他长[时间]的。章罗的纲领不仅是政治纲领也是思想纲领。各机关有的时间要长点短点，民主党派更长些。民主党派，去年才三万多，几个月发展十几万人。

下一步搞思想仗长点好，团结孤立右派有好处。有的提出收缩是不对的，下一步主要搞思想斗争，也结合政治斗争。搞思想也会钻出右派分子来，河东区有一个团员，给天津日报去信，说成立拍马〈校学〉学校。这是〈克〉客观事实，有这些右派他不说脑子发热。

整风是人人过关的方法？还是着重解决问题？总之时间长点好。

大学再长了就不行，现不是放假了吗？每大学都留下一个标本，当教员。

3. 继续贯彻对右派要〈恨〉狠反对温情主义，充分揭露事实，坚持说理斗争方法：

认为本单位没有右派是没有根据的，明明有右派看不见。有一个单位右派言论，他看不见还找出几条理辩护说没有，我们检查不是那样。还有一个单位在黄心平提出轮流执政，可在科室试行。有的说发展民主党派在机[关]搞两院制。他们认为这叫建议，对右斗争表示可〈廉〉怜，反右派怕人家说打击报复，或认[为]不好在一起工作了。有的同志说真实不斗，错了如何办？有的对斗争政治热情不高。有的最难过的礼拜三，斗不好不斗，不好斗的时候，没有劲，斗争的时候睡着了。

检查的情况是很好的，这个斗争是在 1956 年政治思想战线的继续，这个斗争对社会主义道路，国家生死存亡关系很大。诱敌深入聚而歼之，有电报说把右派打折他的脊骨叫他在正常的情况下不闹事。

斗争到什么程度？一般右派达到彻底揭发右派分子的言行，确实低头认错。交代他们言行，叫群众认清他们的真面目，认清自己言行的根源，叫群众中特别中右[分]子转过来靠拢我们。

有些人暂时过关，背后还骂我们，再拿回来搞。

积极分子要搞得他体无完〈敷〉肤，咱们搞你家不积极，他们搞我们又有兴趣。有些中右分子上了他们的当。

合作社要彻底揭露他们的活动，南开和市税局的有联系，据说有的党员参加他们民主党派会议。

小平同志说把右派分子驳得体无完肤，粗暴的方法不行的。有的用简单方法。有的说你不交代就自绝于人民，不说，现人民内部矛盾再不交代就敌我矛盾。有些人假检讨扩大以便推翻真的，我们要注意。要向干部和积极分子讲清斗争是复杂的。有的假自杀，吃片安眠药，交工作论。要辞职，辞职的可以促问题弄清。有〈跳〉逃跑，有的要跑台湾没有路费。

坚持充分揭露事实说理斗争，不揭露，不能叫群众看出他的丑恶面目。锻炼了说话的能力，看看他历史，过去言行，进行讲道理。这和“肃反”不一样，查出他是区分部委员，区队长就行了。这个是要充分理由说服。

4. 右派排队的数字：

全市共有右派 646 个，其中极右派 310 个。有的排得不恰当，检查四个单位有四个可列右派，不列右派四个，极右派列入右派，中右排入右派。排得不一样，主要对右派标准认识不一致。中央统战部有一个标准，其他各文件也提到。市委制定的一个标准有的说按这个右派就多了，〈又〉有的认为按这个排就没有了。有的属于右倾思想，一个是划得不慎重，还有一个材料分析不细致。不管他右派不右派，这些言论要批判。但应该注意他根据什么讲的，过去的表现如何。

排队十分重要，以此为作战基础，不然把好人划到右派或把阶级敌人没划进去。最近，中央统战部发了一个标准，上海还发了一个标准，已发到各区(党)委党组，可传达标量右派。

中右的分子基本上拥护党，个别地方攻击党。另一方面借敌视某个党员攻击党员，确实也抓住了这些缺点。对工作缺点对"大鸣""大放"提了一些意见，有些扩大，受右派的影响，要注意研究。

河北区有一个华侨，"肃反"中被报，材料不太确实。又有别的华侨"肃反"中被斗，讲了一些不好的话，反右派时他有些抵触情绪，右派揭发后他看清了就起来斗争。

(不仅决定我们的愿望，还要看民主党派的表示)

市一个单位，"鸣放"开始，工人阶级领导正确。右派向党进攻时，他说利用积极分子是阶级斗争的资本，反右派开始他和右派划清界限了，把他划入中右。

市委考虑，暂定右派或有右派言论还未定的可放入中右派，经过揭露再肯定。

极右派分子，主要区别他的言行，不仅有言论，背后还煽动别人。

党内右派采取更严肃更认真的，他们更加隐蔽的，除了公开的反党反社会主义。

运动中向反派自首叛变，一块向党进攻。向右派分子泄密，他们污蔑党说支部是秘密组织的代号，说党员是小八狗。有的对统购统销"肃反"不满，而还一贯的，是否都划入右派应研究。

大批知识分子的党员，有大部分修正主义思想，〈心〉欣赏资产阶级民主，反对民主集中制，批评教条主义，有党员(有党员右派)修正主义。

极右、右、中右、中中的要当个问题，要换他一个礼拜，排队就是为了区别对待。有的是单干户，有合作社，有坚强有不那样坚强的，打击对〈像〉象是合作社和骨干。合作社中的分化工作很重要,全市有 64 个合作社,单干户要宽一点。

区别对待,就是登报不,戴帽不〈代〉戴帽的,搞一批登报要有缴械的,搞臭他们,要揭开他们为什么反对共产党。但不是算旧账。

5. 没有发现右派分子怎样办:

34 个单位,经我们检查。

有些单位领导右倾温情主义,没有右派。

有些单位的右派言论不大明显,应学习主席报告和周总理报告。批判右派言论可能还出来右派,讨论五大运动三大改造,找出右派,如果确实没有就打预防针补课。

6. 整风与日常工作的安排:

整风延长了,搞多久,下步如何查?已谈了。目前主要是反对右派,但也要考虑整风和日常工作安排,市组统教部还以整风为主。生产财经部门、粮食部门还有很多问题,应当对业务进行抓。

(1) 反右派斗争,大体在八月底前以政治为主结合思想。九月以后以思想为主结合政治搞。有些民主党派还要以政治斗争为主,各单位进行安排。

为了做好以上工作,还要不断动员积极分子,要轮番地搞。

(2) 下步工作的准备,主要思想斗争,了解一下我们党内外的思想反映,主要批判什么思想倾向。

(3) 改进工作的问题,中央强调的问题,我们已做了一些检查。多数改了一些,改的多是生活问题,福利、"肃反"问题,工作作风改得不多,但研究得不细致。

小平同志说改进工作是反右派的主要[内]容,如不改,给那些右派找借口,说反右派你们不改缺点。我们要围绕三大主义研究一些问题。有些非单位权限的就改进,属于市委和中央的正研究解决,领导要抓紧这项工作。有些问题改进也应把情况弄清楚,改的过程对右派的孤立,也教育了群众。有些意见提的是对的,有很多也是不[符]事实的。

(4) 第二、三批整风的是否开始反右派?现在不要搜集大鸣放中暴露出的右派言论,抓紧学习。但有些大公司和大工厂有独立作战能力的,可利〈有〉用有利时机反击右派。

(5) 目前注意抓的,增产节约应抓一下。防汛工作应注意,河南淹二千万亩地,人畜有伤亡。新党员转正工作任务大的,已经又拖了半年了,应注意安排一下。

黄文彬关于审干工作的汇报

1957 年 8 月 6 日

1. 审干工作。中央有一个新的精神，处理党员历史问题宽了。

2. 预备党[员]转正工作。

3. 支部工作。自整风以来，党委抓得少，有的支部与整风结合得好，也有的结合得不好。

4. 发展高级知识分子。

黄文彬同志谈审干工作：

1. 我们这一段工作向各单位汇报一下。

2. 中央指示对受处分的摸一下底。

(1) 2 月召开有审干任务的应以整风态度进行，这一个准确推进一大步。我系统有 160 人任务，83 人取得证明，待通过，还有 77 人待调查。当时文化局供销社任务大。当时党委认为应进行工作，开了座谈会后，做了 113 个人的工作，其中交"肃反"6 人，长审有 5 个人，还有 47 个无通过。省一个任务有 20 个单位。全市各单位我们 47 个最多。文化局还有 8 个人。从进度说各单位进行了工作，供销社 18 个人，会后都做了……重视的。

少数单位不重视的。

原因：A. 领导同志工作忙，审干工作人少或兼办；B. 现在正在外调查；C. 遇到疑难问题没召开会议研究，也没有找党委审干办公室研究；D. 审查人和被审查人意见不一致，所以放下来了。审干和党组织没有采取果断方法解决。(入党手续不清，入反动党团)因为以上原因留下来的人就困难了。

要求在最短时间完成 47 人。市委指示：

A. 对有证据本人坚决不承认，要各单位迅速采取果断方法解决，做起结论。如态度恶劣，要考虑。

B. 组织认为材料不充足，本人也不承认，也无调查线索，可把问题保留起来。或者本人交代可靠，领导材料不充分，就经领导分析，相信本人交代。

这两种方法都可以，但是要做出正确的结论。

(2) 关于审干中对处分的摸底工作。

这个工作是市委指示。审干中干部历史上有错误，中央为防止处理上〈岐〉

畸轻〈奇〉畸重，从数字上加以控制，占审干对〈像〉象 4%左右（不是占全部人员的）。因此今年六月十五日，中央组织部与各省市办公室主任开会贯彻了。检查天津市，党团行政三种处分不占 1%，这片右了。当然实事求是，但太悬殊，所以市委指示重新〈莫〉摸底。

怎样摸？普遍回忆重点研究，市委确定。

四种人：a. 可处分也可不处分，结论无处分。

b. 应重处分，给了轻处分者。

c. 不能处分时上下很不一致，下级组织提得重，上级批得很轻。

d. 处分后群众有意见，认为处理轻了。（干部和党员中）

以上四种人为重点研究，哪些人处理正确算了，不适合者重[新]考虑。

根据什么说他轻重了？政策界线的根据什么？

着重三种情况：

A. 参加革命工作前，曾经加入过反动党团的干部，不管他们在反动党团上骨干或一般也好，只要他们不是"肃反"对〈像〉象就按以下分别处理。

a. 对于参加工作后，就做了交代，经审查，证明本人基本交代属实，或在参加工作时无交代，后来虽然交代，重要情节隐瞒，审干中自动交代或指点交代补充，经过审查与交代基本属实，他们如是共产党员。党籍党龄不作变动，行政干部使用不受限制。

b. 对于参加工作后，没有交代，虽有交代，但交代情节与审查的基本不符，审查过程中经指点一步一步地交代，态度不老实，而且也不坦白承认自己的错误，不管他反动团党的骨干或一般都应给以处分，要是党员严重警告或者留察处分。

c. 对于参加工作后，一直没做过交代，或者虽然做了交代，但查出的情况与交代基本不符，审查中一贯狡猾抵赖，在确凿的证据下也不低头不承认错误，是群众，记过、降职、开除，是党员开除党籍。

如其他反动组织：会道门、警、党、军队、伪机关可参考上述处理。

B. 被捕被俘，有自首变节叛变的处理：

a. 在敌人面前曾有过错误（党没有受到损失）或者在政治上一度发生动摇，原来〈以〉已恢复党籍或已重新入党，原则上不予变动。

b. 有过自〈守〉首行为，早已向党交代，并且已恢复原党籍，不予变动。如长期隐瞒，就不要恢复党籍，如果已恢复党籍应以恢复那天算新入党。表现态度不好，有抗拒行为，给予党籍处分，〈一〉以致开除党籍。

c. 有叛变行为的，共产党员原则上开除党籍。如情节不太严重，长期工作表现很好，向党交代清楚，如已恢复党籍，按恢复之日算起入党，或交代之日起重新入党。

C. 对入党手续不清或没办理入党手续(人)的，已经长期成为党员的，应分别处理。

a. 如果是长期为党工作，现已经具备党员条件，可承认他们党籍，党龄从过党生活算起，不要再办入党手续。

b. 如果采取不正当手段混到党内来，但确不是坏人，已长期为党工作现又具备党员条件，可以承认他们党籍，但应该指出他们采取不正手段进到党内来的错误。如手段恶劣，情节严重，应给予处分！党龄从过党的生活算起。

c. 如果是混入党内的坏分子，应清除出党。

处分摸底的方法，审干核心存在，号[召]取消的原审干核心组人参加或扩大开会研究，否则就召开总支部或基层党员会议，扩大审干工作的参加。根据政策界线对审干中查处有错误的干部，根据那四种人具体研究。处理对的就过去，不对的要记下来。(审干处分摸底统计表，处理后的再填)

市委负责，正科长以上。

党委负责副科长级。

各单位负责科办员级。

处理偏轻是否重[新]处理，市委还无最[后]决定。不要党员中下传。特别有历史上有错误的别叫知道。

最后有二个要求：

1. 仍有审干任务的单位，请你们在八月廿号前结束起审干工作来。如你们已经结论完，以书面报告交给我们或电话当面告诉我们。

2. 摸底工作希望各单位按四种研究，叫助手 8.15 报市机关党委组织部。

一是由会议解决，审查人核心组长或党委书记。

如无处理右者，就写个信告诉，把表送回来。

政策界线——1957 年 6 月 15 日中央文件。1956 年 8 月 13 日发的。

曹部长谈组织工作：

转正工作，支部生活，发展知识分子的工作。

我们系统 538 人，期满 198 人，仅转了 38 人，还做了一些工作。银行、商业干校、海天有 28 个，预备党员 19 个已经到期，有 2 个已过半年。

一、转正工作迟缓,有以下原因:

(一)整风开始这个工作影响一些。再就是领导重视不够。鉴定工作大部分单位没有做。我们执行整风工作两不误精神不够。

(二)重视了发展,轻视考察教育工作,组织生活上不严格,方法帮助不大。预备党员有意见,和发挥他们的积极性,转正是发展工作重要的一步骤。

(三)工作上存在着拖拉的作风,抓得不紧对党委有关的。

二、今后怎样办:

(一)领导必须重视这一个工作,要贯彻整风与工作两不误的精神,要列入议事日程,统一安排,做出计划。支部委员分工要有具体人掌握这一个工作,进行按时讨论研究,还在平时督促检查。等整风结束再进行这个工作更被动。

(二)要求对预备党员转正,进行全面的摸底排队工作,着重于历史、工作、思想表现摸排。根据排队进行工作,对思想落后,工作表现不好有历史问题的,要进行深入的工作。

(三)进一步对预备党员进行全面的考察教育工作。

1. 结合整风进行考验,也要帮助他们,给他们分配任务,思想不明要进行教育。

2. 严格党的组织生活。支部大会小组会,按时召开的情况下,在大家帮助和监督下考察他们。

3. 就是按期鉴定。内容:思想工作、群众关系。

小组鉴定,支部审查。要求8月中旬进行一次鉴定工作。根据鉴定就看哪些可以转或不能转正。

三、关于转正或延长取消预备期界线:

(一)按期转正

1. 政治历史清楚反右派的左派。

2. 入党时就已具备党员条件,预备期间有显著提高,大鸣放中表现好的。

3. 思想品质一般还好,在工作作风上,存在不同程度缺点,但接〈收〉受党的教育,不断检查改正自己的错误,群众中影响不大的。

4. 对党忠诚,任劳任怨,社会活动力不强。大鸣大放不能说,但能辨别是非者。

5. 领导上处理工作不当,〈措〉挫伤他们积极性,一个时期表现消极。解决后积极起来了。

6. 确有实际困难,党关怀帮助不够。本人在困难情况下积极想法也不能解决,影响了积极性。但思想不甘落后,还积极向困难斗争,积极执行党分配自己的工作,参加党的活动。

(二) 延长预期

1. 政治历史审查不清,入党已交代,但某些情节无交代(不是重要情节)。

2. 入党时不够条件,预备期转变不大,本人还积极争取转正,又有培养前途,可延长。支部不决定。

3. 入党时基本具备条件,入党后犯了一些错误,本人有所认识,并表示决心改正。

预备期犯了严重错误,群众影响坏,检讨深刻,有决心改正,经研究可延长。

4. 入党以后认为高人一等,骄傲自满严重,一贯强迫命令,批评了以后改正不大。

5. 大放大鸣表现不够好,划入中中,反右派开始又划入中左,可延〈常〉长。

(三) 取消资格

1. 敌对阶级分子,历史有隐瞒,情节严重。整风[反]右派中划为右派的。

2. 思想品质恶劣,腐化堕落,违法乱纪屡教不改者。

3. 入党动机不纯,严重个人主义,闹名誉地位,影响很坏者。

4. 思想觉悟低,没有进步要求也没有培养前途,不能辨明是非者。

(四) 延长预备计算

1. 对于延长过一期,这次又不够条件,本人还要努力争取转正者,党考虑有培养前途者,可以延长,但支部不决定。

2. 对超过一年二年预备期,支部没有讨论过转正,这次讨论仍不够转正条件,就研究从这时算开始延期。

3. 党〈令〉龄计算,预[备]期满,已够条件,支部工作忙没有转正就按期满转正。预备期满,不完全够条件,有历史问题还没认清,组织要审查,拖了时间,要在支部大会讨论通过算起。

四、支部生活:

半年来做了不少工作,协助党组进行整风,支部工作也有很多成绩。表现在协助整风反右派斗争。

(改选指到期无改选的十个支部)

几点具体工作:

（一）改选支部的工作，有的单位做得好，有的单位几年没有改选党员有意见。虽目前整风反右派也抓紧时间，改选在八月底，九月初进行改选。

改选要求开党员大会总结，着重几个重点问题，存在问题向党员大会报告。

改选要充分发扬民主的好机会。

总支基层党委最好开党员大会，党员多开代表会议。

（二）摸清党内的思想情况，积累材料，运动中提高党员的思想水平，我们虽掌握了一些，但还不深不透，掌握材料便于今后教育党员。

领导干部思想情况也应掌握起来，以便改进机关支部工作。

（三）也要贯彻边整边改，进一步加强党的生活，（正常）使其正常开展批评自我批评，改进行工作。

五、发展工作：重点放在知识分子中，有条件的干部可个别吸收，但必须有计划，不然我们不知道。发展高级知识分[子]，首先要知道他的重要性，过去我们在高级知识分子中发展不够，所以鸣放中章罗首先向这方面发难。

发展知识分子的条件：

1. 必须左派和中左派。

2. 历史上无问题（政治历史）。

发展知识分子要有计划，要做好摸底工作，即政治历史思想情况是否真正左派中左派。

3. 也必须有专人培养教育，支部也有计划督促检查，防止粗糙，也要防止关门主义。

4. 根据最近中央指示在一两月内发展一批。

全国知名，由中央批。市内正副主任、常务委员、区级主任委员，相当这一级的民主党派要求入党市委批准。

参加反动党团的成员要求入党报市委批。

严重政治历史问题，违法乱纪，或过去和中央同志有些联系或失掉关系，报市委。失掉关系，市科长级报市委。

副科长报党委，一般干部在所在总支。市委审查。凡参加外国党，参加中国党报中央批。

外国人取得中国国籍要求入党报中央。

家属被镇压，重婚，一律不接收入党。

（主要右派，个别的中左派）

讲师以上。

工程师副工程师以上的。

名演员名作家。

主治大夫以上的。

天主教徒、基督教徒、重婚、家属被镇压再右派划入中间的不接收。

发展高级知识分子整理出材料。

各单位、领导干部材料报市委报党委一份。

党员中右派分子也要报一份给党委，右派言论，也可报一下。

整风中揭露出的党员违法乱纪的也报。

党员中右派分子市监委，研究八条够一条就开除。团员中右派分子也报党委。

接收党员或转正开大会通知组织部。

市委工作会议纪要

1957 年 10 月 5 日

(一) 政法，郭茂枫[谈]：

1. 公安司法：

第四季度贯彻纠正右倾，右派分子趁党整风的机会向党进攻，反革命分子活动起来，地主活动起来，刑事犯罪也很多，有的当成内部矛盾……

公安：

(1) 加强侦察破案工作，地富反革命现实破坏活动，领导亲自动手，依法处理。

(2) 对刑事犯罪，第四季度还继续这项工作。深入发动群众，加强侦破案，重大的领导亲自下手。9 月份集中打击刑事犯罪，有的机关工厂没进行，而内盗严重，第四季要补课。

(3) 对罪大恶极〈违〉畏罪潜逃，要侦察破案法办。

(4) 国务院规定劳动教养的决定，进行贯彻。收容一批进行教养，与劳动改造不同。劳动生产和政治教[育]相结合。待遇采取多劳多得、不劳不得。

司法工作：

(1) 结合整风和社会大辩论，检查区法院的工作主要自我检查，对坏分子和反革命分子量刑上如何，右倾思想，旧法观点教条主义。

(2) 会同律师协会、检查律师辩护工作、有的律师的丧失立场,为犯罪者辩护。

公证工作:

研究和总结公证工作减少社会纠纷是否有教条,哪些需要公证,由群众自愿。对机关和街道上进[行]法制方面的教育。

动员盲目流入城市的[还乡]工作:

减少城市消费人口,支持农业生产,动员盲目流入城市的还乡,已动员了三万多人回乡,大部分在车站和流落街头乞讨。

22 个单位,2 300 人中(招雇)农民和家属 2 200 多人。

手工业系统安置 8 000 多人,去年共流入……

今后动员工厂、建筑不得自私招雇,另外就是职工家属有劳动力又是社员,自动还乡。

为提高街道的社会主义觉悟,开展社会大辩论。十月搞试点,十二月开始全面搞,题目以后考虑。

社会救济和复员工作:

研究救济标准,去年定得高了一点。

冬临救济去年发得多,今年棉衣棉被一般不发。

对复员军人安排第四季度全面检查,今年安置 1 000 多人,主要解决教育安排不当,召开复员军人代表会议。

郊区检查实行五保户的情况。

监察工作,着重处理人民内部矛盾,勤俭建国等工作。

(二) 文教工作,晏主任[讲]:

中小学毕[业]生安排,除升学外,还有 21 000 人,动员农村去 700 人,回乡 1 300 人。

城市就业安排已录取 9 000 人,中等学[校]招收 1 100 人,回原校学习外,还有 14 000 人,中、小各半,高中生 700 人,工业准备包下来。

现还有 3 000 人无着落,第四季度准备广播晚开学。

学校教育主要加强政治教育和劳动教育,政治课主要社会主义教育。

第四季度检查一下扫盲工作。

卫生工作:

1. 冬季卫生运动,冬季还有流行病,改进环境卫生。

2. 公费医疗现 8 万多人，每年亏 27—30 万元。

(1) 公费医疗发到各单位去管理，亏了不管。

(2) 准备收一部分费用。

3. 保育院、托儿所的工作。

4. 编制工作。区卫生科改为区卫生局。

文化工作：

1. 十月革命四十周年，文化馆活动一个月。

2. (原缺)

3. 1958 年出版计划特别是年画，去年不够了，今年要做好安排。

体育工作：

1. 冬季体育活动，工间操不好，工日单位出席 50%，只三个单位，成了扑克操，最近来了第三套工间操。

2. 体育协会的改选，成立区体育委员会，由区长副区长挂帅。

3. 国防体育协会。三个俱乐部：

(1) 射击，现有 6 000 多支。

(2) 航空模型，有 4 000 多人。

(3) 摩托车，有执照 400 人。

李副市长：

整风是中心，今天谈的工作围绕的。

整风二项，狠改，右派。

关于编制，机关市里统一改。

关于本机关的要很好地改。

看起来第四季度工作很紧张，这些工作和各面都有关系都研究过，同志们回去以个人名义提出，或自由组织起来讨论提出意见。

财贸部干部处谈整理干部档案问题

1957 年 10 月 8 日

李安民同志谈：

1. 今天不再谈整理档案工作的重要性。

2. 为什么现在开这个会议？是在我们根据部委四月份档案会议精神进行安排，你们也根据情况做一个安排。

请组织部葛素英给我们谈一谈如何分类。

再一个就是，以实例工作谈一谈。

3. 整理档案注意的几个问题。

（1）这个工作，很细致复杂的一项工作，认真耐心，不能急躁。过去我们档案工作多数单位缺乏足够重视，你用他用都是用完一放。

（2）工作好必须思想重视特别做这个工作的同志。还需领导上支持。

（3）过去保管：

① 比较分散，市管的部有一部分，局有一部分，甚至区还有，整理后都汇集起来。

② 张三的材料[放]到李四档案中去了。

整理以后看起来就很方便，有了目录。对系统地了解干部，合理使用干部发挥他的作用，所以领导应支持。

整理档案前必须有高度的责任心，纪律性要强。

葛素英介绍整理档案工作。

我们七月份开始整理，过去归档不清，不该归的归进去了。

鉴别分类：

各部要求 1957 年底完成，局和区级 1958 年上半年完，基层 1958 年底完成。

1. 搜集清退档案材料，党员、团员都有分别管的材料，集中起来，不应管的退回原单位。

2. 学习文件。管理档案暂行规定，和最近发的，整理档案的参考材料。

3. 物质准备。档案目录和档案〈加〉夹子，糨糊，拉荫道生产合作社的，不生虫。

4. 试整。体会如何整遇到什么问题，整理中别损坏了字体。

5. 整理的方法。鉴别分类登记，分两个工序，不必分区副本，一个问题的结论就附着调查材料，材料分为九类是档案和非档案材料，三〈分〉份以上的抽出一〈分〉份，留三份预备建立副本。

（1）说不明的登记表。

（2）（原文缺）

（3）报纸上发表的模范事迹。

属于简历表，就归入简历类。

属于自传和简历的就归入自传类。

检举材料，属哪方面归哪方面。

属于检举党龄方面就分第五类。

一个材料多义的就归到主要方面。

名不符实的材料——鉴定中。

检举不实的材料，是否归档？根据审干办公室的规定处理。

登记目录，按九类登记，一个有哪类登哪类，内中还有一个总目录。

基层中有的干部不必分目录，今后以一个为一个号。（下略）

财贸部整编工作会议纪要

1957 年 10 月 18 日

下午。

一、（一）概括情[况]

职工总数 15 万人，不包括摊贩。

1. 行政机构市局区银行税务局 10 600 人，其中市级机构 13 个，2 671 人，财政开支 8 个局 892 人，区级行政 37 个，7 449 人。

2. 国营企业，一二三商处粮食，66 755 人，其中行政 12 700 人，占 19%，校教卫生其他 6 000 人，占 9%，共占 28%。

3. 合营企业 75 000 人，其中行政 10 800 人，占总人数 14.5%，其他 2 300 人，占 3%。

4. 附属机构 2 007 人。

测算对〈像〉象，10 600 人。

局和公司，占二〈层〉成。

现有总人数，行政人员加企业管理人员。19 366 人，拟定编制，13 161 人，余 6 205 人，32%。

（二）市级机构

年初 2 711 人，编 1 688 人，减 1 023 人，占 37.7%

现有人数 2 413 人，编 1 688，减 765 人，占现有 31.19%

年初定编 2 581 人，这次编 1 688，减 893 人，占 34.6％

各局，一商，年初定 112 人，这次 75 人，减 33％

二商，年初定 113 人，这次 95 人，减 18.58％

三商，年初定水产 159 人，这次 104 人，减 34.6％

水产处 30 人多些。

粮食局年初定编 94 人，现定编 64 人，减 33％

外贸局年初定编 101 人，现定编 77 人，减 23.7％

财政局年初定编 95 人，现定编 86 人，减 14.7％

税务局年初定编 175 人，现定编 128 人，减 29.14％

银行年初定编 497 人，现定编 224 人，减 60％

海关年初定编 293 人，现定编 237 人，减 19％

工商局手工业局年初定编 99 人，现定编 58 人，减 41％

商检局实有 487 人，现定编 416 人，减 14.58％

合作社实有 156 人，现定编 81 人，减 48％

区级行政级机构

现有 7 949 人，减编 5 843 人，减 26.5％

税务分局 36.6％

银行 18.6％

财政局 48.5％

公司站，8 964 个非业务人员，减编 5 630 人，减了 38.31％

一商所属 27.20％

二商所属 58.56％

三商所属 49.47％

粮食所属 39.46％

供销社所属 29.52％

外贸局所属 26.25％

估计财贸系统机构不动减三分之一

国营企业管理人员 12 000 人

合营 10 000 人

行政 10 000 人

工厂 2 000 人

减一万向上。如机构合并或取消，还要多。

二、几个问题

1. 机构体制和编制分一步还是二步？

原来咱们是二步，书记处意见大体同意，但第一步要大些，第一步机构能变的就变，复杂的就留下第二步搞，第一步减一大批来个高潮，第二步人少了还来个高潮吗？

2. 业务分工划粗划细的问题，这提出问题，过去强调过细，这次为精简所以就是粗细的问题，要〈事实〉实事求是，业务部门保持适当的划细，业务部门不能搞得太粗。行政部门不能搞得太细，细了给业务上添事。

3. 精干原则？还是强弱搭配？

还是精干原则，不像过去好坏搭配的，但是得相对的不能绝对化。① 上级调骨干就给。② 处理编余有一定骨干带头，到农村都得有骨干带头。有一部分青年知识分子能写，不能不算精干，但是也得去改造，还有些人去企业还得留下那么一些人。

4. 淡旺季和周末周初，忙闲不均按什么时候确定。书记应加照顾，不能淡季也不能旺季，适当确定。

5. 商业上哪级核算。指二级站说的，核算下放，放到那要费人。扩大编制增加管理人员究竟哪个先进？没有肯定意见。初步考虑适当能独立经营的可以核算，如独立性不大可由上一级核算。

6. 各级领导干部的数量，书记说不宜过多，上边多了下边就弱了，多了不一定好。

经理科长一般的二个好，按党员说的非中共人士顶事的算一个不顶事不算。

简单一个复杂的三个为妥，如果科长多就要兼一部分具体工作。

7. 干部轮训在不在编制，原意准在编外，书记同志们的意见，短期在编制，长期算调离，一年以上算长期。

8. 上级机关向下级机关借人的问题。

书记说到是不应该，运动来了，不借不行，注意点吧。

9. 人事、保卫科问题。

晓塘同志意见最好不在一起，这是两个不同性质的工作，人不多不要保卫干部，由支部保卫委员干或单设一个人别在人事上。

10. 人员出路

(1) 自己系统能安排多少人(二局 500 人,三局 500 人),商业有基层最好〈按〉安排。

① 售货员工时太〈常〉长,叫他合理工时。

② 营业时间短,可延〈常〉长营业时间,过去澡〈塘〉堂通宵。

③ 工作太粗,叫他细一点,如验货人员。

杜部长找二三局摸一摸能安置多少人。

(2) 丧失工作能力的退休人员,不要和下农村工厂一块搞,退休也是养着,可迟些搞,工作那么些年处理不当会失人心。

(3) 私人介绍参加工作的应叫他们走,指"三反"以后私人介绍的,他再生产时不长还困难小,但也有困难失掉人心,领导介绍先换一换。新参加工作不久的家庭妇女,这些工作能力不大挣不了三十几元钱,也调查一下,也有意识解决一些。对公私都不利的。

杜部长的意见叫各单位参考你们研究。

三、做点什么事

今天传达三中全会决议,市委有全面布置,目前咱们属于准备工作。

1. 各局的方案向下属布置,让他们重新议定方案,叫他们定方案,这次不是他们定的叫他定方案,他们提出的审定有无保守,局也审定。

2. 编余人员的组织准备工作。

(1) 编余人员的分类排队,确定减谁分类,具体内容余人谁属于哪一种,农村去的退休休养的、基层去的(骨干、售货员)有严重政治历史问题的多少。

严重思想问题,自满,个人主义,不做工作。

私人介绍参加工作有多少"三反"后的。

没有工作能力,不够干部条件的有多少人。

新参加工作的,"三反"后,或大合营时的,对公私都不利的,可不受时间限制,或没有参加过体力劳动的要锻炼。

(2) 工作上哪里去,提出名单。

(3) 摸一摸职工的思想动向。

到时动员很直接,就说到农村去劳动的,一动员就说去农村,不说你到基层和工厂,一说到农村去当农民,什么时候回来? 不一定,根据发展也要回来一批,看改造程度。但我们不说。

晓塘、元之同志说这是个大的思想工作,摸一摸各类人员思想情况(党员思想情况）这个工作一定在鸣放，一段过去，经过一段的整改，那就领导检讨，解决一批应解决的问题。

晓塘同志说鸣放半天没有怎么着，就整机构，我们到达了。

整改一段后，辩论，上来就精简机构，整顿编转到参加劳动。或上来就辩论去参加劳动去。

晓塘同志说，短暂辩论一下机构，搞通砍一大块。属于区的支部什么时候搞〈争〉征求区内意见。

极右如何办以后说，一般右派现在可以到那里就安排，极右不一定什么时走。

公私合营总店定出一个整编方案。

财贸系统整改问题

1957 年 10 月 30 日

芦荫农：

1. 赵部长报告。11 月 5 号报告方案来，指的[是]第一步方案，机构机制不变的方案。5 号报来，机构体制自己能决定的就并，不能动别动，现有基础上减人。（工商手工业局例外）

第二步就是机构合并，市区机构和体制。

第一步方案报过一次，是党组讨论未经公司讨论，可能有变化，并且不包括基层，这次包括基层，由公司讨论，总店、工厂、仓库，由公司加以估算。着重和公司及行政管理人员。减不减是行政管理人员。

2. 财贸系统容纳多少人估计一下。一二三商外贸合作社，粮食局，能安插多少人?

财贸系统估计编余一万向上不向下，都到农业有问题，有的不适合到农村，估计农村排几千人，基层也是需要人的。河东区饮食业缺 300 人。蔬菜公司缺 400 人。

① 营业时间短，市民有意见；② 售货员工时长；③ 小商贩赚钱多，卡货区需要人；④ 排个长饮食业给的粮食卖不完。

基层门市部缺乏骨干。大都由私方提拔的同时贪污盗窃很多。河北区估计每月跑大几百元，就是增加基层的一些管理人员。河东区派了一个人试了一试，过去赔钱，现在每月赚，管理经营制度加骨干。

11 月 5 号前报来。

局单报，事业单位，另统计。

王佩章：

根据目前整风，整顿机构加强基层力量，从揭发出来的问题，总店工厂的基层领导力量弱，把优好的放到基层部门去加强领导力量，这些部门是贯彻政策的业务部门。

（一）领导干部分布情况

1. 公司经理，分局正副局长，区行长，过去强调一正多副。公司有的一正三副，银行、海关、税务局一正一副即可（市科长这一层），公司应配一正几副，局正副处长。

2. 区科长这层，应配一正几副，现有多少平均余多少。

3. 总店、批发店、加工厂仓库，应配备几个人。以上这些单位，主要抓，市、区科长和总店，仓库先不考虑。这单位称不称或降职使用的各多少，下放多少。

（二）排队

1. 老弱病残长期不能做工作的多少。（几个月就不算了）

2. 工作能力低不适合现职工作和不适于干部工作的多少。

3. 革命意志衰退，各方面表示品质不好的。各单位提出条件。

4. 违法乱纪要处理的，盗窃流氓。（当一个综合材料）

5. 需要参加体力劳动锻炼改造的，市科长级也要排一下。人员不多不少就不等于没有去劳动的。处长公司经理，如何安排，党组要研究，或下放人事不好考虑，叫局长考虑。

（三）支部书记，主要指总店批发店工厂仓库，专职、兼职各多少，称职多少，不称职多少，需调整下放的，公司先不做。

（四）一二三外贸粮食局，主要加强这几个局的基层。总店加强来源，由公司科长来。

经理配备：

1. 有一定组织领导能力，政策业务水平，比较熟悉本行业务，有培养前途。

2. 必须左派和中左，或中中，中右不行。

3. 身体无特殊病症，长期能坚持工作。

4. 级别，19—16 级的。(有的总店经理 23 级)

支部书记配备，再加政治条件，必须能力强点，作风正派能联系群众，有组织领导能力，熟悉组织工作的，要比经理要强。

支部书记配备由区委报。经理由公司报还是区委提出？批准是局里。

按系统向下报，科长不去需要做什么工作，区店经理不去。

总店经理下去，能力太弱，总出事故，群众关系不好的，这次运动列入中右的。

① 关于干部调整，原则以局公司条条为主。但要与区委充分研究取得一致，公司提出配备名单，报局汇总，公司与局意见不一致，尊重区意见，区和局公司意见不一致，要协商解决。② 市区局分工，局要找一个单位深入了解分析。

三局抓蔬菜总店、糕点、小菜。

外贸把加工厂搞一下。

合作社抓废品。

其他局自己去抓重点。

11 月 5 号前提出方案，10 号前下放一部分干部。

区店经理配备，公司和区委局一致由局批，公司提出，〈争〉征求区委意见(人事方案)。

支部书记、青年团、工会主席，由区提出。

入城老干部都参加过体力劳动，店员、学徒、士兵都参加过劳动。

参加劳动的条件。

需要到农村劳动改造的知识分子。

身体强壮不适合商业工作的。

委托农业社改造就右派分子。

总店经理——市局处长

农业劳动

手工业劳动

售货员

特技术的

李宁：

工资福利，有的单位劳动工资，由他们搞，如没有就是人事科的事。大鸣大放提问题很多。

1. 大鸣放，工资福利提出什么问题，多少类，工资类、福利类，各共多少种。哪是正确的，哪是不正确的。

2. 福利哪是几次全市性，哪些本部门定的，哪些是上级部颁布的。

3. 你研究，不管谁管规定你们为哪个合理？

4. 要求各单位一二三商外贸粮食供销社，银行，作一个重点调查如何改，哪些不合理（劳保条例）调查作分析，如何解决。精神只许降不许提高。如何改叫重点单位鸣放讨论。

工资也是这个样去讨论，群众愿如何说就如何说，要求 11 月 10 号左右，或左点。

赵步崇：

目前整改情况：

1. 怎样才算改得深透？有二个标准：① 群众提出的意见，件件有答复，条条有着落，分清善恶。② 找主要问题，有了改的效果。

2. 财贸系统有哪些根本性的问题。

（1）思想作风问题，占 30%—50%，官僚、主观主义，一级比一级严重。

（2）组织机构和体制问题。

（3）干部问题，这次提出的意[见]和干部担业务不称有关。

（4）财产乱混，家底不清。

（5）工资福利问题。

3. 整改工作的领导问题。

干部作风由区委负责，工资福利由工会和党组负责。干部由区市负责。

4. 整改在 11 月 15 号搞起高潮，迎接[的]党代表大会，领导思想作风都要做了检查，党员也可在一定范围内检查。公司站 15 号前做出方案，局搞出经管方案，11 月 5 号提出加强基层干部的方案，11 月 10 号前还要下放一批。

年初 802 人，现 545 人，拟编 334 人，余 211 人

市局年初 105 人，现有 96 人，拟编 64 人，余 32 人

供应年初 180 人，现有 117 人，拟编 60 人，余 57 人

储运年初 122 人，现有 99 人，拟编 65 人，余 34 人

油脂年初 294 人，现有 147 人，拟编 90 人，余 51 人

工业公司年初 101 人，现有 86 人，拟编 55 人，余 31 人

市局 64 个人

业务处 6 人，行政处 5 人

人事室的保卫干部就不是专职的。

劳动工资处和人事室合并，安全保护安全措施给上些。

总支撤销军粮城支部交工业公司。

人事劳保处——人事劳保科。

储运公司定 59 个人。定 61 人。

供应公司 58 人，可报二个机动人员，60 人。

工业公司 53 人，定 55 个人。

关于整风鸣放情况

1957 年 11 月 9 日

李定同志：

今天召集各局党组、各区党委研究一下，中央小市管的党外人士，经整风和反右派以后，中央已经研究出个处理办法，今后在机关上要有一个调整，大鸣大放中右派向党进攻，中间派跟右派跑。为什么？除部分拥护社会主义，还未放弃资本主义立场，右派代表中间派的利益，左派代表不了，因为左[派]对中间派就是改造教育。中间派向右转基本的老路，向左转的是脱胎换骨，现在基本向左转，但也不能乐观，有些中右，我们指明他错的方面应检讨否定右派，他感激得不得了，立场斗争的主要是争取向左转。

李部长和工商业者谈话，有的资本家提出来，我们怎样转变立场。那就不是口号而是实际行动。鉴定要〈事实〉实事求是，右派是反动的，中间派有两面性，振动很大。估计不要过高，资、无阶级还是阶级矛盾。

左派和中左分得不大清。

有些左派鸣放时有些人对党有意见，他有意见，听不下去，我们向他们谈话叫他冷静。确立社会主义道路。

还有一种鸣放基本好的右派很有劲，不如号召左派的，但左派有的不大用脑子，有宗派主义情绪，无教育，党和左派都去团结改造中间分子。

所以我们在整风反右的基础上进行鉴定。

有技术有经验右派的安排上还要考虑。

更重要考虑明年的安排，是个很大的改组，人民代表政协代表，机关企都要调整对右派进行处理。

中央管理的分配到各单位也就是有 5 个人。

（一）鉴定内容

1. 解放〈已〉以来，各大政治运动中的政治态度和表现（工作态度、工作能力和专长存在显著成绩贡献）。

2. 社会主义改造高潮后的表现（左中右如是右派注明情节和态度）。

3. 鸣放中的言论和行动以及反右派当中的表现，此项作为这次鉴定的重点，如果是右派请注明问题的情节、态度，今后作用，提出对今后安排和处理意见。

4. 政治历史问题虽不是这次鉴定的重点，但为了掌握他们政治情况亦须填写清楚。

（二）鉴定的方法

对民主人士鉴定，主要从内部进行调查研究，搜集材料，并通过有关部门党组织调查了解，（不要通过民主人士了解）参考过去已掌握的（薛品轩，由工业局负责）。材料和本人一贯表现，特别鸣放中的言论，行动和反右派斗争中的表现，进行分析研究以便做出正确结论，属于政治历史问题，请公安部门加以协助。

（三）时间和步骤

鉴定分两批进行，首先鉴定中央管理的，后鉴定市管的。

中央管的 54 人，11 月 20 号完成。市管的 338 人，1957 年底完成，因为明年对下届天津人大代表、人民委员会政协委员、正副局长进行安排，请陆续报来。

部门所在单位，哪个局处定，现任行政职务。

政治态度左中右。

社会职务、政协、人大代表、委员、党派职务。

主要经历是解放前后。

李定，合营高潮，大部分表现积极，右派和我们斗争地激烈，特别在波匈事件中间分[子]左右摇摆，去年提出调动一切积极因素，知识分子利用进攻党。

对右派处理，是否降职，是否取消人民代表，提得如何没关系。

代表阵容不会有多大变化，右派会有变化。

关于干部下放问题工作安排

1957 年 11 月 9 日

王局长传达赵部长报告：

关于下放干部，市成立整顿机构下放人员的委员会，目前主要抓放到农村的人员，放到基层去的不要等什么风气。

放到农村全市 13 000 人，财贸 5 000 人。

改变风气也得先在此下手，以市郊区要兴修水利。

放农村一批还是二批，原计划今年一批，明年五月一批。

这个革命不是请客问题解决不清，先下去，〈高〉搞一次高潮放下去。

下去的人局负责到底不仅下去还要巩固到底，保持系统不变，区不做调整安排，不是卸包袱。

如何动员：

1. 需要下去锻炼。

2. 工资一年不变。

3. 说明下去有条件的分配住家，无条件的集体住。

步骤.

1. 今天下午路达做政策界线的报告。12 号上午李市长做动员报告，除中心会场，别家中收听，经讨论组织报告，20 号下放准备工作做好，20 号开始下放，25 号基本结束。

2. 12 号前农村准备好能容纳多少。

下放前局长应先到下放地点去看一看。

具体问题：

1. 愿回原籍的〈争〉征求所在省的同意，可关系转回去，也发一年工资。

2. 妇女干部不能借机都推出去，男女同样条件放男留女的。

3. 资本家在本企业改造。

4. 有专门知识的人员，一般还留下来。

5. 下去的人员要有一定骨干，党团员占 30%，不能机械执行，最少 10%。下去的第一、二批整风单位，基层有二批整风的下去也可以。

6. 统一动员，条条送，十一月整改中心搞这个事。

7. 下放主要有以下几种：

(1) 去年青年知识分子锻炼以后还回来的。

(2) 需要锻炼，不适合商业工作的。

(3) 卖山芋的要回来。

有基层单位布置下去。

不报名，报名不到农村去的，如何办？

回原籍与本地联系问题。

生活困难如何办？

原来有的福利待遇如何办？

家属医药费。

家属是否组织集体收听？

各单位下礼拜三报来，下放各类人员。

关于下放干部问题的传达讨论

1957 年 11 月 12 日

同志们：

根据市委市人委的决定，我来报告一下精简机构下放干部，整风中反映出，机构重叠人浮于事，就成为联系群众实际的障碍，影响工作效率。成为官僚主义和文牍主义现象。所以我们要狠狠地精简，这件工作有很大好处。

(一) 1. 精简机构下放干部，从根本上改进工作作风，可以克服脱离实际，[脱离]群众的官僚主义和[文牍]主义，同时还改进工作，不仅减少人，也对改进工作方法、领导方法起积极作用。人员多了，就产生形式主义，层次多了就会议多报表多，日常的工作领导干部大量解决具体问题，由于层次多人员多，就开会多，彼此之间的关系也多，领导人员不了解情况就增加了会议，有些问题经领导几句话就解决了，但要经过层层研究，到领导那不是那需研究。本市一个机关到另一个机关就半月，过去我市三级制，以后改为二级制。

干部多就有忙闲不均，一天八小时总看文件那么多？如没有工作想别的找事做给下面增加了工作，思想毛病多，使领导陷入会议中这件中，脱离群众实际，就产生官僚主义和主观[主]义。因此采取积极措施，把机构人员进行精简。

2. 精简下放干部，锻炼和改造出一批为共[产]主义事[业]奋斗，经得起风险的干部队伍。

据本市一般干部绝大多数解放后参加工作是和平斗争中生长起来的，缺乏劳动锻炼和斗争知识的青年知识分子。青年人迫切要去锻炼，经过实际什么才是劳动和群众，参加生产知道生产知识和劳动人民的生活。

作为一个干部不了解工人农民怎样能做领导工作，不了解农民的情感，怎样知道他们心理？我们有些读了好多书就骄傲起来，不了解这是群众综合起来〈知〉智慧。

参加劳动才能密切联系群众。

成为立场坚定、思想健康、作风朴实有知识又能劳动的干部。

3. 通过精简人员下放干部，加强基层下放干部，充实薄弱环节，除小部[分]下放基层，绝大部分到农村，农村人口五亿一千[万]人，城市九千万人。大力发展农业，下放干部是充实农村的一部分，工农业并重，如无农业的发展，工作是有影响的。我们到农村很需要，中学毕业生在农村很受欢迎，他们和农民三个月，样子也变了脸色也好看，黑里透红。才去了不会什么现学会了，农村会计和其他计算都需要他们，业校他们搞，教文化，包教包学。

农村大力开展水产化学肥料都需文化。

农民非常需要文化，郊区可发展〈鱼〉渔业，有很〈很〉多水塘，发展〈鱼〉渔业没人去搞。

为什么服务要到基层去，有一个统计叫去当售货员都不愿去，天津一天300多万斤粮食没有人能一斤一斤分到各户吗，小事是大事。

4. 可节省大量人力物力，层次过大、人员多，浪费人力物力。这个损失是很大的，人力浪费一年5 000万元开支。

5. 树立劳动光荣的风气，由于受社会影响和几年来和平环境的影响，不爱劳动有所抬头，我们干部一下去劳动风气就改变。这件事震动人心，会出现重视劳动和热爱劳动人民风气。精简机构下放干部影响深远。使各方面工作都有所改进。干部和工人农民一起劳动，这对改变干部成分[有利]。农业生产有变化，工业生产有变化。文化教育、文化生活也会发生变化。

对知识分子来说是脑力劳动和体力劳动结合的干部。

（二）工作做好关键在哪里，关键二方决心。

① 领导有把干部放下去的决心。② 下去的干部有下去的决心。

首先决定于领导。现有许多单位、企业单位工厂，做得好，领导干部痛下决心下放干部。还有些单位领导犹〈于〉豫不决。顾虑重重而不是用革命的精神坚决彻底去做。所以要把领导干部思想打通，认识不足，决心不大，决心不大，办法不多，办法不多就收获不大。

1. 对干部下放，是有利还是不利？是对不起干部还是爱护干部？下放干部是爱护干部，对人也有利，而不是对不起他。

2. 把干部放到农村去参加劳动，就可通[过]他更多了解农民的情况和劳动人民需要。

人越多越好，机关越大越好，已经对社会主义建设不利。为什么还留恋？所以领导干部要痛下决心，不要顾虑重重法规戒律，哪单位做得好就是领导决心大，哪个单位做得不好就是未痛下决心，不是爱护干部。

下去的干部要有决心，即建设伟大社会主义的决心，对社会主义有利坚决去做，不利于社会主义就坚决不做，10月〈已〉以来就有大批干部申请下去，这是社会主义干部的伟大，资本主义唯利是图干部不行的，我们的干部既能上又能下，既能高又能低，能吃苦和自觉地去找苦吃，苦是最能锻炼自己，骄傲使人落后，虚心使人进步，我们也可以说吃苦使人进步，安逸使人落后。但现在还有的人为自己打算，有的人到农村顾虑没〈臭〉抽水马桶如何办？为个人。从目前反映出来的情况，大多数局领[导]表示决心要到农村。

一小部分有顾虑，另一小部分有抵触情绪：① 有的说农村脏，在厕所中害怕二天大便不下来；② [有的]认为自己有文化，当农民大材小用，当工人、农民低人一等，不敢抬头。过去当领导，现当农民。有的说我无功劳也有苦劳，有的说我们几辈没当过工人，有的人叫家拖住腿，这些都不对，大家应辩论。

有些干部资产阶级个人主义，正当国家需要时，安逸自己是可耻的，大辩论做透思想工作。使下去的干部下定决心，关键就二个首先领导干部。

（三）步骤方法：

全市干部下放3—5万人，约计5万人机关干部主要放到农村参加农劳，层层下放不是好办法，就造成形式主义不能解决问题，给下面找麻烦，加强基层〈列〉例外，一放到底这个经验非常重要。

工厂事业单位放到本企业基层去，为充实加强到基层有一小部分，有一部分工厂车间不合适也可到农村。

各单位正在做下放干部的工作，工业二系统二万人。时间要早一点。

1. 从今天开始各单位，积极投入到农村到劳动战线去的工作。说明道理展开辩论，宣传教育社会主义教育的一课，生动深刻的思想教育也是一场激烈的思想斗争。广大干部坚定自己的人生观。特别是未参加过劳动的知识分子，必须把思想工作透。

2. 一面做思想动员，一面开始报名，下放事实复杂的，具体问题要解决，但也不能统统都解决了再下放干部。

第一年原薪照发，农业社，〈鱼〉渔业社，去记分不分红。

有些问题需待研究解决，不影响下放，属于个人合理的困难各单位解决。

3. 各单位领导立即做出下放的规划，留多少去多少，到哪里去。

愿去的，不叫去别闹情绪，不愿动员去。

4. 为做好这项工作，成立委员会，各单位规划定下来了，报到系统，报到市委员会，到哪个区哪社，做安排。一般照顾原单位一个小组。有小组长分配备一定的骨干。

5. 原单位下放的干部认真负责，领导亲自动手，帮助辩论。走时要讲注意什么，开欢送会建立定期的联系。负责同志在一定时期去看看他们有什么困难，有什么思想问题帮助解决。

下去的人除地方上负责，原单位也要负责。哪个局下去的不好你哪局做出就不好。

6. 时间安排，从本月 12 日起开展思想动员辩论申请批准，下去的干部做出准备工作就上报。

郊区孙子英正报告，叫农村家喻户晓，欢迎干部下去。

时间从今天到 20 号完成，思想动员是革命不请客。

20 以后到 25 号下放完。

到农村约计一万人。

为什么这样做，时间紧不紧，不少单位已酝酿，辩论过，但也有还未做，思想工作切实做好思想准备。

下去干部做生产规划多去一些，第二三批那是另一回事，12 号到 25 号是各单位最紧张的一段工作。各单位动员起来，掀起热潮，领导干部亲自动手。

精简机构下放，干部还有很多问题，退休退职参加家务劳动，回原籍生产的也一样。

到农村注意什么问题，所以，头走前要现托一下。

振华：

愿到农村去当农民。

战江：

自己出校参加工作，身体也不太健康，对革命对个人都有好处，自己文化也不高，工厂不合适，所以到农村当农民是合适的。

朱仁岳：

特别感到自己的决心，领导表示决心，马上能投入劳动建设伟大的农村建设。下午走都可以。要求尽早第一批下去。

李景龙：

听了李市长报告启发很大，我出门时和振华同志说过，到农村可以，长了不行的错误思想，自己干过几年农业活。现在有很多变化，入城以后身体不好，要到农村去懂得一些农业还有便利条件，写出申请下放农村第一批到农村。

李化一：

讲道理，都说了申请批准就走，一定干好。

李学谦：

我们已开了个碰头会，基本问题不大，身体弱问题不大，自己写的词句如何准备再〈从〉重新写一个。

有条件的话考虑到能安家立业更好。

未参加第二批的有报名参加农业社，我们认为可以统计按下作工作。（页边写——整理者注）

李安民同志：

（一）报送下放干部到农村，数字和登记表。

1. 前已报过数字，但不太实，所以要 15 号把系统的下放数字核实报来，（系统第二批整风单位）汇总以后报到下放干部委员会还要安排。

还要分项目，三大项：

（1）局系统下放农村总人数。（局本身，第二批整风的）（农村）分出男女。

（2）再把单位分一分。（公司，站）各多少。

（3）人员的类型，粮局 100 人划一下。

① 党、团员数字多少，党员团员各多少，占下放百分比多少。

② 群众的人数，占百分比多少。

③ 问题分三种：① 有严重政治历史问题的，② 反革[命]分子，再别管制生

产的应注明，③ 一般的右派分子。

2. 关于报送登记表，要求各单位 18 号前报来。留底自己刻写。不是所有报名人都填，自己填和个人填相结合，坚决要去的也叫他本人填。审查批准按干部管理范围批准，属于市管由市批，属党组管理的，如区科长、局处领导由党组批，区科长由要与区委联系。

工人、售货员、保管员不填表其他都可填。省级副科长由局批。（页眉上写——整理者注）

（二）如何编小组？

原则上一个单位编一个组，因为一个单位要到一个村去。（按公司为单位）（百货站 70 个人）配上一个组长，多配二个副组长，如果组大破开可以再找组长副组长。组长由单位指定。

对组长的要求：

党员，能联系群众，政治品〈治〉质思想作风好，在下去的这些人中有些威信，能担负起组长任务来。

要求 15 号前 14 号前把组长副长配备好，还要到单位联系单位负责人去，组长可〈根〉跟着去看。报来组、副长名单。

（三）如何联系？所去地点。由财贸局还是公司？人员地点由委员会肯定以后，由农村工作部介绍以局为单位去联系。

（四）对几个具体问题的意见。

1. 成立不成立领导小组？成立不成立由单位党组、党委考虑。财贸联系就向党组联系。

2. 怎样开欢送会？由局系统开？规模更大点？由各单位考虑。开得要热烈要朴素勤俭。有的单位有业余剧团，搞一搞或工会有什么文艺活动。

局系开大会，各公司单位小型会。

3. 党团员的比重，要求按路部长报告办，还要结合本单位实际情况，到不了也非那样不行。这不等于不去按那比重考虑。

4. 归侨外国籍的，这些人自愿报名的可叫填表，他不是自愿报名不填表，但证明华侨外国人什么籍的。

5. 勤杂填不填表，可以填但可以证明，工人不叫填。

6. 将来工作中如何联系，今天，李市长报告娄秘书长说叫上报，什么时候再事前通知，但发生什么意外问题，要及时报部。

资本家下放按路部长的报告办理。

（五）要求各单位认真切实地做好思想工作，要做透，对下放干部各局负责到底。现在不把思想工作做好，也会出问题。供销去参加大辩论的王子洪跑回来，做不好跑回来那不是事。

1. 要求对下去的人高高兴兴地走，别有〈免〉勉强，留下的人也要[有]正确的认识，别认为没去就是留下的不需要锻炼改造的了，决不叫有这样的想法。

2. 骨干的配备。下去后不发生问题，如弄下去的人，卸包袱不好弄，也发生问题。配备适当就可带动不发生问题。如果下去的人估计不好掌握，可以调整一下配备下干部。

没有参加第二批整风的单位，有报名也可接走做工作，委员会不同意，再说。

下放农村的人数，第一批第二批分别统计。估计是右派的别放，反右以后再说。

关于登记表，银行、外贸、海关，都填报，上级党委发的表由属领导填。

充实基层的600人，自己已能解决的二三商粮局，下放以后报财贸备案即可，15号报来，输出的财号报来。

粮食系统人员情况

1957年11月18日

粮食系统共132人，其中党员25人，团员27人，37.9%，群众69人，有严重历史问题11人。男126人，女6人。

市局属储运公司共23人，其中党员3人，团员10人，占56.5%，群众10人（内有严重历史问题1人）。男22人，女1人。

队长田玉文，副队长李振华、袁善义。

粮谷工业公司共30人，其中党员5人，团员5人，占33.3%，群众20人（严重历史问题1人）。男25人，女5人。

队长张长发、杨〈相〉祥桢、于惠生

第一组，杨祥桢、赵林培

第二组，于惠生、贺玉宝

油脂公司共55人，其中：党员11人，团员6人，占30.9%，群众38人（有严重历史问题 7 人，坏分子 2 人）。长期 36 人，短期 19 人，没女的。

队长刘天锡，副队长仇怀臣

第一组 26 人，组长刘增顺、张振东

第二组 27 人，组长李志勇、张济华

供应公司共 24 人，其中党员 6 人，团员 4 人，占 41.7%，群众 14 人（有严重历史问题 2 人），没有妇女。

队长刘勇、高兴元。

（后略）

刘局长谈财贸系统下放问题

1957 年 11 月 22 日

（一）第一批干部下放一两天差不多了，明天开党代表会议，可能各公司经理都列席参加。

工作安排一下。财贸下放，12 000 人。第一批下放农村 3 600 人，占全市四分之一，财贸工作做得不错，但还有八九千人工作很大。第一批下放，还未出什么问题，工作做得也很充分。但从单位来讲也不能说没有问题。下放的干部有抵触情绪，有少数分子企图破坏，有的说一人给一张表，叫自愿还是强迫，有一个蔬菜公司的右派，要去英大使馆请愿，你们一个人给一个表还叫自愿。

1. 少数单位对下放干部精神领会不足，对个人对国家利益来讲不足，因此选择不够，该去没叫去，不该去而去了。如石油公司把 1937—1938 年参加工作的也去了，说他们个人主义自满而下放，就不如到基层。

不能劳动的也叫去了，如建设银行，把有病和有吃乳孩也去了，就不得人心，不该下放有 10%。

该下放的下放了，石油站有历史问题的但没有放下去，各单位有无须检查一下。

是对国家干部路线、政治、组织状况应如何，怎样认识。虽有这种情况，财贸也有责任。按路达报告去做，我们无提出具体界线。军粮城去了一个小业主，油脂去了一个年纪大的，看我们有什么问题。

2. 对下放干部思想工作一般讲注意了，但也做得也不充分的，特别发现一个问题及时辩论，也做得不够，有粗暴现象，去不去两条道路。

3. 有的个别单位，向合作社联系给人家为难，如保险公司到双口乡联系，要求木门要布票买门帘，没有茶壶碗，你们如何欢迎有无钱，没有我们有。引起人家不满，下乡联系的干部，不懂乡下事。

虽做得不错，更重要的他们去了以后巩固不巩固，虽志愿中说不当逃兵，长了也会有，不要过于乐观了。

（二）当前的整改，工作主要抓什么？中心，确定机构、编制，留几个公司局设几个处多少人。

确定机构编制，调整干部 12 月 10 号搞完。

1. 确定机构编制，采取什么形式，如交群众讨论就集中群众规定下来，未提出来的可提出方案交群众讨论，机构体制有关联的 5 号定下来。

2. 进行人员排队。

总店经理支部书记，排出来，大型工厂仓库，现有多少，有多少称职，有多少不称职。缺多少，余多少，是谁，根据这个确定谁调，要求月底以前放一部分。财贸系统共缺 300 多个，估计缺 400 人是否可放三分之二？12 月 5 日就补充齐。

各单位可换一下，较大的部门的基层单位，各公司摸一下也可加强一下。哪些局解决，哪些公司解决，各公司余缺报局，局余缺报财贸部，输出的人写上条[件]，要也写出条件，报财贸，要求 12 月 15 日完成。

3. 对下放干部排队，要求月底前报来，总余缺数多少。

（1）下放基层当业务人员的人数列名单。

（2）下放手工业社多少人名单。

（3）需下放砖瓦窑场多[少]。

（4）下放盐滩去的。

（5）下放〈鱼〉渔业社的。

（6）下放工业上去的。

（7）适合当小学教员的，现在大多数还不知道。

（8）老弱病残需退休退职多少人具体名单。

（9）右派反革命坏分子各多少，也要名单，反革命坏分子，已处理了不变的，也列入前边，也到后边。

右派已处理，轻了〈从〉重新处理，未处理的单统计月底排清报来。

属于本系统一面排一面放。要接受上次放干部的教训，注意妇女有小孩要有照顾。

根据干部政策,需要去锻炼还是自愿,坚决不去的,留最后处理,也可当教员讨论。

4. 决心问题。

整风,狠狠地改狠狠整,这是领导上很重要的,决心很大。

百货公司畜产公司决心不大。

干部下放不等于整改,12 月还要整改。

5. 第二批整改完成也搞反右派,质量应有所提高。

(1) 区科长级。

① 公司的区科长级,谁称职,谁不称职,具体的名单,余多少缺多少。

② 工厂、仓库、粮油中心店、经理、副经理、支部书记、工会主席,现有多少,称职和不称职的[那]多少,具体名单,余、缺各多少? 余的输出,下放加强最基层退职退休。不称降职使用的。

市区粮店一正二副,支部书记,工会主席。

郊区一正一副,支部书记,工会主席。

11 月底放三分之二,12 月 5 日完。

20 级区科长级,17 人。

21 级区科长级,3 人。

23 级区科长级,1 人。

(2) 区级机构以下的加工厂,加强搞清情况余、缺,缺要什么条件的。

(3) 编余人员排队。

业务员工人中有多少退休的,有多少不适合退休条件而退职的多少?

王佩章谈干部问题

1957 年 11 月 26 日

主要优缺点是指当前揭发出来的问题结合过去,简单地概括——人事部门先拿出一个意见,再交党组讨论。

局内处长级填一个表,公司经理填一个表。

是否称职? 称职、基本称职、不称职。

基本称职就是大部分不动的。

不称职多数动，少数不动的。

调整意见及理由，称职加强其他单位，基本称职不动的，不称职的下放。

职务，没有正经理空着格。

不要以人事室名义报，以党组和书记名义报。

写一个综合性的文字材料，称职多少不称职多少，思想健康的多少。

能力强，但有突出的问题基本上能用。

思想作风有问题，检查得好还可用。

1. 有一定组织领导能力，业务也较熟悉，胜任现职思想意识健康，作风正派。

2. 也有些组织领导能力也比较熟悉，思想作风不够好，经过整风帮助教育能够转变的。

3. 政治上衰退，不能继续担任领导工作的等第四批检查。

综合报告，写一个，原什么状况，调整以后是个什么状况，哪些极须配合，哪些是可缓期配备，哪些垮了是什么原因？

专职支书也填，支书兼经理，也在职务上填上。局长别填。

大厂子可以考虑一下，军粮城可以，别的厂党组研究一下。

资本家副经理。

局本身处长级自己解决。一正一副。

公司经理，可由财贸调剂部分。一正一副。

下放农村，有多少直接做业务的人员（其中干部，业务多少，是非干部），周四报一下。

（中略）

一般的评价，领导思想水平不太高的，意见最多的是二崔经理不团结，正经理业务上提的缺点多，副崔经理作风事情多，席副理有点不负责，有事向外推。

正经理，墨守成规，不求上进，有问题答复不果断，处理问题拖拉，对崔副理谦过度，崔副理好办事，果断过度。

经理检查，一般认为虚心诚恳，个别说不深刻，正经理检查二次，第二次检查更深刻，副理现在二个人不团结检查的多。

李肃方，火力弱，担组织委员还可以整风中一条也没有。

崔佩，工作火力不大，工作不太大胆，工作不大，工作办法不多。

共同的就是工作负责、肯干，但崔佩当工会主席河北和商会都说弱。

关于各厂领导工作能力问题的讨论

1957 年 11 月 28 日

刘聪副经理谈：

一厂二个厂长，也没有什么大问题，但如出口富强粉和生产都有些，认真执行，生产方针不够。王志，金市比起来，他们问题少，从咱们系统他们的问题多。说基层工作也无派头。

优点：工作上沉着，生产也不断深入钻研，有一定组织领导能力，工作肯干。

缺点：主观、民主作风差，碰了钉子也不回头。

他和老岳关系不好，抓工作多，很少采纳岳的意见，影响积极性，王作义也反映他主观。

对处理搬运工人工资认为自己无缺点，他认为五级是公司局同志的。

他们职工代表大会，对厂长民主作风有意见，大会就提出五级工未经群众讨论他说讨论，别人都反映说未讨论。

老岳对他也很有意见。

坚持原则，贯彻政策有缺点，政策积极想法少，迁就工人落[后]方面多一点，如大师开支，大师吃饭补助一事，是不应该的，福利上，实行计件工作制，结果没有实行，许了我们，不执行，有意见。

今年检查了一下出口粉，下脚粮问题，三个轮流坏应停车修理，洗麦斤，有 18 万斤，而使牙碜，部分不经洗就磨了。

8 个货位，48 万斤富强粉，牙碜影响出口。14 个货位不合格，还有面筋质不够。一皮一新一检，都领会不足。20 个眼筛不来，换 18 个眼的筛，损失 8 万斤。

思想上，经不起批评，出事批评，不接受春天去检查认为是找毛病。

群众关系、组织能力、厂长威信不太高，但不是不能工作，发挥中层积极性也不够。

认真贯彻生产方针也好，强调打不开局面，常常和支部配合不好，强调党政工团配合不好，要求派支书和科长等，但是，现有人员如何使用起来？看不出来。

任务观点较严重不顾政策的现象。

岳鹤龄：

生产还有办法，作为一个副厂长考虑勉强，埋头苦干，在班上实干，还有一般人赞成。

组织领导能力，行政工作方法差，生产上有人认为不行，我认为不行，王志说不行，老岳认说王主观思想不大健康，小心眼，厂处理他历史问题有缺点，现还不知结果。

给他事多了干不了，少了不满，民主作风比王志强，也听取公司意见。要去当工人，干不了副厂长工作。

品质和思想作风不是那样不好，基本称职。

军粮城，赵子淮：

优点，钻研业务还行，自“肃反”抓生产少了，他们还没出什么大问题。

作风上，群众提意见不多，工人对赵厂印象不错。

生产问题不老大。

缺点，关系有点问题，他骄傲自满，一般干部有点看不起，总怕关系搞不好，公司、局批评。

对干部看法，认为厂里，强干部不多。对赵局自由主义。赵局说李一些情况，认为一文钱不值，别人都不行的现象。能胜任工作的，应多管些业务。不提碎米光军粮城就 1—7 两，平[均]19.4 斤，可提出 304 万斤 0.37 一礼拜，全年 48 万斤多得，业务上问题不多。

李容友技术问题，不提碎米都无贯彻。

叫李容友担任支书，赵厂长不同意。

对李容友过低地估价。

工作不太深入，群众有些意见，但是科大一些没有关系。

封官许愿，许给王清禄当科长也不一定。可能不直接。

工作欠深入，和工人关系还有缺点，和工人打成一片还不够，说话不太策略，方法简单，直截了当。

有个宽容心，上了台，下不了台，处理搬运工人底薪问题不愿去工人面前检讨。

大胆负责欠缺，什么问题要根要据，这些问题记得很清。

刘振武：

发动中层干部力量技术不错，工作也很活跃，创造迈步不小，寿丰业务工作一般不错，学习苏先进经验也好，起色大步迈得大。

政法思想工作，寿丰工人情绪稳定也是正常的。比军粮城和一厂工人都强。都不错。

有点小心眼，怀疑这个那个的。

有几个问题处理怀疑张义芳，说他是事后诸葛亮，工作服，处理不及时，张义芳不敢作主，说了不算，烤火费，按国家规定，住厂的扣工资。刘新在电话有点意气，闹得不好，产生一些关系，认为在军粮城二人有些意见。

二人对笔记，闹个水落石出。

工资处理上寿丰有几个人拖了一下，认为张义福发觉刘振武敢干，但也不细微，如向外调水分大，坏 200 多袋面，陈仲以发出去以后，又请示刘同意了，出告诉仓库，发现问题，说出这样多水分下的不出怎样办？

自由主义，水分标准，监察局报告，高科长去宣布了一下，刘就发了一牢骚，公司这不对，那不对。

王、刘看戏而[且]有些自由主义。

寿丰厂子的车马费，处理向公司了，王经理，你们不向公司说一下？

大字报说刘厂长有些主观，上楼少，抓业务少。

坚持原则还〈免抢〉勉强一些。

对群众落后有些迁就。步小不敢改。

陈省之和刘振武二人工作不分上下，在某些地方比刘振武还强。

对陈印〈像〉象不错，能提出问题又掌握原则，对工作很认真，办法不少，坚持原则不错。

富农，工人、党支部、厂长、区都同意发，他坚持不发，也不脱离群众，积极向公司研究。

但不发处理很妥当〈元〉圆满，大家也无意见，坚持规格质量很好。

工作很稳当，处理修理引擎上，大校和公私要修，工人和私方说不能修，结果根据工人热情超重修理。公司抱怀疑态度，用什么方法去解决，经技术人员想法解决。

缺点，向支部工会商议多，和私方厂长商议少，对技术人员有些迁就，林昌富，沈有定。

李荣昌到粮店不适合，准备放到财会科，张励听局长意见，是否成立饲料店？于资可去江桥区去担任个经理。

吴汝翼：

郑局长业务熟悉，工作方法多一些。

1. 宗派主义，结论有宗派情绪，提赵田为仓库主任。

2. 个人利益，他的家属在食堂吃，住的房子，搬家叫修理。他小姨子不应来叫保卫上户口。

3. 主观看干部印〈像〉象出发。

王局长等关于下放问题的谈话

1957 年 12 月 2 日

1. 200 余人退休退职，毕经理的意见估计这个数需要补，他们不能顶工作。

2. 动员参加家务劳动指企业管理部门中，无干部条件，操劳家务，公私都有利的。

(1) 私方人员不下放，中央有指示另说。

(2) 关于退休和老弱病残，这个工作不好做，本人是否退休？一个人一个人地审查，列出名单更慎重些。以后再考虑这个工作。

门市部劳动效率高低不好比，北京校学机关多，我们天津市在门市部做得是否那样好也不现编制。

(3) 郊区工作比市区工作量大做得就更不好的，先吃个人后吃国家的这个工作就更不好，饲料工作更需要开展，郊区还需容人的。

郊区有季节性，确实也没开展起来。

一个乡设一个人，不叫粮仓干事，设在本市部。

工作有一个松紧袋，闲时工作的好点，忙时工作的次点。

(4) 市区，市区分工，科店关系，在整风中，就市反映到资本主义自发势力，市场搞死，挤出 20 万人。

我得出人。管死就需要人的。

所以把人放到区里去，放到门市部。

需要人再抽，月初售货忙，卖粮间抽出来搞外流。

王局长：

召开各单位开会。

1. 要求本周内，下放基层基本放完(骨干充实下放锻炼)要求今天和明天调出报表，放本公司系统的报来名单。输出单位，周五前做好思想工作，星期五、六，放下去，到郊区去的要集中走。要人单位要准备好。

2. 下放方法，我们不要认为容易，下放前要展开辩论和讨论。

领导个别谈话，做思想工作，公布名单是否还采取公布名单需考虑。

下郊区人多，还采取送的方法，市内就不必，集体送。我们送到中心粮店就算了。

不管到哪门市部。

何人分配何地址门市部，送到下放的公司。

下放当经理的是否说？也考虑一下。

这次放基层的不开大会欢送了，局不开了，各公司看情况，也不必敲锣打鼓的了。

3. 应注意的问题。

(1) 各公司下放的都审查一下，局也审查，如有病，是什么病，能不能坚持工作？

(2) 老的不能坚持的也注意下，也不合适。

(3) 妇女有小孩，尽量照顾住在[本]区或邻区好，年轻点的到郊区。档案是否转？

(4) 供应公司中心店和门市部应准备，欢迎和劳动。下放的干部经理无时间本科厂库去看一看。

① 工资按调干处理，工资一般不动，由供应开支，福利随所到单位。

② 右派没斗的别去，斗了已结论，不需给处分别去。

历史问题需处理的不得去。

有病不能坚持工作，和有肺病传染的不能去。

关于粮食系统组织工作的安排

1957 年 12 月 3 日

① 建立组织，单独核算由局领导。② 组织建立由局、储运工业公司军粮城来厂和仓库。③ 建立改建办公室正副主任，设 4 个组。25—30 人。④ 总的来说，采购设工保管，抽 20 人工程完后回原单位。

粮食部叫报组织，由建厂方面开支经费。

工业公司抽本公司系统的自己负责，抽别的公司向人事联系。

办公室：

(一) 扩大民主生活，密切联系群众的制度。

1. 严格〈尊〉遵守集体领导。

公经局：

(1) 贯彻上级的政策指示，全局性重大任务。

(2) 年度，半年，季度工作总结。

(3) 组织机构设置。

(4) 区科室级的任免，奖惩。

(5) 制定修改制度。

(6) 某一个时期的重大工作和事项。

2. 对局务会做出的决定与上级指示不符需修改也通过局务会。

3. 凡应通过局务会讨论，或修改，因情况紧急，来不〈急〉及召开会由局长与有关部联系以后追认。

4. 参加局务会人处长，经理，必要吸收部分人员参加。

5. 强调集体领导并不妨碍分工。

(二) 广泛发扬民[主]批评自我批评。

处长级干部，每季由局召开生活会，局长每季召开群众座谈会。

处长、主任，每月召本处生活检讨会每季有一次，对处长主任的批评。

每个时期，重大措施贯彻执行，月季年度总结在全处讨论。

局全年半年计划总经交群众讨论。

(三) 领导干部参加体[力]劳动。

1. 有二个处长以上的，副职担相当一个半个人的工作，二个副处一个人做具体工作。

2. 处长拟写本处的工作计划总结，如有工作忙，可参加具体研究。

3. 局长每月有一次参一个处的生活会。

4. 正副处，每半月有半天时间向群众谈话。

5. 坚持礼拜四无会议日，每半[天]参加一次体力劳动。每月终了解的情况汇报，紧急问题随时报告。

6. 加强调查研究，每月五天组织干部有重点有计划到具体点调查，研究，并写出专题报告。

7. 各种集体活[动]领导干[部]尽量参加。

(四) 领导干部必须与群众共甘苦，〈出〉除上级规定外，一律按制度办事，防止特殊化。

（五）福利的事最好由群众管，困难补助由全处讨论。

（六）扩大文件阅读。

（七）及时处理人民信访。

设人民意见箱（办公室负责）有一人在局长领导下督促各处理后，有通过办公室，告诉办公室。

人民来访一般 7 天，比较紧的 3 天，特别紧的当天。

粮店，共要 21 名，其中经理 7 人，副理 3 人，支部书记 6 人，工会主席 5 人。

（后略）

各公司下放情况汇报

1957 年 12 月 10 日

供应公司：

1. 11 号发薪 12 号退职如何发？当月工资。

2. 须发执行这个办法前退职的找如何办？（以后不管）

3. 公私合营的职工和资本家如何办？

4. 下放农村算退职还算转业？

油脂公司：

1. 工作人员工作历史中有二年休息是否扣出去？

2. 搬运工人从什么时候计算退职期？

3. 公私合营，职工什么时算起？

4. “三反”“五反”判徒刑无问题，三青团的几年如何办？

储运公司：

1. 搬运工人参加工作时间什么时候起？

2. 半天工作半天休息，退职按怎样计算工资？

3. 参加工作后休息了二年，他的工龄如何计算？

工业公司：

1. 合营企业职工，如按合营时计算工龄，工人有意见，和劳保案例不一样。

2. 批准权限，干部外其他由公司批准，我们考虑局是否都批？

储运公司：

有的搬运工人申请不干去做买卖，而不来了，还有的不找也不来了。

油脂公司：

总现有 2 186 人(加区科长是 57 人)，总拟编 1 982 人，编余 356 人，实际 227 人。

公司本身，现有 151 人，拟编 87 人，余 64 人。

已处理：① 到农村 28 人，其中党员 3 人，团员 2 人，群众 23 人。② 下放门市部 11 人，党员 1 人，团员 1 人，群众 7 人。50 岁以上 2 人。

准备处理 26 人：门市部 4 人，回乡 1 人，下放农村 5 人，退休退职 11 人，充实下层 3 人(科长级)，外调一个局雷北海。

各库，现有 219 人，拟编 197 人，余 22 人。

已处理 122 人：① 农村 11 人，其中党员 4 人，团员 2 人，群众 5 人。② 下放门市部 10 个，团员 1 个，群众 9 人，50 岁以上 2 人。

准备处理 8 人：① 到农村 2 人。② [回]原籍 5 人。③ 手工业 1 个。

共缺 7 人，一般干部。

批发部，现有 44 人，拟编 40 人，余 11 人。

已处理 6 人：① 农村 6 人，其中党员 1 人，群众 5 人。② 门市部 2 人。

准备处理 3 人：① 原籍 1 人。② 退职退休各 1 人(2 人)。

共缺 7 人。

合营总店，现有 688 人，拟编 677 人，

已处理：① 放农村 9 人，其中党员 1 人，团员 1 人。② 门市部 15 人，其中党员 3 人，团员 1 人，群众 11 人。

准备处理 94 人：① 编外 3 人，资方经理。② 区科长外调 1 个，降职 1 个。(2 人)③ 股长 2 人降职。④ 到系统外工业 1 人。⑤ 农村 17 人。⑥ 门市部 29 人。⑦ 家务 2 人。⑧ 手工业 2 人。⑨ [回]原籍 2 人。退职退休 34 人。

各合营厂，现有 614 人，拟编 544 人，余 95 人，实际 70 人。

准备处理 95 人：① 车间 11 人。② 退职、休 52 人。③ 家务 16 人。④ 门市去 2 人。⑤ 降职 3 人。

国营厂二个，现有 470 人，拟编 438 人，余 35 人，实编 25 人。

已经处理：门市部 1 人，50 岁以上群众

准备处理 34 人：① 家务 4 人。② 退职退休 8 人。③ 门市部 6 人。④ 农村

9人。⑤ 原籍3人。⑥ 手工业1人。⑦ 放车间2人。

储运公司,现有4 054人,拟编3 602人,余452人(不算农村15人)。

已处理25人(本身):① 农村15人。② 门市部8人。③ 基层去2人。

准[备]处理:企业管理人员134人,售货员2人,退职退休8人,家务4人,手工业1人,农村18人,原籍3人,调市局3人,放基层3人,订、票(大师〈夫〉傅)。

业务人员:售货员130人,退休退职19人,手工业1人,砖瓦1人,盐滩1人,农村6人,原籍5人。

警卫45人:售货员41人,退职1人,原籍3人。

工人98人:售货1人,退职72人,退休13人,家务10人,手工业2人(其中区科长31人,市级科长6人)。

公司本身,现有100人,拟编61人。

已处理26人:农村15人,售货员8人,基层2人,外调1人。

准备处理:门市部4人,原籍1人,下放基层1人,外调2人,到农村5人。

现有87人,拟编49人,下放38人。

已处理23人:农村17人,外调3人(文教、供应、诊所),退休2人(王文有),门市部1人。

准备处[理]15人:当工人2人,当售货员2人,退职5人,退休1人,回原籍2人,外调1人,下放基层2人。

所属厂,干部615人,拟编308人,编余307人。

已处理161人:当工人118人,当售货员30人,农村12人,外调1人。

准备处理148人:当工人78人,当售货员13人,手工业1人,教员5人,退职退休20人,长期病号5人,右派2人,回原籍5人,农村9人,干部当勤杂9人,外调1人。

工人现有1 908人,拟编2 047人,增加198人,减退休人员59人。

供应公司,不包括塘沽,现有5 669人,拟编5 724人。

计划处理:退休124人,退职14人,半年以上病62人,一年以上病人64人,第一批农村23人,回原籍1人,第二批农村59人,反革命分子2人,已逮捕1人。

实缺404人,要人404人。

行政37人:支书5人,经理4人,副理4人,工会主席2人,人事股长1人,秘书股长2人,业务股长2人,财会股长6人,人事干部8人,财会干部3人。

业务人员 367 人：加工工人 24 人，搬运工人 3 人，仓库保工 10 人，门市部经理 31 人，管乡干部 84 人，售货员 215 人。

公司本身，现有 116 人，拟编 58 人，余 59 人，实际余 58 人，缺 1 人。

退休 3 人，半年以上病号 1 人，一年以上病号 2 人，第一批农村 5 人，第二批农村 8 人，下放门市部 36 人，充实下层 3 人。

已处理 26 人：① 门市部 19 人，男 16 人，女 3 人。② 农村 5 人，党团员 4 人，群众 8 人，25 岁以[上]。③ 充实基层 2 人。

准备处理：农村 8 人，门市部 17 人，退休 3 人，半年以上病号 1 人，一年以上病号 2 人，充实基层 2 人。

店层，现有数 933 人，拟编 618 人，余 315 人。

退休 13 人，半年病号 2 人，一年以上病号 6 人，一批农村 19 人，第二批 51 人，反革命 2 人，门市部 232 人。

已放农村 18 人，已放门市部 28 人。

粮食局精简情况

1957 年 12 月 14 日

粮食干事 290 人，粮食科 95 人。

上海粮食局，公司取消以后比合并前工作减少环节，还能大精简人员。局编制 200 人，层次减少，人员减少，创造了条件。上海这样大市 720 万人口，管业务还多能合并。天津市我认为如果合并也问题不大，除减少层次，还能下放干部力量，加强基层，是否集中了就增加官僚主义，还考虑不太成熟，还需深刻研究，因对业务经营方面不熟悉。

（下略）

传达关于尽量利用城市劳动力的指示

1958 年 1 月 31 日

少奇同志六项指示，其中二项第二点，尽量利用城市劳动力，新办工厂，多用临时工,少用正式工,特别是建筑业、临时工转正要经过批准。有些厂现在不要增加工人了,可以利用家属来〈作〉做工,如香烟厂,火柴厂就可以这样办,商店必要时也可以这样办。

对私改和右派处理的座谈

1958 年 2 月 5 日

(一) 原生产的干部,原工资高于评定工资的是否保留? 根据个人的请求,如不请求如何办?

关于私改工作,第一个[季]度私改工作:

1. 主要抓整改,基层单位,对公私方提出很多意见,有的本单位,研究解决,还有些关联到私改政策方面的。

第一类,规定章程制度不明确,不具体,下边执行有困难的。

第二类,政策不太了解,思想不通有抵触。

第三类,个别问题处理不太妥当。

第四类,对私改部门领导方法,工作方法提出一些意见。

当前抓〈正〉整改;

首先处理已报来的一些问题,对其他问题要分类排队,过去不具体的具体,有漏网的修改。

对职工的意见要考虑政策,又不能脱离群众。

2. 各公司根据自己的力量了解对私改意见。

如何〈正〉整改的,改得是否彻底。

(二) 对右派分子的处理:

第一层的人物正在工商联辩论。

对右派斗争已结,正准备材料,区要查对。

右派分子的事实材料三份,报局一份。

统战部、工商联各一份。

行政方面处理由局公司研究,社会职[务]处理要取得一致,局七办组织办理。

目前对右派的材料摸底主动提出意见。

第二层也有不少右派,先〈正〉整改辩论最后反右派。

（三）对违法乱纪贪污盗窃的要处理。

反对贪污浪费，群众检举揭发号召坦白的，核实定案处理，改进制度，这个工作由区搞，局和公［司］搞行政处理，这个工作三月份开始，有些单位随发现随斗争。

（四）鉴定，按干部分管去〈作〉做。〈正〉整风暴露出一些问题，具体〈作〉做法另布置。

（五）继续贯彻对小商小贩供货问题的决定。

搞资方人员训练。

关于小业主摘帽子入工会问题。

关于私方人员下放，〈正〉整风后再放，方案中央已批准。

江风阁：

我们有私方人员，约千人，任务不小，设在人事部门恐怕挤掉，不如设二个专职人员设个机构。

董品宗，说原考虑和人事部门和经理室怕挤掉，还是单设一个机构。

总厂的私改工作和人事部门合并了，总店仅一个部门无合并，因为人不适合。

万晓塘关于天津下一步工作设想的讲话

1958 年 2 月 24 日

晓塘同志提天津市如何办：

反浪费反保守，开始学习毛主席 60 条工作方法，搞试验田，领导上学会什么搞什么，如何又红又专？工人中操作规程劳动纪律搞小工厂，精简下放在后段。

全市开展起反浪费反保守高潮，不要光从劳动强度上提高，更要想先进方法。

第三批整风的领导检讨一下就可，反浪费反保守，第一二批年前已暴露了一些。

天津市反浪费反保守，3 月末 4 月初告一段落。

有的企业可以 5 月底。

动员家属还乡，动员时间各区自定，动员条件放宽一点。

关于机构体制会议：

（一）各区人民委员会成立财粮贸办公室，各商业局管批发和零售业务取消跨区，成立若干区公司受区与市局双重领导。

1. 区对零售公司负全面责任。

（1）〈另〉零售计划和市场安排。① 审核本区〈另〉零售公司编造的年度季度商品流转费用，劳动工资计划，经区审核再报市局，平衡批准下达，由区监督执行，月度计划在批准的季度计划内由区调剂。② 根据市局批准的计划统一安排本区市场供应，其中的统购统销物资，紧张商品要逐项安排。③ 对全额商品有5％的提成。

（2）经营管理。负责监督和保证区公司贯彻执行市局所规定的制度，和〈另〉零售商品的供应规格，质量，服务态度，营业的物资保管，卫生劳动竞赛，和〈另〉零售网的调整。

2. 财务和资金。

市局每年拨给区公司一定数量的机动款项，用于调整〈另〉零售网和修缮等项。

关于物价问题，区负责监督检查执行物价政策。人事工作，对区公司职工，区管政治思想领导和工资福利，人员在系统内调剂。

私改由区负责，对私方人员安排教育，小商小贩的安排改造。

区设财粮贸办公室，设3—5个组，上下对口。

（二）〈另〉零售公司职权任务。

1. 成立7个区公司：百货、煤建、副食品、福利、饮食、粮食公司、日用杂品公司、电料化工自行车车具，五金可放放到百货公司，户多的区可仅民用公司。

区公司的名称由主管局核定。

2. 区〈另〉零售所管的行业，原则上应与局对口。

3. 区〈另〉零售公司受区和市商业局双重领导，〈另〉零售主要对区人委负责，区对〈另〉零售公司负责全面责任，区对市局的指示决议无权变更，如区不同意报局协商解决。

4.〈另〉零售区公司一般直接领导门市部，如门市部多的可以成立中心门市部以大带小。

（三）1. 市局负责平衡汇总，区人委同意的年季度计划，商品流转，劳动工资计划，或委托市公司审批。

2. 负责基建投资，资金调度，信贷指标的分配。

3. 传达布置上级的方针政策。

4. 统一掌握编制总数,工资福利制度,市管干部的管理,干部的调整调剂。

(四) 市公司的任务。

1. 专管批发与区〈另〉零售公司,保持业务关系,保证和检查商品供应。

2. 在市局领导大型的商店。

3. 一些总店和公司。

各区粮食科应保留与〈另〉零售公司一起办公。

设立区工商局。

区公司内部设科还是设股?

人员编制,经、副理各一人,支部书记一人,工会主席一人。

供应股 12 人,

人保股 6 人,

财计股 12 人,

秘书股 6 人,

竞赛 2 人,

工会 1 人,

勤杂 5 人,

合 48 人。

行政干部 8 人,共计 56 人。

统一

经理室

财务股

业务股

行政股

人事股

饲料股,根据需要设立。

通过这一段的劳动,① 锻炼了一种克服困难的精神;② 加强与劳动人民的联系,送粮上门等;③ 每个人的体力增加了;④ 思想水平提高了,认为高中毕业生〈作〉做这无前途自己有同感,最后认识这个言论是落后的。

门市部工作的改进意见和门市部负责人的意见。

有的有商人意识,保守思想,风气庸俗,一团和气背后乱叨叨。

表示服从分配，克服困难。

缺点能摆出，分析不出原因来。

① 不愿去仓库和郊区，愿到干校和工厂，有一人生活很好，强调有困难的愿到郊区。

② 怕所学不能所用。愿在市内不愿到市外的思想。

天津市人民委员会关于改革体制的指示

1958 年 2 月 26 日

区掌握的关于人事工作，区对区公司所属干部职工负责管理，政治思想教育，奖惩及福利工作，并可根据业务需要，在各局系统内〈作〉做企业之间的调整和配备(包括私方)。

关于私改工作，负责对区级代表人物的安排，以合营企业为基地，对全体私方人员进行社会主义整改。并负责对小商小贩的改造、管理和教育工作。

市局掌管。

统一编制职工总数，工资水平，管理局管干部的任免，及全市性的干部职工调配训练工作，

我们的意见：

1. 统一掌管，控制职工编制总数，工资水平(制度)，福利制度，区科长以上的干部的考察、了解、奖惩、调动任免。

一般干部职工根据工作需要进行调配，训练。

2. 私改工作，由区负责市局不再管理。

党组会议：

研究区粮食公司干部的配备。

1. 赵庆昌处理以后如何安置，不能安置就拿局来。河东区根据财贸的意见。

2. 区公司编制 35—55 人。

供应公司与储运公司合并，命名为天津市粮食公司。

人事室考虑人员编制干部安排。

传达财贸党组书记反保守反浪费会议

1958 年 2 月 28 日

财贸又召开了一个党组书记会议，关于反保守反浪费，就是立即行动起来。

中央财贸，裴梦飞

（一）抓紧时间把整风运动搞彻底，这是政治与思想战线上革命，改进领导作风、工作作风，打掉官气，肃清暮气，以整风为纲进行反保守反浪费。

整风第三阶段：① 一般整改；② 反保守反浪费；③ 大辩论，反右派，三个都要大鸣大放整改。

（二）整改问题，是整风的关键，因此集中主要力量整改，改进领导作风，经营管理，教育群众，目前主要反保守反浪费，比先进比生产，促使大跃进，北京开展得很好，天桥商场减少 50%的人。

打破陈规，典型突破登报宣传，领导批准，不要用老眼光看大跃进的新事〈务〉物。动员大跃进讲，① 十年看三年，三年看头年；② 15 年赶上英国，当促进派还是促退派，参观。

天桥主要发动老职工老店员的意见，领导认真研究，要打通老工人店员，充分说出心里话，开始领导上别用行政命令公布的方法，延〈常〉长工时先别理他，领导上要引[火]烧身决心改，就工人店员，知道提意见，不是谁提就报复谁。

对公私合营中进行专题鸣[放]专题整改，先烧资产阶级经营观点作风，帮助资本家改变观点，教育工人发挥他们专长。

合营商业树立我们的领导。

（三）大辩论先不搞，现不说了。

（四）群众路线。

1. 一定学习群众路线，学会用阶级观点处理问题，哪些是群众的大多数。

（1）本人成分出身就是剥削阶级。

（2）小资产阶级出身。

（3）老工人老店员不包括技术人员。

主要依靠第三类和第二类中的基本群众，第三类 80%是劳动人民出身，天桥发动起来就是依靠了大多数，因为他对剥削有深刻体会，发动起他们就要主动地去接近他们。

企业中应组织以老工人店员和青年积极群众为力量。

发动起来未发动起来老工人店员起来否为标志。

什么叫新老店员，解放前为老工人老店员，解放后为新工人新店员。

各地划的积极阶层少了，应在工厂企业中，划出先进、中间、落后三种，以政治态度划分。

2. 充分利用党委制和职工代表会。

（五）整党整风就是整党。

支部书记必须配备强的，有的愿当经理不愿当支书，是思想问题还是认识问题？

整风以后把合营企业中党的组织建立起来，真正领导企业派去或提拔，工会主席也很弱，应想法配备。

反浪费反保守是当前整风的中心，以此为纲带动其他工作，实际上是领导落后于群众，不要旧看法对待大跃进。

反保守反浪费主要发动基层，以区、党委为主发动，局党组主要总结经验推广。

党委要考虑，搞反保守反浪费解决几个什么问题，企业单位搞也联系到行政，别说学习 60 条，先搞。

对领导干部有些改变，对技术人员也有改变，单纯技术观点、不团结等。

每个阶段都有个重点去抓工作。

（后略）

党委要抓好管好社会主义建设工作

1958 年 3 月 1 日

（一）县以上各级党委要抓社会主义建设工作，这里有 14 项：① 工业；② 手工业；③ 农业；④ 农业副业；⑤ 林业；⑥ 渔业；⑦ 畜牧业；⑧ 交通运输业；⑨ 商业；⑩ 财政和金融；⑪ 劳动工资和人口；⑫ 科学；⑬ 文教；⑭ 卫生。

（二）县以上各级党委要抓社会主义工业，这里有 14 项：① 产量指标；② 产品质[量]；③ 新产品试制；④ 新技术；⑤ 先进定额；⑥ 节约原材料，找寻和使用代用品；⑦ 劳动组织，劳动保护和工资福利；⑧ 成本；⑨ 生产准备和流动资金；⑩ 企业的分工和协作；⑪ 供产销平衡；⑫ 地质勘探；⑬ 资源综合利用；⑭ 设计和施工。这是初步拟定的项目，以后逐步形成工业发展纲要，“四十条”。

（三）各级党委抓社会主义农业，这里也有十四项：① 产量指标；② 水利；③ 肥料；④ 土壤；⑤ 种子；⑥ 改制（改变耕作制度，如扩大复种压积，晚改早、旱改水等）；⑦ 病虫害；⑧ 机械化；⑨ 精耕细作；⑩ 畜牧；⑪ 副业；⑫ 绿化；⑬ 除四害；⑭ 治疾病讲卫生。

（四）全面规划几次检查，年终评比这三个重要方法。

（五）五年看三年，三年看头年，每年看前冬。这是一个掌握时机的方法，时机有所侧重，把握就会更大了。

（六）一年至少检查 4 次。

（七）如何评比？省和省比，市和市比，社和社比，厂和厂比，矿和矿比，工地和工地比。可以订评比公约，也可不订。

（八）什么时交计划，省—县都按三个十四项订出计划，1958 年 7 月 1 日前交卷，计划逐个审查。

（九）生产计划三本账，中央二本账，一本是必成计划，这一本公布，第二本是期成计划，不公布，地方也二本账，和中央一样，评比以第二本为标准。

（十）从今年起，中央省、市、自治区党委抓工业，抓财金贸，一年 4 次。主要 7，11，1 月三次，再不抓 15 年赶上英国可能落空。（地方去开会）

（十一）各地方的工业产值：争取 5 年或者 7 年或者 10 年内超过当地农业产值。

（十二）今后 5 年内或者 6—8 年内完成农业发展纲要四十条。

（十三）10 年决于 3 年，争取 3 年内大部分地区的面貌基本改观。

（十四）反对浪费。在整风中，每个单位要以若干天的功夫，来一次鸣放整改，每个工厂每个合作社，每个商店，每个机关，每个部队都要进行一次认真的反浪费斗争，今后每年都反一次浪费。

（十五）在我国的国民经济中，积累和消费的比例怎样才算恰当，希［望］大家研究。

（十六）关于农业合作社积累和消费也需研究。

（十七）集体经济和个体经济的矛盾需解决，需要定出一个适当的比例。

（十八）普遍推广试验田，这是一个十分重要的方法。

（十九）抓两头带中间，这是一个很好的领导方法。

任何一种情况都有两头，即是有先进和落后，中间状态又总是占多数。抓住两头就把中间带动起来了。这是一个辩证的方法，抓两头抓先进和落后，就是抓出了两个对立的方面。

（廿）组织干部和群众，对先进经验的参观和集中地展览先进的产品和〈作〉做法，是两项很好的领导方法。

（廿一）不断革命。我们的革命是一个接一个的。从 1949 年全国夺取政权开始，接着土改，农业合作化，私营工商业，手工业的社会主义改造，即生产资料所有制方面的社会主义革命基本胜利，1956 年基本完成，接[着]就政治思想战线上的社会主义革命。这个革命在今年 7 月 1 日以前可基本告一段落。

（廿二）红与专政治与业务的关系，是两个对立物的统一，一定批判不问政治的倾向，一方面要反对空头政治家，另一方面要反对迷失方向的实际家，政治和经济统一，政治和技术统一，这是毫无疑义的，年年如此，永远如此。这就是又红又专。将来政治这个名词，还会有的，但内容变了，不注意思想和政治，成天忙于事务，那会成为迷失方向的经济家和技术家，很危险。思想工作和政治工作是完成经济工作和技术工作的保证，它们是为经济基础服务的。思想和政治又是统帅，是灵魂，只要我们的思想工作和政治工作稍微一放松，经济工作和技术工作一定会走到邪路上去。（无冲突论是形而上学）政治家一定要懂业务。懂太多了有困[难]，懂太少了不行，一定要懂些。不懂实际是〈假〉借口，是空头政治家。

（廿三）上层建筑一定要适合经济基础和生产力发展的需要。

（廿四）一定要把整风坚持到底，全党要鼓起干劲，打掉官气，实事求是，同人民打成一片，尽可能地纠正一切工作上，作风上，制度上缺点和错误。

（廿五）中央和省、市、自治区党委的委员，除了病的和年老的以外，一年一定要有四个月的时间轮流离开办公室，到下面去做调查研究，开会到处跑。采取走马观花和下马观花的两种方法。哪怕到一个地方，谈三四[小]时走也好。要和工人农民接触，增加感性知识。……地方去开。

（廿六）以真正平等的态度对待干部和群众。必须使人感到人们互相间的关系，确实是平等的，使人感到你的心是交给他的。学习鲁迅，鲁迅的思想是和读者交流的，是和他的读者共鸣的，人们的工作有所不同，职务有所不同，但是任何人不论官有多大，在人民中间都要以一个普通劳动者的姿态出现，决不摆架子，一定要打掉官气。

对下级提出的不同意见，一定要能够耐心听完，并加以考虑，不要一听到和自己不同的意见就生气，认为不尊重自己，这是以平等态度待人的条件之一。

（廿七）各级党委，特别是坚持站在中央正确路线方面的负责同志，要随时准备挨骂。人们骂得对的，我们应接受和改正。骂得不对的，特别是歪风，一定硬着头皮顶住，然后加以考查，进行批判。在这种情况下决不能随风倒，要有反潮流大无畏的精神，这一点已在 1957 年受到了考验。

（廿八）在省、地、县三级或省、地、县、乡四级干部会议上，讨论一次党的领导原则，讨论一下这些原则是否正确，“大权独揽，小权分散”。

（廿九）是否事事都要问过第一书记？可不必，大事一定要问。要有二把手，三把手，第一书记不在家的时候，要另有人挂帅。

（卅）党委要抓军事。

（卅一）大型会议中型会议，都是必需的，各地各部门要好好安排一下。

（卅二）开会的方法应当是材料和观点统一。

（卅三）一般说来，不要在几小时内使人接受一大堆材料、一大堆观点，而这些材料和观[点]又是人们平素不大接触的。

（卅四）十个指头的问题。

（卅五）“攻其一点或几点”“尽量夸大，不及其余”，这是一种脱离实际情况的形而上学的方法。

概念的形成过程，判断的形成过程，推理的过程，就是调查和研究的过程，就是思维的过程。

文章和文件，都应当有三种性质：准确性，鲜明性，生动性。

不可以一切依赖秘书，或者“二排议员”，要以亲自动手为主，别人帮助为辅。不要让秘书制成为一般制度，不应当设秘书不许设秘书，一切依赖秘书，这是革命意志衰退的一种表现。

学点自然科学和技术科学。

学点哲学和政治经济学。

学点点历史和法学。

学点文学。

学点文法和逻辑。

建议在自愿原则下，中央和省市的负责同志学习一种外国文。达中等程度。

中央和省的主要负责人，可以设置一名“学习秘书”。

外来干部要学本地话，本地干部要学普通话。

中央各部、省、专、县三级都要比，培养“秀才”，没有知识分子不行，无产阶级一定要有自己的秀才。

一切中等学校和技工学校，凡可能的一律试办工厂或农场进行生产，〈作〉做到自给或者半自给，学生实行半工半读。

一切农校除自己市场生产，还可同当地社〈定〉订立劳动合同。

大学和城市中学，在可能条件下联会设附属，工厂或作坊。

开展以除四害为中心的爱国卫生运动。

化肥工厂——三级都不设。

湖北孝感县，联盟农业社，亩产 2 130 斤。

各地可以研究试行。

种子搭配问题。

薯类大有用处。

绿化。

林业要计算〈复〉覆盖面积。

今年 9 月以前……①

必须坚决贯彻党的干部工作路线。今后除了应该继续从工人、农民的优秀分子中选拔干部，和从经过生产和斗争锻炼的知识分子中选拔干部外，必须有计划、有组织地分批地组织现有的、没有经过实际斗争锻炼、没有基层工作经验的知识分子干部，到农村工厂去劳动几年，或到基层〈作〉做几年实际工作，凡是党和政府，群众团体的各级领导干部，都必须经过实际斗争的锻炼，和取得基层工作的经验。缺这一课的必须补上这一课……

这样〈作〉做，这样才能使党和国家培养和选拔干部的工作，建立在稳妥的基础上，才能建立一支为共产主义事业奋斗的经得起风险的干部队伍。

反浪费斗争的主要目的，在于接受教训改进工作，不是追究责任。

赵步崇关于紧编机构支援工农业的动员报告

1958 年 3 月 26 日

赵步崇同志：

今天会议主要是抽调一些人支援工业建设，工业产值，发展很快，要第二个

---

① 原文如此。

五年计划末，等于超过现在上海一倍。

农业跃进实现四十条，用不了十年了，所以工业发展要赶上农业发展。

目前普遍存在着人浮于事，河东区煤业减 50%，黄家花园门市部减 30%。

彭真同志报告说全国商业人员 480 万人可减 200 万人。

这就是工业部门需要人，我们这里有人。

余的人，一方面支援工业，一方面支援农业，退休职干部到工业为锻炼，店员为调动，到农业去的一样，下礼拜内完成 3 000 人。

分配到一个区，找几个店解决 3 000 人，或先解决几个行业的人，煤业，蔬菜。找几个商店和行业便于找经验，因此区局要抓。

机构合并了二个局，粮供，储合，百鞋帽合，交通粮行撤销了，局内有些处室科合并，取消了 125 个总店，成立了区公司。

下放农业 3 626 人，下放基层 3 000 多人，退休退职 50 多人，砖玉，渔，建筑业 70 多人，原计减[一]万五千人，仅减了 7 000 多人，但实减不到 4 000 人。

二局可拿出 8 000 人，除已拿出 2 000 人，还有 6 000 人。

粮食可拿出 2 000 人。

三局可拿出 6 000 人。

北京的情况：

有一个局 3 万人减 2 万人，总的北京商业减 60%—70%，估计不能少于天津，有中央的要求、北京的榜样作指标。出路，绿化西山，农场，修水库，退职退休。

怎么办？

紧编机构人员，支援工农业。

1. 到工业的条件。人数，中央给任务 10 000 人，全市工业要[增]15 000 人，目前要解决 3 000 人，中央规定不得从社会上吸收，只有在[现有]财[政基础上解决]。

年龄 40 岁以下，其中 25 岁以[下]40%，其他 60%，男 70%，女 30%。

身体健康，无疾病，能坚持八小时工作的。

历史清楚，有一般历史问题已结论的。

本人经过动员自愿下去的。

2. 手续，输送单位给个统计表，花名册即可。填一式三〈分〉份。

身体检查由对方〈作〉做，身体检查后到了新工作岗位再发现病由新单位负责。

工资待遇。

工资一年内工资不变，一年后根据中央规定办法和本人条件评定。（一年后也不要降低不能叫本人知道）福利随新单位的办法。

调工业去的干部一律和农村一样，原单位开支，下放调动只限国家新给人员。

充实基层的领导骨干，通过鸣放看领导权还在资方手中。

1. 30人以上的企业，需配科、股长级干部（单位200个）。

10人以上单位到30人，配科员级干部。

不足10人的配职工负责人。

30人以上都建立起党的组织，30人以下的都要有党员。1958年内。

2. 条件

（1）历史清楚，政治可靠，中左以上的。

（2）有一定的组织领导能力，能胜任本职工作。

（3）能在短期熟悉业务，有培养前途。

（4）作风正派，能联系群众。

（5）身体健康。

干部的来源原则上就地取材，如有不足可做适当的调整，从现在紧缩的人员调整，或在现较强的单[位]调剂。

由各局提出调整意见。

这次动员对下放调动处理一起动员。

方法步骤：

1. 普遍动员发动群众，机构设置人员配备多少，精简多少，到哪里去都要大家提意见鸣放，原有多少，留多少减多少，减下来的人到哪里去。

2. 初步确定精简人数，确定名单审查。工业、农业退职退休的，加强下层的骨干，那里去的名单，不必叫群众讨论了。

3. 办理调动手续欢送。

组织领导：

原准备成立组织，不成立了，局有一个局长管人事部门，财贸部部长，干部处负责。

到工业动员报告审查名单，区负责为主，调动办手续局负责。农业去的也如此。

配备骨干，由区和区公司研究办理，不够再找局。

时间：自27日—4月2日完成3000人。

到工业仅提工资一年内照发，将来再说。

动员时不要讲工业那样理想和说比农业强,要从头学起,艰苦性。

干部要愿意转业为工人,可工资随着,这次调仅去当工人的,干部愿去当工人也可以,合同是否可不定。

外贸要 300 人,〈仅〉尽量自己解决,实不能行,财贸给调剂徒工。

骨干配备 5 月份搞完,四月份配齐 30 人以上的单位。

原下放到基层锻炼的没有转工资的由原单位考虑适合的也可调到工业上去。

粮食 500 人。

煤建公司,和平区三四个大楼,河西区蔬菜公司。

思想动员,人员审查,本区骨干力量调整,由区财贸部负[责]。

局负责动员和办理手续,欢送到工业部门,集中走时动员。

条件上,如技术工人岁数可〈申〉伸缩。

这几个行业,统一动员,分批批准,动员为大跃进内容之一,领导动员,自己报名,个别批准,先批到工业上去,再农业,最后退职退休的工作。

〈作〉做到留者走者都愉快,不要强迫,动员出去能不能巩固,如推出去不管,不是共产主义思想。

动员时可讲支援工业的光荣,十五年赶上英国,天津工业发展的远景,思想工作做细致些,报名者还要谈。

私方人一块动,也可报名,但以后研究,不包括在 3 000 人之内。

别讨厌私方人员,我们要建立党的领导权,如把私方人都推出去对政策不符合。

妇女,老弱病残都有个安排,妇女生了小孩都不愿要,这个思想不对头。什么叫老弱残?45 岁以上那算老弱病残吗?

〈作〉做好这项,首先解决思想问题,部长局长公司经理思想通了就好办了。

精简机构是非减不可,不然影响跃进的发展和生产力的发展。

干部工作跃进计划

(一) 文化提高方面。

二年内完成扫盲,保证局系统无文盲(搬运工人二年)。

五年内提高到高小水平。

五年内把粮食局系[统]不是初中程度的,40%达到初中。

五年内把 25%的职工达到高中水平。(2 100 人)

五年内将科长级 60%达到高中,40%初中,病老除外。

（二）理论学习的领导，认真学完社会主义教育课程，理论联系群众。

科室内人员一年内精通本职业务。

技术人员达到中等水平。

五—六级工和仓库化验员，通过一定学习 20%，达到中等程度。

1. 加强薄弱环节。

从油脂一个单位看，股级干部，合[营]前提 14%，合营后 86%。

2. 干部轮训。

（1）精简 4 500 人。

（2）劳动锻炼的 1 580 人之中 960 人。

赵部长谈两个单位的经验

1958 年 4 月 3 日

赵部长：

认真地研究这两个单位经验推广，财贸系统，搞试验田分三种，一种是下去而又反上来了，二种下去了还未上来，三种，有些领导还未下去或下去是个形式。

学习：到群众中去领导群众，到业务中去领导业务。

1. 由过去办公室领导群众变下去领导群众。

下去要和职工同吃同住同劳动，第三中薄总店就是同吃、住、劳动，地贸跟班售货。

不仅是联系群众的方法，而且打掉领导五气，才能是领导与群众结合，下去不是为劳动而劳动，而通过劳[动]联系群众。

财贸系统，搞得不是太好的，通过联系群众挖掘老店员打工人的技术来。

深入下去别叫人感到你是个领导，和职工一起学习他们的技术，不仅改善经营管理，对群众思想也有教育。

2. 支部整改和跃进。真正解决党委制的问题，（企业支部）党委真正能起到企业的核心和司令部，通过整改跃进规[划]，特别要解决党的领导，政治是统帅，是灵魂。

集体领导分工负责，尤其到基层还未建立起来，要树立起核心。

走群众路线，老工人老店员是跃进中的积极分子。

政治思想领导，当前抓大跃进的政治思想。

3. 财贸系统整改。

(1) 行政单位，明为生产，为商品流转服务。

(2) 〈另〉零售部门。

(3) 修改过去的规章制[度]。

(4) 搞好协作。

(5) 改变领导作风。

(6) 健全支部，企业是支部，局是党组。

(7) 职工代表大会搞起来。

(后略)

天津市粮食局干部训练班开学典礼大会纪要

1958 年 4 月 7 日

李局长报告：

(一) 国际国内形势。

(二) 各省的跃进情况。

(三) 学习态度，树立什么，消灭什么。

赵部长：

干校政治课程 60%，业务课 40%，有的赞成，有的反对。

今天发表我个人的意见，供大家讨论，我的意见政治课程应多一些，业务课程可少些，我为什么这样看？国际形势是东风压倒西风，大家都知道了。

美帝国主义经济正衰退，帝国主义之间矛盾加深，社会主义国家更加团结了，全世界爱好和平的国家向着莫斯科社会主义阵营。

国内形势，正各方面跃进。政治，经济面貌都起着变化，我们高兴，子孙后代称赞我们的变化。

去年掀起来水利高潮，农田水利，相当中国历史上所修农田水利总合。每年津市怕水淹，今后就是缺水的。河北省每年水灾，而[今]怕缺水或不够用。过去水是害怕多，现为人民服务就嫌〈他〉它少了。

现在技术下乡，乡乡办工业，村村办工业，将来城市与农村差别越来越小了。

技术革命已出现萌芽,无论城市,农村到处出现。这种形势还要发展,还要深。

政治形势也有变化,经过〈正〉整风,反右派。领导与群众人民内部的关系明确了。人民的觉悟程度提高了,人人为我,我为人人的思想明确了,树立起来了,假设有人怀疑社会主义的人是少了,社会主义制度巩固了。

我们思想赶不上形势发展。国际国内形势是这样,天津市的商业包括粮食在内,正在变化。领导和被领导。领导走出办公室到柜台上去,以劳动者的姿态到群众之间同吃同劳动同住,群众积极性提高了。前天报上公布河北区第三医药总店经验很好。但也有〈作〉做得不够好,这样〈作〉做已成了一种风气。服务质量服务态度变了,自北京天桥经验介绍后,天津市出现学天桥赶天桥的跃进。我们出现了很多天桥,粮食 29,52,78 门市部,南华里黄家花园的经验,这是我们商业的方针。群众过去认为我们官字号,现感到店如家。商业服务态度树立起来了,职工看到他的店是他的家、他的事业。

部门与部门之间的协作也改善了,过去互不信任,互不协作,而变了,人人为我,我为人人。

我们有些领导不是促进派的,而在某程度促退,如我们粮食门市部实行一手钱一手货,而顾虑重重。

我们过[去]反过官盐店,不给人足斤,官气凌人,我们是社会主义官字号,人民的官字号,不应这样也有这事。

我们粮食有排队,品种不全,介绍 29 门市部经验时,有一个老大娘讲你们这样〈作〉做就有“德”了,这说明我们缺“德”了。

虽说我们社会主义商业,我们从旧社会带来旧作风,群众说我们叫缺“德”。

我认为粮食局系统之机构有革命的必要。

我为什么讲这段话? 就是为究竟政治[课]大些? 还是业务课大些? 我主张政治课大些。60%政治课,40%业务课也有思想。

红的基础适当地专,主要讲社会主义课程,就是政治,主要解决兴“无”灭资的问题,要解决两条道路的问题。

学习方法我主张采取大鸣大放的方法,以讲课为辅,群众自我教育,领导适当帮助,校长无多少经。同志们取经,还得自编自取,政治课这样业务课也可这样的。

到学员中去学,到学员中去教的方法。

梁宝瑞:

(一) 学校面积 28 亩地,房屋能容纳 600 人,共花 506 000 元,准备今年再投资12万元。

机构,二级制,干训班主任制,下论六个组:① 组教组;② 行政组;③ 购销专业;④ 保管专业组;⑤ 财会组;⑥ 政治教育组。

干训班,党支部,团支部。

编制,初步设54个人,原计划1比9。现1比8人。

(二) 教学方针、任务:

粮食局附属机构,培训本系统一般干部,学制半年,因第一期无经验,大约七个月到八个月的样子,方针,目的。目的通过学习,提高社会主义觉悟更好地为人民服务。"政治与业务相结[合],理论实际相联系,提高思想水平和工作能力。"

局领导初步决定,政治50%以上,政治学习4个月,业务课三个月,业务分三个班,财会,购销,保管,前四个月集中学政治,后三个月学习业务。

(三) 招生情况:

1. 原计划500人,实际到422人,女17人,少数民族10人,会计35人。

2. 应注意的问题。

(后略)

统计工作如何进行

1958年4月19日

开除留用察看如何统计?

没开除公职监督劳动的如何填?

粮政人员是什么人?

党支部书记如何统计?

粮店充实到[门]市部的算不算精简?

粮店内部之工厂调到门市部如何统计?

科室(股)前后弄一个统一排列?

秘书室和党办室,统计一起还单独?

党支部如何统计?

验质员,化验员属于什么?

保管员，保管组长，属于业务员？

改区公司后，人员 10 人定了 9 人，如何统计？

塘沽人员统计半年报由于人员未定不能报。

严重失职应填一项。

行政管理人员[工资]到门市去工作如何办？

精简机构下放干部情况的汇总

1958 年 4 月 29 日

公司三个库香油厂（国营）西站加工厂，合营总厂（21 个分厂）8 个批发部。

1957 年 9 月底 2 113 人，下放 65 人。

下放农村，交出 525 人。

（一）现有 1 588 人，其中：

1. 干部 458 人，其中 58 个私方。

2. 业务人员 56 人。

3. 工人 952 人，其中 121 个私方人员。

4. 警消 26 人。

5. 勤杂 96 人。

① 党员 179 人，② 团员 157 人，③ 群众 1 252 人。

年龄。

25 岁以下 129 人。

26—40 岁 181 人。

41—45 岁 985 人。

46—59 岁 237 人。

60 以上 42 人。

其中女性 147 人，长期病号 26 人，半天工作的 5 人，短期病号 4 人。

1957 年 9[月]—[1958 年]4 月 25 日，已处理 202 人。

工业去的 134 人。

农业去的 48 人。

退休的 2 人。

到基层去 18 人，门市部劳动的。

还计划精简多少人？

还减 186 人，其中：私方 101 人。

干部 87 人，工人 82 人，勤杂 17 人。

其中：党员 16 人，团员 18 人，群众 152 人，25[以]下 8 人，26—40，69 人，41—45，47 人，46—59，27 人，60 以上 35 人。

出路：

工业 39 人。

农业 70 人。

右派 12 人，到农业上去。

退休的 32 人。

退职的 15 人。

反革命 3 人。

目前不好处理 5 个人。

外调的 10 个人。

共编制 1 200 人，其中：

干部 225 人，其中：私方 28 人。

工人 844 人，其中：

勤杂 58 人，业务员 73 人。

粮食公司：

1957 年 9 月人数 4 115 人，业务员 593 人，工人 2 017 人，麻袋工人 391 人，司机 47 人，助手 2 人，技术工人 37 人，其他人员 5 个人。

非生产人员 1 023 人，其中：干部 507 人，文教卫生 16 人，勤杂 152 人，警卫 280 人，消防 68 人。

4 115 人中：党员 440 人，团员 468 人。

群众 3 207 人，25 以下 725 人，26—40，2 423 人，41—45，465 人，46—59，445 人，60 以上，62 人，私方 22 人，女性 317 人。

（二）已经处理了 383 人。

1. 20 个农业。

2. 下放锻炼 93 人，门市部。

3. 工业 42 人。

4. 退职 8 人。

5. 退休 2 人。

6. 开除 16 人。

7. 调到商业门市部 201 人。

(三) 现有人数 3 789 人,其中党员 394 人,团员 416 人,群众 2 979 人。

25 以下 660 人,26—40 岁 2 205 人,41—45 岁 456 人,46—59 岁 413 人,60 岁以上 55 人。

积极 1 373 人,中间 1 814 人,落后 602 人,其中,女性 330 人,私方 23 人。

油脂公司拟编 115 人,粮食公司拟编 93 人,粮谷公司拟编 55 人,市局 74 人,诊疗所。(页眉上写——整理者注)

拟编 2 973 人,精简 816 人,已处理 314 人。

下放锻炼。

5 月 5 号前摸底排队。

5 月 10 号动员报告,讨论大字报,申请填劳动表。

5 月 15 号,〈作〉做细致思想〈作〉做审查批准,12 号支援工业,志愿表报局审查。

14—15 号公布名单,16 或 17 号欢送。

党在过渡时期的总路线和任务

1958 年 5 月 3 日

第 86 号,党在过渡时期的总路线和任务。

毛主席指示:从中华人民共和国成立,到社会主义改造基本完成,这是一个过渡时期。党在这个过渡时期的总路线和总任务,是在一个相当长的时期内,逐步实现国家的社会主义工业化,逐步实现国家对农业、对手工业和对私营工商业的社会主义改造。这条总路线是照耀我们各项工作的灯塔,各项工作离开它,就要犯右倾或左倾的错误。

根据党的总路线所制定的我国第一个五年计划的基本任务就是:集中主要力量发展重工业,建立国家工业化和国防现代化的基础;相应地培养建设人才,发展交通运输业、轻工业、农业和商业;有步骤地促进农业、手工业的合作化,继续进行对私营工商业的改造，正确地发挥个体农业、手工业和私营工商业的作用；保证国民经济中社会主义成分的比重稳步增长，保证在发展生产的基础上逐步提高人民物质生活和文化生活的水平。

机关党委会布置五月份的工作

1958 年 5 月 5 日

机关党委会布置 5 月〈分〉份的工作。

今天主要谈谈省、市委对〈正〉整风的指示，省委〈正〉整风指示报纸已见到了，市委指示，5 月底 6 月初结束双反，6 月搞干部鉴定，7 月搞技术革新。从现在开始 20 天结束双反抓紧时间搞，防止松紧。

市委对省委的指示要坚持到底那就是有始有终。根据整风经验，几年没有解决都解决了，规章制度，下边〈正〉整的好，但领导作风有转变出现新气象。火青同志向中央报告说，克服了五气、树立八风。领导深入下去，二轻局长下去的多了，解决问题很多。别的局长也这样做，有个别的人没有下去。我们宣传勤俭持家，要内部掌握，有些青年用些化妆品别限〈止〉制，都不用如何发展轻工业？下去劳动有的人劳动一天病几天要据情况，可休养再去劳动。

卫生工作搞得很好，别松劲，前几天中央来了几人见到咱们市卫生，还不是完全满意。第一次打麻雀大家信心足，第二次，劲头不大了。除四害要有信心，不相信除尽四害是那些地、富、资产阶级。捕鼠不是有七斤的吗？

干部思想解放还没完全解决，修改规章制度，解放思想更重要。我们没有按国际歌执行，别说我们一线工作，我们要做新社会的主人，这是多么大的气魄？要按照党的方针政[策]去大胆地〈作〉做。亢之同志传达成都会议，解决基层干部思想解放，特别[是]领导干部思想解放。市委准备材料，在科级干部中传达，解决政治是统帅，特[别]干部思想要敞开，话要讲完。

经过运动绝大部分思想觉悟提高，但还有根本和原样无变，骄气很重，甚至人家介绍经验都不听。暮气，好像什么风浪都惊不动，哪个支部有这样一个人说明没〈正〉整好。成都会议要讨论两三天，市委要[求]15 号之前讨论完，党委要求 20 号之前讨论完。注意在解放思想，〈物〉务实，〈物〉务虚，领导一天就工作，很少注意人的思想。

关于规章制度和思想解放目前为重点。

先谈一下关于资产阶级交心问题。天津市搞得很好，工业局教育局也搞得很好，不多说了，亢之同志谈的交心问题可向市科长级党外人士适当说一说。

我们向市委有一个报告：

一、我们思想没解放认[为]资产阶级知识分子不好斗，这工作要有一个局长、党组成员去领导召开座谈把亢之同志讲的交心部分向他讲讲。有组织通过组织去交心，要他时间去交心。帮助他们认识。

省、市委对〈正〉整风结束的指示。

省委提出，〈正〉整风挂帅，生产为中心带动一切工作。领导重视一杆到底，目前是否彻底，有四条标准：

（一）本单位存在的主要问题基本求得了解决，三风五气解决得彻底。

（二）干部思想求得了解放，明确了社会主义建设的总路线，民主加强。

（三）改革规章制度，机构有了调〈正〉整。

建设社会主义的总路线：正确处理人民内部矛盾，调动一切积极因素，鼓足干劲，力争上游，多快好省地建设社会主义。在最可能短的时期内把我国建设成一个有现代化工业，现代化农业，现代科学文化伟大的社会主义国家。

（四）大破大立，巩固成绩，建立新机构新方法进行工作。

二、日程工作中注意的几点：

（一）支部工作跃进，一定围绕中心工作进行，不要脱离中心工作。

（二）个人要规划可补充或修改。

学抓住少而精的原则。

挑战的单位要互相观摩。

挑战也可欢迎列席支部会大会等。

（三）对积极分子的培养教育问题，我们有过教训，有一个运[动]出现一批积极分子，再来一个运动就成了落后了。现在，整风中左派尾巴〈跷〉翘得很高，要敲起警钟，对自己的孩子也要注意，自己是老干部，小孩子有“骄气”别等了犯错误。

（四）对〈正〉整风中对犯错误人的态度，对右派他是个人要教育。

对妇女要注意，我们检查一个单位五个要清除，一方面她不够党员条件，另一方面有〈克〉客观要考虑到，但我们有的单位列入清除再考虑一下。但实该开除就开除。

对勤杂人员，教育不够。党员听报告，[他们]不能听，参加学习不能领会，就容易犯错误。本来条件不足，这一犯错误就开除，要注意。

（五）做思想工作，对行政工作的看法。

〈作〉做思想工作，认为〈作〉做行政工作不重视思想工作，其实已经忘了思想工作。但我们要注意业务工作，〈又〉要“红专”〈吗〉嘛？和行政工作搞好关系。

（六）学习问题。目前发表有关哲学方面的很多，南斯拉夫已开始批判。最近人大二届会议文件发表要学习。学习上活泼利用〈璧〉壁报，发表认识。

目前文艺创作不少，银行50岁的老太太登台，办公厅2个主任上台演戏。

马瑞华副部长在市委组织会议上的报告

1958年5月7日

星期一。

市委组织会议结论，马瑞华副部长报告。

1957年工作总结，1958年工作要点，经讨论都同意。同时提出了批评和建议，这是今后在干部工作上注意的。

工作方法。

条条块块工作关系。

部与部的协作关系。

一、以整风精神解放思想，贯彻成都会议精神。

二、培养又红专的干部队伍。

三、改善干部的管理。

四、大胆革新思想上、组织上。

一、以〈正〉整风精神解放思想，贯彻成都会议精神和中央提出的60条。只有思想解放才能使我们组织工作才能跃进。

（一）以革命的精神鼓足干劲，经过〈正〉整风，反右派，我们广大干部立场观点明确了，错误言论少了，跃进积极工作。

鼓足干劲，力争上游，为在最短的时间内，在我国建设成一个有现代化工业、现代化农业，有现代化科学文化的伟大国家。这个路线促使工农的发展。

我们组织工作落后于形势的发展，四平八稳，不敢大胆革新，少数干部还有着民主革命的观念。很多同志在跃进中鼓足干劲，但缺乏钻劲和独创的精神，对过去的文件精神条文认识不透，就工作不能开展。条文多好，不领会精神不行的，如干部标准党员标准，干部的福利问题。为解决这个问题，就首先解放思想，只有这样才能〈作〉做好我们的工作。

思想解放主要的是教条主义、经验主义，这都是主观主义。

在反对教条主义、经验主义时，看一些文件要与本单位情况相合。

要反对思想懒〈汗〉汉，要求上级规定几条件，自己不开动脑筋，调查研究找出方法。

反对教条主义、经验主义时改变旧看法，大发展、大提拔对不对。要根据形势变化来决定的，〈满〉埋怨上级今年你这样说明年你那样说。天津市的经验主义比教条主义突出，这两方面的都是主观主义、形而上学唯心主义。

我们提倡敢想敢讲，敢创造发明，敢于放弃旧的，敢想就是领会党的原则精神去创造，不是〈瞒〉蛮干。

（二）重视和加强协作，这次会议，谈了到市区关系。市委要求各部都多依靠区委。

各个部门是完成各项工作的一部分，在加强协作考虑区，又要考虑到局。〈自〉只考虑自己不考虑别人，自已的工作叫人家配合，别人的工作不去帮助，这就是不考虑〈正〉整体。光讲人家的缺点，不讲我们组织部门的缺点。

加强党的领导，认真贯彻区委党委的指示，这次会议光要求组织部规定具体些具体抓。可是组织部还是在市委书记的领导下进行工作的，所以区委如何决定就如何执行，市委组织部对区委组织部是指导关系。

干部管理，提了不少的意见，自纠错以来，我们缺乏总结，究竟哪些是主管和监管？对干部管理，市委组织部正考虑。

（三）善于用辩证的方法看问题。有〈此〉些批评是对的，有小部分意见也是不对的，大发展大提拔为什么？1956 年为什么大发展大提拔，为什么 1957 年下放？已经说了 1956 年是大跃进，1956 年合营要派一些干部和党员去。当时需要发展〈吗〉嘛，下放也是根据情况〈吗〉嘛。说明你的认识对中央指示的抵触情绪。

个别提拔的有问题就怀疑大发展，这看问题的方法是片面的。

有些看人一〈程〉成不变，抓住小辫子不放。看干部要抓住本〈职〉质，考察了解干部看缺点多，但注意的不是干部的本质的问题。有些干部立场观点不好，仅能写写就认为是得力干部，但有些干部文化低，立场观点很明确就不愿要。

要注意干部的变化，有错误的干部已结论还会有变化的，已改变了还抓住小辫子不放。

（四）依靠群众〈作〉做好工作，走群众路线。

近来干部作风有很大转变，〈正〉整风中群众揭发我们作风问题，自己检查有了改变，双反运动却不去了。还有5%的人思想作风还未改变，劳动怕累怕脏，〈应服〉应付运动。如改变不好还可出大字报及鸣放。

现在下马观花，走马观花，与群众交朋友多了，以平等待人，克服端架子，像钦差大人样子。

但是也有的不是发动群众去搞，而是用强迫命令的方法，如改改你必须一昼夜改80%等。

对群众要相信要依靠要爱护，要发挥群众积极性。

要贯彻，〈正〉整风是统帅，生产是中心，带动一切工作的精神。

二、认真培养又红又专的干部队伍：

赶上和超过英国的伟大号召以后，工农业有大发展，我们要培养积极的干部队伍，要搞技术革新。每个干部都要改〈表〉造自己的思想，学会科学技术，十五年赶上英国，必须有又红又专的干部队伍。必须适应形势，改造干部思想，我们提“红专”口号，我们不提技术决定一切口号，如提就损掉政治意义。“红专”这是我组织部门的一个革命，使我广大干部队伍，学会业务，又能改造思想。

红专问题有些人片面了解。

“红专”规划必须贯彻，政治是统帅，政治是一切事业的灵魂。只强调政治忽视业务也是不对的，“红专”与“德才”兼备不矛盾。有些人为达到“红专”〈作〉做这不行〈作〉做那不行，只有到工业或上大学才能“红专”的想法不对的。

在自己的工作上“红专”，〈作〉做组织的工作的也要“红专”。又红又专队伍包括面很广了，搞“红专”为国家和党的需要从国家利益出发，不能从个人利益出发。党的部门干部、人事干部，都是需要的，右派攻击我们，我们是不得取消的。

有的提出现在搞红专规划，将来是否调动？这是中央已明确的是稳定提高。年老的不搞规划就算了，主要年〈青〉轻干部“红专”，但老干部也必须学。十年二十年，虽有革命斗争经验，也要学习的。

一搞"红专"现要求到工农速中、文化干校，党校要求去的多了，这是好的，但离职学习的还是少数。

业余学习行不行？是可以的，现有业余高中毕业搞业大的，但也有学习不好的几年初中都毕不了业。

"红专"有的说我已红了，就是学技术科学了，如不从红上去红，那就会变白。红是经常的，什么时候都要"红"，现我们的党员专家都是解放的，党性还是很差的。

从交心来看，认为社会主义不如资本主义。

"红专"应注意几个问题：

（一）统[一]〈按〉安排，全面锻炼，时间搞五年内。文化达到什么程度，学理论书几本，学什么科学技术。现在一面搞规划一面执行，规划还可不断修改。现搞成一个完全规划也是不可能的。现在都根据本部门情况进行自己的工作。现在先制定。现在先按干部的分管系统搞规划。首先〈作〉做好局处长级规划，再搞市科长级的，要五月〈分〉份要可完一点。

局处级干部规划，五月底交卷，市科长下的六月〈度〉底交卷。不光有要求还要有措施，每年终要有检查总结和〈平〉评比。

（二）是否能够红透专深？那就是苦钻苦学。教育干部认识目前新形势。领导多学习点，中央提出要求学习好〈精〉经典著作。

怎样学：1. 多种多样的学，办讲座，研究所，办学校。文化低多学文化，同时也学别的，文化学习在五年内提一级到二级。

要求我们在业务上〈作〉做什么懂什么。

2. 各级领导下决心克服保守思想，选择一部分干部脱职学习。准备文化干校扩招生，速中也可大。"红专"是普遍提高，还可重点培养。

（三）凡没经过劳动锻炼和阶级斗争考验的要轮流下放劳动锻炼，这是"红专"的方面之一，领导干部缺乏基层工作经验的下放基层工作。

对下放干部，要负责，五月〈分〉份各郊区委在不增加编制的原则[下]，设一副书记兼区长管下放干部。乡有一个脱产副书记专管下放干部，市下放干部委员会，常设机构、人事处、组织部有三四人，每年一次调整下放，年终鉴定。

（四）试验田办法是"红专"的道路，搞试验商店、试验厂，车间班组，就能学到科学，要求每一个领导干部都要搞一个试验田。

现基层单位的干部搞跟班劳动，逐级总[结]经验。要定出一个切实可行的计划。

各级领导干部都在现有的文化上提高，抓住在职的学习和提高。

市管干部市规划，区干部区规划。

三、改进干部管理工作合理调〈正〉整使用干部。

天津市划〈规〉归河北省后要按省的管理干部划分。

干部管理加协作。

（一）党委和同级党委管干部的部门关系。

1. 首先加强区委组织部和同级党委的其他部。

2. 贯彻党的政治方针的决议。加强综合部的管干部与其他部主动交换意见。主管部向综合部汇报，主管部和综合部意见不一致请示党委。

3. 党委的干部管理部门和人事部门保持密切联系，人事部门是在行政领导下进行工作，党委部门向人事部联系，人事部门和党的管干部门的联系。

（二）合理地调〈正〉整使用干部。

这是人事部门一项经常工作，今后调〈正〉整干部加强各级领导核心。过去我们注意配备核心力量不够，在上面〈凡〉犯了错误放下去就担任党委委员，就不适合。

调〈正〉整干部存在的问题就是，要人单位要搞，局给干部单位卸包袱。今后要干部的部门根据工作，要什么条件，别挑得太〈卖〉慢了。给干部的部门不给档案，介绍情况光介绍好方面的，不介绍坏的方面，今后在稳定干部的基础[上]〈作〉做必要的调〈正〉整，在机构调〈正〉整中调〈正〉整干部。区级干部领导核心和宣传部门的领导还需在全市调〈正〉整。几年来加强区的领导配备了一些。分干部要互相搭配。

今后抽干部要开碰头会和协商办法，解决得快些，市委这样〈作〉做的今后区也这样〈作〉做。

调〈正〉整干部中还应注意光使用不培养的思想，干部有点错误就想调出去再要，这是不对的。

现在有部分老弱病残不愿要，我们要根据健康程度进行安排。

年老体弱还有些工作能，可安排荣誉职务，人民代表或协商委员。

年老体弱不能工作的可退职退休，但要慎重，对无家可归可去养老院。

（三）今后尽量不借下面干部，挖潜力自己解决。有些大运动和中心工作，需人还可借用的。长期性办公室可另列编制。

(四) 人事部的干部配备,人事部的通过业务考察了解干部,要〈作〉做好本部门的工作。人委人事处对下属人事部有指导的责任,并注意加强人事部门人事工作,怎样你们去找经验。人事工作方面事很多,人委人事处去研究。

基层人事部门工作很忙,把人事劳保、工资放在一起,各区应该注意加强。

四、采取大胆革新的方法,在思想组织上〈正〉整顿。

开展跃进,全市大部分支部开展了评比,但有少数还未做。领导干部抓生产、业务正视党的工作,区委党委都应抓一个工作。

(一) 各级党委领导注意发挥支部工作,不要不闻不问,要帮助支部去改进工作。具体如何搞?〈作〉做好党的基层工作。

(二) 加[强]支部的领导工作。减少领导上的事务,发挥厂长的作用,抓生产,就是抓思想,政治是灵魂。支部参加企业管理。

天津市日报社论,修改规章制度主要解放思想。

尤其基层领导干部要抓思想,不要仅依干事去核情况〈正〉整理材料报告,要深入下去和群众交朋友,摸思想。

(三) 基层支部要发挥独立思考的作用,大胆革新,只要对党有利的工作就多〈作〉做,即便有点〈片〉偏差,也不要紧,还可纠正,领导要帮助,不要给群众泼冷水。

从目前党的工作跃进,带头模范作用加强了,由落后党员积极了,由三类党员变为第一类党员了。

用评比方法,解决预备党员转正。

建党也可要用跃进评比方法去〈作〉做。

(四) 适当调整党的基层支部组织形式,如一个车[间]一个支部,三班,如开一个党的会议就得二次,至于如何作建立支部尚须研究。

建党,市委催了区委几次报的很少,一个才报八个那少了,过去报七万,现二万都有。今后从老工人、工程技术人员、医务人员、大学的教授副教授中发展。各区五月〈分〉份报来。

1. 表下礼[拜]五报来,16 号。

2. 区科长级的干部队伍的分析,19 号。

3. 一般干部的规划在本月 28 号报来。

(1) 干部基本状况。

(2) 干部队伍的分析。

(3)“红专”规划。

研究下放干部问题

1958 年 5 月 7 日

赵部长谈：

今天中心是研究下放干部，先谈以下两点。

1. 规章制度的〈正〉整改问题。昨天在和平看了两个单位，对修改规章制度行动不迅速迟缓，劲头不足。为什么闹不清楚，初步考虑，有这样几方面：① 过去〈正〉整改已改了一些剩下都是公司和局里中央的所以没有大改的必要。② 怕乱了就不敢改，不敢行动。③ 没有领会到修改规章制度是解放思想打不开旧圈子，中层领导认为多是技术问题就不发动群众，有这几方面的思想，所以回去研究一下，把它搞得声势浩大。首先发动起鸣放高潮，吸收双反运动的经验，发动群众在这周迅速行动起来。回去向党组书记和财贸部长说一下搞得声势浩大的运动，我们 4 月 19 日就传达吗？还未行动起来，要以修改规章制度为中心，包括机构体制，劳动组织的〈正〉整改进一步为消费者服务。达到实现建设社会主义的总路线，解放思想，凡就事改事认为是技术问题，就不会改好，还有很多组织工作，机构体制，劳动组织精简人员，这都是组织工作，还可利用现场会议。

2. 黑龙江有个经验就是干部参加生产，工人参加管理，河北省已转载，我们是否发动店员参加管理工作？干部下去劳动和工人店员同住同吃同劳动同娱乐交朋友，店员参加管理就会发挥积极性。

3. 现在各区都发动居民〈作〉做店员的工作，你们注意总结经验，好经验可报道。修改规章制度干部思想工作做不好再〈作〉做。

一、关于下放干部。

整个下放人员分两批规章制度〈正〉整改，调网后再走一批，这两批 2 万多人审查够强，分两大批也可分若干小批解决一个单位就放一个单位的人，哪个单位先〈作〉做好了哪个单位先走别等。我考虑要本月 15 号就可陆续走，到 5 月底，第一批接 20%。有的区公司六七十人太多，粮食区公司 20 几个人就行吗？要那样多干吗？

百货大楼是否还需要 40 个管理人员了，现在顾虑人不够怎么样办？放到农村不够还可回来，减少四五万这也没有什么问题。

潜力太大的有看看有无决心。

二、人员分四部分：① 工业，给他 7 000 人。② 农村去的条件待遇和下放干部一样，只要劳动力可到 50 岁，这叫支援农业，还有锻炼的意思，今后还有第二批，第三批，哪个单位下放的还算哪个单位的，有什么问题你也负责。③ 合乎退休条件的就退休。④ 也不愿退职也不愿〈作〉做别的工作，可停薪留职。

留者情绪饱满精神愉快，退职退休下放也精神愉快安心，要充分〈作〉做好思想工作，不要粗糙强迫，支持工业农业，光拿五六十岁的那不叫支援，那叫卸包袱，我认为老头妇女卖货很好吗。要有全面观点统一安排，哪些在工农业适合哪些商业适合，光拿来好那不是全面观点。现在要做做思想工作，现在看阻力不小，强迫命令走者也不安心留者也不安心。

三、资方人先按前精神准备，他们已交完还要分析辩论后再走，现在可和干部一块报名。小商贩调〈正〉整商网再走，下放先职工再资方，再搞就是退职退休。审查批准由各区办，由局统一欢送。

郭毅民谈：

红桥、和平、河西三区看，精简 8 316 人，如按这个推就 20 000 人，占现有人数 15%，按上次说 8 316。

干部 1 677 人，职[工]3 713 人，私方 2 923 人，

工业 952 人，占 11.4%，上次推 48%，

农业 4 316 人，占 52%，上次推 29.7%，

退职 1 647 人，占 20%，上次推 10.7%，

退休 526 人，占 7.8%，上次推 3.8%，

其他 839 人，10%。

去工农业 5 200 人，

退职休 3 048 人。

第一批估计把条件不好都算上了，下一次调网就好的多了，是否回去可搭配着放？

根据赵部长的指示我们到 5 月底下放 26 000 人。工业去 7 000 人，农业 14 000 人，退休退职 20 000 人。

去工业 7 000 人，现提出下放数：

和平区 1 800 人，35 000 人。

新华区 500 人，9 800 人。

河西区 700 人,10 800 人。

河北区 1 200 人,21 000 人。

河东区 500 人,9 100 人。

南开区 500 人,7 600 人。

红桥区 800 人,14 000 人。

城厢区 1 000 人,15 900 人。

关于动员问题,两批走,是否分两次动员;在一个单位一次动员分批下放。

上次已动员就不再动员了。

关于私方人员正交心运动五月如结束不了可晚点。但在编队时就编上去,到时候去时就插进去。

关于私方人员退职退休办法。七办报市还未批下暂不〈作〉做。

转工业农业的条件。

农业去能劳动 50 岁以下的。

有的提出回老家劳动锻炼可动员他不要离开大家,如非回就按退职处理,合营企业中的辅助劳动现在暂不〈作〉做,反右坏分子,已处理的不需要处理,一般历史反革命可一块放,右派未处理不一块放。

转业下放,凡党的关系在区就经区委审查批准。

各区公司在区委领导下由区公司去联系地点放。

公司,站分局,所在区审查批准自己联系地点下放。

干部下放填花名册送五〈分〉份。

职工下放填花[名]册送三〈分〉份。

私方人员下填花[名]册送六〈作〉份。

私方代表性人物属哪级哪审查。

转工业职工干部二〈分〉份。

私方人员报册三〈分〉份。由各区去找区劳动科。转工业先检查身体再确定,转了以后就别再退了。

为了防止被动转业下放的审查好了,再公布。

退职退休,不大批搞通几个办几个。

注意的问题:

(1) 坚持自愿的原则。

(2) 按中央的原则办事,下放要坚持负责到底。

(3) 要〈作〉做统一安排首先解决加强基层骨干的充实。

(4) 下放配备强的骨干。私方人员也可来点副队长组长。

有技术专长理发师、厨师最好放到农业,〈已〉以备今后需要。

工资:转工业的 70 元,农业的一年内原薪照发。现计件分成的按全年工作平均求出月工资。

私方人员下放之人员工资照发无年限,到工业原薪由原单位照发。

私方人员下放,工资照发现不公布,将来市里边公布。

王佩章:

1. 下放人员骨干配备原要求 30%现考虑实不行可把队长组长配备强。

2. 到工业去的品质恶劣的历史不清有病的别给送。

3. 右派分子处理下放,坚决不去,要退职尽量采取教育改造的方法,不轻易叫他退职!

赵部长:

区银行办事处、税务分局公司站批发站动员审查批准,编制多大由区负责,下放由到什么地点由局组织办理。

1. 减多少人,要根据各单位具体情况而定,第一批在修改规章制度,减 20%既包括行政也包括企业人员,不管什么单位都一律 20%就不对了,经过规章制度的〈正〉整改体制机构变化劳动组织发动群众减人。如发动群众充分还可超过 20%,也包括行政单位,大有潜力可挖,潜力看修改规章制度,解放思想,彻底修改规章制度,改善劳动组织的基础上减人。我说搞好一个单位放一个单位。就是在规章制度〈正〉整改好解放了思想基础劳动组织革命彻底趁热打铁,动员报告,报名审批下放。

2. 工厂行政管理人是否不减? 恒大面粉厂行政人员有潜力可放下去当工人。工厂劳动组织经哪批准就经哪批了再减人。

3. 私方人员可一起动员可采取我们动,叫他参加职工报名他也可报,他不报也不勉强,各区的不愿一起动可自己另想方法。

4. 有些单位已动员过报过名,是否还动自己应,也可采取个别谈话的方法。

5. 工业上的人现按这个数字先分配一下。各区有潜力还可多拿。

6. 局干什么,要组织一定的人去帮助区去审查去,局要当促进派,不要拉区的后腿。

7. 批发部、仓库,工厂由公司统一搞,党的关系在区的由区给动员。

8. 调〈正〉整骨干各区自己调剂，富裕的输出来，人多的区要全面观点。

老店员老工人可以提一点。

私方人员、小业主到工业上去也算数。

精简人在规章制度解放思想，改变劳动组织，〈正〉整改彻底基础上减。

搞好一个单位就一个单位的，要全面观点。

哪些到工业适合哪些到农业，哪些在商业上。

王建国关于人事处工作的报告

1958 年 5 月 24 日

一、关于人事处的工作。

1. 去年〈正〉整风以来各单位给我们提了不少意见，我们表示感谢，今后再提，提的意见主要是不知人事处是管什么的，更看不到检查帮助各单位的工作。规章制度，都是 1953 年以前的，现在规章制度还未定下来，因为市政为省辖市干部，分管有变化也未定下来。

2. 人事处干什么管什么事？

(1) 草拟人事工作方法规章制手续。

(2) 办理干部任免和事项。

(3) 办理市委管理干部任免等。

(4) 国家机关事业的统计工作。

(5) 转业人员分配。

(6) 国家机关工作人员工资。

(7) 机关福利工作。

(8) 机关工作人退休退职。

(9) 高等学校毕生的分配。

(10) 管理干部的下放工作。

(11) 管理国家机关企业事业录用人员的工作。

(12) 联系各单位人事部门并检查他们的工作。

(13) 管理市场机关人员体力劳动的工作。

(14) 市委和人民委员会交办的工作事项。

二、人事工作的跃进。

关于人事工作能不能跃进，这在我们人事部门已经解决了，这是大势所趋，工农业大发展，十年赶上英国，我们也将跃进。干部决定一切，新建扩建都需要在调配人的工作上跟上去。

1. 首先谈跃进的方向，主要方面，打掉三风五气，鼓足干劲改善工作作风，改进工作方法，树立正确的服务态度，搞好工作，适应工农业大跃进的形势。

2. 跃进方法。

3. 把〈正〉整风搞好，首先解放思想，养成敢想敢说敢作敢为的共产主义思想风格。

4. 鼓足革命干劲力争上游，紧紧抓住思想工作要政治挂帅，思想是灵魂、政治是统帅。

5. 坚决依靠领导，经常提出问题，反映情况引起领导重视。

(1) 改善作风改进工作方法走出办公室面向群众，加强调查研究，抓两头带中间，组织交流经验会。

(2) 必须围绕着党的干部工作方针，和中心工作进行人事工作。

(3) 进行评比运动。

按应管的工作提出一个跃进指标，能不能提出指标？怎样提？

三、红与专。

传达安[子文]部长的报告。

干部工作方针就是“红专”要红透专深，红与专是我们过去讲的德才更具体些，红就是政治品质，专就是业务技术。什么叫红什么叫红透，是否经过长期革命战争锻炼和群众斗争经验的老干部，对党忠心耿耿在革命与反革命面前立场坚定明确斗争经验是否算红透？只说是好干部，只是红的。

红透必须具备以下条件。

不仅在革命与反革命问题上立场坚定明确而且在党内是非问题上，也要认识清楚。

不仅仅对党忠心耿耿为党工作而且还要有消灭资产阶级个人主义。

不仅仅为党忠心耿耿还有敢想敢说敢干的共产主义思想风格。

不仅要积极工作的态度，而且要有实事求是的精神。

不仅经常检查自己的缺点错误而要正确对待这期〈正〉整风。

不仅重视党的政策和决议，要认真执行和学习党的政策和决议。

不仅要经常学习时事政策，而且要学习理论才能提高马列主义水平。

这样才算红透。

什么叫专什么叫专深。

是否有一定的工作能力有一定的工作经验又有一定的业务知识，并且一般能完成党派所交给的任务是算专深了？不只能说是好干部，仅仅专了一点。离深还远？必须努力。

过去是打帝国主义反动派，没有文化也可以，现在必须要有文化科学知识，而且在这方面有些成就，那就是有虚有实，有理论经验。

多快好省，又红又专，下放劳动锻炼，走出办公室，搞试验田，都是红专的办法。

人事干部如何专？

1. 人事工作离不开人，人又不是机器，人有思想不能像摆列机器。人的工作就是闹关系。〈作〉做人的工作，思想作风很好工作愉快。

2. 你们单位有多少干部，都是什么样的。

3. 干部谈话。找人谈话，接待来人来访虽说是小事，我们能保证做到来者满意去来，愉快感到组织上温暖，能〈作〉做到吗？

虽然没有一本书，也可专，在什么时候都要〈作〉做思想工作，我们要学习辩证法。

四、当前人事工作搞些什么？

1. 干部调〈正〉整工作，有些成了右派须调剂，另就是生产大跃进，为适应形势发展现调〈正〉整骨干。

2. 研究培养干部红与专的问题。

3. 下放干部的工作。

干部管理：

独立厂之正副厂长，独立库之正副主任。

大厂、大库设科的，正科级，分厂、分库之区科的正职。

培养教育，观察了解，提拔任免调〈正〉整，调动，调训，奖惩。

副区科级任免调〈正〉整向局备案。

干部调配：

① 干部在粮食局系统单位之间调配或系统外之调配由局负责。

② 工人和非干部系统内单位之间调由局介绍由单位甲乙单位双方研究调

配解决。

人员组织机构编制工作，各厂、库之人员编制名额，由局核定批准，以便合理设置劳[动]组织，和人员定额。

工资工作：

根据上级的工资政策的原则，拟定工资水平计划，制定企业单位的工资标准。

福利工作：

掌握福利制度的办法执行，对劳动保险执行情况，并督促检查。

劳动保护：

掌管人身保护，垫肩、手套、工作服及其他人身保护用品，劳动教育。其他技术安全，操作规程教育，有关处负责。

掌管学习总支系统单位理论时事改革，文化的学习。

思想教育：

政治改革的思想教育，除局本身外对局属单位在政治思想教育方面总结经验推广经验。

私改工作掌握思想教育。

管理下放干部。

抽调干部训练。

局本身干部的：

福利、考勤、政绩奖惩。

干部职工统计工作。

办理干部的任免手续。

对区公司，管的。

(1) 工资水平，工资标准。

(2) 福利制度办法。

(3) 控制人员编制。

(4) 统计报表。

(5) 抽调学员学习。

(6) 人员调配平衡。

市局 78 人，工业 59 人，油脂 125 人，粮食公司 125 人。（页眉上写——整理者注）

精简下放人员经验交流会议

1958 年 5 月 26 日

第一个研究，权〈利〉力下放和人事劳保处的工作范围。

第二个，人员安排的排队。

第三个，由于公司撤销而应掌握干部思想、动态。

第四个，各单位应讨论机构和人员去向。

报名参加工业农业的决心。

精简人员下放人员经验交流会议。

河东区木材经营处

1.〈正〉整风前，251 人，行政 70 人，勤杂 30 个，业务 151 人。

2. 抽调人员、下放。首先规划，在元木一片减点。

撤销原来 6 个股 5 个组，由原 251 人，减到 140 人。

动员支持工业农业的会议上，就 50%报名。会后讨论就有 99%报名。工农业现下放 103 人，党员 13 人，占 30%，团员 13 人占 41%，退职退休的 8 个人。

(1) 依靠群众〈作〉做好精简人员的关键，过去我们从来不知人浮于事，向市公司吵闹要人。还有的领导上认为人多好办事，就开始辩论要细账，召开老业务人员会议，老业务人员说过去每天进销两三万来才 60—70 人，先要打破保守思想就能减人。

(2) 结合精简人员，修改规章制度，取消股，去当组长去〈作〉做具体工作，人事秘书为一个组，现有管理人员 16 个人。152 种表报减少到 76 种。

实现八员合一，保管。

南开区财贸部长：

各公司报减 9.1%经我们动员后减 30%，共 7 个区公司二个机关，税务和银行，废品公司，充实人员的 6 个公司共 5 959 人，干部 454 人，可 92 335 人，私方 2 170 人。

4 个公司报 540 人，占原人数 11.7%，有两个公司未报。没什么可放的调网后再说，叫财贸提个数，第二次报 1 113 人，但其中残老 419 人，占 31.4%。

算了 4 笔账：

(1) 体制改革打破规章制度。由总店合公司，又取消科的组织。

(2) 调网规则算了一下账，全区门市部共干部几个，缩成 450 个门市部，减去 1 900 多人，新建 200 个门市部 290 人。

(3) 精简表报。451 种，可减去 50%，解放生产 560 人。

(4) 职工大鸣大放提高思想觉悟。跃进的鼓舞，干劲十足，一人顶二人，一人顶三人。双反中表示态度的 900 人表示态度。

共减 3 956 人，占原有 63.3%，减去重复的实减 1 800 多人，33%。

有一个公司报了减人 170 人实际有 110 人老弱病残，后经动员达到 30% 左右。

体会：

(1) 领导亲自动员思想挂帅，区里配备一定的人。

(2) 反复打通领导和中层骨干的思想。

(3) 系统排展讨论。

存在的问题：

把余人隐藏起来，不下放。

人事科长：放吧将来不够再要吧。

红桥区中药总店：

共精简 38%，支持工农业。

化工公司郭经理讲：

37 科六店共 900 多人，减 394 人。

充实基层 90 人，农业 180 人，工业 47 人，商业锻炼 15 人，计会合并，监察室撤销合到人事科，实行七员合一。

王佩章：

旬报表及时上报。

下放审查不严。

右派别和好人一起放。

组长必须是骨干。

下放手续：

工业，填册即可。

农业，个人填的表，花名册六份。

非干部不填表光要花名册。

赵部长：

精简人员，下放干部，基本经验。

9 个区精[简]18 258 人，已给工业 3 000 人不算。

占现在，工业 3 500 人，农业 7 960 人。

省下 7 000 多人退职退休，充实基层。现已去工业 800 多人、农业 1 000 人。

1. 精简机构决心不大。

2. 进度迟缓。

3. 退职退休的人员太多。

造成这种情况有原因，前段主要发动群众修改规章制度。修改规章制度一定程度，提出来减人员迟点这是允许的，这是客观原因。

主观上，有问题，有相当的领导干部存在保守思想。不相信群众，〈正〉整风〈已〉以后觉悟大大提高，不信群众，经〈正〉整风运动反右派思想变化看不见，不相信群众的创造性积极性干劲十足是否能巩固？在党的领导下大跃进形势鼓舞，也没看到。鼓足干劲力争上游多快好省建设社会主义的总路线，照跃进还继续高潮。有很多领导同志跟不上形势的发展，继续开展共产主义思想的解放运动。有些同志不敢大胆地精简人员，对群众的积极性，不是支持而是旁观的态度，余的人不减去包冰棍，这叫保守思想。不是共产主义思想，对群众积极性旁观的态度，瞧瞧看的态度。已是第一怕。

怕将来工作发展了怎样办，似乎有道理，也不充分。现售货人员 13 万人，现津市人民 258 万人，减 3 万人，留 10 万是没问题，可供应的。[人口]发展到 300 万人、500 万人，那是明年[以后]的事。两三年人[口]发展[了]再调回来不可吗？看来眼光远大，这对的，但其中有保守思想。

另外，原叫说北京减几万。现减几万就觉得紧一些。我〈是〉看[要]修改规章制度的[是]基层。

减 3 万人，这多吗？

(1) 要从保守思想中解放出来，要相信群众，积极性和创造性，只要发动群众就会减的人还多。

(2) 第二商业局系统〈作〉做得较好，第三局系统〈作〉做得较差，原因请回去检查，恐怕有保守思想。

精简机构人员应提到领导议事日程上来。区财贸公司领导应把二参一改工作来搞一搞。充分发动群众依靠群众，减多少，减下来的怎样办？哪个单位成熟了，哪个就先动。

(3) 精简下放中，注意基层业务单位领导力量党团干部的充实，业务单位党员力量弱。这次应十分注意业务部门的力量充实。

有许多门市部特别合营门市部，根本没有党员，或连可靠的基本群众还无有，领导权还在私方人员手中，下放干部中解决。党团员去了不见得就非当经理不行。党员不懂业务放到基层一年二年就可学会业务的。

武汉百货总店经验很好，党员不懂采购去给私方人员推车就学会了。认为不懂业务无法调〈正〉整这种思想不对的，应抱有发展前途的放到业务上去锻炼。

党的组织形式也不一样，百货大楼一层楼一个支部，劝业场一个商品款型一个支部。研究如何实现党的领导。

精简出来的人员怎样办。[到]工业上去，[到]农业上去，这点[有]两[条]路[可走]。

还有，自己可办农场养猪、养鸡、养鱼，从多方面想办法。

退职退休的尽量地少，留在企业还可〈作〉做点事，养猪养鸡，特别退职更应当少。回去检查一下压缩在最低限度。

先放工业农业，还可以办些工厂、农场，但办农场不要向农业社争地。

调〈正〉整商业网以后还要多减人。转工业报了 3 000 人还要可再看看给多少给多少，有一部分人，有时忙有时闲，可以组织定期劳动。

私方人员下放，统战部已发了，商业部门月底可放了，按统战部的精神办事。

这几天来津参观的也很多了，现发现介绍情况不详细，应当成个政治任务。

各党组，财贸部也注意多找几个点。

王佩章：

今天赵部长讲的，局长未来向局长讲讲，从现在主要抓精简人员主要区负责。

退职退休 7 000 多人，推动审查，不要忙，主要抓去工农业的。

骨干争取在 6 月份一定解决了，在公司精简中抽出来到基层去充实骨干。

到工业去限〈止〉制太严了。

私方人员下放区代表性人物向统战部商议下就放。

区可放小商小贩的，在区边上去组织农业生产。

农场可由局考虑。

1. 向外输出多少干部，其中，教员多少，适合做房产工作的多少人？

2. 对王处长报告的意见。

3. 1958 年高等校学毕业生的用途。

4. 市区分工的意见。

5. 人事规划如何搞的。

贯彻建设社会主义总路线的工作布置

1958 年 5 月 27 日

布置建设社会主义的总路线。

市委宣传部召集各区委党委宣传部开会,要大大宣传家喻户晓,机关干部在今天下午或晚上报最〈完〉晚是明天,最迟不迟于晚上报告。报后讨论学习,开始时抽出工作时间来三天。这个礼拜内学习讨论,以后就在业余时间。

白华同志说的怎样传达,亢之同志谈了一些话,可讲,另一方面还不能讲。

白华:

全市范围内千军万马宣传总路线,为什么?就是工人市民不太了解,干部中也有些不了解。毛主席在成都会议讲有些干部懂得拥护,多数〈护拥〉拥护,不了解,还有一部分怀疑半信半疑。

目前〈正〉整风,用总路线检查总结工作,政治是否挂帅,总路线是推动工作的动力,所以组织干部学习。

一、所有的领导干部、宣传队伍、宣传工具利用起来,党政干部报告,各区长、局长贯彻总路线中带头讲。

八大二中会上,争先发言,主席说这是好现象,赶上英更能提前。局长,有个分工如要去讲就去。宣传〈作〉做到家喻户晓,把宣传的文娱队伍组织起来,解画就画,能讲能演充分发动起来。门市部中、玻璃窗中都要以此宣传。

机关中讲几次?短小精干明确,时间短,多讲几次。

(一) 国际、国内形势

(二) 总路线

(三) 我们的任务

结合本单位的工作、思想情况讲。

二、宣传目的要求。

目的,达到贯[彻]总|总|路线,解放思想、贯彻技术改革、文化革命,主席[讲]发明创造出在青年。

预计中国电〈汽〉气化在很短时间内。

主要少奇报告,《人民日报》的摘要。

三、一面宣传一面搜集思想反映和感觉,礼拜五市委扩大会议后,还要细讲。讲前要学一下领会精神先讲一下。最好今天晚上讲了,市委还要检查。〈正〉整风第四阶段好坏以干部思想解放了没有,别光看检查,要有共产主义思想风格,敢讲敢干,重视政治,政治挂帅。(昨天青年报)

市科长以上的礼拜五听报告后组织讨论,一部分在市讨论,一部分在局讨论,一般干部学习要安排好,小组如何,如何讨论。

大家搜集一下八大二次会议文件公布后反映感觉、主动报机关党委宣传部。

税务、教育、房管局、海关、轻工业、高干校、纺管局、人委基层党委。

南共纲领问题

1958 年 5 月 31 日

星期六上午。

铁托说: 斯大林时代,美国援助过他。

南共纲领

一、(原缺)

二、垄断资本主义,不经斗争就和平长入社会主义,现修正主义的观点。

三、不要无产阶级革命。

四、否认两个阵营,根本区别。

五、他说: 不属于哪体系,他社会主义体系分〈列〉裂出去倾向帝国主义,小平: 他为美国服务,欺骗本国人民和国际工人阶级。

六、(原缺)

七、社会主义的经济关系为国[家]资本主义把帝国主义的国家资本主义[变]为社会主义经济。

八、不承认社会主义革命和社会主义建设的共同规律。

九、否认无产阶级专政,社会主义下党不能是政治组织,而[是]社会教育组织。

对外破社会主义阵营,瓦解各国共产党,〈以无妒旦〉肆无忌惮地在国内实行小集团反映。

十、工厂经理,厂长就可开除,工人委员会主席、党主席。

十一、国际工人运动,他认为几十年来未发展,也看不见社会主义建立,苏联打败侵略者。

十二、认为马列主义,现阶段不应用。

1948年以后,在工人阶级立场蜕化,个体经占90%,文化教育是资产阶级思[想],经济依靠外国,谁战胜谁无解决,原有社会主义基础蜕化。

刘局长关于检查整风工作的报告

1958年6月2日

刘局长关于检查整风工作的报告:

一、检查的要求:检查〈正〉整风,生产贯彻八大二次精神,走群众路线。通过检查达到思想大解放,生产大跃进,技术大革命。

(一)〈正〉整风搞得领导思想转变,工人积极性提高了。规章制度彻底有了,技术革新的条件50%。

(二)平常的都发动了,不彻底,40%。

(三)落后群众发动不好,强调生产忙完不成任务,不去搞整风,特别是工程技术人员发动得更不好,有的说党委成事不足,坏[事]有余,大约10%。

干部的官气、暮气还很足。干部<u>干部</u>鼓起来,但不<u>不</u>足。

去年产值36亿,中央批54亿。

第二本账64亿斤,产值今年最好,比去年12月〈分〉份提高22%,

用什么态度检查?要以总结群众的经验教育群众,不要给群众泄气。

二、检查的内容:

主要领导思想转[变]领导与群众的关系,领导群众思想解放,工人主人翁的态度如何。技术人员,破除迷信依靠群众,和党思想解放。

市级机关应大方些,

生产检查几个主要指标的完成情[况],原材还很紧张,中央按比去年增55%给的,我们提高80%,现在劳动力缺。商业还可输出人,或找家属搞服务行业。

措施有哪些〈花〉华而不实,检查过程实际就是评比过程,今后以此为基础。

机关检查，中心解放思想，政治挂帅，务虚，规章制度改得如何。

商业服务态度，组织机构人员减少。

三、〈正〉整风延长到 7 月底，六月主要搞〈正〉整风，省委在七月要开一次会议。

反右反坏是否在六月中旬或底。

支持农村和兄弟地区。是否在六月搞一段支持河北省的工农业，机器 1.5 万台，亲自去帮助。

关于党团人数统计及支部设置问题的报告

1958 年 6 月 9 日

共有共青团，320 人左右。

改选团总支，军粮城、干校设分总支。

市局设支部。

团总支设专职干部二人。

党员：

市局 59 个，其中油脂 10 人，干训班 74 个。

军粮城　加工厂 68 个

军粮城仓库 61 人

储运处 47 人

加工处 20 个人

共 329 个人。其中：36 个预备党员。

局长 3 人

储运处 19 人

工业处 19 人

供应处 17 人

财会处 17 人

计划处 13 人

办公室 31 人

人事处 13 人

党团保卫 4 人

油脂处 13 人，共 149 人。

传达市委关于双检精神

1958 年 6 月 12 日

南开区税务局：

6 月 8 日召开了干部会议，号召检查〈正〉整风检查工作，以总路线为纲推动检查，掀起大鸣放。这次鸣放和过去不一样，有以下三个特点。

1. 高潮来势猛，同志们干劲足。

星期日上午动员后情绪很高，下午要求不休息，坚决要求下午干，大字报在当晚八点，写出 1 368 张，截至昨天 4 113 张。

大字报质量高，原因就是总路线的贯彻。内容，有批评有表扬有建议。肯定了成绩明确方向，人人读政治，个个谈思考，个人心情舒畅，到处插红旗。

2. 鼓足干劲力争上游，提出查深查细。

体会：

(1) 领导挂帅，政治先行，认真领会上级指示的精神。

大字报 4 134 张，其中：

(2) 表扬和领导作风转变，47.4%。

(3) 建议，29%。

(4) 批评 23.6%。

庞区长：

传达市委关于双检精神。

① 八大二次会学习讨论很好，解放了思想敢想敢说敢干。

② 结合检查总结经验。

③ 群众路线的好处。

一、现在学习深入阶段，双检也要深入，学习也要学习好，决心下了。(每个人定了“红专”计划，人人插红旗)双检也要彻底〈正〉整风，业务必须彻底，市委准[备]召开扩大会议。市科长[以]上学习停四天，抓二次工作。

1. 整风生产大检查，生产搞好，技术革命搞起来。副食品，有许多技术革命领导不那样支持，提出来不完全如何帮助他，机关〈正〉整风六月底是否结束。

2. 下周搞些大会发言，争取下面一些意见树立对立面，思想交锋，市局分开搞。搞到 20 号完才结束，讲什么？原则上有什么讲什么，敢想就说，说尖锐点没什么。别光检查，第四阶段还可检查。

提出今后如何办，主要反映一年来，干部和群众进步的方面。

有一个中学搞大字报很好，这是群众觉悟提高的表现，八大二次会后表现出来的干劲。

要本着这个精神去〈作〉做，就深入贯彻了总路线鼓足干劲力争上游，要搞好〈正〉整风生产大检查。

二、双检查。

凡前段〈正〉整风进行的，这次双检就顺利。

1. 表现，肯定成绩表示满[意]。

2. 指出缺点和存在的问题，提出生产多，干劲大就有技术革命的条件。

要深入下层，把先进单位，先进人物，总结上来报道出去。

有些单位〈正〉整风还不是那样好，领导转变也不那样好，是否检查？等第四阶段检查，解决问题。

凡从〈正〉整风入手的都先肯定[成]绩后指出缺点。

二、工人教育。

事实已工作做得不少了。这次主要强调总结〈正〉整风，解放思想，技术革命。自我检查就是自我教育。总结〈正〉整风向工人报告讨论七月份才搞。社会教育抓先进抓落后带动中间。抓先进就突破落后。过去我们农村有一个先进村都跑去试点，就出现先进的总先进，落后的总落后，这次就是抓先进突破落后。各单位回去考虑。

〈正〉整风基本解决了问题，有 10％未解决也就基本无解决，我们大问题如何？

把落后的大厂解决了，这时不解决什么时候解决？过了这村就没有那个店，一定不要放过去。

四、这次整风，生产检查结合起来。

整风和生产不要分开，而要结合起来进行。市委在河北区召开老工人座谈会提出四满意两不满意。

（1）生产大发展。

(2) 干部作风转变。

(3) 权〈利〉力下放,工人参加管理。

(4) 规章制度有破有立。共四满意。

两不满意:

(1) 消费问题没有解决。

(2) 生产任务不足。

如此看〈正〉整风和生产检查必须结合起来。

河东区针织厂,经验很好:

(1) 三风五气减少了。

(2) 领导和群众关系改善了。

(3) 群众觉悟提高了。

(4) 大跃进上下干劲足。

提出的要求:

(1)〈正〉整风经〈长〉常化。

(2) 大字报经常化。

(3) 学文化技术经常化。

他们的缺点没先搞〈正〉整风就搞技术革命。这就是没有先务虚。徐水县,大事大辩,小事小辩。提高思想统一思想,这就是先务虚后务实。

积极因素调动起来了,还有140万家属尚未调动起来,现在我们有的店不要头。恐怕今后的方向年轻成了宝贝去搞生产,年轻的去搞商业不太可能。

家属除老弱的还有100万人,再把两三个小孩合并看管,就有20万劳动力。毛主席说的调动一切积极因素就是六亿人民。

抓先进就是插红旗,消灭落后带动中间。下次以此汇报。

〈正〉整风和生产不是对立的而是一致的,六月份搞起技术革命。把双查就搞起来。

南开区建一个劳动人民文化宫。这个区进行情况。

几个单位,鸣放件13 000条,大字报6 000张。

新华区,九查三比,糖芽公司:

① 思想解放;② 政治挂帅;③ 查领导作风转变;④ 工贸协作;⑤ 二参一改情[况];⑥ 批发〈另〉零售服务;⑦ 查糖果不变质;⑧ 规章制度;⑨ 跃进指标,比政治思想、比干劲足。

这几天中心抓发动群众？发动得如何，落后先进有什么变化？掌握思想，了解思想情况，左、中左占 41%，中间 50%，我们把群众发动起来，叫左派去挡。

发动群众就是具体的贯彻总路线，缺什么补什么。

我们到里不是找碴而是帮助总结经验。常常回去如何做。

1. 各单位群众都发动起来了，各行业可在系统开现场会议，开现场会。本单位开好，区和市开。

2. 税务的经验很好。

3. 庞区长报告，有市、区我们的意见领导上要报据报告进行研究。充分发动群众，先务虚。

南开区：

研究整风，业务大检查的问题。

1. 总的要求：是以总路线精神，宣传，贯彻总路线，检查〈正〉整风业务，肯定成绩，总结经验，推广经验，存在什么问题，指示今后方向。缺什么，补什么？抓先进单位人物总结经验，突破落后，带动中间。

2. 鸣放思想明确，有表扬、有建议、有批评。

3. 思想解放破除迷信，应号召党团员积极分子骨干，带动全面。

4. 领导核心，是否在一起多研究多分析，找出关键，找出发动群众的具体方法。

5. 抓先进总结经验，也是指导群众运动一个关键。

南开区双检查的估计：

(1) 运动开展：动得并不晚，说明领导上是重视了，不仅进行了动员还〈作〉做了辅导。

(2) 群众情绪，不能低估，情绪高的干劲是足的，应及时提出方向。

(3) 就是大鸣大放，方向不太明确。

(4) 发动群众的抓一环是抓住了，群众也发动起来了，就是缺乏指示方向，研究得不及时。

① 对当前的先进单位，先进人物总结，还没抓紧。

② 导核心，研究得不深不透，(分几片去发动)，粗糙收效不大。

③ 区委布置检查六十条，我们没认真研究，每条如何具体解释不够。如按我说：政治挂帅就不太明[确]，什么算政治是否挂帅了？

检查组向区常委的汇报和区委的意见

1958 年 6 月 14 日

区委认为，很好行动迅速，很满意。

张书记：

1. 从抓两查入手，抓政治挂帅，先务虚后务实。抓几个观点，生产观点，服务观点明确不明确。群众性的经验总结以政治挂帅，三参一改。

2. 贯彻总路线要〈合〉和当前工作结合起来，那就是双查。双结经验交流经验。

3. 商业技术革命、文化革命除四害结合起来，群众发动起来了，整改已经差不多，转入技术文化革命。

4. 领导不集中，以财贸部为主，刘书记说别光依[靠]市来的几个局长，和庞区长。

5. 当前不断改变面貌，充分发动群众，什么是多快好省，总路线的基本点弄清，插红旗辨风向。

6. 放出来的问题，类型进行分析，不同的问题〈作〉做不同的辅导报告，目前对运动要有估价。

7. 要全面发动群众，特别中间群众，要中间群众思想解放如何，在关键问题上发动群众，税务局，规章制度。（庞区长）

出二题，一机构，拿出些房子来。

8. 调〈正〉整商业网，六月份要结起来，现在就应总结。

9. 宣传总路线要多样化，商业柜台变宣传台。

10. 从上而下的务虚，对总路[线]如何理解，从上而下务虚，下边辩论务虚。

11. 人人家家知道总路线，家属知道总路线，使大多数人虚实结合好。

商业搞工业，当前不是重点，重点是两查。

商店受市民表扬如何达到 95%才好。咱们今后如何〈作〉做？

各组紧紧抓住市区委的指示，结合下面情况研究，方法多样化，采取庙会式的，把人集合起来提能解决就解决。

参观现场会，开现场会各组考虑，工业小组每天碰头，我们也这样〈作〉做一至三天内向核心组织报一次。

区委计划十五号进行反右，但看双检〈作〉做得如何。

银行、税务局要转，向整风办公室联系一下。

李局长：

调网究竟什么时候完，有什么经验。

各单位，总路线究竟贯彻得怎样？

粮食差 1 000 元，不能光归于公司来粮少，贪污〈到〉倒不敢肯定。贯彻总路线中还有这个事。

1. 查思想解放，人人达到敢想、敢说、敢干、人人有意见有大字报，出现新成绩。

2. 查政治挂帅，人人说政治，个个说思想。

3. 查领导思想转变程，找出突出的反映。

4. 查服务态度服务质量。

5. 查两参一改，主要市民的关系。

6. 查规章制度，修改的程度。

7. 查跃进指标，跃进措施。

比思考好，比干劲足，比思想解放的彻底，比合理化建议，比服务态度。

常部长：

方向：

〈正〉整风、业务大检查。方法：发动群众性的检查总结，抓先进带动落后。依靠群众，发动群众，开展大鸣大放。掌握先务虚后务实。牵连到大多数人的问题弄通再动。少数人的也要通。虚实并举也可以。

目的要求：

把群众发动起来认真地对〈正〉整风工作了正确估价。两方面，政治上，领导思想解放，多数人还少数人满[意]，领导与群众的关系。领导以劳动者姿态出现，群众觉悟提高了，领会了总路线，个人与国家的关系，和消费者关系明确。

业务方面，统购物增加了进销货。费用降低，人员减少了，流转快了，减少了积压。

调网，6 月结束区委还要抓。有总结有分析地结束。不包括修房等问题。

总路线在商业上贯彻怎样，快就不好，多就不能省。

座谈方法，谈谈认识。

测验一下理解总路线如何。

粮食找一个、二个门市部分析。

如又有贪污又有差款，抓住贪污的教育。

不平衡的，税务快提出新的，饮食慢赶上去。

每天小组碰一次头，秘书一起办公，商业上技术革新抓一下。

两检和别的工作结合，公司有什么我们就问，如商业网，商业下放，人员下放。

商业柜台变宣传台，多快好省具体化了。

庙会方法在推行。党政工团一起召集开会群众提，当时答复。

加强指导工作。

刘光明了解一下对银行、税局有什么意见，

调网后增加销货额，和俭勤办企业。

南开区：

一、检查的目的要求。

二、查的内容。

1.〈正〉整风。

(1) 查领导作风转变，三风五气改得如何。和群众关系是否密切。

(2) 领导思想解放程[度]，是否敢想敢说敢干？

(3) 政治挂帅，虚实结合如何？

(4) 职工的主人翁思想树立如何？

(5) 私方向工人学习如何？

(6) 服从党的领导如何？

2. 生产业务。

(1) 跃进计划执行情况。

(2) 加工产量完成指标质量提高情况。

(3) 增产节约降低费用如何？

三、精减机构下放权〈利〉力。

1. 检查规章制修改是否有[无]不适当的地方。

2. 权〈利〉力下放后执行如何？

3. 店与店，店与公司，同志与同志之间和外部协作关系如何？

四、检查的方法。

全面发动，重点深入，上下检查互相结合。

公司以点包片进行检查，下面小组相互检查。

先务虚后务实，选出组长去检查。

找出关键问题。

通过检查，总结过去，提出将来，明确下半年的任务。

组织领导。

上次检查小唐回家了，添上于资。

以支部为主组织核心组，

组长，李俊儒，杨志诚，

于资，金玉峰，廖锡光，李庆福，孙景波。

时间：检查一个月，学好八大文件，10 号前达到高潮，改得还不快，10 号后整改辩论。

14、15 号发动群众达到最高度。

五、注意事项。

随时改进，随时总结。

1. 群众，三种人目前思想动态应分析，主要中间群众的发动情况。

2. 分层包干深入重点，思想要明确主要抓住发动群众。破除迷信解放思想造成声势浩大的大鸣大放。

3. 领导研究不细致，发动群众和检查重点方向不明确。

6—12 号，600 多件，昨天一天 300 多件。

1. 把总路线的精神，要用多式多样的形式贯彻深、贯彻透。使广大职工真正达到，破〈出〉除迷信，解放思想，敢想敢说敢干敢于创造共产主义风格，政治挂帅，先务虚后务实，以虚代实，一起结合鼓足干劲，力争上游的目的。

2. 抓住群众，大发动这一环，造成声势浩大的大鸣大放，可表扬可建议可批评。依靠群众，总结〈正〉整风总结工作经验，达到人人鸣放。

3. 群众发动起来，经验出来了，抓先进总结经验迅速推广进一步推动运动。

4. 领导和掌握小组的人员要善于启发鸣放。最好的形式在一起鸣放。

5. 领导核心要研究问题细致深透，方向明确。

6. 鸣放出来问题类型，要分析研究以便及时总结。经验就推广，表扬就传达，应改的就改。

于资同志：

1. 我们宣传没有总结。

2. 鸣放件分类无研究。

3. 件数心中无底。

4. 为什么,我们这个区公司过去是一类现在为何疲沓,找一下原因。

5. 我们研究,还不到上级的要求,开始分片掌握不住情况又集中,今天又分片。

李庆福:

领导分工不明确,互相依赖谁不管。

杨经理:

咱们要比门市部就消极,方案制定了如何执行?没有及时研究,有缺点要大家负责。

今天方案通过无条件执行。

大字报应该有质量,[否则]一万张也无用。

李俊儒:

发动双检查,无材料,我写 9 条就动员。

吸收经验我们能否消化?

目的要求:

通过学习贯彻总路线。

五厂,人事干部,董立贵:

木工现有 4 个,需临时木工 10 个,白铁工 3 个,钳工 4 个,绘图员 1 个,下脚工人 12 个,〈作〉做酒工人 22 个——还要 42 人,人事工作 1 人,烧锅炉工人 3 人,

工会主席 1 个,

油脂厂拨去 68 人,有 15 人什么不能干。

干部管理工作,工人调配,丁宝云,肖志平,吕志桐,王心培,马彤珍。

工资,福利,劳动保护,劳动工资计划,王桂生,张泽生,赵英敏。

关于理论和时事政策的学习,王洪海。

1. 关于考察了解干部的工作。

2. 关于干部余缺调剂,余者如何下放。

3. 关于工人余缺调剂。

4. 关于下放干部的管理教育方向。

5. 关于诊疗所,药费下放。

6. 补麻袋工人之工资工作。

7. 夏季防暑降温的检查。

8.“红专”规划工作。

9. 人事劳动保护工作是否组[织]跃进。

市科长级干部的思想排队

1958 年 6 月 20 日

目前还正在大力开展双检，对经、副理、正、副处长进行思想解放的排队。

一、思想排队。

第一类，思想解放较彻底，表现在工作上有朝气，干劲大钻劲足，不仅敢想敢说敢干，还在整改双反大跃进中能以虚代实，善于依靠群众，破除迷信，支持群众的革命技术的创造。

第二类，思想解放不彻底，工作干劲大钻劲差，对敢想、说、干，尚有某种程度的顾虑，依靠和相信群众不够，迷信思想还未破除，向科学技术进军的劲不大。

第三类，思想尚未解放，存在右倾思想，工作上有暮气，还是墨守成规，老一套的工作方法，不仅干劲钻劲差，也不敢依靠和发动群众，对新事物抱有怀疑观望态度，不积极向科学技术进军，并有严重的个人主义包袱。

二、组织分工。

确定各人事室负责，结合区财贸和当前双检进行排队、哪类多少人，具体名单，每类举出一至三个人的例子，排好写出材料交党组书记看一下如党组讨论也可也，但不是必须讨论。

三、时间要求。

要求下礼拜三(25 号)报来，最后定下礼拜六，报来。

红票，目前工作安排很紧，第二批反右又开始，现不摆到日程上来也要培养典型。

加强干部的思想情况的考察了解工作进行排队，写出材料报党组，哪些人应当教育。

关于下放干部，送工业完成最好南开、城厢区，差的河西、河北区。

一局准备增加 1 000 人，向二局〈另〉零售单位抽调。

财贸部区常部长谈：

向市委汇报南开是中等，又布置了一些工作，检查团结合到竞赛比武中去。

那就是达到思想大解放，技术大革命，工作大跃进。比武穿插到双检中去，先务虚就双检，务实现场展览会，参观后就讨论座谈。主要其他单位创造的认识，或者对创造有什么意见，怎样技术革命。中央给50的材料，完成80%，搞内外结合，外就是讲解好、参观好，新产品陈列好。内就是思想工作好，虚心接受新鲜事物。

区委给财贸10个人已经下去了，就是去〈作〉做这些工作，财贸一个大馆7个小馆。

工作进度。银行税务局，人多，应减，领导还搞不通，所以下大力量搞了。有的单位就要总结，还有的单位缺什么补什么，到月底转入第四阶段。除学习外，来区同志深入下去。技术革新出现新的就马上来报告。百货一夜创造四种。

张部长关于庆祝七一的报告

1958年6月26日

机关党委宣传部张部长：

七一，十年大庆祝，五年小庆祝，今年大庆祝不到，小庆祝已过，但全年建设总路线公布。八大二次会议，少奇同志总结经验。主席："七大"制定了个总路线打败了帝国主义和国民党反动派。我们当前学习贯彻好总路线是各级党委的中心工作。

市里开会说，三年赶上英国，七年赶上美国，明年〈予〉预计2 500万吨钢。

一、方法。

各单位根据不同情况不同方法庆祝党的生日，现在就开始。七一前迎接，七一后庆祝七一前后党员[员]单独开庆祝会，七一那天就吸收群众参加，开大会，党政领导报告，座谈会，娱乐晚会，都可，但都要政治挂帅。

（一）破除迷信，解放思想，敢说敢想，敢于创造，鼓足干劲，力争上游，力争红专。

（二）学习好、总路线、拔白旗、插红旗，树立共产主义风格。

（三）认真学习毛主席的著作。

关于鼓足干劲，各单位摸一摸有多少人鼓足了干劲，有多少人还未鼓起来。

二、各单[位]召开各种类型的座谈会，党团群民主党派，不同人的座谈会，人数各支部自定。内容：了解总路线公布后如何适应形势，他心里想什么、干什么、学什么。有发明创造领导上支持。

三、庆祝“七一”后总结一下,党内先进党员的事迹,加以推广,带动别人,发动竞赛。

要求:

(一) 要求每个党员站在群众前面带动群众走,在党内提倡人人有理想,人人有创造,人人争上游。

(二) 通过学习总路线〈祝庆〉庆祝党的生日,把双检〈正〉整风推进一步。

(三) 通过庆祝党的生日,党政负责同志和群众多接触,多谈心。

庆祝七一都开一些娱乐会,七一后搞一个汇演,特别自编自演的材料。

四、党的组织生活。

(一) 支部教育,生活会呆板,开会就批评,一个检讨,大家批评或人人检讨。这就先进方面看得少了,落后方面看得多了。缺乏以支部先进人物先进事迹总结叫大家学习。

今后过支部生活会,用大鸣大放的方法是不是行? 或者学习党的方针政策,分析本单位执行党的方针政策。(过去不够)分析本单群众干部思想状况,也可分析本支部先进党员或报纸的先进人物,为什么就先进?

(二) 今后讲党课也应改变一些方法。

思想展览。讲先进党员教育落后党员。

党做什么叫他干什么,党教什么学什么。

1. 学习党的总路线、毛主席著作,思想上插红旗拔白旗。

2. 唯物主义的教育。

3. 群众路线的教育。

曹部长:

一、学习贯彻总路线,通过庆祝“七一”掀起革命竞赛,发挥支部核心堡垒作[用],发挥党员先锋战士作用,带动群众。

二、发挥党员的远大理想,宏图为志,树立共产主义风格。解放思想要打破自卑感和个人主义。

三、纪念七一掀起革命竞赛树立榜样,但也不要要求过高,有一点之长就可表扬。

强调走群众路线。

纪念七一要政治挂帅,重视党的工作。

〈正〉整党工作：

一、〈正〉整风要由第三阶段转到第四阶段。

〈正〉整风以来在党内解决了哪些问题？

1. 全党思想分析，上等、二类、三类各有多少？过去落后经〈正〉整党转变好的是多少，落后现还落后的是多少？

2. 领导思想作风转变得如何。

一般党员，三风五气克服如何？进一步说个人主义联系群众如何？

3. 支部工作改进情况如何，民主作风如何，支部工作哪些改进？

4. 还有没有解决的问题，存在的问题。

二、组织处理工作，即〈正〉整党对〈像〉象。多少性质类〈性〉型，处理了多少性质。

对〈正〉整党对〈像〉象处理的形式方法，还是光处理，是结合处理进行教育？处理后效果。

三、评比竞赛工作，自开展竞赛〈已〉以来进展如何？包括支部规划和个人跃进规划，支部规划是否通过了讨论，个人计划如何制定的？

评比执行的情况怎样，检查过没有？

关于商业等部门下放的几点意见

1958 年 7 月 25 日

门诊部，诊疗所，门市部，食堂，收房租，服务性行业，交到街或居委会，财贸系统 12 万，拿出 5 万人去。中小学 54 万人，实行半工半读。把居民妇女发动起来，就可有 30 万人力，街道有一个像样的工业。工厂与农业社合办工厂。今后推行食堂制。家庭妇女看孩子做饭就牵挂着她，可办街道食堂。

工厂附近可有宿舍，为工厂搞附属劳动。手工业下放，工厂下放，商业大部分下放。

以整风为纲，搞两个工作：① 技术革命商业办工业；② 业务下放。

张秘书：

关于商业下放的几点意见(财贸)。

服务，银行，税务，粮食，财政，零售。

1. 当前各区管的零售行业一律放到街。

2. 集中在居民区,〈另〉零售和服务性行业放到街。

撤销各区公司,设商业局领导商业工作。

商业下放后,一般采取代销的经营方式。

5 人以下的门市部一般都撤销。

粮食门市部民办 1 500 人,每门市部 2 400 户。

机关党委的布置。

市科长以上每年写两篇文章,第一篇以整风跃进,技术文化革命为题,七月选题八月交卷。

1. 解除顾虑敞开思想,是否处室的领导分析干部的思想,顾虑在什么地方呢,或领导上检查缺点,显得虚心,会搞灵活些。

2. 展开辩论,统一认识,提高思想,结合本处情况,辩论点,带普遍性的和特殊的辩论。

3. 抓重点问题,促使自觉地检查。

4. 写材料,下礼拜一写出来,非党员写否自便。

关于整风工作的报告

1958 年 7 月 30 日

〈正〉整风情况基本透了,〈畅〉敞的 80%—90%,党员 94%,群众好的占 90%,还有思想顾虑。

一、〈骇〉害怕处分。

二、好面子或降低威信。

三、暴露多了怕成了右派。

苦战二天,获整风全胜,今天苦战一天思想解放透,明天写完材料,共 17 个人。已解放基本解放的有 15 个人。

苦战两天获得整风全胜,今天继续[解]放思想,〈畅〉敞开思想,说真心话。思想挖深挖透透,从做到点滴意见或个人思想不保留,争取个个拔白旗干净,红旗举得高高的,思想总结要准、狠。

真正在〈正〉整风第四阶段人人获得全胜,必须解除顾虑。

端正态度。

公安局打击现行反革命和肃清历史反革命的计划

1958 年 8 月 9 日

公安局打击现行反革命和肃清历史反革命的计划

现行反比〈年〉去年多，破案率很低。

苦战一个月，从 8 月 10 日到 9 月 10 日，对旧案全部破案。1958 年以前的案件，对新发现的破案 90%—100%。

以新代旧，先易后难，发动群众，进行揭发。

肃清历史反革命 8、9、10 月完成。

“肃反”中已查清未处理的要处理。

长审的采取集训、集审。

（后略）

机关党委召开审干工作会议

1958 年 9 月 9 日

（一）天津市人民法院，司法局审干工作经验。

（二）唐部长谈，今后审干工作。

怎样工作：

1. 结论工作，九月底前搞完包限制使用处理的意见。报党委审批也算完成。(1) 我们反复强调保证质量，和贯彻省市委审干结论的三个环节。保证质量的四个环节，结论是整风的决定期。结论处理使用好坏是否能实现审干的目的。结论处理必须是实事求是严肃认真精神。(2) 要求鼓足干劲力争上游，掀起一个学先进赶先进比先进的高潮。进度快的防止松动情绪。慢的单位回去研究，追上快的。审干工作协作参加全审干工作评比，不能因一个单位影响全面要当促进派。(3) 结论同时搞出使用意见，必须有组织批准生效，否则就不能算完成。(4) 要彻底查清难案争取不保留问题。也是保证速度和质量的内容之一。

以下情况不应保留和长期审查：

① 如何被捕被俘如何回到组织来，敌人审讯情况狱中表现无法找到审讯人

和监狱人员，无法查清，或能找到我们〈测〉侧面了解有什么问题。

② 入党手续不清，本人并非是[反]革命分子和其他坏分子，工作表现积极已具备了党员条件，个人交代与证明材料不一致，一般保[留]党籍。

③ 多年留下来的政治嫌疑确无法查实，也无法否定，经各方面客观考虑当时情况，推出怀疑根据同时也推出几年来表现如何，如表现好，由本人申请下写出结论。

④ 本人没有问题，但在台港和海外家属朋友过去也通过信，根据 1956 年 10 月 20 日中央提出的对侨政策，不审查也不保留。

审干九月份的任务占〈正〉整个任务的 20%多。问题复杂所以很艰巨。

2. 审干工作全面结束，贯彻省市委结束审干工作的指示，复查整理档案清理，要用算账的办法，任务力量、时间，整风结束了把人员调到审干办公室去一些人。防止审干工作不关重要的思想。

(1) 复查工作，是结束工作的一次主要工作，列入保证质量的主要措施，必须做好不能〈作〉做坏。方法：结合结论复查以外，还在全面结束前还进[行]全面的复查工作，主要查漏、查错，查错内容结论性质论断不当，处分上有无偏轻偏重。应该限制使用无限制，不该限制而限制，应该调离无调离，给了处分，不执行还是提拔。查漏内容，因工外出新调的人有无有未经审查的？

丁会上先查漏后查错，先重点后一般，召开座谈会列出名单有漏审的？

查错如何查？按问题的性[质]分析，排队，这就看来处理轻还是重，查本人意见，受处分是否恰当，限制使用的要大，问题复杂。

(2) 整理档案的工作，依党前通知办法份〈正〉整理。

(3) 总结工作。

怎样总结：如何贯彻总路线精神的？审干工作中如何提高了自己，谈些事实。干部使用上的经验教训。

总结还是以群众路线的方法总结。

全体审干人员奋战苦干一个月，掀起学先进赶先进比先进的高潮。

① 中旬组织对结论的检查，各单位整理一下。突然对机电局检查了一下基本还满意。

② 长审的单位准备一下，找时间研究。

③（原缺）

④（原缺）

机关党委建党工作组织工作会纪要

1958 年 9 月 23 日

唐部长：

经过〈正〉整风、反右、双反、大跃进，出现了很多非党积极分子，他们起到骨干作用和桥梁作[用]，这我们不能忽视。从我们党组发展就不断充实党的新血液，发展党员是我们基层组织的经常工作，我们的工作依靠党的领导，领导又依靠党员，所以要不断地把那些积极分子吸收到党内来，才能进一步发挥他的积极性。

1958 年发展情况如何？党委根据各单位报，计划 180 人。其中：高级知识分子 15 个人现仅完成 3 个人，另一方面生产性质的变化，人员增加人员也有变化有的工厂由党员 20%变到 7%或 4%，另外发展党和整风紧密结合不够党委有责，各单位工作忙也就顾不上党的发展。

从思想上看落后于现实。据我们下去了解各单位没有很好搞这方面的工作。

今后如何〈作〉做？

要把建党作为支部重要工作，党的组织为政治服务的目的。

发展重点，根据市委指示，有觉悟的老工人，有觉悟的知识分子，真正的左派，和党的力量薄弱和空白点的地方发展。

标准，按党章规定第一二条，但在具体掌握时要结合总路线，提出具体要求，经过考察了解，历史审查清，必须经过培养教育，懂得党的基本知识和为什么要〈作〉做一个共产党员，大跃进有冲天干劲，能刻苦钻研，并敢想敢说敢干敢向落后现象斗争共产主义风格。对高级知识[分子]他受资产阶级影响深，就看阶级立场，思想观点，觉悟程度对生活作风不要过于〈调〉挑剔，只要他们政治立场历史无问题那可以接收进来逐步改造。

保证接收的新党员都能成为优秀的好党员。发展计划(数字)根据市委的指示，从今年下半年到明年年底发展 2 万新党员，高级知识分子 300 人，今年下半年 600—800 人，高级知识分子 150 人，不给各党委分配任务。

首先要把非党积极分子进行排队，谁在什么时候发展，今年发展的一般的历史清楚经整风考察和党课的教育，如果没有经过历史审查和党课教育要抓紧教育。具备党员[条件]后才发展，发展对〈像〉象排队，要稳要准，要贯彻八大精神保证质量。

上次报了计划的如果够条件的今年就发展,不够条件的就调整。

发展方法:

1. 政治挂帅,发展党的工作列入支部会议事日程。

2. 要有专人负责全党动手。

3. 建立制度定期研究。

4. 不断地召开群众座谈会,吸收反映。

5. 加强党章学习,提高认识,怎样学习支部研究一下如何上党课。不单给发展对〈像〉象上,其实群众都可以听党课。发展对〈像〉象本人不会感到突出和优越感。

发展对象排队除今年和明年发展的外,如认为是积极分子的也要培养教育不得忽视。

组织支部评比,共 7 个小组评比已基本完成。仅还有一个小组未完成,尽量国庆节前完成。

这七个小组评完了以后,再到党委来一起评比,最好的来比武,五好支部不是要求都好,选出红旗也可能真正去给插红旗。

支部改选工作结合第四阶级整风评比改选支部,现已有 10 个支部已改选了,支部工作总结找出经验。有的单位尚未送来。先进党员的材料抓〈进〉紧送来,党委准备出 个共产党员的册子。

1956 年发展的预备员还有 100 多人,如有单位抓研究处理够的就转,不够的应取消的就取消,还认为去之可惜,〈在〉再延长一些。

建党除报表外,还要报一个计划好些,整党对〈像〉象要抓紧处理完,

审干大部分能保质量地完[成],但少数单不行不要影响整个任务。

先进党员的材料经评比过的国庆前报党委没有评过的也要评国庆后。

支部工作经验,有重点的总结,哪组好边可写专题总结,27 号报来。

税务、海关、商干、体委等 8 个单位红旗。

治安三处布置国庆节保卫工作

1958 年 9 月 22 日

1. 国庆节前组织全大检查,发动群众依靠群众,发现问题及时解决,领导重

点抽查,有多少义务消防组织,10 月底前摸清。

2. 建立整顿消防组织,加强宣传工作,建立防火卡票制度。

国庆节保卫工作张冲谈:

国民党中央已决定,国庆前来配合军事行动来一个全面特务活动,动员它的组织参加,主要〈暴〉爆破、破坏。

1. 正准备派遣,已运进部分破坏器材,在中国大陆破坏。敌机穿入大陆几个省,散反动宣传单。

2. 大批投空降特务已作出计划,现在我们已掌握了这些情况。

中东局势以后,反革命坏分子多了,台湾是内部问题所以反革命活动也就多。

所以做好这项工作,不响一颗炸[弹]不〈露〉漏掉一个特务。

从目前看政三处掌握的情况,有些华侨不是中国人,是日本人来中国,就是搞特务活动,由于有华侨,企业内部也就会有敌人。

(1) 加强侦查破案,各单位协同治保会研究有线索的要破案,大单位可集训,小单位也可联合集训。

(2) 留在内部的反右坏分子,要加强控制机关上几个人控制一个,不要叫他们游行。反右坏的好的也得控制。

(3) 加强宣传工作,敌情不要详细介绍。

(4) 党政工团组成安全检查组织,特别〈作〉做好钢铁部门和为钢铁服务的部门,保护集会安全。

30 号下午 6 点—3 号早 8 点。

关于发展党的组织工作安排

1958 年 11 月 10 日

今年发展任务,红桥区 1 500—1 800 人,到现在仅发展 20 人,发展工作应当来个跃进,目前的有利条件,有 1956 年的发展经验,我们是可以完成的,现有积极分子 6 000 人,但有的掌握过高有的过低。

业务是很大的,入党者经过若干道手续,必须〈作〉做好,具体问题:

1. 根据各单位报的申请书,准备不足,缺乏应具备的材料,历史未经调查,无自传、支部意见。

(1) 自传：经历，社会关系，对组织意见认识，整风反右情况。

(2) 家庭成员。

(3) 社会关系。(简略写)

(4) 对党的认识，〈正〉整风反右的情况。

2. 组织材料：

本人家庭情况历史经过调查，反右整风的表现，介绍人写出负责的意见。

叫他听要忠诚坦白，代笔人必须是党员。

组织员谈话就在申请书内。

审查要抓关键。

调查人的报告，申请入党的材料，当地党的证明。

社会关系主要看有什么政治问题，社会关系一般落后不影响他入党。

3. 本人入党的标[准]要求要高要严：

(1) 掌握更高更严精神。

(2) 经验，是否有高的共产主义觉悟，接收新党员第一二条。承认党纲党章就承认了义务权利。

① 过去有剥削思想所以能否入党？看他们现在的情况，有这种思想行为的不行，基本不发展。

② 25 岁以下的能不能入党？过去强调是团员。如具备党员条件不必非入团。

③ 重婚的是否能入党，总的不能入党，少数有这个风俗地区可行，我们这个地区不行。

④ 积极分子就叫红专的积极分子，这内部掌握。

⑤ 党课学习可自愿参加。

⑥ 积极分子条件：

家庭出[身]成分好，有共产主义觉悟，群众关系好，能苦学苦干有敢想敢干的风格，立场好。

今年搞一些，成分好觉悟高的，火线入党是为推动炼钢的工作，火线入党不是那么简单而是已有准备了。

炼钢中注意发现积极分子。

农村中注意阶级成分，一般上中农不得接收，少数民族中，强调阶级教育，看他们宗教〈介线〉界线如何。看他唯物观点如何。

对华侨与国内学生一样，对他们家庭情况和国内外关系应很好分析。

直系家属在国外的要分别对待，虽然是反革命实无联系又无影响，可以研究。

直系亲属被镇压一般的不得接收，如具备入党条件的，得有三个条件：① 过去是否检举了。② 对亲属密切程度，对政府镇压认识。③ 有明确的立场。我们的意见目前先不考虑。

基层党委，总支不派工作员了，直属支部要派，有督促检查的权利。

目前大力搞积极分子的活动。

上党课叫红专学校也可以，也可鸣放辩论。

党员评比一下是否起到作用了。

支部工作评比发奖大会。

刘忠同志报告：

比思想比政治作[风]比支部多快好省完成任务，比发挥党员的作用。

通过支部评比竞赛，加强了政治工作，发挥了支部核心堡垒作用，过去谈业务多忽视政治，见物也见人虚实结合。

产品质量提高了，有一个厂的灯〈心〉芯绒在全国由第三跃到第一，牛羊加工厂破除迷信，敢想敢说敢〈作〉做，他们在牛羊身上有 40 多种药材，准备到年底达到自由吃。

支部开展了评比竞赛，43 个评比评出第三中药总店，二参一改后又实……，福利、饲食、牛羊、红旗，一粮食公司、木材加工厂、第五面粉厂等 48 个支部 850 名党员评出五好党员，红旗油厂、宋庆华副厂长用酵渣做糕点，给国家节约财富。

118 个支部，〈正〉整风一类 74.5%，〈正〉整风后一类 79.3%。

支部评比竞赛要经常地持久地深入地开展。

1. 必须把党内评比竞赛经常化作为提高支部的重要方法，每月支部工作总结检查一次，每季竞赛区评比一次，半年系统评比一次。竞赛区每半个月一次会议，每季竞赛区评比一次。

党员评比每月检查一次计划执行情况，每季度评比一次，机关党员检查红专规划，〈作〉做什么赛什么，当前以技术文化革命，支持钢铁元帅升帐，先行官上马，执行红专规划看谁好，体力劳教育的结合，钢铁战线上的党员评比，支部定期评比，12 月支部和党员动员一次评比，也是对党员的了解考察，建立卡片，修改评比竞赛〈是〉使评比竞赛蓬勃发展。

2. 评比时要走群众路线，召开群众〈坐〉座谈会，评党员时也可召开一些积极分子参加，也可召集意见多参加，不要召集坏人参加，党员领导干部也要和一般党员一起评比。

3. 评比先务虚后务实，加强政治工作、互相学习，取人之长补自己之短，互相提高，不要〈金〉锦标主义。评比时要充分发扬民主，认真辩论，心悦诚服，人人心情舒畅，对先进的表扬，对落后的勉〈历〉励，总之通过评比交流经验。

4. 总结交流党员与支部，先进事迹先进思想，支部要把提高党员作为主要任务。把敢想敢说敢做敢向保守势[力]作斗争的插上红旗。

5.〈作〉做好这项工作，领导重视亲自动手，支部总支党委要列入议事日程，每月最少要研究一次，各项工作统一部署，组织委员做这项工作。

共评出 15 个支部。

着[重]讨论和解决的：

(1) 关于计件工资改计月工资应分几个等级，哪级应多少钱，搬运工人补麻袋工人。

(2) 有哪些不合理的不应享受的福利取消，为什么要取消〈作〉做深刻讨论。

(3) 为什么苦战，不愿苦战是什么思想；有这种思想的人应该自己怎样认识？

(4) 共产主义学习是否应该人人插红旗，白旗是应拔掉，不拔掉对向共产主义过渡准备条件有什[么]危害？

(5) 建立什么样的带共产主义萌芽的制度？

食堂无人售菜处，无人发薪处等，食堂化也有的提出也可讨论，共产主义学习必须开展大鸣大放、大字报、大辩论，敞开思想、〈敞〉畅所欲言，说心里话，真正结合思想谈自己的认识。

关于肃清残余反革命打击流窜犯问题

1958 年 12 月 4 日

关于肃清残余反革命打击流窜犯。

1. 注意抓“肃反”的教育。

2. 两清一光。街道在现在基础上复查，清理块块片片或条条清理，在机关企业就是坦白检举，用临时工的要清理其中有无反革命，当前无力量清理的，可找一个时间清理,集训一批去一批。

咱们用的临时工别漏了,前天他们听公安局来说你们若把材料找来,现其中有几个人有问题。

集中的强迫劳动坦白交代,如本单位需他回来交代的也可以。

方针是：有反必肃,少杀多管的原则。

调查工作可以叫积极群众去调查。

现我库共 503 人,其中：干部 113 人,工人 366 人,其他 24 人,党员 44 人,团员 39 人。

503 人中有大小问题 201 人,占总人数 39.96%。

党团员力量和有问题对比 41.3%。

201 人中：普通反革[命]10 人。

摸底 28 个。

有政治历史问题 157 人。

重点调查的共 6 人。

集审 2 个,集训 18 个。

(下略)

传达毛泽东不担任国家主席的问题和关于评选劳模的问题

1958 年 12 月 12 日

红桥区工人俱乐部,张明芝书记：

前天市委万晓塘同志召集大家开会传〈大〉达一个事很重要：关于毛泽东同志不担任国家主席的问题。

八届二中全会关于同意毛泽东同志不做第二任国家主席。

几年来毛泽东同志曾多次向中央提出,希望不继续担任国家主席的职任。中央八届二中全会同意毛泽东同志的建议,在第二次全国人民代表大会不再提第二任主席〈后〉候选人。专做党中央主席使他能够集中精力专门处理党和国家的政策和路线的问题。同时也有可能从事马列主义理论创造工作。对全党全国人民更有利,这是积极的建议,丝毫没有消极的因素,如需要时,经党的决定还继续担任这一个主席职务。

在适当的会议上,向党内外干部传达,解释,而不是有所误解。

各单位先在党内讨论,如果有什么意见,企业先在党内讨论有什么意见有什么看法,什么时候群众传达讨论再通知。

党内 14 号前传达可能 15 号见报,讨论,情况汇报各有关部。

张春明书记关于评选劳模的报告

1958 年 12 月 12 日

张春明书记报告:

评选建设社会主义积极分子,在其中选劳动模范。

关于评选劳模的问题。市委决定在最近进行评模在工业、手工业、商业系统都要评选。

意义:通过评选劳模推动当前工作,同时对每一个职工来一次检查鉴定。评选〈设计〉涉及每一个职工,评选时要讨论就要审查衡量一遍。够条件就评为积极分子,哪些人不够条件?发动群众评出来的就合情合理,如群众发动不好,可能出现假积极分子,该评上的没评上不该评的评上了,就造成不团结。

要做好思想工作政治挂帅。

评模与当前工作结合推动当前工作,掀起学赶高潮,当前结合大搞机床,对那些破除迷信解放思想,敢想敢说敢干的人总结经验加以推广。

一、劳动模范,小组,单位的条件。

1. 有高度的政治觉悟,坚强的政治思想工作,劳模必须政治立场坚定。

2. 出色全面完成计划。

3. 有重大技术革新、创造。

4. 有共产主义协作精神。

小组　单位

群众参加管理,二参一改应是一个条件。

二、评模人数。

积极分子小组 15%左右。

奖〈历〉励的先进人不过 5 元。

小组奖每人平均不超过 1 元。

奖物质不要奖钱。

区选出的积极分子 970 个人。

工业 600 个,手工业 150 个,商业 150 个,文教系 500 个,三输 20 个。

小组 150 个,财贸 30 个。

单位 10 个,工业 5 个,手工业财贸 3 个。

天津模范 1 000 个,小组 150 个,每区要有模范厂。

三、组织领导。

区评模委员会,

基层成立评模小组,

党政工团 3—5 人。如有的不再成立。

四、方法步骤。

1. 采取各种形式宣传评选条件,使广大职工明确方向掀起高潮。充分搜集资料,对模选,人组、单位进行整理。

2. 评选市级劳模是在厂区的积极分子中找,评选中走群众路线,使评出之人真正成为榜样。把积极分子摸底,叫群众讨论提出,再加领导研究叫群众讨论也可大鸣大放大字报。

如有分歧可组织辩论,

评选要发扬民主。

3. 评选出来报区。区评模办公室在工会,这样工作结束后积[极]宣传模范人物先进思想先进事迹。

4. 时间要求人人现在开始至月底完。

各单位要自己开庆功大会发奖,报区的要在月底否则弃权。

注意的问题:

(1) 医务界炊〈食〉事员、保育员,够劳模就劳模。

(2) 注意掌握条件一定防止弄虚作假。

(3) 必须和当前〈得〉的中心工作相合。

到年底还有 19 天:

有转炉的单位 1 000 吨(市委指标)我们准备 1 200 吨。

当前中心工作很多,建党、文教卫生、体育,大搞机床。

小转炉要搞好钢任务很大。

土钢展览明年一月份市里搞。

体育和卫生。

我们卫生搞得还不够好，下点力量搞好，重视卫生工作。

体育工作也不太好，党支部注意这点。

劳动工资问题：

劳动力有些乱，我们几个书[记]说话几经不一致，劳动力保证点照顾一般。

① 土钢结算，填表统计，有些单位不对头，价大，有的嫌麻烦。② 钢的数不准确。③ 花了多少钱。

燕书记发展党的组织的报告

1959 年 3 月 1 日

晚上，区委礼堂。

（一）发展党的工作。

1958 年我区接收 1 558 名，根据市区委检查新党员的指示，由 2 月 5 日—25 日除农村外都进行完检查，方法依各基层自查互查，各部还指定专人翻档调查，还召开老工人老党员座谈会，一般我们细致。1 558 名中绝大部分是够条件的。

历史清楚自愿申请入党，经过较长期的培养，有决心为共产主义奋斗到底，干劲大，不骄傲，群众关系好。

工业财贸文教 1 029 名，其劳动人民出身 92%。

111 名有 51.3%是先进生产者。

去年建党质量是高的，通过检查也发现有在一些问题有以下问题。

1. 有严重政治历史问题或者家属亲属被镇压被斗的有七个人。分两类：本人有重大问题或有剥削行为 3 个人，饮食公司，1946 年时在津做海员参加国民党并担任海员，第九分部书记，入党时说一般党员，该单位也没调查就接收了。

地毯厂有一个卖仁立毛呢厂，一万元，到 1959 年 1 月入党后还领定息。

直系亲属被管制 4 个人。

有一个家富农被斗 1957 年才恢复人权。

还有一个他父亲[是]一贯道坛主。

2. 党悟低对党认识不好，有少数群众关系，隐瞒一般历史 89 人。

(1) 对党认识差 72 个人，干劲大，工人阶级政党奋斗方向也知道，但如何〈作〉做一个党员不知道。

有的人入了党想进一步努力争取入团。

(2) 隐瞒一般历史问题 17 人，不完全忠实于党，虽隐瞒一谈话就交代了。

3. 支部建党中办手续上存在一些问题，主要新建支部新选支委，如有的接收新党员未经支部大会讨论就报了总支。有的一个介绍人，也有的大会意见无表示，甚至本人无自传无申请书也批了。还有的没有叫入党人参加会，有三人没叫组织员谈话。谈话没表示意见的占 60%，没有申请书支部谈两次话就批了。批准权限不清入过国民党的应区委批，总支批了。

为什么存在上述问题？原因：

(1) 对保证新党员质量和党的纯洁了解不清，要求更高的标准没有很好掌握。甚至对党员质量有错误。只要历史无问题，觉悟可教育这在发展党员就有问题。

也有认为劳动好，干劲大有技术就行，他们对城市接收新党员复杂性认识不足，光看一时一事不看全面。

有的对接收对〈像〉象有意见，迟到早退不钻[研]技术，党员有意见，说支部认为无历史问题，小青年有培养前途就发展。

对如何掌握不清。

(2) 选择积极分子不够认真，对积极分子条件要求不严格，挑选积极分子之前没有〈作〉做政治上的调查也就影响入党。

有的接收新党员仅抓了一条，而这几条有联系的，比如“五反”时还未放去资本家？也〈例〉列入积极分子。

像工业系统 221 人中，就有 61 个人未获批准。

(3) 认真审查严格入党手续不够，这是保证质量的关键。有的培养人缺乏高度的责任心，没有把情况说清楚，有的给隐瞒了，新民会未填在表上他不说，在调查时他父[亲]被〈例〉列入审查对〈像〉象，有的办入党手续才找介绍人。

凡出身于剥削家庭不接收。

凡直系亲属被镇压，管制自杀的不得接〈入〉收。但有下列情况可接收。

① 本人积极检举亲属的犯罪行为，亲属被镇压，本人表现好又具备条件者。

② 直系亲属关系不大被镇压后本人对政府表现好又具备入党条件者。

③ 直系亲属刑满释放本人和亲属划清界限，无任何隐瞒，够条件可发展。

还有的在支部大会讨论时没有充分发扬民主，对少数人的意见没有分析研究。

发展党员不能光凭少数服从多数，一个人意见也要听取。

有的本单位组织员说已了解他还谈什么话？这不行，必须谈话。

注意加强对预备党员的培养教育和考虑了解，关于发展党的工作意见。

在市委和各基层党委的积极努力下去接收1 558名，今年到现在接收190名完成得不太好，区委还准备修改。

有些单位对检查质量认识不清，怕检查干脆不发展，有的说我们一个不发展也保证质量，这是种消极的思想。保证质量是对的，不能消极。不发展党员也谈不到保证质量。

看不到这种有利形势，为什么检查质量？那就是为保证质量才检查，推动建党工作。

既要保证质量又要积极发展党的工作，要把发展党的工作当成经常工作。

下边报6 353名的建党计划，这说[明]我们是有基础的，但仅发展190名。

我们计划2 000—2 500名市委要求上半年完成。下半年着重培养教育新党员，因下半年工农业跃进更忙。这个任务，不给系统分配，不给基层分配，计划〈事实〉实事求是放在可靠的基础上，也应是积极的态度。各单位审查一下原计划。

发展重点单位文教卫生，新建扩建工厂、门市部、较大幼儿园、托儿[所]。

发展阶级觉悟高的老工人特别是老技术工人知识分子的左派，以及在技术革命中有发明创造成分好[的]，发展也要注意到妇女。

发展党员标准：

应比过去更高更严，今后党的根本任务加速社会主义建设，并向共产主义过渡。具有高度觉悟，具有共产主义的干劲。农村中注意阶级成分，对少数民族申请入党教育对宗教的认识。有神论和[无]神论的教育。共产主义和宗教问题，如不放〈去〉弃宗教者不得接收入党。

采取以下措施：

(1) 加强对发展的领导，都应〈例〉列到议事日程，定期研究解决。

(2) 认真贯彻群众路线动员全党发展党的工作，发展的工作是党的政治任务，党员为壮大党的力量而努力，对积极分子基本知识教育，发展党是每个党员的义务，教给他们接收新党员的知识，根据工作岗位分配他们任务，重点单位除分配外要发展。

(3) 认真选择培养又红又专的积极分子。条件：

① 阶级成分好，立场明确坚定；② 具有共产主义觉悟和群众有密切联系；③ 能苦学苦钻，具有敢想敢说敢干敢放，向落后〈作〉做斗争的风格；④ 熟悉业务勇于创造不断推进革新。培养又红又专注意密切结合政治运动和中心工作，培养积极分子经常化，培养积极分子在不同的情况采取不同形式培养。

组织积极分子上前线，到比较艰苦的岗位锻炼，或者分配一定工作考验。

评选积极分子中注意挑选。

组织积极分子去参观。

要不断对积极分子排队。

严格〈历〉履行入党手续，认真掌握党员标准，认真审查阶级成分，历史思想品质，觉悟程度。

对出身复杂要像审干一样逐个审查。弄清再研究入党的问题。政治历史没查清的一律不接收入党。够不够党员条件，重点立场，觉悟程度，不能看一时一事，必须全面地看。

为确保党员质量卡住以下五[点]：

(1) 培养人介绍人认真地培养，对入党者介绍全面情况，另外发展不发展支委先研究再拿到党员大会上去，党员大会上一定充分发扬民主，哪怕一个人的意见也要慎重研究。支部大会上一定叫入党者参加，介绍[人]必须向党介绍清情况。

(2) 还要注意大家讨论时不通[过]非叫通[过]。不要单纯强调少数服从多数。

(3) 组织员对被谈话人要先进行调查再谈话，谈话后向党〈作〉做出负责报告肯定意见。

(4) 审批时要认真审查，有专人初审，再拿到党委去讨论。

(5) 另外审批时也注意，一个人别开会传阅下算了，那不行，怎样发挥党委的集体领导？

天津工作 256 期属哪级批有规定。

(二) 关于开展支部与党员评比竞赛的意见。

1958 年各支部党员普遍开展了评比竞赛，交流经验，提高了党员的觉悟，提高了思想水平，出现了人人做个好党员，个个〈作〉做个好支部的竞赛。加强支部堡垒核心，加强领导一切工作。支部评比的目的：① 是为提高领导水平，党员思想觉悟，集中全党力量完成各项任务，以各项中心为评比的内容，各支部都制定支部党员的努力方向，但注意党的任务不断变化补充新内容。② 必须从总结工作系统经验，树立旗帜，促进互相提高。评比以〈事实〉实事求是的态度，以共产主义思想竞赛，同志式的竞赛，反对骗取荣誉弄虚作假，今后评党员仅评五好党员，不评四、三、二好党员，这样会发生消极作用和副作用。

评比是一项广泛的群众工作充分走群众路线，评选充分发动党员鸣放讨论。

各支部应总结经验利用展览会推广。

支部一月自查、总结，竞赛区一季度评一次，各系统半年一次，年终评出五好党员领先支部。

党员评比由支部掌握，但报告区内。支书、厂长不仅积极领导还要参加党员的评比。

（三）关于干部改进领导作风。

根据中央的决定跟班劳动收效很大。今后我们坚决执行。

领导干[部]一年最少有一个月时间参加劳动，公社干部有三分之一参加劳动，大队有一半。区级领导干[部]大搞试验田，工厂领导跟班劳动。

范围：

主要是区科长以上的干部(包括厂长、车间主任)，跟班劳动不去掉职务。当工人去，在一定时候取消职务。

时间最少半个月，最多一个月，各单位正定规划，正下去。

市科长级每下去不少于 4 个月。

措施：

政治挂帅，加强思想工作，大鸣大放不断批评轻视劳[动]，① 下去干部注意要以一个普通劳动者出现，遵守制度服从领导，② 各部分管干部，今后义务劳动由区人委调配，各支部对参加劳动每年最少检查两次，下去的人回来交个总结。并且建立制度，一般干部劳动填卡片，一个时期鉴定，党团支部也列入评比条件之一。

各基层都制定干部参加劳动的规划，应该一面规划一面下。各单位规划 3 月 15 日上报，干部劳动和红专结合起来。

参加劳动根据身体条件确定。

进一步加强党的团结，去年大跃进中，起到重大作用。但个别支部也有不团结的，建立生活会开展批评自我批评达到团结。

进一步加强党员的学习，文化、理论、政策的学习。

干部参加会议，今后严格控制，必要的还要开，通知谁谁参加。

区委扩大干部会议大会发言

1959 年 3 月 9 日

区委扩大干部会议大会发言。

组织部部长陈：

党组织在基层如何发挥作用。

1.（1）充分发挥党的领导，加强集体领导，集体领导党的最高原则——是培养干部的方法，保证生产工作更大跃进，首先决定党委支部特别书记是否[树]立了党的集体主义思想。带动委员行动起来畅所欲言，支书是委员中一员不能放在支部之上。重大问题要经过研究讨论，委员应发挥自己的经验，也不应该光靠自己的工作。委员要〈护围〉维护党的团结，尊重支书的意见但也不应盲目。各委员要有具体的分工，否则就丢掉西瓜捡了芝麻。

（2）[参]加工作性会议要有准备，在可能条件下把问题告知委[员]酝酿，发表个人意见讨论时尊重少数人的意见。

（3）集体领导根据主席六十条工作方法，大权独揽小权分散，行而有决各方去办……

（4）为加强集体领导必须加强团[结]，首先把问题摆在桌面上来，开展批评，不得背后乱讲，各委[员]要互相通气〈围〉维护党的团结是每一个党员的义务。

2. 为保证生产任务的完成，各级领导干部必须改变工作作风，认真贯彻中央提出的跟班劳动。革命干劲是“热”，科学分析是“能”，必须互相结合起来。各级领导干部一定的时间深入下去大搞试验。

认真贯彻参加体力劳动，两参一政。

3. 加强基层工作的活动，要适应形势的发展，加强共产主义教育，加强管理，每个党员必须有高度的共产主义觉悟，通过运动掌握党员的思想，用各种方法去教育。

宣传部部长杨尔成发言：

(1) 宣传工作为政治为生产为群众服务的态度。

(2) 贯彻全党〈作〉做思想工作的方针。

区监委副书记王敏发言：(原缺)

贾区长发言：

(1) 义务劳动：海河遗留工程塘沽 48 万平方公尺，本区 19 万平方公尺。我们区适当开一些马路，营门东，邵公庄，大丰桥新河北大街。西德花园 18 平方公尺。工具设备缺乏。吃饭和住的地方都不方便，上述工程主要是义务劳动，抽一些专职人员。

(2) 绿化。去年种 48 万棵活 70%，今年中央要下大力绿化，今年主要苗园不足，咱们区采取重点和一般相结合。重点：西站前，营门西 8 路，津浦路两侧，子牙河两岸，北马路，北大关，北仓高精大，津京公路，工人新村，自己搞一些苗园，再一个向市里要，最好区搞 300 亩育苗，去年东北就已〈作〉做了准备。去年栽的树应当保护好。

(3) 处理违章建筑。拆除违章建筑 63%。

高连瑞同志发言：(原缺)

燕书记发言：

关于干部参加劳动。

干部参加劳动是我们党联系群众的光荣传统，少奇同志在八大党的会议上说，一个好的党员熟悉人民的痛痒，关心他们的疾苦，不向人民摆架子，这是我们党的无穷力量。干部参加劳动可能改变作风，克服主观主义和官僚主义，更可以了解人民的实际情况。我们当一个工人或社员对制度政策改进工作就有好处，深入下去可与工人交朋友。我们下去当工人就可学习到技术和工人的作风，参加劳动又可调动群众的积极性，使工作出现新面貌，因此说有现实主义和深远的意义。逐步消灭脑体劳动的差别。干部参加劳动不仅在国内有影响，在国际上也有很大影响，所以要认真执行。

机关、事业的干部每年最少有一个月参加劳动。公社干部一年有 1/3 的时间参加劳动，大队有一半的时间参加劳动，企业领导干部分几次或一次去劳动。

参加劳动的目的：

改进作风，改进工作，联系群众，总结经验。

干部参加劳动和干部下放劳动锻炼不一样的。

参加劳动形式多种多样：

(1) 你“将军”当兵，下去当工人当社员，时间最少一个月，最多二个月。

(2) 根据工农生产的需要参加义务劳动。

(3) 领导干部下去检查工作也可参加劳动。

(4) 为了指导业务工作需要试验田也可参加劳动，在工、矿企业单位采取跟班劳动的方法，再一种干部下去当工人，工人上来当干部。

我们决心大，行动快，礼拜四就下去，区准备下去一千人。

若单位有一个统一安排作出规划，并且加强领导。希各党委支部管好，上来时写个总结。

注意什么问题？

(1) 以普通劳动者的身份下去，放下架子，服从领导遵守纪律，积极劳动，起模范作用。虚心向别人学习，愉快地劳动。从思想上解决你去当工人、社员去了，不能指手画脚，当然〈各〉可提建议。

(2) 下去以后和群众当知心朋友，扯一扯情况向你说知心话，下去为了改进工作，工作一个[阶]段可帮助解决些问题。

卫生局局长杨文珍发言：

1959年彻底清除四害，改变面貌，防止感冒和梅毒。

党委一元化领导，就毛主席工作方法60条说的，大权独揽，小权分散，党委决定，各方去办，办也有决，不离原则，工作检查，党委有责。又有集中，又有民主，又有纪律，又有自由，又有统一意志，又有个人心情舒畅，生动活泼的政治局面。

关于开展七好支部五好党员红旗竞赛的情况汇报。

(1) 自总支布置以后各支部是如何开展的？支委怎样分工抓竞赛？

(2) 党员在竞赛当中。

刘忠书记报告1959年生产和产值指标

1959年3月10日

刘忠书记：

1959年全市工业总产值比1958年增长50%—55%。

1959年红桥区产值初步意见，130 884万元，期成计划135 107万元，比1958

年增长 55%—60%,其中：中央所属增长 193.91%,市属增长 44.82%,区属增长 58.3%。

劳动生产率比 1958 年增长 40%—55%,成本降低 10%—12%。

七比：产量、质量、品种、劳动生产率高,成本低,安全,协作关系好。

一、以技术革命为中心全面超额完成国家指标为目的,开展同行业同工种同产品以小车间小组个人的竞赛,开展学比赶的高潮。

实现五化：半机械化、机械化、半自动化、自动化、高速度化。

技术革命注意的问题：

1. 为当前生产关键服务,还是长远目标打算。

2. 试验试制只停留在这上边不行,投入生产为终。

3. 技术革命必须大洋群小洋群相结合两条腿走路的方法。学习和发明创造相结合。

4. 开展技术革命必须先开展文化革命,技术革命的目的增产不增人。

二、加强工业管理。

有利于生产的制度必须建立,大权独揽,小权分散,党委决定分头去办,办者有责不离原则,党委有监察之责。

大厂要建立职工代表会,在党委领导下的集体负责制,中央指示,每年一次反浪费。各单位时、日、旬、月、季、年计划都要检查。加强原材料调度,劳动力的调度。

整理企业管在 3 月 20 号前完成。

三、节约原材料,今年缺,明年还会缺乏,就要开展原材料的生产。

1. 生产原材料的单位必须超额完成国家计划。

2. 各单[位]〈历〉厉行节约原材料,特别是煤电。

3. 大搞综合利用是克服原材料问题。

(1) 综合利用结合技术革命。

(2) 综合利用结合全国统一安排。

(3) 贯彻两条腿走路的方法使全职工树立节约的思想。

(4) 统一管理机动使用必须贯彻一盘棋思想。

(5) 加[强]下〈角〉脚料利用。

4. 去年增加 30 万人,坚决贯彻增产不增人的原则,多的人报区调剂。

张敏之在开展安全运动会议上的报告

1959 年 3 月 13 日

区委召开开展安全运动的会议，张敏之同志报告。

安全和生产是一致的，不是对立的，因此就全党全民动员，回去向全体党员动员成立组织开展安全运动。

1958 年大跃进的一年在各项事业都取得很大成就，全国公社化，国际形势敌人一天天烂下去，我们一天天好起来，我们政法工作也取得很大成绩，生产秩序很安定。由于大搞钢铁，生产运输量增加运输忙，火险增多。为适应这个形势我们政法工作应当跟上去，确保安全。不仅〈作〉做好政治保护，而且还向自然灾害作斗争。

但因我们采取措施不够有力，宣传不深不透，也就是充分发动群众不够，所以有些人对安全生产一致性认识不足，有对立情绪，因而不断发生事故，红旗油厂小西关染化六厂烧过，昨天染化六厂爆炸伤人 40%。1958 年全市 177 起死 3 人伤 8 人，1959 年 23[起]死 2 人伤 1 人损失 5 万元。交通事故 481 起，死 51 人伤 430 人比 1957 年增 13%，农村发生 174 起死 3 人伤 80 多人。工厂企业：工建 319 起事故，有的伤死 30—40 人，共死伤 527 人，增加 1/5，农村人民公社人畜〈重〉中毒事故，对爆炸易燃物品管理不好。

反革[命]分子和坏分子虽减少，还有残余和新滋生的进行破坏。以咱区火警 82 起，火灾 16 起损失 26 000 元，今年 1—2 月 33 起，火灾 3 起损失 1 112 元，1958 年交通事故 46 起死亡 2 人伤 46 人，今年事故 4 起死 1 人同时工伤事故 10 起。

反革命分子和坏分子还有活动发生，特别是少年儿童犯罪严重，据初步统计就有 250 名。偷盗、流氓、涂写反动标语的罪行。

我们今年是苦战三年的关键，我区还讨论国家计划，我们是确保安全。因此根[据]市委市人委的指导，今年年初在工厂企业内部结合生产开展安全大检查。

为了使安全大检查，搞深搞透把各种不安全因素找出来，彻底〈正〉整改。健全制度，教育广大职工人树立维护[公]共秩序，从现在开始到 4 月 20 日在已开展安全检查的基础上全党全民动员在全区开展一个防火、防交通事故为中心的防生产，工伤责任事故防反坏分子破坏防毒防爆炸的规模壮阔的运动。

（一）认真〈作〉做好防火工作减少火灾发生。

建立健全义务消防组织，防火制度。对新学徒工进行教育，建立逐级的安全教育，消防条例第六条，事故责任制度，各单位加领导。有一个领导负责防火工作。商业有一个党委员管制定，年季月安全工作。

检查生产情况时同时注意安全情况，防火教育管理设备三结合，逐级检查制，厂长一月一次车间主任半个月一次，工段长每周一次，各组长天天上下班检查。根据全民办消防，有的无消防组织的建立起义务消防，通过教育自动报名。划分小组，结合民兵训练劳组制进行训练。义务消防评比制度，物质或者精神奖〈历〉励。

基建工地本中央活完料净。农村保护棉粮库托儿所食堂敬老院，街道幼儿园托儿所防火，教育小孩别玩火。特别加强纺织和化学部门安全，锅炉及时检修。易燃管理，注意易燃物和爆炸物的检查。建立制度防止事故发生，并对五类分子审查不可靠的调离。

有易燃物爆炸物住在人口集中的有条件的迁到郊区，现在无条件也要想法，公安部门制定危险物的条例。

（二）大力〈正〉整顿交通秩序。

普通进行深入的宣传教育，遵守交通规则，组织学习城市交通管理规则，对不遵守规则的要教育，树立人人遵守交通规则的共产主义风格一切有车辆单位教育服从民警和交通规则，严禁违章，对机动车新司机训练没有驾驶证不准开，车多单位有行车安全员。禁止儿童马路玩要，不过七周岁小孩过马路有成年人领着，不过二米街道不准行车。

2 月 5 号，《天津日报》，整顿市容的规定。各单位大力执行市委整顿市容的指示。

违章建筑商业部门多，但要拆除，全民办交通，工厂学校机关单位，义务安全交通员。

公安部对干警的教育执勤认真负责。适当增加警位加强流动保证安全。

（三）防止减少工伤事故。

大张旗鼓地进行安全教育，生产必须注意安全，安全是为了生产，广泛发动群众对于忽视安全的要进行批判。发生事故找出原因进行整改。

结合技术革新建立健全安全制度。各工厂单位，根据什么问题〈防〉妨碍生产就解决什么问题。结合本单位情况提出检查重点，彻底列出一切不安全因素，堵塞漏洞。对新工人和徒工培训。

（四）提高革命性打击反革命分子的破坏活动。

推广去年“肃反”的经验，政法部门加强对车站码头粮店的检查，加强户口管理，地富反坏叫他定改造自己的计划。

通过上述办法防止破坏。

少年儿童教育由团妇联家长对儿童共产主义的教育。对罪行较严重的准备成立少年教育校学。

政治斗争和自然灾害同时进行斗争。敌我矛盾内部矛盾分清。

（五）加强对农药的保管，严防投毒。

（六）建立健全调处委员会。

治安委员会和调解委员会合并如没有很快建立起来。街道上主要防范和调处问题建立安全公约。

步骤方法：

1. 宣传揭发问题，党政领导结合当前工作安排这个工作，街道团结爱国卫生运动搞这个工作，要充分发动群众，意义目的讲清楚。进行检查，有无破坏分子有无防火设备，找漏洞找原因。

2. 就是整改。边查边改，领导与群众整改相结合安全制度等。

3. 验收战果。贯彻经常制度要自始至终贯彻发动群众。各支部要写总结开展安全工作，当前结[合]党的中心工作进行。

4. 组织领导。

区委成立安全事故领导小组，下面设办公室，设几个组，各工厂企业，在党的领导下成立安全小组，由一个书记挂帅三个人组成。

最后还要评比红旗。

关于内部“肃反”问题：

去年〈作〉做得很好，但也有问题，留了不小的尾巴。市委要求三月底结束，但不是不搞“肃反”了，那就是转到治安人保部门，最后省委还要验收。但也有些单位松劲。有的单位认为一二人不大了就不进行审查，有的五人小组但开会不参加，不过问。

我们进行以查漏为主的内部“肃反”工作。通过过去的“肃反”又经审查和集训就查出 100 多个反坏分子。机构合并转来 30 多人未查清而查清 30 多人，隐藏的敌人。坚决贯彻党中央的方针做到不错不漏，善始善终，以查漏为重心以查错的为辅。

歪风邪气很多“肃反”当中不深不透的单位。

平时出来了一些坏人坏事，再就是下降的“肃反”对〈像〉象。

1. 本单位“肃反”时未参加运动。

2. 已处理的反坏分子有无活动。

3. 上下处理不一致。

4. 来历不明。

5. 与审干密切结合。

(1) 结合复查，建立必要的组织建设和思想建设。

(2) 建立制度。

(3) 纯洁组织清理内部。有真才实学当时清理困难，培养接班人，留在内部的要保卫委员负责。人事部门加强审查制度，建立档案，结合审干写自传，不审干的填表。

做好运动后的善后工作，五人小组布置的工作未执行的要三月底前执行。

加强对待积极分子的教育，提高警惕性。

尚未查清的查完四月中旬属于一般历史转人事部审干，评选 1958 年参加“肃反”积极分子 15 号报区五人小组。

晚上召开支部委员会。

安全运动领导小组：刘振刚，田培均，张建国，王道举，吕树帆。

党内外动员掀起高潮，结束“肃反”。

(后略)

区委燕书记报告整顿生产服务合作的问题

1959 年 3 月 24 日

整顿生产服务合作的问题，区委燕书记报告：

一、去年的工作，1958 年是我国社会主义建设全面跃进的一年，在一马当先万马奔腾的形势下，出现各项事业跃进。实现街道居民合作化，居民的思想精神面貌有了改变，街道生产服务合作社是去年大跃进的产物，1958 年 10 月份全区基本上实现了合作化，全区共 85 个生产合作社，社员 46 000 人，占居民劳动力

87%，参加生产人数占应参加劳动的人数68%。卫星厂街办的325个，参加生产的共1 229人，输送到工厂，企业当正式工人店员8 520个人，还有8 610个到126厂、社，〈作〉做合同临时工。基本〈作〉做到人人有工作户户无闲人。为帮助妇女解决琐碎的家务劳动，组织了生活福利事业服务性行业。特别冬天以来，根据市委指示一手抓生产一手抓生活，就成立服务性行业，食堂137个，炊〈食〉事员407人，吃饭人数11 728人，托儿组织221个，保育员842人，入托儿童3 872人，街幼儿园48个，教养员180人，幼童2 234人，拆洗行业，还有3 307人，分别在商业邮电等行业工作。

由于建立这些服务性行业，基本满足了居民生产生活的需要，把妇女从繁重的家务劳动中解放出来，2 800多名妇女参加社会劳动，支援了工农业生产大跃进。

支持商业3 000多名妇女腾出2 000多名男劳动力，仅河北大街实现以女代男就替出500多名男工，清道工作交到街道劳[动]抽出100多人参加工业生产。

自1958年—1959年一、二月份产值和加工费共700多元，利用下〈角〉脚生产节约原材料，利用废品硫酸制成铁硫酸。居民参加劳动增加了收入，改善了生活，有的户过去每月5.80元，现平均生活9元多。参加生产的人数40 000多人，共收入70万元，由于组织托儿所和幼儿园，就家庭劳动社会化，通过劳动教育觉悟程度大大提高了，半年中就出不少具有共产主义思想人物，大胡同子19岁的保育员，成市模范被接收入党。这就是为过渡到人民公社准备了物质基础和思想基础。

这些成绩首先成绩归公检查：

1. 便于把街道居民更好地吸收劳动中来，支援工农业生产增加生产由消费变。

2. 能解放妇女劳动力，在烦琐的家庭事务中解放出来。

3. 随生产发展群众归入增加改善生活水平。

4. 由于广大人民组织起来劳动便于技术文化革命。

5. 由于广大居民组织起来便于党的教育和劳动锻炼，不断提高共产主义思想觉悟。

6. 随生产发展觉悟提高，由社会主义集体所有制过渡到社会主义全民所有制为人民公社建立打下基础。

体会：

1. 加强党的领导政治挂帅是完成一切任务的保障，组织生产，组织生活始终贯彻了加强领导政治挂帅，知道支持建设贯彻社会主义总路线，但也有怕不自由，怕受不了怕孩子入托儿所受不了，怕脏，怕当炊〈食〉事员，怕丈夫不同意，街道怕散漫，不好组织，怕没有资金厂房，不好搞生产，怕积极分子参加生产街道工作不好搞，在广大群众中，广泛地宣传了总路线和组织他们参观，并在普遍的问题上组织大鸣大放辩论，在干部中学习总路线。在工厂中也对职工进行了教育搞协作。

2. 街道居民组织起来以后走巩固提高过程中，加强政治领导，以虚带实解决实际问题，有的人参加劳动的态度不明确，工作挑肥拣瘦闹待遇，就组织共产主义教育，参观辩论，个别帮助树立好人好事，这就提高了政治觉悟。

3. 认真贯彻了街道生产为大工业生产服务为商业需要服务，为居民生活服务。一手抓生产，一手抓生活，组织社员大力发展生产，以加工生产为主，以自产自销为副，主动与生产工厂挂钩，辅助工业生产的不定量，将街道生产纳入国家计划，充分发挥了大工业助手，结果占83%。

4. 认真贯彻群众路线。只有充分发动群众才能办好生产合作社，发动群众，依靠群众，发挥智慧和积极防领导上的包办是有重要作用的。

5. 加强组织领导建立健全必要制度，这是管理好合作社关键，贯彻民主办社，建立代表大会民主选举。

(1) 加强劳动力管理劳动力卡片，开展以保质保量保时间的技术改新，建立教养院保育员、炊〈食〉事员的训练，不断提高他们业务知识。

(2) 积累与分配问题，现在看来，积累多了一些，现在二八积累多了一些。

(3) 目前管理机构人员过多，占全体社员15%过多。管理〈作〉做得还不够好。

二、整社的目的为巩固提高合作社的制度加强领导充实骨干，纯洁组织，调动积极因素，掀起保质量保数量保时间，以技术革命为中心的生产高潮，整社紧密结合生产，切实解决生产和管理当中的问题，围绕生产中心有什么问题解决什么问题，什么问题严重什么问题为重点，没有问题或者问题不大的以竞赛形式整社，内容：

1. 全面整顿和巩固居民生产组织，生产组织是社的物质基础，生产是合作社巩固关键，因此整社时抓住生产，并抓住为大工业服务，为商业需要服务，为居民生活服务的方针，街道居民生产是辅助性的生[产]为大生产不足的补助，不要想搞精尖高大，根据街道生产方针组织多种经济生产，因地制宜因陋就简就地取材的原则，积极和当地工厂挂钩搞卫星厂承担简易的生产，利用下脚料。组织一些服务性行业，积极和国营商业挂钩，组织拆烧裱糊，清洁家庭，玩具铺、小百货等。

(1) 加强领导充实骨干建立街道管理机构主要管街道生产，另外挑选政治可靠坚决走社会主义道路，与群众有密切联系的人去担任，百人以上的工厂抽出一个人(给加工单位)去管理，街办民办的较大社，派民警或街干部去领导，要有一定的领导力量。发挥技术设备的潜力，民办工厂根据街道特点统一经营管理。

(2) 建立健全生产管理制度。生产组织当中建考勤验收保管等制度，使生产秩序正常起来，必须建立生产管理委员会或小组。广泛地发动群众参加管理，工作由生产委技术人员模范人员组成。

处理合理化建议开展技术革新，组织生产人员座谈解决生产管理上的问题，生产管理人员不能超过生产人员 4%，生产管理人员还实行两参一改的制度，社长管理人员不少于三分之一的时间参加劳动，各厂、社经常教育防火，保证财产不受损失，加强财务管理工作，健全财会制度和审批手续，财会制度以自产自销为主，清理民办工厂的财产登记，开始根据水平简而易行。有条件的建立联合会计，百人以上的工厂单建立账，保证日清月结，定期向群众公布，对既不称职又无培养前途的换掉。

有严重历史问题和贪污的清出去。

(3) 对自产自销的组织采取控制发展的方针，凡是经营倒卖，危害社会主义建[设]的立即解散，分别加以〈按〉安排产品，而为工农生产需要原料困难的可与工厂，商业挂钩。

(4) 要妥善安排经常流动的生产人员，这是居民生产的特点，不可能〈相〉像工厂那样稳定，特别有些工业生产由于原料不〈是〉时出现停工半停工的现象，因而根据形势的变化而变化，能叫合同工停工不叫大工厂停工，因此各社专人负责与有关工厂取得联系，对停工时间长的人员，一种转到服务性行业，另一个办法是并入生产稳定生产多的厂。对那些短时间停工人员组织他们学习或临时性的工作。

(5) 正确解决分配和积累问题。

积累分配是处理人民内部矛盾的方法，通过整社正确处理积累和分配的问题，有〈力〉利于生产发展照顾到社员收入，有〈力〉利于社员生产积极性的发挥。

为充分发挥社员积极性，掌握少积累多分配的精神，使每人保持 18—25 元的收入，街道技术人员工资高于其他人员但要低于工厂同工种的工资，但分配积累的关系不是不变化的。

工资分配方法以生产单位分配，掌握多劳多得的原则，不要一街一社统一水平分配，工资不要强调化一，我们的方向是固定工资加奖〈历〉励的办法，当然也可采取计件，也可采用死分活估，或计时计工资。整顿合作社同时注意解决加工费和合同工的工资，必须同工同酬。

支付加工费的原则：① 同工同酬，厂外加工的报酬，不低于厂内的加工费。② 目前街道生产劳动效率较低情况下，应本着照顾、扶〈制〉持生产原则，有〈力〉利于发展生产的原则。③ 加工费应当包括工资、福利费、管理费、加工利润四个分部。

加工费具体支出办法：① 工资应当根据工厂企业完成同样产品半成品，工序所需的技术等级或者多种技术等级的平均工资（不包括学徒工）。合理地支付，但街道生产设备较差，技术较低，由街道提出加工成本提出加工费协商规定，过高的逐步调整。② 福利费一律按加工工资的总额的 10％支付。③ 管理费，用于行政费开支（包括管理人员开支取暖车间经费），工厂企业应根据街道生产组织实际开支以支付（管理人员不超 4％）。④ 加工利润按工资遇管理费三项费用开支总额提取 5％—10％，个别行业可少于 5％高于 10％，凡有技术革命质量产量提高了但加工费半年不动。

对规定材料消耗，街道加工降低了原材料消耗率一般的半年以后再动。

合同工的工资：

一般街道居民的合同工相当于工厂的一、二级开支，特别强的可按三、四级的工资开支。今后劳保、福利、医疗按规定解决。以后合同工不参加街道积累，吃饭、托儿都自理。当前积累一般按 5％积累，最多不超过 10％，由工作单位扣（现市规定 10％），街道生产时间贯彻，七比一或六比二的生产，保证四不误，卫生员、户籍员、图书员都改成业余。

2. 广泛深入地开展共产主义教育，改变作风调动一切积极因素，共产主义教育根据存在的问题，阶级、群众观点，对社干中[加]强民主作风的教育。对社员加强为社会主义服务为人民服务的教育，生产目的性的教育，加强纪律性，爱社如家的教育。

3. 巩固纯洁服务生产合作社的整顿，健全制度，充实骨干，加强民主制度，社务委员，成分好，觉悟高，干劲足的人担任，权力要掌握在劳动人民手中。调整社的辖区，有〈力〉利于生产发一般的以 1 000 户为宜，区委研究一般的就不动了，为便于领导，在居民委原来划片。

巩固发展集体福利组织，目前以巩固提高为主。今后采取民办公助，或工厂社合办。大力巩固先进人物旗帜。

整顿的方法：

必须采取发动群众整社的方法，鸣放辩[论]可能顾虑，是否可采取总结讨论的方法好？整社从现在开始。

（页眉上写——整理者注）石油部仓库梁同志说没有接通知未去听报告。冶金部仓库张同志说没有去开会。

区委召开党员干部大会

1959 年 3 月 27 日

区委召开党员干部大会，在五一表厂礼堂。

一、卫生工作。

二、绿化——植树。

三、海河工程。

今年外宾来得多，市委提出 8.1 前成为四无市，植树不能光看眼前要看以后。

四、最近市内开了一个宣传会议。

第一个卫生：

春季爱国卫生运动，在省委召开了广播大会以后，各单位指定专人负责推动，参加活动人次 40 000 人次，清除垃圾，挖蛹 1 100 斤，捕鼠从 16[号]到现在捕 1 000 多〈支〉只，捕雀组织 20 多人的队伍，为加强北仓工作抽卫生搞卫生。

当前存在的问题：

(1) 领导问题。有的指挥部重视不够，没有专人负责没有长远打算，个别干部强调工作忙，只作一般布[置]没有具体安排。

(2) 治本目的不明确，解决什么问题，无重点。

(3) 组织专业队不够，我们仅组织了捕雀鼠队两个但是专业队兼职过忙对鼠情不清，有的也垮了。

今年是苦战三年的关键年，去年和南[开区]见高低，今年和河北区见高低，大闹一年除尽四害，消灭流〈性〉行病，现在是除四害大好季节。当前主要治本为首，而治本工作要从本入手。

1. 集中管理垃圾粪便的堆存，准[备]搞一个大粪厂 300 亩共 120 人管理，粪便每月可收回 3—6 万元。北郊人民公社村落粪便密封，使用必须发酵。

2. 蛹地发现就挖掘就不能动摇，随时发现随时搞。

3. 处理水源，市内 102 个农村 300 多个，如不加强管理，最容易滋生孑孓，改造填平各单位要在 4 月 10 日，由死水变活水，死坑。

4. 招蚊蝇的店厂，准备密闭设备和防治设备，在 15 日前完备。

关于白酒厂问题很严重，去年区帮助 11 万砖解决但也无有解决。

5. 市内五改良，郊区八改良。

消灭第一〈带〉代成蝇，对今后消灭蚊蝇有好处，电影院，小孩打 10 个苍蝇一个电影票，各单位也可有此奖〈历〉励制度。

6. 组织专业队，经常负责与中心工作结合起来，保证任务完成又除四害讲卫生。

(1) 捕鼠消毒，主要任务配合群众堵网检查。

(2) 卫生指挥队，以生产队为单位下边设小组，以村为单位，主要清除垃圾[保持]卫生。

(3) 群众清洁队街道清洁，设垃圾箱。关于[人]较[多]的工厂企业，300 人以上组织专业清洁队，2 月 4 日市指示有。

(4) 捕雀队。

(5) 水坑消毒队。

这些队在 4 月中旬 5.1 前成立起来，他们生活费由区负担。

7. 改进环境卫生。

美化空地，各街空场，为美观市容给小孩们玩的地方。

美化整顿主要干路，刘书记说，临主要街住户搬出。

广告栏以外不许贴，一定保持整洁。

8. 洒水倒污，各街搞一个规划如何处理污水。

还要搞好个人卫生和家庭卫生，有一个干部的被子八年没折，规定每礼拜六上午搞卫生日。勤换衣服洗澡，不随地吐痰，训练一些骨干训练红十字卫生员。

9. 要搞一个高峰周活动，从 28 日起大干 7 天。

10. 组织领导。

书记挂帅，成立组织，组织专业队伍，工业已抽调了，商业农业还没有抽调。各单位都要有副职管文教卫生。支部有副书记管，无副支书，支委管。

(1) 抓中心就是治本，这是八一前实现四无的关键，时不可迟，事〈办〉半〈工〉功〈备〉倍。

(2) 抓计划从生产出发，与生产密切结合，我们必须反对强调工作忙不能搞卫[生]，从实际出发根据特点去解决。

(3) 制定计划时要注意和卫[生]结合，以虚代实，领导要亲自抓卫生。

生产任务忙卫生搞不了还大有人在，是否在党内外进行辩论。

八一前能否实现四无?

除蝇无害运动和生产能不能结合，怎样结合?

每人对除四害抱什么态度? 个人家庭卫生是否能做好?

能不能保证不随地吐痰?

在4月1日前辩论完2—4小时。

(4) 抓技术指导。

(5) 抓典型树立旗帜，搞好开现场会议。

(6) 抓检查评比，每周一次不能动摇，为了互相检查协议挂钩。

西沽小西关大胡同

机关：财政局—卫生局

区委—人委

团委妇联—工会

突击周完了各系统搞一次评比。

实现四无我们区是否在七一前?

张敏之同志：

绿化和海河改建。

一、开展春季绿化，省市委都有指示，六中全会都有，是政治任务又是经济任务。绿化都在〈精〉惊蛰、清明，3月18日开，4天准备，8天突击三天扫。330万棵，公社300万，市内30万棵，果木3万亩，育苗500棵，150亩，卫生局公园五处，北开，烈士公园，西站，小西关，西沽。

这个任务春秋完成春70%秋30%，市内春季22万棵。其中政治任务27 000棵，这个任务比去年数字小要保证成活率。

突击活动全党全体同志重视不够，接收任务不那样顺利，截至 25 日才挖坑 1 万多，植树 9 000 多棵，如不努力可能由第三降到第四、第五了，另外还耽误季[节]。

奋战 15 天已过去好几天，要求政治挂帅，发动群众，宣传跟上去，绿化的政治经济任务，现有苗 7 万多棵，掀起群众性运动，领导参加，发动群众种油料，农村人口向日葵每人两棵，蓖麻 4 棵。

二、组织领导。

区成立指挥部由贾心环领导，郊区农林局，市由建设局管，各系统有专人负责。突击时间不长了要抓紧时间，绿化每天可问指挥部。

三、系统负责划分地段，包干绿化，包干养活，主要保质保量成活。成活率重点工程达到 100%。津坝公路，西站工人新村，营门车等，一般要求 95%争取 100%，刘忠书记，应 100%，哪个不能活？

包栽包活包浇，最后保证活，标上名〈子〉字。

7 月前，新栽的树或去年栽的每周浇一次，浇透每次浇的情况报指挥部，突击完了初评一次，秋后总评。

四、大力培育树苗。

除建设余培育外，各户都可培育树苗，有些单位美化还可栽一些本草本花。

关于建立花园，月底前市内 22 万棵的任务完成。

海河改建工作。

9 万立方南运河，丁字沽等共有 31 万平方任务，塘沽还有 48 万方，西沽公园还有 20 万方。

塘沽工程缺排水工程，还土工程每天需 6 000 人，输竣每天 4 000 人，自开始到现在每天出勤 2 500 人，仅完成工程 5%。

区指挥部仅二人，对劳动力组织不够，有此问题认真交代得不够。〈巩〉固定的劳动大军不多，仅 44 人。

工具也无千方百计的准备，现仅一千人的工具，不〈差〉够 6 000 人的，现出勤 2 500 人，学生每人半方，居民 0.25 方，机关干部 1.5 方。

1. 要求各级领导向职工宣传改〈制〉治海河的政治意义。

区成立指挥部由区长挂帅抽八个人〈作〉做具体工作。

2. 各系统各街组织分指挥部，都按军事组织搞。组织军事化，行动战斗化，带头人都是强有力的干部。

义务劳动组织半个月或到底，4 月底。

〈只〉至少组织 2 500 人的〈巩〉固定劳动大军，按干部抽 3%。

工业局 260 人，纺织 640 人，手工业局 500 人，机电 300 人，财贸 540 人，中小学教职员 100 人，文教 18 人，区人委 50 人，卫生系统 45 人，合〈记〉计抽 60 人。这些人主要去搞疏浚。

3.〈作〉做好群众思想动员工作，比武或〈示〉誓师大会。

党团组织临时支部：

关于工具主要自力〈耕〉更生，特别困难的区补助一些。

这个意见区委批准后，4 月 1 日前准备好，动员还乡，动员盲流，搞精简，扫盲，五一前掀起一个高潮。

高区长：

抓一下交通安全等工作，交通事故上升，防火好，工伤事故严重，盗窃上升。

刘忠书记：

各个工作有节奏。

街[道]工作把评比制度搞好，五一，十一，卫生教育工作要搞好，自小就应教育。

1. 发动群众我们党团员发动怎样了？这礼拜开个党的小组会检查一次。

2. 绿化对今后建设用料有很大好处，河北省几年以后自足，不绿化怎么办？共产党员怎样实现共产主义？结合具体谈一谈，讲讲意义。

3. 海河工程很大，今年第二季度比第一季度大，第三季[度]还大。不然我们还要苦战，如我们各单位安排好不苦战也可以，抽人的原则就这样，具体抽常委研究一下。

杨尔成传达陆定一的讲话

1959 年 3 月 27 日

杨尔成同志传达陆定一同志的讲话。

一、对 1958 年宣传工作的估计。

工业农业大跃进思想提高生产大发展，四大跃进都有宣传工作的发展，理论有很大发展，工农兵写诗有很大[发]展。宣传工作配合了大跃进，文化科学有很大发展，工人农民要〈作〉做知识的主人，工农分子知识化，知识分子工农化，结合。去年宣传了共产主义，宣传了共产主义的劳动[思]想道德品质，应归功于党和毛主席。我们今后更要努力虽有成绩不应翘尾巴。

宣传工作有的搞得好，有的搞得不好：

1. 让路的问题：争先的事先该让路的让路。问题是要把自己工作摆在适当地位，去[年]运输那样紧张，不让路挤死，高级党校让了路，学校让了路，文艺工作没有让路，大忙大干，小忙小干，组织十几个重点，没有向宣传部请示这是组织纪律性问题，体育工作没有让路。

问题：

(1) 宣传为政治服务：① 保卫祖国；② 教育人民拥护社会主义反对资本主义；③ ……

(2) 为多快好省，文[化]教育工作为生产服务。不是为了宣传而赛，为了教育而教，各级党委加强对宣传工作的领导。

(3) 为工农。

(4) 宣传的数量上也是大跃进，是否对生产有利。

(5) 宣传工作要勤俭少要钱不要钱，宣传工作有的争先有的让路，思想工作要争先，文艺要让路。

2. 报纸宣传数字多了，今年控制，去年报亩产几万斤，有的不实有的不能推广，当然报道真实还是多，今后报告数字要慎重，不要虚〈跨〉夸。

3. 关于宣传工作，不能赛的别宣传，宣传工作也竞赛，学哲学也放卫星，诗工厂，诗车间，不该竞赛别竞赛，还有去年你压倒[我]我[压]倒你，这不是共产主义风格。

4. 国际关系，特别注意社会主义的关系，苏联的关系，苏联有些地方和我们不一〈让〉样，一定要提以苏联为首，社会主义阵营团结中苏，有的人写文章批判苏联。批评共[产]党员这是错误的，这就容易使美国钻空〈字〉子。凡对苏联批评不要在报纸上登载，现美国和铁托还在搜集这些空子。

5. 文风问题。

有些糟糕。敢想敢〈作〉做是对，但写得不合逻辑。

二、1959 年宣传工作任务。

为完成四大指标宣传四大指标非完成，国庆大典准备搞简单些，但兄弟国家都准备好了代表团，这就非搞不行。

主要问题是人民公社，人民公社是中国人的命根子，帝国主义骂我们希望我们垮台,兄弟国家也有的〈报〉抱怀疑。

蒋介石下令给特[务]以左和右方式破坏人民公社。

摆在我们面前的就是人民公社是否能巩固,宣传工农业生产四大指标。

部门宣传服从整个的宣传,文教宣传结合好,人民公社是中国人的命根子,生产又是人民公社巩固的基础。

文教部门的工作为生产为政治服务当尖兵,有人要求[条]条块块结合,软硬结合,有的要整个成体系。

教育和劳动相结合,究竟比重多大,世上无例可行,三年见小效,十年见大效。

宣传要根据实际,人民公社四大指标也[是]现实也是长远的,马克思写了本资本[论]不能说无干劲,十年写了一本好小说不能说他不多快好省。体育赶上美国的思想应有不一定非在今年。

三、文教工作。

文化建设方针,怎样文化和经济结合发展克服一穷二白?文化为生产为政治服务,文艺工作要让路,普及高等教育不是一时的事,中央计划15年,提高还一个时期,主席1942年就提出写自己的近百年史,还没写出来。怎样提高到世界水平?该让路的让路。发动群众文化,文化是群众的物质精神基础,什么叫让路?根据需要可能,人民需要物质精神两种,文化需要,自愿唱戏看戏自愿。可能要有物质基础。

没有好的创作不能满足人民需要,文艺创造最好不提倡真人真事,如刘介梅没放高利贷编出他不干。

四、理论工作。

开展干部理论学习,公社干部,六十条学习,法权思想一个就是劳有所获一个就是等价交换。

搞好生产主要政治挂帅也考虑到物质刺激,下半年要学新出版的政治经济学。

今年上半年以六中全会决议学习,解决两个过渡,巩固人民公社。

下半年学政治经济学。

县以上干部要按主席规定去学。

学校的政治课必须加强,内容现实课,马列主义基础课。

工农群众学哲学,增加劳动群众的智慧,这个学习不要挑战,求数量,陆定一同志说谁不重视工农学哲学就是促退。

学法,继续理论与实际结[合]既注[意]理论也注意教条。

注意培养有经验的老干部，也要培养青年秀才。

五、学术批判问题。

学术斗争要时松时紧，政治问题是非问题也是敌我问题，过去批判一些老教师，他们有的心服口不服，一方面他有资产阶级思想深，另一方面理论根据不足。

六、宣传工作的方式方法。

成绩很大但有的地方要检查，现场会多不好问题就是开得如何。

插红旗继续搞，插白旗要经党委批准，插白旗不妥当也出事了。

传达工业会议精神

1959 年 3 月 29 日

按市计划，一定通过这次会议粮食系统掀起一个高潮，那就是根据工业会议精神结合本部门情况掀起迎接五一劳动节的高潮，财贸也有布置。

淮三同志：

这次大会的特点是大中小相结[合]的方法，李局长的意见我们今天或明天传达下去，但要结合本单位情况，因此要准备一下，先传达精神本单位情况少一些。

传达什么？

一、形势讲一下。

1. 我们结合今年农业大跃进，小麦丰收。

2. 必须贯彻六级干部会精神要[领]和工业会议结合起来。

3. 抓生活，经济和副食品就要好转，土豆、〈卜〉菠菜、点心敞口，最近由 4 万斤鱼很快达到 30 万斤。

二、全国一盘棋讲一下。

讲三个统一，一个让路。

本单位，统一分配原材料，对统一分配材料有什么问题。

三、抓当前的生产。

必须缩短战线，意思就是不要把工作安排得很多，要给重点让路。

四、开展以技术革命为中心红旗竞赛。

内容五好四无。

这次竞赛形式，就是同业务同类型工程产品竞赛。

五、党的领导。

读二参、三结合，搞得如何讲一讲。

时间要求：

先传达好准备，工作也做，群众发动起来办法就多了，号召大家向大会或第四季个人集体献什么礼？

明天上午传达完。

讲全国一盘棋，多讲我为人人，少讲、别讲人人为我。

传达后掀起鸣放高潮。

着重薄弱环节，落后环节鸣放，不要指名点姓，主要鸣放问题。

产量翻一番用什么办法？

怎样搞好四无？

副产品综合利用如何扩大生产。

先务虚把大家情绪鼓舞。

讨论：3 月 31 日讨论两天。

讨论题：

1. 晓塘同志报[告]精神概括领会。

2. 竞赛的形式讨论一下。

3. 要想跃进如何克服材物料的困难？

4. 劳动力缺乏如何解决怎样调剂？

5. 粮食工业系统哪些是薄弱环节，抓生产怎样抓，正常的生产秩序是否建立起来？

6. 发动群众什么程度就起来了？

粮食局召开粮油工业会议大会在 4 月 1 日上午(未定)。

(后略)

职工户口情况调查

1959 年 3 月 30 日

正式职工 715 人，临时工 197 个人。

麻袋库 61 个人都是女的，多介绍 42 人，其中有正式户口 25 人，无户口 17

人，职工介绍来的家属 19 个人。

分库 65 个人其中有最近 34 个人，职工介绍 31 个人。

制糖车间 4 个，私人介绍来的，其中有一个小学校员。

制酒 7 个临时工，经乡介绍 3 人，私人介绍 4 个人，其中一人无户口。

基建上 60 个人，其中霸县建筑社 12 人，私人介绍的 48 个其中有户口的 14 个人，无户口 34 个人。

本市 130 人，农村 66 人，在校学生 1 人。

1958 年 11 月 7 日前，85 个其中 24 个农村无户口，61 个本市人。

1958 年 11 月至年底 7 人，本市 6 人，农村 1 人。

1959 年 1 月至 3 月 25 日 71 个人，其中本市 29 人，农村 41 人，学生 1 人。

陈永昌、高春升、陈之路、郭跃琦、吴成俊，何伟仁，李学谦、董琦林，暂定 20 个人。

准备表彰先进单位和先进个人

1959 年 4 月 29 日

王主任讲.

省市召开先进单位和先进个人，主要总结经验，表扬先进，奖〈历〉励先进，推动今后。

代表 1 500 人，省开了再开市的，省开 5 月 27 日，天津出席省代表会议 400 名，市代表会议 800 人，另有 300 名干部共 1 100 名。

出席比例，商业 40%，银行 15%，粮食 25%，财政 20%，集体与个人各占一半。

出席省代表先进单位占 2/3，先进个人占 1/3。

照顾到单位大小人数多少，以 1958 年事迹为主，也照顾到 1959 年事迹。

参加省 400 名代表，12 个县 170 名，市内 230 名，参加市 800 名，县 240 名市区 560 名。

参加市分配数。

和平 200，红桥 55，河北 50，南开 50。

河东 80，河西 50，塘沽 40，汉沽 35。

过去布置以区为主市里帮助，第二次布置以局为主区里发动，材料由区批准，报局来。

经过昨天召财贸部研究，还以区为主局里帮助。

红旗单位，红旗手由区评出的，省插集体红旗天津 13—15 面，个人红旗 7 面，全省粮食系统插 8 面至 12 面。

关于材料：

先进集体和先进个[人]在区评上了的同时报局一份，在市插红旗的个人与集体的要报局来评，再到粮原评。

材料写时开始就把事迹和效果就说出来，再写也有虚也有实，那就事迹前后的思想变化，事迹要用比较的办法说明。

材料尽量简练，个人的 700 字，集体的 1 000 字，准确鲜明，突出生动还是以实际，报上去使人心服口服。不得虚报，鲜明事迹突出。

报材料的时间：

省代表会 27 号向市报 20 号，报局在 10—15 日，虽然以区为主插红旗的单位要局评，各处也要下些力量，处去的人也要下些力，下去的人也可指导。

昨向市财贸部研究，粮食系统在红桥区单位多，给红桥增加 20 名代表。工业处负责工厂，储运负责仓库，供应处负责粮店。油脂处负责油脂工业。

凡出席天津市先进集体与先进个人的代表其中 20%报市局。

财贸部副部长张国庆报告

1959 年 4 月 30 日

财贸部副部长张国庆报告，区委礼堂。

迅速掀起以增产节约和提高服务质量为中心的五好，红旗竞赛运动新高潮。

成绩是肯定的，存在的问题。

（一）以支持四大指标为中心，以提高服务[质]量为目的红旗竞赛。成绩是肯定的，存在的问题。

1. 领导落后于群众，领导群众运动不够有力，不善于〈作〉做细致的工作，有的售货[员向]顾客要表扬意见，有订计划生搬硬套，方向不明确，领导工作没有跟上去，抓落后不突出，死角还有。

2. 贯彻党的建设社会主义总路线不够，差错很多，存在四不清，由于保管不善还有霉变问题，还有生产单位，生产定额没有，劳动组织不合理，非生产人员过多，劳动效率不高，对人尽其才物尽其用不够。

3. 勤俭办企业不够，有浪费。

（二）立即行动起来深入开展以增产节约为中心的红旗竞赛运动，周总理在政府工作报告，当前主要问题，就是要加强集中领导的安排，抓紧各项组织工作和具体措施，又指出无论工业农业运输业和商业战线上，群众运动的中心环节，都应以提高劳动生产率，增加生产，〈历〉厉行节约，反对浪费，根据省市委的指示。

1. 积极支持为实现四大指标为中心的红旗竞赛，加强废品回收，互通有无，互相协作，解决原材料不足。财经部门如何开辟财源，增加收入，动员储蓄，为生产筹备资金，加强财物工作降低费用，节约开支。

2. 全面安排人民生活〈作〉做好市场供应，办好服务性行业，加强市场，贯彻物价政策。

3. 提高服[务]质量，改善服务态度。

4. 认真贯彻勤俭办企业方针，降低费用水平。劳动生产率在 1958 年基础上提高 40%—50%，成本降低比 1958 年降低 8%—10%，费用降低 13%—15%资金估压 5%—6%，工业生产发动开展七比竞赛，小组开展五好竞赛。大力节约原材料，大搞综合利用，建立和健全财产管理制，生产责任制，推行班组核算制，根据条件，实行定员定额制度。

〈作〉做好保管，保管科学化和扳倒机械化，和六无一化。

（三）为实现上述任务：

大力发动群众开展十查认真制定增产节约计划，各单位会后立即行动发动群众围绕增产节约，反对浪费进十查：① 劳动生产率，② 原材料消费率，③ 设备利用率，④ 劳动组织劳动纪律，⑤ 资金周转和费用开支，⑥ 商品和财产保管，⑦ 规章制度，⑧ 产品质量，⑨ 差错事故，⑩ 安全生产。

方法：四大认真运用大鸣大放大字报大辩论。通过十查堵塞漏洞，找出节约的窍门，并使广大职工看到教育，定出个人小组车间单位的增产节约计划，定计划要发动群众，计划落实，十查要经营化。

进一步搞技术革新和技术革命，提高劳动生产率各工厂仓库要把技术革命[作]为增产节约的中心内容，改进技术改进工具改进操[作]，且提高劳动生产率，节约费用降低成本，采用回收代用。

抓两头带中间，批发与〈另〉零售部门，抓好当前评比工作，在各不同岗位插上红旗树标兵，以便开展学比赶的高潮。动员职工向先进学习，认清一般先进和突出先进的区别，增产节约运动不仅查漏洞，查浪费还要查保守。

（四）加强党的领导充分发挥青年团工会组织作用，支部书记亲自抓增产节约运动，使运动轰轰烈烈又要踏踏实实地开展，发挥工团作用，明确任务指明方向，把抓生产、生活思想结合起来。注意职工生活与休息等问题，同时〈作〉做到有劳有逸，要注意安全，决不能以增产节约运动而去忽视职工生活。

继续鼓足干劲大闹红五月，开展一个以增产节约为中心的红旗竞赛运动。

3 天见行动，7 天见效果。

邢部长谈：

这个运动和前者的运动关系，省委提出七好，市委提出六好，咱们提出五好，都以增产节约为中心，前后运动是一致的，回去以后特别〈另〉零售部门五一节不放假，把这个运动贯彻下去，五好，也是贯彻七好，工业加工方面按工业会七比竞赛。十查一面放一面改，但防止来个什么运动就有什么，应该〈事实〉实事求是，实证是浪费要批判，但从积极照顾，总结成绩，肯定成绩找出去缺点，在提高觉悟的基础上去检查改正。

增产节约不仅有经济意义又有政治意义。

运动轰轰烈烈又要踏踏实实，这就要求各级领导都要有一个重点，希望回去以后很好安排，工厂仓库贯彻不了过节后再布置，〈另〉零售部门节日中要贯彻下去。第二季度关系到第三四季度的工作。

技术革命要经过试验再制造使用。

原给 210 个人，其中还有 70 个干部，现又增加了 20 个，2/3 的集体，1/3 的个人。

商业 14 个，粮食 7—8 个。

市内分配区 55 个，粮食局打了个招呼又给增加了 20 个人，粮食系统的。

市代表会议，集体一半强，一个一半弱。

市要材料 20 号。

区要材料 15 号。

主要为了酝酿。方法，一个是党员大会一个职工代表大会。通过评比把运动开展起来，评比要政治挂帅，农村都要到天津来，天津来是先进工作者。

咱们区开代表会在 5 月 8 日—12 日，共 600 人，先进集体 200 人，个人的 400 人，先进集体积指科股车间门市部或小组。

插红旗的都报局去评，驻津单位报财贸部，材料一定整理好，有骨头有肉青枝有绿叶扶着。

先报送市里的后报区代表会议的，7—8 号报区。

1. 储运系统 306 人，评出先进工作 29 名，受奖 33 名，共 62 名。

2. 工业 180 多人，先进的 18 名，受奖的 9 名。

3. 分库 168 人，先进工作者 27 人，受奖的 1 人。

工业：先进小组、水泥车间、制粉车间、基建股、一粮组二粮组、会计，六小队调运。

先进个人 74 人，受奖人 43 个。

报库评委会。

个人郭万学，叶宝昆、陈秀萍、安金海、刘宝和、盛玉和、李仲山、宋润田、李怀忠、叶庆林。

小组制袋车间，三、四队食堂。

在旅大市访问工厂企业管理的经验

1959 年 5 月 4 日

旅大市访问工厂企业管理的经验。

5 月 1 日晚 11 时上车，5 月 2 日晚 7 时抵达旅大市，住大连饭店，3 日到旅顺口参观。

旅大市粮谷加工厂赵大憬厂长介绍。

建厂 1955 年，根据上级指示接收油脂化学厂的当时仅高〈粮〉粱米，大米生产很少，自 1957 年扩建，安装剥皮机，稻谷日加工 40 吨，45 吨，最高班 80 吨，全厂共 193 人，现在我们工商大米、高〈粮〉粱米、小米、玉米粉四个车间，保全车间机电车间，还有管理组。

大米有一台砻谷机，有精谷机台，关内的日加工 150 吨，关外 130 吨，出米率 73.04%，产品质量一公斤大米有稻粒 3—10 个，高〈粮〉粱米班产 8 吨，最高达到 13 吨，小米生产三台电谷机三台碾子，8 时最高 32 吨，玉米面每班 20 吨，设备电

450马力，大米190，小65，红粮110。

1958年在精简人员，过去加工是委托关系，过去156人，管理人员56人，生产股等五个股，三个车间。下放后由56名管理人员留32名，三个车间砍掉留行政，业务，生产三个股，这个4月份前，4月份以后购销企业和加工合并，我们供应旅大军供98%，各机关也到我们这里来买，业务增加而未增加人员机构也完成了任务。

根据市委市人委和粮局党组织指示在1958年三四月开始种试验田，初搞无有经验，开始下去仅领导干部搞了十天省厅王处长也来了帮助搞，共18个人，集中力量搞大米跟班捣。下去我们无经验，车间主任刘国康，把吸壳器动了动工人有意见，才去单纯〈作〉做体力活，缺点，及时开会研究纠正，我们经过技术测定，该改的改，开始大改，提出发动工人参加管理，大米车间每班12个人，实行十二员制。产量管理员，麻袋管理员，质量检验员等。

由于干部参加劳动，工人参加管理，股无什么用，人浮于事，取消三个股成立一个厂务办公室，二个车间办公室，仅剩下10个人，其余20人编到班去劳动，室内人员还每周劳动二天。办公室腾出来叫工人当休息室，过了一个月财贸部召开大会，号召无脱产管理干部，会后我们厂支部研究，实现无脱产干部厂有条件，会计怎样不脱产？支部研究把会计搬到门口，三个会计替了三个门岗，我们当时强调无脱产管理人员，不等于不管理而加强管理。提出“砍、减、并、放、代”五个字，管人事的干部到麻袋库，绝大部分时间补麻袋，局召开人事会议就去，月底统计表。我们7月11号召开鸣放辩论会，我们实行无脱产干部不是无障碍的，经辩论后统一了思想在7月11号就实现了，干了半个月，认为头太多，我们成立3个机构，大米高〈粮〉粱保管，机电管理，五个车间管理委员会，都经过大家选出来委员管理车间工作，每车间仅有二个主任不跟班生产参加白班，其他都不脱产。

工人参加管理主要怕麻烦，思想不通务虚解决了，实行工人参加管理下班后不走等核算员核算出来才走。对生产关心，大米车间青年组，低于别组产量，他们采取各项措施赶上别的班。

一、改善业务管理。

减少会计科目，过去74个改后留29个科目，我们实行以表代账，有些由工人代管。如报药费，过去经三道手续，下放后由小组就报一礼拜向会计报一次，每月工资由小组发放。

统计上，过去3个人现在没有会计兼占，日常统计由小组核算员负责，财务科消耗产量都由核算员负责，到月底由核算员报会计就是一月产量。还建立了记录板，事故记录板，小组核算表。打出勤印，过去由车间主任打，现在由自己打出印放在出勤箱。过去出货有出门票，到卡口点数，只要加保管员的责任心就解决了。经过研究取消了出门证，便利了业务来往单位，加速了车辆周转。

管理权限下放，车间每月有费用计划，凡 50 元以下的车间有权开支。每月有作业计划。检修权力下放，过去检修占生产时间，工人参加管理都占礼拜天。

请假三天小组决定请五天管理委员批准，七天以上由厂部决定。

最近跟班劳动，整顿制度化，厂部四个领导人有一个人下去一周，其中一人下去两天，有二个人顶着工作。会计每周两天。其他部门人员也是两天劳动。

开展修理费定额，大米每吨 4 角，红粮米 0.45 元。小米 2 角，玉米面 0.25 元。根据定额，超过要报补充计划。

各车间现正制定操作规程。

周同志介绍财会工作。

我们财会工作三个人由一个人全面搞起来，由一个人〈执〉值班从早晨六点一晚上六点工作，我们三个人每周每人劳动两天。

由原来购销和工业 74 个科目，简化为 29 个科目。

1. 银行的户头由两个改为一个。

2. 费用科目由表代替，由卡片代替明细账和总账。

3. 材料消耗单由材料员掌握，财会审核以便了解各车间材料消耗，采购员根据本月计划购料，这也不是脱产的人。

(1) 车间委员会的组织形式，职权范围。

(2) 干部参加劳动与日常工作如何结合?

(3) 12 大员怎样参加管理?

(4) 带下去的工作十个人都在什么地方?

车间管理委员会，是在厂部领导 20 几个小组，抓不过来就成立了车间委员会，人员组成，由小组行政工会组长、老工人、技术工人、车间主任，由车间主任担任车间管理委员会主任，车间设两名主任，参加白班生产，通过车间管理委员会解决问题。他们每星期五开会。如研究检修什么，什么时间修理。

厂部领导车间主任和车间管委会，他们管理一切事，决定车间人员的安排，组长调动告诉厂部一下。生产计划、人员调配、出勤、工资计算。

4. 负责掌握检修，过去检修通过厂部现在仅解决不了的才通[过]厂部。

5. 一些小修的材料解决。

6. 记过以下的处分。

7. 互助会借款。

8. 家属医药费报销。

总之车间一般的事他都能管，无脱产人员，无办公地点。

二、现在有的管理人员。

三个会计，一个材料员，一个采买，一个人事，一个保卫，一个总务，共八个人，管理组领导勤杂。会计上三个人每周每天劳动两天，我们每天都卖粮食，这些会计都要多面手（每人一周〈执〉值班二天）。人事，总务人员每周劳动三天，仅月初月末统计和保护用品购买。

采买员无规定劳动的具体时间，工作忙，主要本身工作忙了少下去，不忙可多下去。

三、厂长、支书、工会主席四人下去，在每礼拜六研究，下去的二人也要错开时间，执行工作两个人要根据研究的工作去〈作〉做。支书下去由其他委[员]代替如不能代替的就上来办。工会行政工作都由厂部来办理。

车间主任两人一个管生产一个管思想教育，小组一个行政组长管生产一个工会组长管思想教育。

生产指标由会计根据上级下达指标编造，经济指标根据本厂情况自定。

三个会计管财会、计划、统计（过去九个人）同时还要分出购销企业账和加工企业账。

星期检修给加班费，工作不忙时补假。班组核算主要两方面，生产量高，降低成本。修理费每吨四角，奖〈历〉励增产价值的 10%，最多不超过工资 5%。

大米车间，高〈粮〉粱米小米玉米面车[间]，机电车间，保管车间，管理组，人事报表报 12 个管理干部。车间主任算工人，车间主任参加劳动 3—4 天。

对支部整顿的整改工作意见

1959 年 5 月 13 日

对支部整顿的整改工作的几个意见。

整顿自 4 月 17 日开始，至今将近一个月，目前少数支部已基本结束，转入支部竞赛,大部分单[位]正制定方案,另一部分正在鸣放检查。

〈尤〉由[于]各级党组织的重视取得成绩很大推动了红旗竞赛,有的单位鸣放还不深透,关键问题整改得不彻底,有草率收兵现象,有的总支有包办代替的现象,有些应该支部改的总支也包了,还有的支委对整顿认识不足,个别的有抵触情绪。这是不正确的思想,现在有的支委还在认为人家打击报复,不接受意见就不民主。

一、我们〈正〉整改到什么程度,告一段落。

目的加强财贸工作的领导 1959 年大跃进,重点领导核心方法大鸣大放,因此检查究竟揭发得是否彻底?

对鸣放的主要问题分析辩论是否透彻?关键问题改得是否坚决彻底,总支对推动红旗竞赛效果怎样?

具体要求五项:

1. 通过整顿基层组织头脑进一步清醒了,1959 年工作方向更明确了,应该是从检查总结支部工作,1959 年〈作〉做什么怎样〈作〉做,〈作〉做出规划。

2. 彻底解决了支部工作中存在的问题,领导方法有了改进,作风有了〈澈〉彻底转变。掀起了支部工作和单位工作的更大跃进。

3. 解决了组织上存在的问题(组织不纯)健全了组织加强了干部力量,从而加强党对企业的领导。

4. 各项制度健全起来了,切实地体现出集体领导,分工负责制和党委领导下的厂长负责制。

5. 使全党和全体职工受到了一次教育。市里强调下定决心不获全胜决不收兵,根据这个精神,差的单位要补课。

特别注意第二条掀起了支部工作和单位工作的更大跃进。

二、整改的重点及要求。

统计 12 个总支四个支部鸣放 12 742 件,表扬 4 497 件 39.2%,批评 7 745 件 60.8%,意见最多的思想方法工作作风占总数 21%。

政治思想工作意见占 15%。

集体领导占 13%。

工团工作领导 7.6%。

方针政策 4.8%。

群众路线 3.8%。

有一个单位鸣放100条意见占70条，从八大公司说批评支部态度生硬主观意见很多，还有男女关系问题，再有就〈实〉是政治思想工作。

整改推动主要问题：

1. 领导作风：

（1）态度主观生硬，民主作风不够。

（2）生活不检点特殊化，有一个单位副书记，人少换个人多到食堂去买，吃饭晚了没有好菜把大师〈夫〉傅批评一顿。

（3）作风不正派（少数）男女关系据说支书和经[理]搞售货员。

（4）骄傲自满和自卑消极，有的个人主义，有的小本位。

群众这方面意见多也正是群众关心的问题，必须抓住重点进[行]整改。有些领导检查得很好，也有些人对人家提的意见很对的也不解释不检查，有些党员领导干部见领导不检查也就不检查。

有作风问题一定检查，找出根源从思想解决。这对骄傲自满有很大关系。领导作风缺点除向党内见面，还在群众中适当地见面，还得有自己的改〈整〉正方案。

每个季度来一个小整风（3—5天的时间），性质恶劣的也要处理。

2. 关于集体领导和分工负责制。

执行不好，支部委员会讨论的范围不太明确，因而产生两种偏向，一个说讨论无论是否包办，制度不全，布置多检查少，发挥支委集体智慧不够，最多的是布置多检查少。

有的不关心支部工作那是思想问题，这个要解决，另一方面建立集体领导和分工负责制，都讨论什么问题划分一下，最后还又提出支部认为要讨论的问题。支部、支委如何〈作〉做工作，怎样发挥集体智慧，〈作〉做规划。

会议汇报制度立下来，除定好总支的方案还得帮另搞分支部方案。

3. 加强党的组织生活发挥全党的作用。

（1）党员大会开得太少。

（2）以党政工团代表支委会。

（3）有的支部还未开过生活会。有些支部闹不团结，有五个支部，都不是因为坚持政策搞起来，而都因为自由主义搞起来的，时间长了容易组织〈焕〉涣散。

怎样开好党员大会，总结本月工作，布置下月工作，作出决定，党员制定保证。

发挥党小组的作用，根据行政对口以便对本单位政治思想工作（木材公司搞得很好），因此小组划分〈仅〉尽量与行政对口，党小组工作范围，小组长负责什么？

组织生活会议健全起来，半月一月由各支部考虑，怎样开？应解决重点问题。支部对小组生活、活动的领导，支部委会生活会议一月一次。

4. 对工、团领导，根据分工定出一个方案，从哪些方面加强领导。

5. 组织建设，意见多的：① 建党不经常化，② 分支设置和作用，③ 党的力量分布，干部调配。

凡整风以后没有改选的支部，整顿支部后改选，真正选优秀的党员。增添总支委员要经区委批准。

分支按照公司按核算单位、工厂按车间，适当加强干部力量，但严重脱离群众，要撤换掉，凡有条件的支部要设专职书记，干部调配要有决心，凡市级的模范点都单独设支部。

6. 政治思想工作方案。

问题：不注意抓思想和定期的分析制度，没有定期教育，学习制度，学习要保证。

三、整改同时或整顿组织后。

1. 检查党对增产节约运动的领导。① 支部委员会如何领导的呢（方法鸣放），各委如何〈作〉做的工作。② 每个党员检查在增产节约中的作用。通过检查定出个人保证，也可在日前穿插进去。

2. 支部竞赛，准备区划分，〈另〉零售、工厂、仓库竞赛区。

定方案有人起草支部讨论，党员讨论不得几个人搞。

最后搞一个总结，支部跃进规划，本月 25 号报财贸部，多数单位要求结束基层支部整顿在 5 月 15 号或 20[号]前，最晚不得突破五月。对支部委的意见不具体，总支或支部的意见分不开。

支部委员之间互相发，自我检查不多。

鸣放，497 件其中：集体领导分工负责表扬 23 件，批评 76 件，方针政策表扬 12 件，批评 26 件，贯彻群众路线表扬 45 件，批评 41 件，思想方法民主作风，表扬 12 件，批评 61 件，企业管理表扬 16 件，批评 70 件，工团工作表扬 3 件，批评 13 件，生活福利职工教育，表扬 5 件，批评 55 件，其他表扬 1 件，批评 38 件。共表扬 117 件，批评 380 件。

（1）集体领导分工负责制：

应分析出对集体领导分工负责制，不懂是思想政策水平低，还是不尊重集体领导原则？

(2) 在执行方针政策方面的缺点：

属于政策水平低？还是对方针政策有抵触情绪？有意识地违反方针政策，还是无意识的？

(3) 思想方法，民主作风的缺点主要的思想根源，是骄傲自满，还是主观主义，是经常的还是偶然的？

贯彻群众路线这是发扬民主的重要方法，什么地方不够提出怎样解决。

(4) 对工会青年团的领导不够，主要什么原因？怎样建立制度？

揭发得可算彻底了，根据主要问题已揭发出来了，同时意见也很广泛，另外支部也没有掌握更大的问题。

对鸣放出来的主要问题还分析辩论不透彻。

关键问题上是我们整改表现得不坚决。

刘局长关于七一前工作要求的报告

1959年5月20日

刘局长报告：

1. 要求工伤事故在“七一”前一律不发生，责任事故不能有，鼠咬事故不能有。

2. 清洁卫生，全场不见一棵青苗，囤垛成行，麦皮楞木垛存全消毒，石头也有规格存放，垛底马路不见土粮，仓库内进去人不能见脚印，推行稻皮扫地，房柁望板不见尘土，囤垛成行，一个不许超外，从现在起发货不出现一个破包。

3. 场墙都刷白，库房墙白。室内卫生个人卫生，厕所、食堂、托儿所无蝇。

4. 无鼠雀，“七一”是否基本没有，不能发现鼠足迹，要有一套完〈正〉整的制度。

5. 囤垛鉴定由现在开始，检查员感观鉴定，化验室科学鉴定，填到卡片上。

在6月底前不许有霉坏粮。

另头一方面调出，一方面坐小囤存放，实现无袋存粮。

6. 召开搬运工人会议如何活口缝口不开，按照业务性质分配重由今天开始至礼拜五早晨提出方案。

材料整理：

1.“七一”要做到什么程度，具体述明。

2. 采取措施，即方法制度和组织工作宣传工作等。

3. 实现以上项目的有利因素和存在什么困难。

代管中央 1 100 万斤，粮油 2 300 万斤，本库 2 500 万斤，发出 800 万斤，山芋干还有 1 700 万斤。

市局布置清仓，主要粮食，有仓必清，清必彻底，要求 5 月底完成，河北省总差 2 亿斤，由去年 6 月底查到今年 4 月底，不仅清仓，账、货必须相符，6 月 2 日报局，各库设清仓小组，通知的表格以河北省布置的为准，现在农村有的吃 12 两、14 两，吃野菜，菜也找完了，成立清查小组。

崔处长电话：

1. 军粮城砖已向郭子英说好去人联系。

2. 军库锅炉叫再与草库商议，他们槽已给军粮城。

3. 中央在津存 2 亿斤小麦可能在三库存 1 亿。

市委召开各区委书记会议，调整人员城市压缩 10 万人。天津市各县 36 000 人，市各区、局 64 000 人，市委责成各部、以条条贯彻。

粮食局粮减 1 550 人。

赵部长：

减 10 万人要完成，5 月底准备好 6 月初就拿走，减人的重点是工业，零售部门也减一些，有些单位还可能增一点，商业上一方面要减一方面要增一点，增的人属于 1958 年调出的搬运工人，市内减 6 万多人是可以减下来的，如不减确实有问题不大好办去年农村来的人不少，家庭妇女入了工厂，劳动生产率降低，农村劳动力紧张，劳动局说一个做的 3 个人做增人二倍，综合利用停下来也是减人的机会。

精简对〈像〉象：

1. 农民，1958 年的都回去，郊区先回去。

2. 家庭妇女，年龄大孩子过多，工作表现不好。

3. 学生。

商业上自办工厂，与自己有无关系，无关系的交工业或者停下来，与自己商业有联系者还可搞水泥生产需要研究一下搞不搞。

怎样〈作〉做?

市财贸部研究，粮食局精简一插到底，动员由区搞，咱们局要求领导挂帅，李局长挂帅，各厂库领导挂帅。

1957 年[的]先算一下人[头]账。

区委组织部传达区委关于干部管理的决定

1959 年 5 月 26 日

区委组织部召开会议传达区委关于干部管理的决[定]。

一、干部考察了解。

1. 当前干部考察了解存在的问题，材料积累分析不够，没有档案，有档案无积累材料，对一个干[部]就不好评价。把过去整风和各个运动中的材料积累起来，当前在开展评比竞赛，和一个季[度]的好坏情况积累起来。

2. 材料积累还不全面，从积累材料看仅是一些有问题的人或者突出好的。但对过去有过错误经过一段他们表现情况没有积累。这就对干部动态不全面。

3. 积累材料对变化没有掌握起来，有的干部有错误经过批评转变如何没掌握起来。

主要原因是和运动的办公室结合不够，甚至有的领导干部不重视，人事部门做一些事务工作和打补丁的工作。人事部门的中心工作是考察了解干部，对每个时期的思想掌握不住，或者深入不下去。要了解干部思想人事要深入下去。

整风运动以后掌握思想情况不多了，所以要求各级党组织加强这方面的工作，还有的领导仅注意使用不注意培养教育，使用多培养少。

二、为了培养考察了解工作〈作〉做好。

1. 正确培养考察了解干部是正确使用干部的基础，也是做好政治工作的前提，单纯为了使用和干部履历表去使用就不能真正地了解干部。若不深入考察了解干部容易使坏分子混入党内。〈偏〉骗取领导职务。了解使用干部不要仅看表面，仅看能写会说，那不行，他思想立场观点历史等方面如何是主要的。全面地考察了解干部，才能正确地挑选提拔干部。

考察了解对〈像〉象。

应考察〈正〉整个干部队伍状况，为管好各级干部领导核心，比如各单[位]各系统的主要领导干部的骨干。

2. 考察了解干部的内容。

主要政治品质和业务能力。

(1) 政治立场观点如何,对每个干部都要对他全历史全工作考察了解,通过各项政治运动去了解,联系过去找出根源,适应不适应形势的发展? 适应不适应革命的需要? 过去三大改造高潮和〈正〉整风运动,能不能符合党的路线,是否用唯物观点观察问题。

(2) 执行党的各项方针政策上如何? 在他领导和执行的工作中符合不符合党的方针政策? 态度。

(3) 工作方法和领导方法如何?

工作方法是否能适应新形势的发展,执行工作是否灵活,掌握原则如何,在贯彻方针政策,政治思想工作〈作〉做得如何? 是否政治挂帅?

还要了解思想方法,是否主观主义等。

(4) 民主作风。

执行党的集体领导原则如何,发挥群众如何,深入群众关心群众如何,批评自我批评如何,来自下面批评接受如何? 打击报复,压制批评,组织纪律性如何,党的利益和个人利益摆得如何,是否进行正确思想斗争?

(5) 个人学习如何,是否理论联系实际,红专规划定得如何。

(6) 领会新鲜敏感性如何,支持新生力量如何?

对实际工作〈踊〉涌现出来的新生力量支持培养提高如何?

3. 关于考察了解的方法。

少奇同志《论党》中……自上而下和自下而上的原则相结合,〈作〉做到三服,三同意,领导群众同级。

(1) 考察了解必须依靠各级党的组织,各级党组织都有这种责任考察了解干部,除协助上级管好外还管好自己管的干部,把考察了解干部看成是管理干部部门的事那是不对的,人事部门也要定期向党组汇报。人事部门在党的统一领导下积累这方面的材料。

(2) 必须通过业务了解干部,干部都在不同的业务部门,干部的德才都通过业务工作而表现出来。

(3) 通过干部的评比竞赛考察了解干部,也是在考察了解干部走群众路线的好方法。

(4) 紧密结合各项政治运动考察了解干部。

(5) 如何正确观察干部和识别干部,这是关系到识别的关键。① 必须从全工作全历史评价干部,不能从一时一事,主观愿望,评价干部。从本质去了解。② 从发展上评价干部。③ 从阶级斗争形势评价干部的立场观点。

通过整风以后,有些干部积累了一些材料,凡没写的要写搜集材料存入档内。

领导干部下去当兵,接近群众表现如何等各总支党委搜集汇[报]区委或者个人写心得。

关于开展社会主义教育运动的报告

1959 年 7 月 3 日

一、贪污盗窃。

饮食公司有一个〈奖〉浆子铺一个女售货员贪污方法很巧妙,把 5 元的票子放到舌头〈地〉底下,由于去年吸收了一些新职工,贪污盗窃有所发展。特别〈另〉零售部门。

市里调查大沽路门市部 160 个人有 120 个人贪污,制度手续不严,造成贪污的机会。

经营管理不善造成严重损失,据煤厂说一年死 7 头骡子。

根据以上情况市财贸决定进行一次社会主义教育[是]非常正确的,彻底搞透。

二、社会主义教育运动,解决几个什么问题。

重点解决 3 个问题,就是以下 3 个问题:

1. 通过教育使全体职工对当前经济形势有个正确认识,所以第一个课进行形势与任务的教育。达到什么程度? 首先认识到 1958 年工农业大跃进成绩是巨大的,我们国家经济形势大局是很好的,有前途的,当前经济生活中所〈迂〉遇到的困难是暂时的,是前进当中的困难是经验不足所产生,是能够克服的,正在克服,特别认识到困难正在好转,现在全市〈另〉零售总额正在下降,青菜已有了好转,有个别人抓住一点否定整个的大跃进。这种困难对我们〈作〉做经济工作的有关系不应〈瞒〉埋怨。

通过教育,认清当前经济形[势]和大局,明确任务鼓足干劲奠定信心推动财贸工作继续跃进。

2. 对全体职工进行政策思想教育，提高职工政策思想水平，更好地为生产，[为]消费者服务。

通过教育纠正违法乱纪的行为，根据不同情况采取不同教育内容。

〈另〉零售，饮食服务，十大公司抓住商品分配的政策教育，提高政策水平纠正违反政策走后门。按照政策和商品分配原则依靠群众做好分配，价格政策的教育，对生产有关的单位支持生产的教育。

加工厂，对职工教育主要提高产品质量。生产工人也树立为消费者服务的思想。围绕第三季度生产计划提高产品质量和数量的教育（局，公司管的工厂）。区公司领导的加工厂做什么吃什么类型，多再考虑，粮库，粮食宝中之宝，职工要有主人翁的思想一定把粮食保管好。爱粮食如命。

小商贩的教育就是爱国守法。

3. 反贪污教育，是否叫反贪污教育？暂不定。

反贪污法给经营管理的教育，树立爱国守法。

冶金部，材料厂〈以〉已检查财[物]。

三、方法。

1. 这次社会主义教育实际是一次财贸系统整风，因此采取整风的方法，大鸣大放大辩论，首先发动群众鸣放深透，在每一个内容都要发动群众鸣放揭发问题，在鸣放深透的基础上抓住普遍性问题也是主要问题进行辩论，不要辩论哪个人而是问题。不要辩论〈行〉形成斗争会，咱们有一个单位一个小青年发薪后理发很光，吃几〈吨〉顿饭馆，就发动人辩论，这辩论什么？

辩论采取摆事实讲道理解决思想问题，不要用压制的方法和扣帽子。

达到统一思想，心情舒畅。

边鸣放，边辩论，边整改，有关重大问题交职工讨论，〈定〉订立方案。

2. 对三个重点问题的教育，既不要机械划分阶段，又要在不同时期有不同的重点，鸣放不要给群众划圈，社会主义教育首先抓形势教育，并且搞深搞透，达到要求。总结经济形势教育的收获成绩，提出下步的工作，如根据四级干部会议的精神和经济形势问题教育反映出来的问题进行政策思想的教育。政策教育差不多转入反贪污教育。

反贪污十大公司都搞，加工厂仓库，不搞反贪污，主要搞前两个部分。

3. 这次社会主义教育，实际是一场思想战线的阶级斗争，但〈他〉它属于人民内部矛盾，采取思想教育方法，不要过多强调组织手段处理，对极个别坚持反动立场要批评思想观点，也不要斗争，但有纪律批判谁思想立场观点要报区财贸社会主[义]教育领导小组。反出的贪污要放到后面，但个别的不处理群众不同意处理后对运动有好处报区后可处理。

4. 组织领导。

管财贸的书记，财贸部商业局，贯彻四级干部会议的领导小组，设办公室。

各公司党支部领导下支部书记挂帅组织一定人员组织成社会主义教育办公室。

公司下属的中心店也建立组织领导教育运动。

摊贩单划一个战线由商局负责。

小组以原工会小组为基础，但组长必须可靠。

5. 时间安排。

从贯彻四级干部会议就开始了，什么时候结束？8 月底基本结束，9 月上半月扫尾。

加工厂仓库，搞完前两个部分就结束。

占什么时间？十大公司银财，每礼拜 12 个小时，有特殊情况不少于 8 小时，不影响供应就搞。

工厂，仓库，每周 6 小时，最少不能少于 4 小时。

形势教育，7 月 10 日前告一段落，如进度迟缓的可超过 10 号，快的提前转。

7 月底以前重点搞政策思想教育。

8 月底前搞反贪污教育。

6. 注意的几个问题。

(1) 社会主义教育和增产节约运动的结合和关系，关系是大运动套小运动，下半年还是以增产节约为中心的红旗运动，社会主义教育为把增产节约搞得更深入，社会主义教育是手段。组织上人员上注意结合。

(2) 加强领导，下半年财贸工作的任务很重，要求各支部层层规划全面安排，分线作战。搞好工作可以互相促进。

(3) 社会主义教育发挥二参(一改)三参(一改)职工代表大会的作用，三参准备召开街道居[民]揭发。

(4) 这次社会主义教育所有财贸系统的职工都参加，不要形成职工斗资本家。是否对职工进行训练如何领导学习。

(5) 关心职工生活，这样一搞就紧张起来了，不要搞得人筋疲力尽，怎样挤出几个小时来。

(6) 反贪污根据发展研究，先搞一个试点搞一个点看有多少贪污是什么性质的。

(7) 鸣放意见有统计数字，建立统计组。

(8) 讨论时要抓重点，便于指导运动。

(9) 各单位回去搞个规划，加工厂仓库，不做规划不成立组织交由人事部门负责搞。

邢部长：

这次工作要求搞深搞透不能漏掉，市场紧张，我们商业人员比市场还紧张，商业售货员走后门，支部从头到尾抓住思想问题进行教育。

思想发动好解决问题快。

教育的目的，教育大多数，解放大多数。到一定程度，检查得好，钱不多，解开包袱不算什么问题，但钱退回来，贪污多严重的最后处理。揭发出来的贪污和违法乱纪要严肃对待，但不要〈欺〉歧视。

对贪污问题要组织几个人查对，对证。否则不好处理。

加工厂抓：

社会主义教育，就是经济形势宣传澄清思想明确认识，目前对农村的问题不好解决，有的说城市人跃进，农村没有大跃进，粮不够吃吗，有的人给农村干部编 5 个字，辩打吊分困。各工厂库，如果搞得不细的再搞一搞，如提高不了思想生产情绪不高，经过教育转到生产积极上去。

(后略)

陈部长布置下半年组织工作

1959 年 7 月 8 日

昨天区委组织部陈部长布置下半年组织工作。

(一) 干部工作，现在红桥区 14 000 名干部，干部多，质量低，根据整风以后对干部要求高，都向区委要干部，要大力培养提高干部，现有基础上减 5%，各级党的组织下半年培养干部为主要任务之一。

加强对干部的政治思想领导，结[合]日常工作中心运动了解干部的思想动向,对干部进行分[组]根据不同情况培养提高。根据十个单位情况:① 资产阶级思想抬头,② 两性关系多,③ 对去年大跃进有怀疑,对干部思想作风研究,以后采取〈正〉整风的方法教育。

大胆使用干部,具体帮助解决实际中的问题,有些会议让他们参加,通过检查总结工作提高干部的政策思想水平。

总结好人好事,坏人坏事,市委布置学习两本书,“好人好事,坏人坏事”。搜集情况报区委。

加强对干部的训练和各种学习的领导,一种离职学习,一种在职学习,或脱产学习,教育干部认真读书。

各级领导干部认真搞重点搞试验田总结成熟经验,建立会议严格组织生活,检查干部又红又专的计划。

组织部摸情况主要是区管干部,文化程度思想情况。

1. 政治觉悟高,业务水平低,或者业务水平高觉悟低。

2. 建立组织机构调整干部,缺 92 名干部,厂长支书团支书等。调整本着老厂援新厂的精神,编全人员把退职退休的工作做了,把政治觉悟高工作能力强可提拔到岗位上来,后备干部要心中有数。

认真执行干部参加劳动的规定。到农村当社员当工人,领导下去,将军当兵,劳动情况进行总结。

召开下放干部会议的制度,加强对右派分子的监督工作。

(二) 党的基层组织工作。

目前抓重点,总结典型把党委分工负责制好的总结,研究发挥车间支部的作用,调[查]研究支部工作方法是否适合形势的发展整顿落[后]支部。

总结上半年的支部工作评比竞赛,掀起学比赶高潮。第四季[度]对支部进行一次改选,落后支部,主要不团结。

建党工作:

巩固提高新党员质量为重点,下半年发展 500 多人,有些党员产生骄傲自满的情绪。

又红又专的积极分子进行排队,发展党员主要在薄弱环节,党员占职工 15%,预备党员多的可不发展。

对 1959 年上半年发展的党员进行一次质量检查,1958 年发展的也检查。

〈作〉做好对预备党员的训练,大单位多的可以自办,上半年发展 1 113 名。

检查质量以自查和互查相结合检查出来报主管部。

① 完全具备条件的。② 不完全具备。③ 完全不具备的。

内容：家庭出身个人成分社会关系进行了交代，取得证明否。

立场是否明确？

思想作风表[现]。

工作表现。

入党动机是否纯洁？

入党手续是否合乎？

检察 8 月底结束，9 月 15 号总结工作。

李局长关于经济形势的报告

1959 年 7 月 11 日

李局长报告：

认清形势鼓足干劲，政策检查中〈报〉暴露出来的一些问题，经济核算问题，组织纪律方面的问题。

一、认清经济形势鼓足干劲。

经济形势出现这种情况以后，产生各种议论怀疑去年的大跃进，去年大跃进不容怀疑。钢 1 100 万吨，除土钢 200 万吨，还有洋钢 800 多万吨，1957[年]不是才 500 多[万]吨吗？古今中外是找不到的，粮食说 7 500 亿斤 8 600 亿斤，有些报得多 4 800 亿斤是实际，比 1957 年增产 1 100 亿斤，30%。

目前的形势很好。

1—5[月]工业总产值比去年同期增 80%，不少产品增加一番或几番，生铁增一倍，煤增近一倍，电三倍，棉纱一倍，这当然还是跃进。

天津上半年 361 亿斤比去年同期增 46.5%，电设备 315%，棉布 58%，运输基本建设都有很大增长是不容怀疑，从数字看不管今年或去年大局很好问题不少。但是吃早点挨个做衣服找不到〈做〉作坊。

这些问题怎样代表的？是大跃进带来一些问题要与成绩比起来是次要的，前进当中的困难是暂时的问题，可以克服，上下协调不要互相〈瞒愿〉埋怨。

1. 去年大跃进城乡经济起了变化，现还在变化，公社化后农民需要消费品增加了，生产没充分发展，城市就消费品就少了。

另一方面工业品也需要的多了，飞鸽车子总不够卖的。

农村如此，城市也起了变化，工厂建得多，基建铺的摊子大了，增加 50—60 万人口，生产赶不上消费需要的矛盾，工业企业去年全国增加 2 400 万工人，每人 10 元 24 亿元，每人 20 元 48 亿元，基建投资大，光咱局去年一年就 800 万元，不该建的也[建]了，不该办的也办了，不该花的也花了，农贷多少，赊销也多了，光咱局就 5 000 万元。

银行储蓄没有跟上去，投入市场。

2. 生产安排也有缺点，特别小商品注意不够。粮食棉花收割丢失过多，河北省就丢 100 亿斤。

3. 粮食工作有缺点，让的多没挤上去，走了被动，〈又〉有的放开肚皮吃饱饭，把多年来行之有效的制度取消了。

大跃进发生一些缺点是很难避免的，如果在去年跃进洪流不出一点问题，那才是奇事，困难和出现的问题叫它成为过去，正在好的方面转变，副食品挂帅了，从中央到各级党委都重视了，二万五千里长征，八年抗战都过去了嘛，只要党一注意就会解决。没有克服不了的困难。

现在小麦收购不错，吃白面嘛，副食品生产注意了，北京不太好，特大暴雨平地一尺水，对困难不要有悲观情绪，1958 年大跃进是肯定的 1959 年正继续跃进，认清形势鼓足干劲继[续]。

二、粮食问题。

是〈与〉舆论中心有公开讲的有秘密谈的中心怀疑去年大跃进，7 500 亿斤估计高了，4 800—5 000 亿斤靠得住，将近 7 亿人口，每人 700 斤，4 900 亿斤这是毛粮，出口工业用粮，行业用粮，不能满足。主席说：增长 10%就是跃进，增 20%就是大跃进，30%特大跃进，苏联 1956 年增 25%开了荒投资很大。

今年看来很好，上半[年]小麦和早稻共 2 200 亿斤，按比例看今年估计收 6 000 亿斤，再好 7 000 亿斤，形势很好，现还不能肯定，只要努力前景很好，去年大跃[进]了为什么还紧张?

过去城市消费 35 亿斤今年达到 53 亿斤，农村吃得也很多，一个月一人多吃二三十斤，能吃下去几个月多吃几百亿斤。

去收割遗失不少 10%—20%，食堂化后小柜子很多，但都说紧张，就全国看紧张是个别省份，黑龙江很好，富日子当穷日子过，闹粮食的还是山东、河北、苏北地区，几亿人口国家就有几千万人紧张吗，只要党委一抓就很快解决，天津市很稳定的，有些个别紧张有什么了不起？小麦下来也解决了，总之粮食局势是好的，认清形势统一认识上下动手，不要互相〈瞒愿〉埋怨，鼓足干劲继续跃进。

三、政策方面的几个问题。

〈另〉零售部门严重，红桥区统计售货员中占 70%。① 不执行供应制度，售粮不要粮票，不登粮折，不要钱，南头窑 75，卖给印染厂 500 斤，不登折受该厂表扬，河西区也有，河北区也有。② 有些职工私分商品，河东区分好面粉 38 袋，一个职工就 8 袋，红桥一个职工一次就买 130 斤白玉米面。红桥区公司职工给门市部打电话[要求]家中吃粮照顾。不正当协作关系，五建工程队领导受处分，门市部随便吃白面，售货员吃请，红桥酒糟厂接收农村鱼肉菜 2 000 多斤，和平区门市交换旱杂碎和糕点，勾结一次分 180 斤饼干。

贪污严重，和平区一个门市部突然丢 200 元，河北区一个新参加的职[工]9 个月贪污 8 个月，有些新参[加]工作的人动机不纯，自私自利，再一个就是我们教育不够。另一方面就是去年跃进制度改革，一手钱一手[货]有好处，但也有坏处，责任不清，这个问题早有发现不敢提，因去年肯定成绩，我认为内部传牌好。去年缺点为什么不可提？

制度不解决还葬送一些干部的，所以制度该恢复的也应恢复。〈另〉零售部门有，别的单位也有，市局也有的，基建方面也很多了。

四、经济核算思想。

经济核算开支去年大跃[进]而冲淡，乱花钱，我好拣芝麻，跑了西瓜，做经济工作的，强调核算，花钱要算账，一切开支都要算账，看看经营结果是赔钱还是赚钱了，我们是革命的经济工作者，给人民节省多少钱，我们不[是]败家子，给人民浪费，钱是物的符号，经济核算要看给人民创造了多少财富，给人民赔了多少钱？

特别基建部门严重，违反政策相当严重，去年基建款 800 万元，基建面积等于第一个五年计划 70%，成绩是有的。

大直沽买了大锅炉进不去，还要盖一个。迁厂批准 17 万元结果花 30 多万元，违章建筑很多，花钱不算账，红旗、东风花 0.12 元一块砖，市价 3 分钱。柳滩库面粉楼 3 部磨子图纸，按 5 部磨子，下边加固了上边不行。

同福庄去年盖的仓库今揭盖〈从〉重盖。

杨庄子油池，7 元一立方米，添土要 60 万元，但现才花 15 万元。

洋灰厂花不少钱都下马了，仅三库洋灰还〈忧〉犹疑，五库曲房合 78 元一平方米，走廊盖得很好，愿意怎样盖就怎样盖，乱下去不行，那怎么做经济工作？中央通知停止购置，工业用油批发部接到通知还买这不是无政府状态吗，无政府状况不能再发展下去，该请示的请示该报告的报告，材物料不能如实报告，应堵后门开前门。

工业方面也要计算成本，仓库〈另〉零售都注意核算。

五、组织性纪律性。

自大跃进以来，体制下放，成绩很大，高速度发展与党的统一领导分不开，高度集中和高度民主是分不开的。去年大跃进和去年与发挥群众积极因素分不开的。有些人组织性纪律性不强，强调特殊不照顾全面，严重地无组织无纪律，中央省市指示他们不执行。今年第一季度，国务院决定给工业做肥皂 20 万斤油，刘局长也同意了，油脂考虑 8 小时，还考虑 24 小时。四五月份，重庆会议后赵部长说你们把饲养场搞好，河东区经理同意了，管饲料请示张勤，张不给，老子天下第一，无政府状态，叫他检讨，他科长如何如何。

搞淡水捕捞给点鱼食，一共 53 万斤粮食市长很慎重，3 个局长都同意了，下边就是不给。除任邱县外别的县就没有给。宋市长关于副食品会议，一口肥猪 60 斤粮食，生一窝小猪 60 斤，讨论时说市长说了〈蒜〉算不算？我们这是什么党员？

大直沽拿 2 300 片席片换电滚子，私自动库粮食，还有材料隐瞒不报。仓库主任对下面说话不易，会计处一个干部就可不请示处长给宣化买东西。

另一方面领导官僚主义光布置不检查，下边领导水平低了，下级服从上级地方服从中央这个原则还不知道，水平低连这点知识不知道，领导教育不够。

杜敏同志谈局务会决定：

1. 五幢仓库由散存库改为包装库。

2. 面粉车间同意加固开五部磨子，麦柜可考虑。

3. 石棉瓦库改为砖的，顶子石棉瓦，计划款能否够。

李副部长讲政策教育和三清三定

1959 年 7 月 29 日

财贸部李副部长：

（一）关于政策教育。

（二）关于三清三定。

1. 财贸部党组决定三清三定是下半年中心的工作之[一]，三清，清账目，清仓库，清人员，三定是定资金（主要流动资金），定人员，定制度。

清查的目的是定得更好，清查的基础上进行定，贯彻边清边定，清重于定，三清三定做好的前提是三清。

2. 三清三定的目的要求，通过〈正〉整风 1958 年大跃进和以增产节约的红旗运动都〈以〉已取得很大成绩。

劳动组织不是尽善尽美，有的工厂把老工人去当杂工用不能发挥技术才能，劳动组织还有问题，人员心中无底，清理人员合理使用人力。

财产清底，某些单位心中无数，资金清理。

下半年以三清三定为中心。

1. 定资金对现资金使用情况是否使用合理，把资金定下来，定资金根据需要确定，达到合理使用资金。废品仓库计划管理，加工厂〈另〉零售是限额管理。定的方法，领导与群众相结合方法，发动群众鸣放，哪些使用合理，哪些不合理，发动群众提出办法，提出流动资[金]数交群众讨论定下来。

2. 定人员，目的达到人员合理使用。

你这个单位多少人做什么的多少，男女各多少人，老、幼各多少人，有技术的有多少。

（1）通过定人员加强第一线（中心店）分支书记，工会主席团支书。

（2）通过定员对不称职人员换一换，门市部的领导权一定拿过来别掌握在资本家手中。① 经过定人员进行调整。② 提拔一些政治好工作领导能力强的。③ 归队。④ 长期外借的人员调回来。

（3）机构体制人员编制定下来，今后增加或者减少一个人，都必须市局批准。

由市局领导的加工厂仓库由局下达编[制]和批准，区公司由区局负责。

3. 定制度，制定为生产为消费服务的切实可行的科学的比较完〈正〉整的经营管理制度。

（1）有什么样的制度有多少谁制定？

（2）有多[少]是行之有效，有哪些是过时的或经过修改可用？

（3）根据客观需要，还需〈定〉订立哪些制度？

三清三定的三个原则：

（1）便利消费，便利生产。

(2) 既便于统一领导又便于发挥职工的积极性。

(3) 合乎勤俭办企业的精神。

方法步骤时间安排，采取大鸣大放大辩论，领导与群众相结合的办法，具体要求：

(1) 加强党的领导，加强政治思想工作。三清三定作为当前中心工作之一。

在人力上组织上加强(在社会主义教育)财产资金组，人事组，反贪污盗窃组。

(2) 发动群众，怎样发动，也是上课的方法，社会主义教育的总结讲一讲，主要讲三清定，经动员掀起一个高潮。鸣放，在试点中职工有两怕，怕减人，怕三定后业务工作不好做了。

(3) 三清三定和红旗竞赛的结合。两者是一致的。

搞三清三定不要有否定一切的倾向，抓经验抓典型。

时间要求 8 月底结束，9 月大闹迎国庆。

社会主义教育没有搞深搞透的继[续]搞不要着急。

进一步贯彻两参三结合的制度

1959 年 8 月 5 日

进一步贯彻两参三结合的制度。

根据当前工业生产的要求，提高质量，增加品种，厉行节约，力争高产，提高劳动生产率，应以建立健全技术管理制度为主，相应地建立健全计划管理制度和财务管理制度，加强经济核算加强责任制度，整顿生产秩序，逐步〈作〉做到正常生产。

一、党委领导下的厂长负责制，是工厂企业的根本领导制度。必须认真贯彻执行。首先加强党委对工厂企业的领导。工厂中的一切重大问题必须经党委讨论决定，行政，工会，共青团应该按党委决议办事。任何不尊重党委领导的现象必须纠正。为加强党委集体领导要建[立]党委的会议制度。

党委的领导原则是："大权独揽，小权分散。党委决定，各方去办。办也有决，不离原则。"工作检查党委有责，究竟独揽什么？分散什么必须视不同时期工作部署具体条件灵活掌握运用。

一般地说，如上级(包括行政，工会，共青团上级)部署的重大工作和各个时期的工作安排，职工思想动态分析，年度、月度计划及实现计划的措施，组织机构,管理制度和劳动组织的重大变革,群众运动的部署,副科长车间主任以上干部的任免,重大职工福利事项,工、团的主要工作,企业发展远景和主要基建项目,等等。都应经党委讨论。党委决定后分别去办。党委积极支持,让各部门放手去〈作〉做,不要包办。

车间支部对车间行政工会共青团组织发挥领导作用,支部决议行政工会团应该执行。

车间支部的任务,执行党委决定和保工厂行政工会青年团生产工作部署的贯彻执行。

二、在生产行政方面,必须建立健全以厂长负责制为核心的生产行政管理上的责任制度和指挥系统。

建立与健全行政生产管理制度相结合,要整顿工人参[加]管理的制度,工人参加管理的制度有两种,一是党委领导下的职工代表大会,二是工人参加小组管理。这两者结合,互相补充形成比较完〈正〉整的管理制度。

凡工人 200 人以上都建立职工代表大会,(200 人以下全职大会)代表任期一年,任满改选,职工代表大会要注意吸收老工人车间工段小组干部参加,以便保证党的方针政策和生产计划认真贯彻到群众中去。职工代表大会一年最少四次,一定要有准备。

工人参加小组管理,管理内容不宜过多,〈行〉形成负担,要求参加管理好几个主要项目,如生产计划,统计记录,质量检验,工具保管,材料领发,考勤制度,安全卫生等。管得少点但要好点。工人参加管理的时[间]一般限于班前班后半小时时间内,不要超过。

三、干部参加体力劳动问题。

四、三清问题。

五、安全生产问题。

刘忠在大干八九月誓师大会的报告

1959 年 8 月 14 日

8 月 13 日报告 14 日传达。

刘忠同志在大干八、九月誓师大会的报告。

中央向我们发出克服右倾情绪，鼓足干劲大干八、九月掀起增产节约新高潮，向国庆十周年献礼的伟大号召，今天这个大会就是要发动全区干部职工和广大人民群众立即动员起来！坚决响应中央的号召，实现中央号召的动员大会。1959 年以来，我区工业生产和各项工作均在 1958 年大跃进的基础上，实现了继续大跃进，总的形势是良好的。

工业生产方面产、质量都提高了，品种增加了，日用品生产扩大了，成本降低了，劳动生产率提高了，产值也有很大上升，约要比去年同期增长了 68%左右，其中机电工业 96%，纺织工业 79%，重轻化业增 88%，比如第四钢厂批判部分干部右倾松劲情绪，鼓起全厂职[工]干劲，掀起了新高潮。这个厂八月份产量计划比七月增 50%，八月上旬日日超额完成产量计划，上旬完成产量计划 1 104%。

要完成下半年的任务必须〈负〉付出更[大]的代价，在困难面前我们没有克服不了的，什么困难都阻挡不住我们胜利前进。

1. 有建设社会主义总路线。

2. 有了 1958 年大跃进的经验和 1959 年继续跃进的经验。有些人有右倾情绪，可以经过努力完成的而不去完成，这是跃进的最大障碍。

(1) 工业上大叫困难不想办法，问题计划要落实。

(2) 不适当强调留有余地，不讲跳一跳摘果子，不讲鼓足干劲力争上游，考虑困难条件多，考虑有利条件少。

(3) 领导落后于群众，主观落后客观，领导关门做计划不和群众见面，不符合客观使群众有力无处发挥。

(4) 不能多快好省去建设，把四者对立起来。

(5) 使对国家计划缺乏责任心完不成没什么。

(6) 工作作风磨磨蹭蹭不紧不忙，不是积极主动。

(7) 甘居下游根本没有跃进思想和打算。

农业被上半年丰收产生麻痹思想。

工业生[产]保证完成国家计划的前提下，全国贯彻执行多快好省的方针，即抓高产又抓提高质量和品种，注意安全生产和经济核算，〈历〉厉行节约，特别原材料、机械动力，为此进一步算细账挖潜力，开展群众性的技术革命，调劳动组，提高劳动效率，进一步发动群众加强小组工作学比赶红旗竞赛，经验总结，加强科室健[全]管理制度，工作适应运动开展。

关于克服右倾保守思想，〈历〉厉行增产节约。

储运方面——因为任务不大，就有松动情绪，任务大逼得你不得不干，工作量小了就吊[儿]郎当？

机建股：

虽制六台码垛机，但如何用起来还积极改进不够。

会计股：对核算指标检查不够，还觉得人员少工作的无时间搞核算的时间产生畏难情绪。

面粉车间：

七月份没有任务，争取八月份别有停机事故，原叫开三班，月产 120 万斤，别停车就开两班，保证正常生产这实际是右倾情绪。

万晓塘掀起增产节约新高潮的报告

1959 年 8 月 14 日

下午。万晓塘同志掀起增产节约新高潮的报告，第一文化宫。

（有材料就不记录了）。

内容：传达中央省委的指示，反对右倾情绪掀起增产节约新高潮。

（一）当前的经济形势和任务。

1958 年跃进的基础上，1959 年上半年工业总产值 70%省 63%农业〈下〉夏收增加 10%，各战线都继续跃着了。

公社化后有些平均主义倾向，物资有浪费现象初步获得解决，生产指标修订后就有落实了，大抓生活就有了改善，人民干劲更加高涨。天津市上半年工业产值完成 37.5 亿比去[年]同期增加 40.76%，市内 46.48%，这是在原材料缺乏的情况下取得跃进〈得〉的速度，39，15 种产品增一倍以上，产品质量是上升，183 种产品与去年 5—7 月比较，提高 45 种，29 种[稳]定，生产 505 种新产品。

产品成本比去年同期下降 1%，开支混乱也有扭转。整顿劳动组织共精简 11 万人，完成省委提出的指标。

7 月初 8 月初，对工业交通进行安全大检[查]。

建立健全了管理机构，健全了规章制度。交通运输商业都取得了很大成绩。商品〈另〉零售额上半年 6.2 亿元比去年同期增长 33.3%，总之今年上半年和全国一样继续跃进。这是在中央和省的领导下和各大干部职工的努力而取得的。

基建竣工占开工数的18%,指标年初定的高了一些,工业会定的也高了一些,现在中央和省下达了,确定起来。

工业增长速度,一个方案确保指标,另一个就是争取的指标。1958年完成产值数字有出入。去年公布65.9亿元,中央叫核实结果62.6亿元。确保数,81亿元,市区79.1亿元,比去年增加20%,按核实数增长26%,争取84.77亿,市区82.4亿元25%。

全国调整后的指标增长24%。

钢,41吨,钢材46万吨,动力,发动机,成本降低4.7%,资金周转快1/4到1/3,劳动生产率比上半年提高5%—10%,〈调〉劳动力调配由局调配或劳动局调配。工厂企业不能直接向社会上招收人,实[在]不能解决劳动力问题可通过劳动部门可在本市吸收一些临时工,不得在农村招收。

关于安全卫生继续贯彻市安全卫生检查的制度保证安全生产防止伤亡事故,7月份还死七人,原因安全教育不够,安全设备问题,新工人技术操作上不慎。

下半年总要求节约优质高产成本低,安全生产提高劳动生产率。

钢1—7月份完成17万吨。从8月份起,43 000吨平均日产1 500吨,上旬平均1 100吨。充分发挥冶金工人的苦干实干的精神,抓紧工程和维修的完成。

钢材生产8月份起每月需完成45 000吨。

耐火砖保证钢的生产,我们市里的领导保证钢生产原材料供应,机电工业,除保证任务完成外,在全国一盘棋的方针下搞协作。中央七中全会指出完成任务还可提成,有些小东西还可协作。纺织工业,鼓足干劲达到合格率98%。

(二)高举总路线红旗反对右倾松劲情绪,继续跃进。

广大干部群众高举总路线红旗鼓足干劲继续跃进,但〈又〉有小部分干部右倾思想情绪有所抬头,他们对产生的一些困难有错误看法。

有小部分干部畏难情绪知难而退,[对]中央提出留有余地有错误认识。

有些干部缺乏争上游的气概,工作不是积极主动而是推诿。去年提出超英赶上国际先进水平的口号不提了。对物资困难消极等待不主动解决,对群众热情劳动有错误的看法,对贯彻总路线有片面的看法,在困难面前动摇。

有的干部对总路线和大跃进的正确性认识不足,产生消极情绪。

还有些对大跃进和公社化有抵触情绪。

上述思想都是〈防〉妨碍总路线贯彻执行,〈防〉妨碍跃进,必须向右倾思想进行斗争。反对右倾情绪党内发了指示,人民日报发表了社论,干部们学习和讨论了这个文章并〈作〉做了检查，这说明中央指示是正确的，所以要高举总路线红旗，依靠广大群众的积极性继续跃进。鼓足干劲，力争上游多快好省建设社会主义总路线，是党中央和毛主席根据建国以来的建设经验，和苏联及人民民主国家的经验总结了这条建设社会主义的经验。

学习克服右倾情绪〈历〉厉行增产节约文件，要从检查工作入手，检查思想，检查的目的是提高认识鼓足干劲，增强团结，鼓起增产节约的新高潮。找出改进办法，检查以自我为主自我批评为主，结[合]互相帮助批评，批评自我批评。本着团结批评团结，解放思想，从检查工作入手，分歧不〈免〉勉强统一，可保留但干劲要鼓起来，着重在领导干部中进行，有些思想主要在领导干部思想，推动工作也在领导上，但也不能得出领导干部越大越落后这样个结论来。好人也不会不干坏事。

对广大工人群众进行增产节约鼓足干劲的教育。工人也有错误思想采取教育的方法，但也可以座谈会谈认识。反右倾鼓干劲，〈历〉厉行增产节与也可开展大鸣大放大字报，干部中反右倾也可发动群众帮助我们检查。

时间：干部开始时拿出一定的时[间]开会，党委会，党组会，究竟多长时间才说。

干部中进行传达，在工人党员中传达，工人中如何传达等通知。（页眉上写　　整理者注）

（三）积极动员起来迅速开展一个增产节约新高潮。

机不可失，时不再来。今天我们开会是 14 号了，为了完成生产任务，抓紧八、九月份，〈作〉做出辉煌成就迎接国庆。

1. 结合反对右倾情绪，讨论生产指标，要把八、九月份计划进行讨论。提出具体措施办法发动群众挖潜力，小组或个人订出公约保证内容：① 数量质量安全；② 学比赶的目标对〈像〉象，厂，小组，个人；③ 具体措施；④ 技术革新的建议。

劳动力不够要完成指标要怎样干，叫职工讨论一下。职工生活娱乐活动安排好。

规定定期评比，大搞轰轰烈烈的运动，提倡破除迷信解放思想发挥敢想敢干的风格，大胆创造大胆革新。放手发动群众掀起技术革命和技术革新的高潮，革新要抓关键：① 交通运输，充分发[挥]机器设备潜力，提高劳动生产率。② 改进设计和配方。

2. 厂际竞赛，坚持一月一评比，厂内竞赛半月一评比，竞赛领导以区为主，区委第一书记抓竞赛,各抓一个行业,条条块块结合起来。

3. 加强企业管理,整顿生产秩序,整顿好还是占少数的。还有少数单位没有做,5—7 月主要抓了技术管理,八九月份还是以技术管理为主。除严格执行操作规程以外,加强技术管理。

行政管理和科室岗位制度建立起来。

加强经济核算的思想,勤[俭]办企业节约开[支]。

清查物资互通有无。

4. 增产节约勤俭办企业办一切事业,是我国富强之道。资本主义国家特别帝国主义国家,不相信我们跃进,我们国内一些动摇分[子]机会分[子]不相信今年能跃进。

增产节约指标:

煤,差 60 万吨,增产节约 3 万吨,节约煤 60 万吨,发电每度 0.68 公斤,一般工业 5%民用 4%,钢产量,增加 2 万吨,钢材增产 1.5 万吨,节约棉纱 2.55 斤,水泥增产,5 万—6 万吨。

党员誓师大会

1959 年 8 月 23 日

下午,党员誓师大会。

支部工作的要求:

1. 党支部如何发挥核心堡垒作用。

(1) 抓产量,抓质量,抓成本,抓住生产的关键采取措施要具体。

(2) 抓党小组活动,加强党员组织性纪律性的教育。在当前通过小组活动党员认清形势,鼓足干劲,并给总支和支部的委员反映我们库里有哪些右倾保守思想。

(3) 抓效果,树标兵,表扬先进,总结经验,推广经验深入开展学比赶运动。

(4) 充分发挥青年团工会的作用。

(5) 加强党的政治思想工作,使全体党员和全体职工精神饱满斗志昂扬干劲冲天充分显示出革命工作者英雄气概,并认真注意发动群众积极行动开展增产节约运动。

(6) 抓住技术革新和技术革命运动,逐步实现粮食半机械化和机械化。

2. 对党员提出几点要求:

(1) 认清形势,提高认识,提高觉悟,向一切右倾保守思想作斗争并站稳立场,向一切违反社会主义建设和党的利益行[为]〈作〉做无情的斗争。

(2) 加强组织性纪律性,服从组织领导执行党的任务,保证各项任务的完成。

(3) 发挥敢想敢说敢干的共产主义风格,鼓起冲天干劲,在运动中起模范作用。

(4) 加强党的团结,并通过党员去团结群众向群众交朋友,密切与群众的联系,宣传党的方针政策和党[当]前的中心工作。

(5) 加强学习。提高政治政策思想水平。保持旺盛革命斗志。

关于防止右倾松劲情绪现场会

1959 年 8 月 24 日

关于右倾松劲情绪现场会议。

张部长:

1. 加强党的领导,发挥堡垒作用。

2. 发挥政工团作[用],大搞群众运动。

3. 领导干[部]检查右倾启发了群众。

4. 大搞宣传开展学比赶。

我库:

1. 抓鸣放。

2. 抓学比赶。

3. 每天下午 4—6[点]汇报。

4. 今天晚上召开座谈会。

5. 明早 7 点听省委财贸部报告。

红桥区委组织部陈部长:

1. 干部参加劳动〈从〉重新规划,鼓足干劲下决心。

2. 领导干部带头劳动,主要采取将军当兵,跟班劳动,一般干部采取下放方法。

3. 评比表扬好的批评坏的。

4. 8、9、10 三个[月]基本上达到中央指示的精神。

张部长谈：

今天上午部里研究月底前做什么工作，主要根据晓塘同志的指示和区常委的意见。

市委精神，万晓塘谈：

今年增产节约比去年搞得更好，有利条件，有去年大跃[进]经验，进一步深入发动群众反右倾修订计划，保证第一本账完成，不影响主要工业生产原材料的供应学校街道可办工业，义务劳[动]还可搞，可以互通有无。还有一些观潮派，社论发表有些解决了，有些人说会议多了，会多才能轰轰烈烈搞起来，才能扎扎实实。反右倾到什么时候不是个暂时的，搞起来转入正常到年底。通过反右倾运动就很快发动起来，全市开展不平衡，群众发动起来以后措施办法抓得不具体，认为差不多了不行。小型会议增多，八月下旬就可扎扎实实做些细致工作，口号不要千篇一律，根据具体情况提，赶美超英还要提，赶上海还要提。

反对右倾保守要有个正确的看法不能千篇一律，有的人一贯保守，群众起来就泄气，但与个别一时动摇经学习转变了就不再算右倾保守。对不同的人不同事，不同对待，党内应严格，反右倾自我批判为主，认识不到帮助认识，批判那些经常右倾保守泄气的人，这些人经常怀疑大跃进、公社化，通过学习认识不到的还是少数的。

鼓干劲和落实问题，大部分落实了，还有些没有落实，到年底也不能落实。各区排排队，现在怕群众起来领导不落实的问题。

工作方法，抓两头，带中间，抓典型开现场会，抓典型就是树标兵。落后的如何赶上去，今年超产，劳动力一个不能添主要挖潜力。

张淮三：

反右倾保守〈以〉已〈行〉形成高潮，拿出一定时间批判右倾，八月底〈作〉做一般批判，系统深刻批判等省委指示。

（一）当前抓落实，掌握思想情况，八月下旬开展大检查大评比九月中旬结束，主要抓落实，检查市区共同组织起来，检查内容。

1. 检查全面指标执行怎样。

2. 措施有没有，落实情况。

3. 检查学比赶是否广泛深入，有什么教训。

4. 检查管理,工厂技术管理,商业经营管理。

5. 干部作风,联系群众,参加劳动怎样。

发现经验总结经验推广经验,发现问题解决问题,检查也要抓两头,带中间。

工人说:右倾怕困难,困难怕干部,这很好。

反右倾前等米做饭,现在找米做饭。

(二)当前支部工作抓什么?

1. 抓思想。① 突出抓中层以上干部思想,哪些人有右倾表现在什么地方,职工有什么思想情况,根源是什么?对大跃[进]总路线认识上有什么问题。② 抓辩论。③ 抓鸣放,揭发单位和领导上的右倾保守,上下结合起来,有哪些右倾检查启发群众。

2. 抓发动群众,抓干劲。① 抓正面教育,讲总路线大跃进,公社化,这三点必须讲。② 发动群众开展学比赶,树标杆开现场会。③ 向群众交底,领导提[出指]标交给群众讨论,修改后制定措施。

3. 党内反右倾保守检查彻底,在党内党员小组,支部总支在运动中起作用怎样联系群众如何?党员起哪些作用?

4. 发挥政工团作用。

(1) 行政抓经营管理关键问题,结合两参一改深入下去,发现问题,解决问题。

(2) 工会抓学比赶抓竞赛,树标杆。

(3) 团如何当好党的助手,起突击作用。

(三)区财部的意见,八月底前:

1. 抓领导干部的检查。

(1) 领导支部委员科股长,〈座〉坐下来学习一下社论晓塘同志报告,切实联系思想实际检查。

(2) 发动职工开展大鸣大放大字报,领导干部在一定干部中检查,经理支书工会主席,没有检查的检查。

(3) 一般党员利用党的生活会议联系自己思想检查,发挥作用如何。

2. 抓思想运动开展起来以后,认真掌握各类人员思想情况,党团员职工私方,掌握思想后〈作〉做艰苦工作,排排队。

(1) 对大跃进公社化认识正确,干劲一贯十足,始终站在群众前面领导群众前进,坚持集体领导坚持政治挂帅,充分发动群众依靠群众,虽一时有右倾保守思想,经学习已检讨转变的。

(2) 对大跃[进]公社化认识正确,但有一定右倾保守思想工作一般化能坚持集体领导政治挂帅,发动依靠群众不够,和群众关系不够密切,右倾虽检查不深刻还要检查的。

(3) 对大跃进公社化有错误的认识,一度动摇一贯干劲不足,存在右倾保守思想,还未检查的需要帮助批判的。

3. 措施抓落实抓效果。

发动群众起来以后指标是否定案措施是否落实工作是否有显著效果,各单位组织检查。区财贸准备八月底九月底开比武汇报大会,九月份的指标措施。

4. 抓典型树标兵开展学比赶运动,帮助落后赶上先进的特别发动先进的带动落后的,单位排队。

(1) 领导重视思想明确,关键突出思想工作好,群众发动充分,指标先进措施落实,效果显著,学比赶有声有色。

(2) 领导重视思想明确,但关键不突出,群众基本上发动起来,但思想工作还不细,还有死角,指标也比较先进,措施没完全落实,效果不太显著,学比赶声势还不大。

(3) 领导重视不够,思想还不十分明确,还未找到关键问题,群众还没发动起来,行动迟缓,还需补课。

关于当前各项工作安排

1959 年 8 月 25 日

一、关于反对右倾保守思想问题。

1. 以总支委员为主,吸收支部委员、股长、车间主任、粮组组长,认真学习人民日报社论反对右倾松劲情绪,掀起增产节约新高潮。和万晓塘同志的报告第二部分。座谈,明天上午和明天下午。再找一个时间联系工作联系思想。在什么范围检查?主任在库范围内股长在本部门,车间主任在车间。

2. 党员除向领导鸣放右倾保守思想作用方面的以外,并联系自己检查在运动中如何发挥党员的作用。

3. 一定[要]深入地发动群众,结合讨论指标,结合提合理化建议,揭发我们单位右倾保守和领导上的右倾保守和工作作风方面的缺乏。明天上午召集中层干部会贯[彻]。

二、关于生产指标的问题。

1. 工业生产指[标],产值,产量,产率,成本,劳动生产率。

全年的,上半年完成多少,下半年还有多少,第三季度完成多少,能不能完成? 特别是 9 月份指标。

2. 商业指标

保管费,包装费,运输费,经营管理费,商品损耗,利润指标,节约粮食。

全年的,上半年完成,第三季[度]指标,特别是 9 月指标。

三、关于实现“七无”的指标,逐项定出来。

四、根据上述指标,措施是否具体,哪些已经落实,哪些没有落实,哪些指标还没有措施,迅速提出来补上去。

五、学、比、赶,库的标兵,车间的,粮组的,小组个人都迅速研[究]树立起来,开展日日新,真正有声有色。

六、抓落实,从我们开始怎样发动的群众通过哪种形式发动有效,具体人的言论,抓住先进人,先进事总结材料。

七、关于区财贸系统的比武汇报大会的材料准备。

八、加强政治工作,人和单位的排队。

九、经营管理,技术管理。

十、参加劳动,联系群众。

传达中央关于迅速讨论增产节约的通知

1959 年 8 月 26 日

区财贸部传达中央关于立即在矿企业迅速讨论增产节约通知。

中共中央八届八中全会[会]议情况 26 日广播,27 日见报,决议 27 日广播 28 日见报。

为两年实现第二个五年计划而奋斗,八中全会公布教育是第一本账,布置生产是第二本账(钢公布 1 200 万吨,内 1 300 万吨,煤 33 500 万吨,内 34 000 万吨),有数有日期,经群众讨论作为本单位指标,农业战胜灾荒力争丰收,有把握可上报。

各项生产特别工业交通，都本着同心同德互相支援保完成今年计划。

财贸部的意见：

1. 工厂单位准备测算指标，由原来提高多少。

2. 职工代表大会怎样开，贯彻八届八中全会精神。

本单位指标，有职工代表大会吸收积极分子或落后的参加，经讨论〈行〉形成决议。怎样发动群众，搞大会发言。

今天 6 点收听，明天也准备收听，不影响生产都收听。

3. 搜集职工动态和思想反映，有的职工可能反映六中全会，1 800 万吨钢为什么 1 200 吨？我们说五年计划二年完成。召开一些座谈会，掌握思想情况。

〈另〉零售部门：

1. 费用指标，五好怎样搞好，九月〈分〉份八大城市互相检查。

2. 区准备召开汇报大会，什么时候开等通知。

3. 准备互相检查：指标上去没有，群众上去了没有，措施实现了没有。

区财贸部：

抓中心工作，抓运动中的关键思想明确，因此我们区的财贸工作屡次都行动迅速来势猛，为什么？就区的领导上思想明确，抓得紧，还分别提出不同要求和发动群众的办法。

9 月 30 日

粮食局在库召开了现场会议。

陈荣上半年工作总结和今后四个月工作安排的报告

1959 年 9 月 2 日

陈荣同志报告。

一、整顿基层组织前的情况存在的主要问题。

天津市财贸部门的基层组织自整风后和大跃进有了大大加强，战斗力提高了，是否有问题？还在一些问题，市内区 992 个基层组织，领导坚强正确执行政策 410 个 44%，领导核心不够坚强工作一般化 437 个占 47.5%，领导核心还未形成组织不健全，工作存在落后状态 75 个占 8.1%，落后支部的表现：

1. 没有认真执行集体领导下的分工负责制，企业关键性问题得不到解决，各项工作落在别的单位后面，领导方法分不出轻重缓急。

2. 领导成员不团结，强调个人作用，互不服气，各持己见，问题决定不起来，决定起来也不能执行，还互挖墙脚。

3. 组织制度不健全，党员力量不能发挥，一布置工作就一〈栏〉揽子会议，感到与群众没什么两样。

先进支部也不是在整顿前没有问题：① 整顿过程中，党委委员是否都起到了作用，也存在问题。② 支部不错但及时系统的总结经验这方面也不是没有缺点。③ 特别咱们去[年]树立 30 面红旗，产生了自满情绪。④ 1958 年建立新支部多，支部成[员]入党时间短对支部工作经验少，有违反组织原则。鉴于上述情况，必须整顿基层组织的工作。

今年 3—5 月进行了一次整顿，效果是大的。

二、收效。

1. 进一步贯彻了党委领导下集体负责制，加强了对企业的绝对领导，增加 243 个专职，建 146 个支部，各基层党组织学习了有关党委制的文件，检查了对企业重大问题没研究的问题，对作风生硬做了检查，支委不团结，通过检查得到了解决，进一步明确党委责任分工，这些收效说明大大加强了党的战斗力。

好支部 500 个，占 63.9%，落后支部 5%。

2. 全面检查工作总结经验，肯定了 1958 年的成就。

支部工作得到了解决澄清思想，克服畏难、保守思想，使工作更深入细致扎实了，为 1959 年跃进打基础。

3. 对全体党员一次深刻教育发挥骨干带头作用，许多党员检查批判了认为党的领导就是指的支[部]，党员检查自由作风生硬经过检查密切了与群众的联系。

4. 对推动增产节约红旗竞赛，注意与中心工作的结合。

三、整顿基层组织的经验。

1. 整顿组织在一定阶段一定时期修正非常必要，因为党的基层组织是企业的核心领导，工作好坏负有重要责任，就需不断克服缺点，改进工作加强党的战斗力，整顿组[织]不断提高不断前进的方法。

2. 企业好坏，关键在于领导核心，核心特别支部书记整顿组织的目的，加强核心领导加强党的战斗力，但整顿时有的不是抓核心领导而是整党员。

〈正〉整顿过程中抓重点带有根本性的问题，由于存在问题都抓重[点]不是一下都解决，我们着[重]集体领导。

3. 整顿好坏组织关键领导成员，党员思想水平的提高，思想组织作风，工作全面提高关键是思想提高。

4. 通过整顿，支部真正成为领导核心解决以下问题：

(1) 支部书记，班长是关键，掌握全面工作，政治上坚强熟悉全面工作。

(2) 支部委员会互相团结，开会怎样取得一致意见。班长表示意见，领导核心的团结统一，凡是成为企业领导核心的都是团结，组织生活制度健全，通过批评自我批评保持团[结]，他们都从工作出发。

认真学习党的方针政策，正确地贯彻执行。

(3) 领导深入工作、深入群众调查研究，吸取群众意见改进提高工作，走群众路线。

存在问题，领导思想水平不高，有些党员作风还不是那样好。

支部书记的学习问题：

特别新当支部书记的同志们应加强学习，部定下来，哪些由市，哪些由区负责训练。现抽 50 个人在财贸干校学习。

整顿工作方法，一般采取党员职工大鸣大放，总结 1958 年工作，〈定〉订立了方案。

四、今后四个月的工作。

认真贯彻八中全会决议，反对右倾，巩固前段成绩深入开展增产节约。

1. 进一步加强政治思想工作，必须继续反对右倾思想，反深反透，支部委员必须检查，找出根源明确认识。有的不是力争上游，居中段，指标越低越好，把群众发动起来烧一烧，即便反得好点，也不能忽视思想工作，中间的还不少，不是上来就得下去，把这轰轰烈烈扎扎实实地开展起来，在运动中对职工不断加强教育，每个时期职工思想状况，在哪一个环节上有[右]倾就在哪里反，什么时候有什么时候反，对群众采取正面教育，去年人民公社，大跃进加以肯定。

注意抓先进思想先进单位先进标杆，总结先进思想，先进经验才能促进落后，财贸党组会议上宋市长提出搞几个战线，三个战役，市、区单位都可搞，现场会交流会。

注意：在运动中发生的问题，新的事件，学比赶又出现自[满]或不虚心，个别的落后人，有计划有意识〈蔼〉爱心帮助，首先〈作〉做好思想工作反掉右倾，河东区就有这样两个单位。消灭排队。

2. 坚持党的方针政策。

群众[发动]起来，党的方针政策[要]注意，三清不错三定还没有很好地〈作〉做，必须强调政策的教育，完成任务必须在政策的原则下，才能使运动健康地发展。

3. 善于运用群众路线的工作方法把群众积极因素调动起来，一般来说已经掀起了高潮。

发动党员抓住跃进指标落实，还有的定的指标笼统。

两参一改三参一改，跟班劳动，种试验田，商业〈执〉值班长制度职工代表大会迅速建立起来，〈行〉形成经常的制度。

4. 关于党的组织工作。

(1) 组织工作就是为政治任务服务的，保证政治任务实现，加强健全组织生活，充分发挥党小组和每个党员的作[用]，党员站运动的最面前。支部委员要在运动[中]吸取经验教训，党的基层组织开展评比竞赛，省委打算开一次基层组织现场会议，已经向各区通知了，在这个现场会议前我们天津要开若干个现场会。

(2) 加强对预备党员的教育，运动中考验预备党员，这考验好时机，还注意抓发展党[员]的工作，发展时注意质量。

(3) 党的组织特别支书注意发挥工团作用，充分调动起来。

(4) 从组织上经常不断地充实和加[强]骨干力量，主要行业 30 个人以上的门市部到年底或明年 2 月前建立起支部来。10 个人以上的门市部有一个党员，消灭白点，饮食业 30 人以上的消灭白点，逐渐建立支部，10 人以[上]逐渐消灭白点。

(5) 运动起来注意抓思想抓生活，不是指按时来下班走，说的而是注意饮食卫生，解决实际问题，关心群众生活使他们更有劲。

(6) 注意总结经验，交流经验开现场会议，着重的专题总结。

黄部长关于目前运动形势的报告

1960 年 3 月 18 日

财贸部黄部长报告。

抽调专职理论干部 28 名，兼职的 184 名组成理论研究小组，现在学习好的是百货、糕点、红旗，他们的特点书记挂帅，领导重视。

干部，工人写了论文 1 204 份，诗歌 2 101 篇。

但有的单位领导对执行财贸部指示不够，因此理论学习发展不平衡，希望各单位重视起来，要把工作和学习安排好，大跃进嘛（提倡小孩 6 周岁上学，九年一贯制），强调工作忙，无时间学习。区委要求区内各局长，经理，书记提高到高中程度。

（一）不学习理论，工作就安排不好，为了学习好提出：

1. 学习毛泽东著作也要大搞群众运动，造成一种气氛，因此坚持政治挂帅，大搞群众运动掀起高潮，造成人人学理论个个写文章，开展比赛，并有规划，提出方向指标，要给他思想上压力他就得钻，钻就出玩〈艺〉意。

学习以毛泽东著作为内容，以毛泽东思想为指南，对总路线大跃进加以总结就是文章，条条经验理论化。

边学习，边规划，边行动，通过学习发挥主观能动性，推动了工作，还可以设想三年八年规划，红桥区，设想八年后每人平均六平方米住房。

这个会议以后，20 号以后召开比武誓师大会，提高了哪些思想，通过学习发挥主观能动性推动工作。技术革新批判了什么思想。

誓师比武大会以后开经验交流会，树立单位、小组和个人的标兵。以此开展学赶超运动。

2. 加强理论学习的领导，健全理论学习组织，财贸部抽三个人专职搞理论学习，发展学习积极分子，以他们的实际经验帮助咱们学习，看条件成立兼职研究员，负责理论讲课，编写教材。

各单位根据区委的要求，建立起理论学习队组，配备一定理论教员。

3. 采取以在职学习为主，以离职学习为辅，财贸成立理论学习班，由张部长负责，轮训对象科、股长、区级以上先进工作者，每期三个星期，自学为主以讲为辅，发挥自己的独立思考能力。

基层单位的训练班要积极学习好，干部在职每周学习保证八小时，工人也不少于四小时，最好把理论学习的编在一起便于文化理论学习时间的安排。

（二）积极主持工农业生产。

当前抓这样几个工作：

1. 大力支持工农业生产高速度发展，工业会议精神提出猛攻高精尖，向四化进军，工业积极执行工业会议精神，商业为这方面服务，措施：

(1) 积极参与生产,发展经济保证供给,财贸部门财政如何使用得好,大搞群众运动更多收入,更多支出,更多建设,支持企业部门的资金,银行也为这个服务,储蓄,回笼,加速资金周转。搞农商协作,银商协作,工商协作,厂与厂协作,解决原材料的不足,突破原料,技术,设备三关。

(2) 大搞废品回收,把废品变成有用的东西,使工业吃饱,吃好。

(3) 加强对支持生产的领导,各单位要有一个协作的组织机构。

(4) 抓典型立标杆,集中力量搞好三条石,北郊工业区,大胡同子。

(5) 财贸系统要把厂办工业包起来,原料供应,产品包销。

2. 支持农业生产。

(1) 抓紧春耕春种的供应。

(2) 支持穷队赶富队,主要从资金和副食给予帮助,力争"五一"节前消灭穷队。财政部门和供销经理部包下来。

(3) 大搞农批、〈另〉零协作。

3. 大力支持副食品生产,搞好副食品生产,以猪为纲以菜为纲。

4. 大搞人民经济生活。

市里的新精神,和市对咱们区的意见,顾书记指示,以成立人民公社为纲,掀起几个工作高潮。

掀起一个以技术革新和技术革命为中心生产高潮。

掀[起]以组织人民经济生活为中心的高潮。

掀起一个文化教育的高潮。

掀起大搞卫生的高潮。

以便实现两化,生活集体化,家务劳动社会化,财贸计划十一完成指标现由五一完成。

应入伙未[入]伙的入了伙,达 70%,应入托未入托的入托达 70%。服务行业对生老病死,无所不包。

(三) 咱们区的指标。

1. 商品分配站,各街都有商品站,要求今天建立起来,以副食品为主,包括粮食糕点饮食果子等,掌握重点,照顾特殊,分配一般。

2. 食堂"五一"前达到应入伙的人 80%,每街[道]建立一个中心食堂或者主食加工厂。中型食堂 300—500 人 5 个至 10 个。

中心食堂都要机械化,中型食堂半机械化,大加工厂机械化,每街[道]建立一个洗衣房，机械化达到当日交活当日取，准备搞一个试点，在大胡同子。

3. 托儿所应入托的达到 80%，每街[道]有一个达到国办水平的托儿所。

4. 幼儿园应入的入 80%，有一个国办水平的。

5. 服务业，生老病死无所不包，训练大批服务人员，成系成套，简易医疗机构各街[道]都有一个。

大力发展红旗大院，红旗大楼，红旗胡同。

“五一”达到 60%—70%，标准：生活集体化，家务劳动社会化。

为迎接人民公社发展，对服务人员进行训练，街道要办咱们帮助办，理发技术，蒸食，保育员，教育员学校。

大搞技术革新技术革命，学好毛泽东思想，学习不断革命论，反革新到头论，潜力挖尽论，反对右倾思想，右倾活动。

（四）方法上怎么办：

首先坚持政治挂帅，发动群众制定规则，特别各公司有达到或者超过光复道的措施，市要求“五一”前达到光复道的措施，组织观摩，检查评比，插红旗，各公司抓个点。

根据市委、市人委指示开展以节约粮食为中心的节约运动。压缩集团购买力，今相差百亿元。

市民临时工的粮食的调整工作，干部压缩到 33 斤，居民压缩到 30 斤，临时工压缩到 55 斤。

严格控制工业用粮食，食堂吃饭 20 号要粮票。

压缩集团购买力，财贸系统要带头。

节约煤，搞煤气，饮食公司“五一”前有四分之一的门市部煤气，技术革新，抓定型，制造，推广，包饺子机什么吃到过？有几个由体力劳动变为机械化，连续连动线。要求木材厂三天五一前实现连续自动化。

加强党的领导，建立起技术革命委员会或者小组，加强制造定型的工作，加强制造车间的领导。

开展一个技术革命定型制造运动月，五一前推广练起来。

召开一次〈另〉零售、饮食技术等操作技术表演。市劳动模范，操作能手市建立起档案，属于区区建立档案，组织建设工作不谈了，按张部长谈的做。

深入贯彻市群英会的精神，开展学赶光复道的任务。各支部要搞报道和汇报。如果不然就使财贸工作翻不过身来。

中心店书记，仓库书记，看昨天人民日报的第一版贯彻的消息。看了以后就在明天行动到街〈到〉道去帮助工作，工厂、仓库搞好本单位的食堂成为尖端。

准备下礼拜二召开理论誓师比武大会，市财贸部，应在 3 月下旬 4 月初开组织会议 4 天，现在向支部发动以五好竞赛内容，实际行动迎接市组织会议。市财贸展览会，区财贸展览会，都要参观，参观也是个评比也是个学习。

（后略）

传达区委电话会议内容

1960 年 3 月 21 日

区委电话会议。

王敏同志报告：

从全区参加整风 5 000 人，属于重点批判 100 余个。他们不是按照党指示去做，而是找借口向党的政策进攻，是否通过整风都解决了？不是的，还必须加[强]锻炼，加强马列主义学习，以毛主席的著作检查我们工作的缺点。“对问题的观察要以阶级观点去分析。”现在的矛盾还是无产阶级和资产阶级，社会的阶级斗争也会反映到党内来，整风中已经证明了这一点。因此，今后必须强调党的纪律，保证党的方针政策的实现以无产阶级观点向非无产阶级思想进行斗争。在思想领域中，无产阶级思想不去占领，资产阶级思想就会去占领。因此要加强政治工作，把思想进行排队。我们的大多数单位按照党的指示开展工作大搞技术革命，但有些领导出现新的右倾情绪，表现在制定计划时有利条件估计少，不利方面扩大。这将对党的工作带来损失，把前进道路上的障[碍]除净，反掉右倾。

要有全国一盘棋的思想，绝大多数是好的，但有单位套购，以物易物，造假单据。发扬共产主义风格，认真掌握全国一盘棋的方针。

必须对个人主义进行严肃的批判，本着教育从严，处理从宽，治病救人，与人为善的方针，认清前途方向。

有些同志在组织性、纪律性还有些问题。组织性纪律性在脑子生根长芽，听党话才能做出所能〈作〉做的事。比如提出禁止私招乱雇，才能巩固工农业生产。不让私招乱雇他招雇了，引起农业人口外流，在城市引起市场紧张，区委再三通知还私招乱雇，对待上级的方针政策持个什么态度才算正确？把执行党的方针政策提高到党性上去，是全心全意还是打折扣？从去年八月到现在私招乱雇就有3 000多人。私招的单位马上制止，并分批送回去。

还存在着一个问题，个别的，厂与厂之间遇到一些问题，本来可以通过批判达到新的团结，但有些单位不是用主席说的办法，而采取打架斗殴的办[法]，这是极其野蛮的，造成了政治上的严重损失。最近有个工厂和街道为房发生矛盾，本应领导出面办，而在下边闹起来打到街上连拉架都给打了。在我们社会主义国家内，发生这种不文明事情，不仅影响人与人之间的关系，还影响生产，所以引起我们负责同志注意。

为了把这些问题求得解决，必须把监察工作放到党的议事日程上来，以党的组织纪律教育党员不犯错误重犯错误，区委决定礼拜四汇报。

党内党员〈作〉做到心中有数，不然就不能对症下药，党的思想加以总结加以分析，〈作〉做出恰当的工作计划：

1. 支部监察工作方面。

(1) 对支部监察工作平时是怎样安排的，是否〈作〉做到了经常化，注意到这个工作了没有，是否把支部工作放到议事日程？

(2) 对党员思想情况是否了解了，了解过程中采取了什么方法，发现了哪些个问题(思想违法乱纪)。当你发现这些问题是否向党反映了，对犯错误的党员怎样解决的，及时解决还是熟视无睹，采取积极的态度还是采取消极的态度？

(3) 各个中心运动和中心工作当中，你们怎样开展的监察工作，效果如何？(保证中心工作党的政策实现)

(4) 如何进行的纪律教育工作，进行纪律教育中有什么经验？

(5) 监察处理犯错误的案件中有什么经验？

(6) 对受处分的党员如何进行的监察教育有什么经验？

(7) 通过1959年以来在支部监察工作有什么新的经验和体会？

2. 当前情况方面。

(1) 你单位党员不良思想倾向是什么？

(2) 党员对党的政策措施有什么表现，抵触怀疑还是拥护？

现在正成立人民公社，突出食堂，市场供应，作为一个党员怎样对待这个问题？

(3) 党员在技术革新和技术革命方面，是积极拥护还是阻碍技术革新的进行？主要有什么问题？

(4) 资产阶级个人主义经过整风受到严重打击，是否解决了，你单位是否有个人主义存在摸清楚。

全区 200 多个单位有 60 个之多领导核心不协调，不团结。不协调不团结削弱了党的核心堡垒作用。

(5) 右倾保守松劲情绪还有没有，表现形式是什么？

(6) 党员在工作有无弄虚作假的，有无盗窃荣誉？

(7) 党的集体领导，党委领导下的厂长负责制贯彻得怎样，有无问题？

(8) 在完成日正常生产，支援农业技术改造，猛攻高精尖党员有什么不良的表现？

(9) 党员当中有无严重不负责任，给国家造成重大损失和人身事故，比如火灾问题，去年曾发过通报，有些单位没有引起注意，连续发生几起大火案。

(10) 有无贪污盗窃和挥霍的问题。

你单位有多大家底是否清楚？有些东西被偷去不知道。

财政汇报：

1. 通过整风社会主义教育在党内有什么不良思想。

2. 贪污盗窃财贸系统是否还存在，如有，是什么手法。

3. 在大搞人民经济生活当中，党员有无阻碍破坏的行为。

4. 有无开后门和私分的情况，有哪些人。

5. 资产阶级个人主义闹不团结情况还有没有。除上边说的外，你这个单位这个系统考虑一下，监察工作做哪几方面的工作。

这个材料要写成书面材料，礼拜四到区汇报，礼拜四基层党委总支汇报。

我们知道一年之计在于春，必须加强这方面的工作，不能放任自流。

张敏之书记谈：

昨天决定开一个紧急会议，今天市委开会有两急事：

1. 搞 100 日安全运动，迎接搞人民公社，公安局召集保卫人员已开了会。

2. 天津市也是大城市，北京门户参观人多，特别注意治安。

3. 市委书记王亢之主持召开的会议，卫生搞得不如中等城市搞得好，最近北京流行感冒多，肝炎厉害，还〈要〉有苍蝇。

各级党委作出指示，恢复卫生组织，卫生配合生产大张旗鼓大搞群众运动，卫生人员都振作起来，医务工人结合起来，麻雀不打了，有的说益虫有的说害虫，要除老鼠，蝇，蚊，臭虫，卫生光荣脏耻辱，体育搞起来，把卫生和工作对立起来是错误。卫生有利生产工作有利身体健康，环境清洁，生产大跃进和技术文化革命结合起来，移风〈遗〉易俗搞卫生，做到家喻户晓，今年轰轰烈烈立即行动起来，机关，卫生团体，党组织开几次会，年年如此。

当前做法：

整顿市容，突击卫生，从现在起到明天下午 2 点，把主要干线搞清洁，市通知十二条，包括大丰路、北马路。响应十二条，搞些点。厂和街的道路，大胡巷，西站前，三条石，聂公祠，北大角，除……

整顿市容搞卫生，清理门前垛物和门前作业，严格些找两个重点控制不了，叫监委会检查，除市区重点街外，有条件可存放，垃圾要清除，建筑公司负责，垃圾工清洁队来个苦战，土箱不得放到街上。

煤：工厂生产煤，明江池门口放着煤，到市街成了煤市街，为什么非在区委，区人委卖煤球？

小商小贩都要缩到胡同内去，不要乱摆摊，卖生东西不可以，腐烂变质的东西不许卖，饮食搞好卫生，街道不许晒尿布。要求街委机关团体宣传严格遵守交通规则，警察也要管卫生，主要干线力量强点，不要更多发动人。

交通局，马车的粪便弄好，农村来的也管理一下。

主要干路不要贴标语，敲锣打鼓，对口号加以检查，破的、词不达意的。春德街公社，准备参观搞好卫生，经验成套。大搞春季灭蝇灭病，今天先把主要干线发动起来，大搞环境卫生，工业，铁路，条条块块一起搞，条条一定服从块块。

从现在开始突击到礼拜日重点道路要夜战。北仓工业区，京津公路建设局搞，厂的路不平由厂搞，肝炎成立小组，报告卫生局，防止传染。王元生同志谈大搞环境卫生，机关，团体，校学企业都搞卫生，交通秩序要搞得好些，对违反交通规则给予适当处罚，牛车不叫上主要干线，小毛驴拉车管好。

不随地吐痰，要〈作〉做好宣传，卫生要搞好，亢之同志说块块管条条支持。

四包四明，卫生工作要细致就好办了。

陈部长：

一、今天讲的卫生不是长计划，主要谈这个礼拜，安排由今天晚上到明天焕然一新，达到去年国庆节的标准，立竿见影，提以下几个要求。

1. 确保 12 条干路整齐清洁无痰迹，给门窗洗一次脸，彻底清除门前堆物，12 条主要干路不要晒被褥、尿布，不要小商小贩流窜，全区把 12 条路搞好，各街也要确定自己重点。

2. 家家户户把卫生，胡同卫生整齐，清除垃圾堆物，脏水口弄干净，防止倒水。

3. 搞好个人卫生，特别儿童脸干净，衣服干净，每人懂礼貌讲卫生。

4. 防止腐烂变质的东西出售，大力宣传，不随地吐痰。特别汽车、火车站组织人宣传，提倡自带碗筷防止传染。

5. 对〈干痰〉肝炎防治，区成立领导小组，张敏之书记挂帅，防治疾病各级都重视起来，特别今明大改观，书记挂帅，全党动员，边贯彻边干，先重点后一般。为了加强领导成立指挥部，张敏之书记挂帅。各街成立组织书记挂帅搞好这次突击，民警不仅管交通还要搞卫生，中学生不搞夜战。

二、大抓检查，发现问题及时解决，各街党委各单位领导组织检查，把卫生工作迅速搞起来，今天晚上就检查，明天检查效果，礼拜日还检查。

三、大搞突击基础，四定四包，不仅干净还要美化。定人定点定时间定任务，包除害包疫情环境卫生，包疫情汇报，包预防食品卫生。

1. 四定四包领会如何。

2. 人人是否知道。

四、大搞宣传大搞声势广泛组织宣传队伍，广泛宣传组织卫生监督。

马车一定接上粪便，环境卫生，搞好。

张局长：

今年二月中央召开了司法会议，天津三月召开了会议。市突击大干三四五六月，安全百日运动。

中央分析当前形势趋于缓和，五类分子好的表现多，坏的表现少，但也表现了隐蔽性，复杂性，有些不服改造有时表现坏，大搞反特务〈奸〉间谍，敌想动我先知，敌动我提[前]知，不使阴谋得逞，与去年同期比下降60%。

火灾下降10%，损失减少90%。

工伤下降50%。

力争做到五类分子活动我们知道。

发生案件保护现场。

防火工作要抓紧搞，国防，化学，造大型仓库特别注意搞，对火源切实加以解决。

骑自行车的特别注意交通规则，有机车的要训练他们注意安全，注意他们的休息。

打击敌人现行破坏。

对新社员的审查工作。

加强服务社社员的审查。

做好要害部门的审查。

五类分子入社晚一点，但做工作叫他争取，尖端科学保密工作，切实加强。有尖端科学技术的单位在安全每日运动中检查有无暴密的，有的单位有接近秘密工作舍不得拿出去。

总结百货公司理论学习经验的会议

1960年3月24日

百货公司关于领导理论学习的经验。

区财贸部张部长主持会议：

（一）怎样加强对学习的领导。

怎样加强对学习的领导，健全了领导组织，以书记宣传，组成理论研[究]小组，由原专职一人配到三人。

把理论学习列入党的议程，理论组每月向支部汇报一次理论学习。

理论学习列入五好支部、党员竞赛的内容。

各支部建立了相应组织，有一人兼职，门市部有一人兼管。怎样管理，怎样发挥作用，采取统一安排，分级管理，总支管科长以上干部和店、厂经理，讲课总支审稿，我们还培养几个点。

关于时间安排，科长以上礼拜三、四学习，一般干部礼拜三外有两个晚上，售货员文化、理论、业务三结合。

关于理论队组，1958年6名，1959年18名，现44名教员都由分支书记担任。

学习进度，我们安排实践论学习一个半月到两个月，大体划三个阶段：① 阅读领导干部看五遍，一般干部看三遍，看一遍有一遍的纪录，有的看了七遍。② 着重领会理论基础。③ 着重理[论]联系实际。

解决唯物主义和唯心主义的根本区别。

联系三大法宝。

商业部门的政策要进一步领会，特别当前组织人民经济生活。

进一步解决工作方法，总结过去成熟的经验，另一方面批判对工作不调查不研究。

对大多数职工讲，什么是哲学为什么学哲学，工作为什么从实际出发，来源于实践和主观能动性，不断革命。

（二）学习大搞群众运动。

1. 首先分析形势，大造声势掀起高潮，遇到三种思想。

（1）对理学习有神〈密〉秘观点。

（2）理论学习对一般干部没有什么作用。

（3）工作多，任务紧，没有时间。

根本问题是对理论学习的认识，党内外动员，不到一个礼拜的时间买了5 000 本书，真是人不离书，到处谈学习理论。

2. 学习开始看不懂，钻不进去，另一种单纯的表面现象，或者抠名词。

采取办法：① 讲道理讲意义，说明不神〈密〉秘，也不是不经过努力就能解决的，强调坐下来钻进去，② 举办小型展览会，学习好的人心得，文章，诗 40 多份，用活生生方法教育群众（读，想，联，用，谈，辩，写，讲，方法，西北角）推动了工作的深入，受到很大启示，提出四边，边读，边想，边联系，边改进。

3. 培养典型，树立标兵。

总结经验，培养典型，于英洲、赵桂荣学习后，总结的工作方法。

（三）学习的几种形式。

学习形式，我们共 3 000 多名职工，文化不齐，理论水平不齐，我们采取：自学与辅导相结，领导与群众与群众相结合，学习与中心工作相结合，普及与提高相结合。

银行领导的方法：

（一）党的领导建立组织。

学习主席著作，关键在于领导。

首先确定，以支部为首成立理论领导小组，还建立了一个政治理论教研组，设二个专职干部，一个管行政事务一个教员，各分理处建立了领导小组。

学习也发挥了工会青年团的作用。

（二）思想发动。

发动群众，政治挂帅，层层务虚发动群众，为了贯彻理论联系实际的方针，摸清思想情况。采三样，是先党团员，积极分子，群众的思想。

三结合，一排队，领导一般，服务人员。

有的同志，重业务轻视理论学习，忙没有时间，不学可以，不工作不行，有的同志对学习主席著作认识不足，学不学没有关系，认为主席著作和中央指示差不多，只有大本的才算理论，有的有畏难情绪，不愿意走脑子，有的为学习理论而学习理论。

1. 层层务实，反复发动，党团员大会贯彻理论会议精神，和总支理论学习的规划，通过讨论认清了理论学习的重要性。

2. 抓先进树标兵，现身说法，以虚代实，将学习收获大的向大会介绍，鼓舞了群众。

3. 书记个别帮助。

4. 制定计划，誓师比武，各支部，小组，个人〈定〉订立了规划“点将台，回令台”展开对口赛。抓领导骨干，把区科长以上的组织起来讨论和分批辅导，[分]散自学相结合。

抓写文章，号召人人写文章，仅在一周就写出 270 多篇文章。

抓典型，树立标杆。

学习还采取两条腿走路的方法，结合中心工作理论联系实际。

（三）学习怎样抓的。

通过实践论学习，知道了实践、认识，再实践的关系，推动了技术革新，实现了十化。

（四）学习当中，如何理论联系实际。

张部长谈：

我们 40 多个单位有 23 个单位学习得好。

为了学习好把组再〈化〉划一下组。

1. 专职干部专人不专用，有的还未抽调，有的抽了理论水平文化水平不高。没有专职不行光支部不行。

2. 注意培养典型不够，对小组个人培养注意得不够，总支支部及时研究还不够，每礼拜三、四有实践论解答（天津日报）。

3. 整个财贸部门，个别单位还有不重视强调，〈瞒愿〉埋怨条件不好，安排好工作。

4. 贯彻理论联系实际还不够好，通过学习要明确认识到解决什么问题，要心中有数。

5. 注意总结推广经验树标杆，树立单位的标杆。

6. 有条件的单位搞一些训练班，也可以搞不脱产的理论学习班，一个月抽几个天。

首先领导干部学习好，月底开一次政治理论学习比武大会。

关于“三反”问题的汇报与讨论

1960 年 5 月 3 日

政策界限仅支部书记掌握不向下传达，根据中央和省市委的指示正在摸底试点，贪污浪费官僚主义也是两条道路两种思想的反映，也是资产阶级向我们进攻，也是旧社会留下来的坏作风。经过了二年“三反”广大干部受到了深刻教育，廉洁奉公是主流，但我们几年来人员发展很快，有不少企业有些资产阶级分子和小业主到我们财贸部门来，5 个公司 590 个贪污款 6 万元(1959 年)，贪污中的人 60%私方，贪污最多的 2 000 元，还有的搞排场，请客。

五多五少，会议多，联系群众少，表报多，有的单位账货不符，保卫经济财产不受损失和为党与群众的联系。

1. 组织领导、财贸部“三反”领导小[组]。

邢，黄，张，屈，张，田等七人组成领导小组，下放办公室，由张国庆担任主任。

(1) 综合定案组。(2) 检查组。(3) 甄审组。

各单位也组织领导小组，书记挂帅，抽出专人负责，大公司大厂设 10—15 个人专职工作。搞“三反”的干部一定是强有力的干部，有分析能力。一定是党团员和政治可靠的，特别贪污这方面有无问题，一定吸收一些财会人员参加，支部审查。

2. 方法步骤，现在开始准备，领导该下楼下楼，浪费该检查检查，该改的改，另一方面摸底，这个运动六月底结束。

(1) 准备工作：① 组织工作。② 培训骨干，“三反”意义，要求进行方法，步骤，本单位情况。③ 摸底排队，贪污浪费及官僚主义做到心中有数。贪污的方法手段性质，初犯还是重犯，职工私方分开，党团员群众分开。100 元内多少，500 元内多少，1 000 元内多少，2 000 元内多少，2 000 元以上分别统计。

浪费方面，金额，物资数量，原因，责任者，统计个表。

官僚主义方面：五多、五少和经营管理方面的，官僚主义是否先在支委会上鸣放。

摸情况，先从重点入手，贪污对财物接近多的什么地方对不起账来，采购人员，方法多样，查对单据，物资，访问，小型座谈。

摸底，特别强调调查研究分析工作，摸清摸透。

(2) 全面发动群众大鸣放坦白交代，揭发检举，调查对证。这个时候以反贪污为主。

① 首先〈作〉做好动员报告，讲明意义，解释政策，解除顾虑，掀起坦白检举的高潮，坦白，检举，分类排调查清楚。坦白，检举也可以多种多样，小组，接待站，检举箱。

② 〈作〉做好动员报告，书记报告，发动群众鸣放，大字报，也可以面对面，也可以背对背，对坏人揭发出来。叫他们放下包袱。大会斗争必须报财贸批准，会场不捕人。

③ 酌情定案。

④ 总结验收。

各区搞试点，财贸在北大街中心店搞试点。10 号前基本上搞完，各单位〈作〉做准备工作，区作一个统一报告。10 号前把浪费官僚主义如何改掉。

注意问题：

1. "三反"运动从思想上要和当前开展的五大运动结合起来，"三反"业务两不误，以"三反"为动力，推动五大运动。书记一手抓"三反"，一手抓五大运动，划分两条战线。

2. 有关政策问题，"三反"中，区别有些好人办了坏事，好人办坏事有区别，坏人钻进来的地富反坏分子，一种是检查出来蜕化变质分子帮助他们改正。情节恶劣的影响极坏的要分别处理。原则，严肃批判，严肃处理，教育为主处理为辅。处理根据情节。坦白从宽，别[人]检举从严，自我检查从宽，抗拒从严，初犯从宽，屡犯从严，贪污款和物资一定退回，一时退不出来的分期退还。贪污 100 元以下的不戴帽，检讨不好，情节恶劣给予处分，贪污 200—300 元给处分，500 元以上小老虎，500—1 000 元中老虎，2 000 元以上大老虎。

对浪费严重，找出责任者。官僚主义严重给国家造成严重损失受到批评。官僚主义与强迫命令违法乱[纪]分别开。

从什么时候算起？干部从 1952 年以后，社员入社，职工合营时算起，一定强调实事求是，加强调查研究。

重视证据，防止逼供。

3. 贯彻边反边改的方法，五多五少，马上立即行动，属于规章制度，应改的也改，领导要掌握政策。

4. “三反”运动是一个教育运动，在“三反”运动中也要开展表扬好人好事，干部五好，职工中廉洁奉公克勤克俭深入下层的干部标兵。

检举别的单位就转那个单位，检举主要负责人的材料，转财贸部。

邢书记：

各单位摸贪污的底，找出证据，查来源去向，边反边改主动下楼定出制度。准备工作中，骨干先找些人也别说他们是骨干，边反边充实骨干。什么算贪污，什么算占小便宜，也要分析。这个运动解决生产力与生产关系调动积极因素。运动要解放大多数，贪污不多又退了赃，宣布贪污不算贪污分子。

运动开始放手发动群众。群众起来以后交代政策，使运动健康地发展。运动后边善后工作。运动中要注意不要伤害好人。

黄部长：

技术革新和技术革命搞风暴，咱们区大战红五月，搞三个运动，4 号至 10 号，10 号至 20 号，20 号至月底，每个运动搞两个苦战日，搞一个突击，这一个战役解决什么问题，搞什么尖端。改变什么面貌。一、二战役后，第三战役要成龙配套。

第二，突出的抓，缺什么搞什么，用什么搞什么。

第三，大力推广超声波，上海一个夜间就做 50 000 个超声波。煤气化主要技术过关，上旬过关过去召开技术交流会。

召开比武打擂，光荣榜搞起来。

各党支最低一旬开一次会议研究技术革新，每旬有一个小结。

加工生产部，按万书记谈，5 月比 4 月提高 18%，我们财贸最低不低于 16%。

区委召开工业会议。

张春明书记报告：

我们要大战红五月，扭转过去一季叫二季喊三季反四季超现象，开展五大运动。

1. 大搞以钢为纲的生产翻番的运动，产值，产量上去了，就翻一番，今年第二季度比去年同期翻一番，5 月比今年 4 月提高 18%——交通运输高运保高产，生活用煤节约 30%。

2. 大力开展支援农业抗旱和农业技术改造运动。当前支援农业还是以抗旱为中心，支援岳城水库和水站，与任丘霸县厂做好厂社挂钩。

3. 大办无线电仪表仪器为中心的向高精尖进军的运动，各行业各单位搞四化向这方面下手，建起车间和二段。开展赶〈明〉名牌超〈明〉名牌的运动。

4. 继续大搞四化和新工艺设计的运动。已经实现机械化和半机械化的向自动化半自动化发展，现有2.7%的基础上，5月份达到10%，要厂厂都有自动线。

5. 大搞多种经营综合利用，小土群小洋群运动。大搞综合利用，大办卫星厂，大办副业经营。煤，木材，农副产品搞上几种综合利用，各厂做到无〈费〉废气无〈费〉废水，贝壳代替水泥建筑材料。

纺织行业，把你们的力量拿出1/3来搞副业生产，为了实现红五月更大跃进，5月份3个战役，从4号开始到10号，大搞综合利用，大搞卫星工厂，大搞副业生产，小土群小洋群为中心，工业产值完成32%，机械化半机械化达自动线50条。

超声波再增加一万个，有45个厂搞遥测遥进。

第二个战役由11日至20日，大搞无线电，这段产值完成35%，单机自动，连动线，超声波一万个。

第三个战役，由21日至31日，除第一、二战役全面突击全面完成和超额完成任务。

区成立战斗指挥部，各单位成立什么自己考虑。

加强党的领导坚持政治挂帅，大搞群众运动解放思想破除迷信，发挥敢想敢说的共产主义风格，土洋结合，自力更生，战略上藐视困难在战术上重视困难，知难而进，不要知难而退。

不断革命的思想，开展技术革新和技术革命，实现机械化半机械化，已实现的向自动化半自动化发展，实现自动化的向高速化，化学化发展。

（后略）

关于政治挂帅问题的讨论纪要

1960年5月23日

上午，政治工作会议。在同福庄讨论。

目前我区的政治经济形势和全国一样好得很，是大跃进的形势，今年第一季度工业总产值比去年同期增长 73.05%，其他各个战线上的成绩都很显著。

六个特点：

第一，在反右整风的基础上，学习主席著作的运[动]形成全民的高潮。

第二，四化、双革已形成一个全民性的革命风暴。

第三，我国国民经济以农业为基础，以工业为主导，工农业同时并举的方针，经过学习和宣传已深入人心。

第四，城市公社化的蓬勃发展。

第五，文化革命、教育革命的蓬勃发展。

第六，全民性共产主义大协作又有新的发展。

我们政治工作主要有三条。

朱书记：

这次会议很重要，当前召开很必要，提高领导水平，在这个会上取经献宝进一步提高支部领导水平。

吴学千：

昨天听了张书记报告思想上更亮堂，第一次参加政治工作会，这个会为保证 1960 年任务完成有主要意义。大搞群众运动在双革运动中取得很大成绩，过去制造与群众发动结合不起来，制造机械不应用。

刘建清：

领导政治挂帅是完成各项任务的保证，掌握工作、思想状况必须注意这方面的工作。

田培均：

关于党领导的范围，我们单位也有认为党领导得多了，关于分工负责，支书当好班长，委员充分发挥作用，思想不明确。

贮木场副书记：

为什么这时候召开政治工作会议？那就是，工作越紧张，任务越艰巨，召开这个会议更有重要意义。

当前任务：加强党的领导，切实加强党的集体领导，关于建党工作，关于积极培养科技干部，改进领导作风和领导方法，大搞群众运动，把全党特别各级领导干部理论思想水平。我们单位应抓紧解决不断革命的问题，关于党委制的问题，形成制度坚持下去。

张书记这个报告中，缺乏一个当[前]存在着什么主要问题，指出来思想更加明确。

201库董志山：

大协作可以互相支援，互相帮助比前强了。大搞技术革命强调条件，政治挂帅书记上阵就解决了材料问题，没有办法发动群众。昨天我们听报告三个人，今天组织委〈再〉在家中活动发动如何向大会献礼，重点，粮食搬[运]机械化，成龙配套，超声波正以锅炉试验用于生活上去。

贮木场：

我们昨天4个人去开会，今天早上6点钟研究了一下，团内工会会议，邵书记召开党员会议。计划25号苦战七昼夜，一个煤气炉，一个就是超声波，汽车节油，搞安〈剪〉检，搞土吊车，向大会献礼。建党今天晚上回去再研究一下，七一前发展多少。我们两书记，一个参加会议，一个〈再〉在家中活动。

高书记：

大搞四化猛攻连续关，现在捣、归还未解决。抓紧五六月份有利时机，大搞技术革命。超声波发生器仅用于生活方面，现在如何搞压力机，广泛用超声波。

西站材料场：

准备成立政治训练预备在6月底前发展3人。

(1) 2吨地磅改为20吨的。(2) 装卸还未得到解决。

搞一个大吊车，还准备搞青年吊。

今天召开了青年会议这几天搞出什么向大会献礼。

西沽仓库：

苦战七昼夜，实现70米连动作业，装卸汽车由本库工人包下来，超声波做了20个，用水泵准备用于降温方面去。

关于加强党的集体领导的讨论

1960年5月24日

上午，大会发言，会后杨二成部长以张书记报告为中心，紧密结合本单位情况进行讨论。

1. 党的领导组织领导，集体领导发扬民主，思想工作着重阶级分析学习主〈义〉席著作。

2. 技术革命，研究如何推广，学习和钻研，明天工业部财贸部发言也是技术革命。

3. 大搞群众[运动]。

讨论的思想性一定强一些，党内会议说错了没有什么可以都要提高。

会内会外活动，新工联农业机械厂做得好，报捷挑战都准备。

做文艺人不多，明天两个片青年没有了。

朱桂梅支部书记说：

我们单位支部书记，仓库主任，工会主席，都是我自己弄不过来。

刘建清主任：

我们单位一个支书两个委员，行政上又是主任又是股长，开会就分不清，再加我有些不敢大胆放手或者放手就不管了，因此就大小事就找我。

董志山：

支书又是主任，股长们开会多，支委会研究什么没有准备，因此就党政不分。

何金亭：

关于加强集体领导的方法要提高思想水平。

李金堂：

什么事也提支部解决研究，应付事多，变成了总务科。

讨论国际国内形势和当前任务

1960 年 5 月 30 日

杨山同志理论学习以协作区组成领导干部学习小组，由二三库任组长，并找出一个秘书。魏国桥同志谈他们学习情况和如何集[中]小组长进行学习。粮食系统欢迎出席全国财贸系统技术表演大会的代表。由代表团团长陆光同志报告参加大会的情况。虫害检查以反射方法，输送机双层运粮，来往运输。

李局长谈：

天津市双革是从去年 11 月开展的，我们开展得早，但全国我们不是第一也不是第二，我们同志还要努力，在筹备的时候我们有右倾思想，各单位不愿向外拿东西，这怨领导，推广 200 项，没有我们天津负责，局领导负责，各单位领导也应当检查一下，特别重点单位要检查。我们要努力，我们不仅要争上游还有争第一。

下面谈一谈当前国际、国内形势和我们的任务。天津市 3 年增人口 60 万人，产值翻三番，基建 8.5 亿万元，等于过去 10 年的基本建设。当前我们两条基站线。生活，双革。当前生活战线紧张些小麦下来可能好一些，革新战线，革新操作，综合利用，现在上游，完全有可能力争第一，当前搞超声波，煤气化，也没有放掉机械化，超声波用到哪，哪里行。煤气化还可以用白煤还可节煤 40%，超声波煤气化要搞下去。

综合利用，晓塘同志报告五大运动中一项，市委写了个决定，大搞粮油综合利用，完全可以存 20 亿斤粮食，我们计划 5—12 月综合利用，产值 1 200 万元，上缴 500 万元。

下半年大搞综合利用，不仅工业搞综合利用，储运部门也搞综合利用，〈另〉零售也可以搞综合利用。肉食宣布七一后吃肉不叫国家供应。

（后略）

关于“五反”与整党相结合的讨论

1964 年 5 月 16 日

王金会同志传达马瑞华马部长的报告。

市组部 11 号各区委、党委汇报“五反”与整党的结合，马部长作了结论报告（11 号）。

结合“五反”、整党，市委发通知党委作了研究，个别党委没研究。凡没研究做得不好，不好的是认识问题，对结合“五反”、整党认识不一致有不同看法。

念一本经还是念两本经，对中央双十条没有学习，对“五反”与整党对立起来，双十条整党七条规定是一个，[天]津市也一本经。中央最近批转抓紧“五反”也是一本经。现“五反”与整党一本经，不是两本经，有的党委组织部门没有看，个别党委对中央七项要求根本没看，思想没有解决问题，结合“五反”整党不是附加任务，“五反”“四清”本身就是群众性的整党，中央七项要求比市七项要求高一些，但一致的，七项要求第七项把党的生活正常起来，二条把党组织的问题揭发出来。

再研究七条在“五反”当中达到的，不是可做可不做的问题，这七条做到就保证了“五反”。

七条：

第一条，所有党员受到一次教育，这和“五反”“四清”有什么矛盾。

二条，把党组织中间问题揭发出来，首先把党员问题搞清有什么不可以的。

三条，把混入党内地富反坏清除出去，什么时候发现什么时候可处理。

四条，对党员严重问题适当处理。

五条，党员干部特别支部书记带头劳动，这与“五反”“四清”没矛盾。

六条，把党的领导核心充实健全起来。

七条，把党的经常工作建立健全起来——也在“五反”当中达到的。

不搞这七项也得搞，有了这七条“五反”中用党员标准要求党员，不然党员只起一般群众的作用，不叫起党员作用，无产阶级先锋队就不要了，不能起先锋作用，党就可不要了，用不着建党了。中央对党员有更高更严格的要求，不是更高而降低了党员作用。有了七条要求是要求党员起积极作用，带头作用。首先把党内问题搞清楚，没有规定是不行的，没要求党组织会起工会组织团组织的作用。党员就会起一般党员作用，有了七条规定，把党内问题搞清楚，这实际上是一本经。有的念过了没贯彻。有的同志讲在“五反”中把党的问题都得到解决，我们说只解决七条，其他“五反”后解决，七条不是解决全部。有的问题放到运动后期，如党员政治历史问题，党组织还[未]结论，有的不起党员作用党员，没多大错误，运动中处理也会影响……不团结干部闹派，有的解决了，有的解决不了，革命意志衰退不起党员作用要这进行教育，教育不断将来解决。有的洗澡下楼了，能不能解决问题，有少数人没解决问题。这样人留在党内不行，“五反”对党员教育提高，从组织上纯洁，都在“五反”中处理就会粗糙，有些问题把“五反”“四清”搞完后看，是留党内好，还是不留在党内好。

有的同志讲，“五反”既[然]搞了整党就不搞登记了，结合“五反”整党与登记是两码事。“五反”对党员标准教育，登记用十条衡量党员。对贪污盗窃处理，“五反”从宽处理，按有的不够党员条件，“五反”团结95%以上，登记不能团结95%以上，要按党员标准条件要求。不要把这两个混在一起，由于前面思想没解决搞得不好，组织部门没有学主席批示，革命化没搞起来，还有的组织部门处在落后状态，有自满情绪，市发文件连看都不看，而且没向别单位学习，组织部门思想解决不好，有的说整党只能低调不能高调，只低标准不能高标准，组织部门思想不解[决]党的问题搞不好，有的领导干部批评人家调子唱得太高，组织部门嫌市、区委搞的办法不具体，到处埋怨，这么多思想问题怎么管好党员，管好干部，所以今天请书记来帮助组织部门把革命化搞起来，松松垮垮怎么行。

1. 结合“五反”进行整党究竟解决什么问题，达到什么目的，对结合“四清”“五反”达到七条要求不明确，整党必须以阶级斗争为纲，“五反”“四清”是阶级斗争，整党不能离开这个纲，“五反”中彻底揭阶级斗争盖子，有的党内有很多问题没揭出来，有的以前有修正主义观点，对三面红旗动摇没检查，有的党员在蒋匪帮想窜犯大陆有反动思想，有严重听[敌]台广播想搞反革命集团，有的党员搞双保险，首先把先锋队搞清，先锋队不纯很危险的，无产阶级先锋队里彻底挖掉三个根子，“五反”才彻底胜利。

2. 结合“五反”，进行整党。有的做得好，初步归纳有以下几点：

(1) 统一思想统一布置，不能统一思想不把“五反”整党看成一本经，“五反”一套，整党一套，不要搞两套。统一计划，统一安排，汇报“五反”汇报整党。

(2) 挖不掉三个根子，建党也建不好，干部路线也贯彻不好，三根子不解决提拔干部不好解决，有的左手反革命，右手反坏右，谁拍马屁就提拔谁，有党委书记立场不稳，三根子，有的保卫部门不是保卫无产阶级利益而保卫地富反坏。

(3) 必须整顿好司令部，首先把司令部搞深，对司令员要求得更高、更严。

(4) 各个党委组织部门必须主动做调研工作当好党委助手，经验党委一定重视。

(5) 随运动每个阶段，进行不同阶段，提出不同要求、任务，各阶段都有要求，红桥财贸好。

(6) 结合运动每段，对党员进行教育，学习主席著作，讲党课，开展批评自我批评，党员需要什么武器，给他什么武器，讲忠诚老实为人民服务，活学活用，讲党员标准十条，阶级登记时，学中国各阶级分析。运动中过好党的生活，开好党的小组会，检查党员在运动中党的情况。

(7) “五反”工作组要有专人负责这项工作，组织部门注意总结经验。

3. 几个具体问题：

(1) 关于材料积累：① “五反”中汇〈积〉集党员材料要把党员在“五反”中表现记载下来；② 对党员排队，由车间支部排。党员排队，运动前、中、后三段排。排队要高标准，排党员作用，不起作用的排到三类。领导干部检查后不改的也要排到三类。

(2) 组织部门研究革命化。有无骄傲自满故步自封，学主席批示，双十条和市委规定，武成报告进行学习，前段没结合的要结合好，没有安排的安排一下。

布置“五反”时布置整党。检查一下前段的整党。

陈守君同志：

市委通知，武成同志报告，经区委研究，向各系统进行布置，从68个单位看：

一、领导重视，提到党委议事日程。运动与整党结合思想明确，有计划有安排，每个阶段都有不同要求。有28个单位，41.18%。

二、比前种差点，也作了些研究也取得一些成绩，虽研究不……[①]28个单位，41.18%。

三、思想不明确，市委、中央指示未认真进行研究，工作中没专人负责，有的还未结合。12个单位，17.64%。

通过前阶段整党解决三个问题：

1. 初步领导核心不协调，改进了领导作风，加强了团结，工、文、财有不团结现象，将近30个单位，由于结合“五反”、洗澡，经帮助分析批判解决好的有14个，解决一部分9个单位，未解决的有7个。

领导作风开始有转变，民主作风发扬，有的工人反映领导干部傲慢有转变，有的深入集体宿舍住。

2. 通过运动党员受到阶级锻炼，党员阶级觉悟大大提高，划清三个界限。

对党员进行了党员标准十条的教育。有些党员过去，作用不好现有显著改变，我们文、财78名党员分析通[过]运动转变43人，过[去]一个党员，一年有七八个月不上班。运动以来积极上班，运动中检查还帮助别人。

3. 通过运动，初步对党员、干部进行了考察了解，对党员面貌了解得更清楚了，摸了10个单位，486个党员排队，三类89人。

4. 学好中央市、区委文件，指导思想必须弄清，认真研究，安排，凡这样做了的效果就好。

紧密合“五反”每阶段提出整党的要求。运动第一阶段，领导洗澡，解决核心问题，这也是整基层的重点——这段紧紧抓住解决领导核心问题。主要启发领导干部自我革命，自觉革命决心大的群众就满意。党员帮助领导洗澡，把住关。有单位在这阶段向党员提出要求，带头鸣放，开展批评。坚持先党内后党外，这种充分发挥每个党员的作用，叫党员知道每阶段是怎么进行的，只有通过党员才能进一步把群众发动起来。

---

① 原文如此。

教育提高党员“五反”运动进行阶级和阶级斗争教育，揭发大量阶级斗争的事实。

运动中对党员进行十项标准的教育，只有对党员教育提高才发挥作用。

认真开好几个会，小组会，核心会，党员大会，有的单位，第一阶段就开三个小组会。

5. 抓住运动大好时机，对党员进行考察了解，卡片，分工，有专人。积累材料，对运动认识，自己检查没什么问题，别人提了什么意见？每段有一个分析，结合好的与内查外调结合起来了。

积累材料的基础上进行分析时只能高标准，不能低标准。

6. 整党工作，必须有专人负责。

当前整党有些什么样的问题。

7. 认识问题还没有全部解决，指导思想不明确，结合“五反”整党自觉性不那样高。

8. 如何结合的问题。

9. 负责做整党工作的同志还未完全落实下来。

10. 组织部门革命化不够。

首先要求各单位认真学习中央市委文件和区委的意见，统一思想结合“五反”，紧紧抓住整党就会搞好。学中央文件基础上，总结下本单位，结合“五反”整党的经验。同时找一些差距，原因是什么？提出下步整党的意见来，报到有关部门。

436期，河北建设，批转中南局。领导思想重视，每阶段结合落实计划，专人负责，两个书记有一个书记管，组织委员没问题，组织委员抓，设专人，10人以下。

1. 布置“五反”，同时布置整党。

2. 汇报“五反”，同时汇报整党。

3. 检查总结“五反”，同时检查总结整党。

4. 检查“五反”，同时检查整党。

5. 运动每个步骤阶段都发动党员，学中央文件，学习主席著作，有些问题先在党内搞再到群众中搞。

6. 运动注意对党员进行考察了解积累材料，建立户头，每个委员分工，分析要按高标准，分析时也要两分法。

随着运动的各小段进行分析，变化进行帮助，有些重大问题进行核对，运动后把每个人材料整理起来。对党员不起作用的进行帮助。

一、注意总结经验。

邢志云同志：

1. 吃透两头，凡吃透两头的，就做得好，现有一些单位没有吃透两头，我们应当学习先进经验，马部长讲的六条就是财贸部门结合的基本经验，昨天《人民日报》关于推广先进经验，学[习]、推[广]、创[新]、总[结]。

2. “五反”与整党结合，有人认为额外负担，华北建设，社会主义进行到底，挖三根裁一根，“五反”与整党是相辅相成的，整党搞好推动“五反”，社会主义搞得好，整党“五反”结合好的运动就搞得更好，我们整党就是打基础。

整党搞好就能保证党的各项方针政策的贯彻执行，党员成为强有力的宣传员，起执行党方针政策的模范。

整党打好基础，做好各项工作，发挥党的堡垒战斗作用，凡领导核心坚强的，运动开展得好。

“五反”是无产阶级占领阵地，首先加强党员的监督作用，对一切不良现象展开斗争，整党也是无产阶级占领阵地。

整党搞好，即可发挥党的优良传统，优良作风。

发挥党员的模范作用，积极作用与群众交知心朋友。

发挥组织好坏，发〈挥〉现党员好坏才能促进运动的开展。

财贸部。

3. 讨论。今天下午共 3 个组，书记一个组，讨论半天，专职讨论一天。

讨论：(1) 认识讨论。(2) 问题摆一摆，存在什么问题，什么原因，提出意见。

这次会议以后“五反”中整党总结：

1. “五反”中整党解决了些什么问题。包括核心，党员，党群关系。

2. 按中央、市委要求我们哪些做得不够还存在什么问题，分析原因，问题找具体，多少党员洗得好，改得好，不好的多少，一条、二条单位问题揭露如何？问题找出分析，提出意见。委员〈坐〉座谈收获，可找党员〈坐〉座谈。排队，衡量，按党员标准十项条件，一定按高标准。

有的党员，没有错误，不起党员作用就是第三类，领导干部检查了不改就是三类。

分析的基础上搞出教育规则，怎么进行教育，怎么采取特别方法。有缺点错误的党员，不自觉就给他指明限期改正。

党员进行教育是紧密围绕“五反”等十条标准，联系实际进行讲，讲时联系单位实际情况讲。

第四阶段还讲。讲少讲好，真正消化了。占半天时讲也可以，讲了讨论。

联系实际，找差距，定规划，今后怎么办，当然不见得要文字的。

讲解一定[要]与“五反”和社会主义结合，这十条标准是放包袱[和]补课。检查“五反”以来的行为。

以单位“五反”暴露问题，和党内暴露的问题讲。

① 党组织一定研究搞个规划。

② 书记要管这个事。

③ 专人负责，组织委员要管。

④ 党员考察了解卡片一定填，及时〈添〉填。

⑤ 中央，市委，整党指示，区委意见。

党员考察。

党员“五反”小组专包党员。

党员包群众。

中共中央继续抓紧[进]行“五反”运动的指示。

关于结合“五反”运动整党结合。

运动这三个阶段均在转的开始，先党内，在前三段每个〈正〉整的环节上向党内讲。

领导洗澡，下楼这阶段：

(1) 首先向党内中层领导检查。

(2) 向全体党员检查。

(3) ① 发动党员，积极参加运动，主动团结群众鸣放，提意见，本身两个任务——自己大胆揭发问题，又带动与发动群众提意见。② 党内讲了正确开展批评自我批评党课。

二、社会主义教育阶段，带头放包袱。

三、双反阶段。

有双问题，带头交代。

讲党课，忠诚老实。

号召党员发动知情人落后人。

带头揭发问题。

讲十项标准。

区委召开组织工作会议

1964 年 6 月 5 日

区委召开组织工作会议，守君同志报告。

一、1963 年以来组织工作几项主要工作。

自去年组织工作会议以来已经一年了，执政党地位，一定注意党的建设，党要管党，配合中心运动发挥了党的战斗堡垒作用。

主要工作的成绩与问题。

（1）必须重新教育干部、党员，今年结合社教，形势，阶级，反修，和优秀共产党员，126 个单位，有 97.5％进行教育，集中训练与分别训练相结合。

① 一年教育提高阶级觉悟增强阶级观念，学习双十条，反修提纲，“五反”指示，使广大干部、职工受到普遍教育，觉悟提高，克服了认为资本家死、老还有什么资本家。资本家与工人一起劳动还有什么阶级？过去有的党员与资本[家]一起吃吃喝喝，[要]经过洗澡进行检查。

② 对党的性质，什么条件才能做一个共产党员，通过十课学习，“五反”带头突出，五好职工 559[人]其中党员 224 人。

③ 进一步发扬了党的好作风，好传统。

（2）认真贯彻了民主集中制。

① 明确了民主集中制[是]保证党和国家永不变质的根本制度。

② 进一步发扬了党的民主生活。

③ 加强党的集中统一领导。

④ 加强了集体领导。

（3）一年来整顿了党的基层建设。

① 增强了党的团结。

② 转变了领导作风。

③ 考察了解干部、党员。

④ 发挥领导权，掌握领导权。

（4）紧密结合中心工作和党的任务进行各项工作。

① 坚持制度开好 5 个会（大会，小组会，委员会，领导核心会，生活会）。

② 加强对党员管理教育工作。

③ 发挥党员作用。

④ 加强思想政治工作。

有些领导对做好基层工作的意义认识不足，对中央提出的党要管党，不要忘掉经常工作，还不太理解。

对党员的管理，有些单位没有按更高更严标准去要求去做，对党员要求不严放松管理。

有些单位的经常工作制度没建立起来，有些建立了一些经常制度，坚持不好顾此失彼。

(1) 加强了干部管理工作。

(2) 教育组织干部参加集体劳动。

一年来工作的几点体会：

紧密围绕生产和中心工作，通过党组织加强党的战斗力。

① 党的组织为党的政治任务服务，处理经常工作与中心任务的关系。扭转了一遇有中心工作，就忘掉党的经常工作。

② 组织工作同志，根据中心任务，提出组织工作措施，积极参加到运动中去，避免孤立抓组织工作。

③ 反复经常坚持各项制度，围绕中心抓好以下几项工作：

坚持开好 5 个会。

坚持党课教育和日常教育。

坚持干部参加集体生产劳动。

坚持党员考察了解教育，定期研究分析存在的问题。

坚持先党内后党外原则。

④ 党的基层组织讨论研究经常工作，充分发挥委员作用。经常检查党委组织工作进行情况。

⑤ 加强党员干部管理，首先加强思想建设组织建设。

A. 经常向党员进行阶级教育基本知识教育，标准十条教育。

B. 大抓党员活思想，定期分析，研究思想，进行报告会，发现党员不重视及时教育。

C. 加强党员教育同时严格党内组织生活。

不断加强基层组织建设，根本问题坚持民主集中制，核心领导和分工负责制。

党委书记当好班长，抓好与行政、工、团关系。

A. 书记勇于自我批评，承担责任，带动大家开展批评。

B. 摆清问题，组织大家学主席著作，统一思想。

C. 认真开展批评自我批评，首先自我[批]评，开展批评。摆事实讲道理，防止思想不交锋。

D. 定期[开]领导核心会，经常下毛毛雨，平时主动互相交换意见，不使问题成堆，有问题摆到桌面上。

二、必须有鲜明的阶级观点看干部。

运动意义目的，党员标准。

双反忠诚老实。

领导下决心做笨活。

先觉悟的，帮助后觉悟的。

登门拜访。

做好家属工作，帮助他们亲人放包袱。

对犯严重错误党员做到六个字“全面完整清楚”。

干部参加劳动有目的，与反修防修结合起来。

做好党员的考察鉴定工作本着实事求是，进行党员标准化学习，贯彻基层组织条例。

三会一课制。

调整人员。

推动基层组织整党。

展览会——阶级斗争的严重情况。

[散]布各种社会言论，叫大伙讨[论]。

整党工作部署

1964 年 6 月 8 日

领导搞完 8 月底。

中层领导 9 月半。

社会主义教育，9[月]半 10[月]半。

双反，10 月半，1 月半。

阶级登记,两月,1 月半—3 月半。

整改,3 月半—4 月半。

8 日上午,传达马部长报告。

原则上这一周就是领导上活动,主要意义精神进行领会,不急于领导检查,今天下午,明天上午,领会精神,礼拜三、四学习和劳动,不过要强调学风、整顿、按时开,还别扯别的。

检查书记、经理,先查,要有骨头有肉。

领导活动的同时,适当安排群众活动。

职工提出的一些意见重视一下,适当解决。

领导核心认识如何,对群众运动的态度,群众运动如何关键在于领导核心,有的领导核心有隔阂,摆到桌面上,存在和平共处。因而讨论时一定接触实际,凡领导核心有问题,首先自我检查,自我革命。强调自我检讨为党的利益。

结合“五反”运动进行整党,华北局组织部范部长指示注意以下三条:① 不影响“五反”运动延长;② 不影响领导精力分散;③ 不改变“五反”步骤。不影响以上三条可以进行整党。

结合“五反”运动整顿党的基层组织,必须达到以下七项要求。

一、必须认真组织党员学好中央的“五反”指示,关于农村社会主义教育运动的决定和规定等文件,使党员受到一次深刻的阶级教育和社会主义教育,增强阶级观点,提高阶级觉悟,划清资产阶级与无产阶级的思想界限,划清资本主义与社会主义两条道路的界限,划清敌我界限,积极投入“五反”运动,用党员标准要求自己,自觉地洗手洗澡,开展批评和自我批评,主动地改正缺点错误,做一个好的共产党员。

二、必须教育党员团结带动群众,把本单位的问题揭深揭透,帮助领导干部洗好澡,下好楼,并坚决同贪污盗窃投机倒把分子进行斗争。

三、对于运动中揭发出的蜕化变质分子和混入党内的地、富、反、坏分子,必须充分发动群众,把他们的罪恶活动彻底揭露出来,运动中查不清的先把材料整理登记起来,待运动后把问题查清,并按规定的手续,把他们清除出去。

四、对于运动中揭露出犯有“五反”方面错误的党员,必须加以思想教育,启发他们主动交代,放下包袱,并指定专人负责群众对他们揭发出来的材料,和本人交代的问题积累起来,查清查实弄清错误的性质。对于那些犯有严重错误和比较严重的错误而且屡教不改的党员,待“五反”运动后期,按中央规定的政策界限，予以处理。

五、必须教育干部参加生产劳动，特别是支部书记带头参加劳动，“五反”运动中任务紧会议多，每周劳动时间可以适当减少一点，但不要间断。待“五反”运动结束，即认真健全干部参加劳动的制度。

六、对“五反”运动中有严重问题，又不自觉检查，不能领导运动的基层领导干部，上级党委应派人代替他们的工作。待运动告一段落以后，再对基层的领导干部进行适当的调整。以便把基层的领导核心充实和健全起来。

七、在深入反对分散主义、官僚主义的阶段，应以革命化的精神，来检查党组织的工作，对于群众的意见应认真解决和交代，各基层组织必须高举毛泽东思想红旗，学习解放军，学习大庆，加强思想政治工作，坚持四个第一改进领导作风和工作方法，提高党组织的战斗力。

对党员，干部的考察了解内容。

出身成分、阶级立场、政治历史和思想作风、工作作风等方面。

关于学习空军大整机关作风的指示。

现在全国都在学习解放军，今年是非常重要的一年，我们的工作，只能做好，不能松劲，只能前进，不能后退。我们一定做出好样子，不能做坏样子。

过去我们讲过，要时而抓连队，时而抓机关，当然主要是抓连队。我们抓连队是对的，但也要抓机关。今后仍是以大部分时间抓连队，每年用一两个月时间整顿机关作风。从现在起，要用两个月左右时间大整机关作风。

抓机关很重要，机关松松垮垮，连队工作也领导不好。我们抓住一个好的机关典型，对其他机关也是一个考试。对其他军种兵种和各军区都有推动的作用。宣传空军领导机关这个典型具有全军意义。空军领导机关，毛泽东思想红旗举得高，四个第一抓得好，三八作风抓得好，基层抓得好，特别抓住两头，工作雷厉风行，这是我们历来提倡的作风。

所谓好的单位，是比较好的，是拔尖的。但好单位并不是没有缺点的，认为好的单位就没有缺点是不科学的。我们主要是宣传他的优点。

整顿机关的方法，主要是表扬好的，给落后的树立榜样，对落后的是个警惕。表扬好的就是对不好的最严厉的批评。

整顿机关的重点，归纳起来是两点，一是大抓雷厉风行的作风，二是大抓两头。

雷厉风行的作风，就是要紧张，要快，要争取时间，反对疲沓、散漫、拖拉的作风，反对官僚主义和机关作风。上面的东西要传达得快，布置得快，下面东西要反映上来快，具体解决快，有些人并不是这样快，工作不是抓这样紧。总之，我们要紧张，紧张就是整懒人的，整那些不紧张的工作经常打麻将、打扑克的人。使那些积极的人更加积极，使那些懒人不敢再懒下去。要快，快是机关中最主要的问题。雷厉风行，快的作风，就是办事不含糊，不该过夜的不过夜，事情办不完，不睡觉。要办好一件事，不经过艰苦的工作是不行的。要争取时间，时间是做好工作的本钱，抓住了这一点，就可以把机关干部的积极性充分调动起来。这是整顿机关第一点。第二点是要大抓两头。我们有些同志不注意领会上级的指示，意图，自己坐在屋子里搞工作，搞得文不对题，说了很多，结果是千言万语，离题千里，不是根据上级的指示意图去工作，我们不要去搞这种文不对题的事。

抓两头体现着以下的关系：任务和情况，整体和局部，党性和唯物论，理论和实际，一般和个别。

任务、整体、党性、理论，一般是上头的东西，情况、局部、唯物论、实际，个别是广大连队基层的东西。

任务是上级的，情况是下面的；整体是党中央军委，局部是各单位；党性是中央的方针原则，唯物论是下面的情况；理论是提炼的东西，实际是本单位的工作；一般是普遍性，个别是特殊性。抓两头，就是把这五个关系解决好，这是整顿机关的第二点。

整顿机关就要狠抓这两点。

传达中央组织部赵涵的整党报告

1964 年 7 月 24 日

今天传达中央组织部赵涵同志的整党报告，报告后讨论解决认识问题。有的认为小题大做，有的积极应当进行整党，我们究竟有哪些差距？

市委传达了赵涵同志九大城市整党〈坐〉座谈会上的报告。

这次座谈会共开 9 天，大家汇报整党情况，交流经验、意见，研究了问题，对我们思想有一定提高，从甘肃省冶金白银公司情况，城市阶级斗争严重，城市整党搞彻底。去年双十条公布后有的单位布置了整党，1964 年 3 月抓紧“五反”指示文件，包括整党。大多数城市，重新布置整党，有些城市有成效，根据这次会议要求城市整党还有差距,城市整党有经验有教训,农村整党有成绩也有缺点,总之城市整党不如农村——无论搞得好的差的还未搞根据中央工作精神,重新检查〈布〉部署,城市如何改进整党,安子文同志在西南组,已经讲过了。所谓形势,毛主席、少奇[同志]讲社会主义教育搞五年,毛主席"五年、六年、七年、十年,挖掉三个根子。"剑英同志讲内外夹击,城市划阶级,各级党委近几年抓好整党,这就是形势。如果说结合"五反"进行整党时间短,那么"五反"可搞五、六、七、十年。

第一,进一步提高对整党工作的认识,城市整党能不能搞好?首先解决认识问题,思想问题,认识不一样,工作摆布不一样,效果不一样。认识好工作安排好抓得好,做得好,认识不好,整党搞得差,现追溯过去城市中结合"五反"整党是经过一个过程逐步提高的。开始认为整党小题大做,到势在必行非整不可,势在必行还不够,因为是被迫,到非整不可才是飞跃,搞得好的地方也是有个过程,开始认识不到,认识到非整不可就行了,总之对城市整党逐步提高。去年提出整党三办法,① 步步结合,② 其中一段,③ 运动经过。现[在]形势变了,那样不行了,认识还未统一起来。市委组织部门修改几次,市委就不提结合运动整党,认为什么都比整党重要。现[在]认识未统一起来,整党认识与中央工作会精神有很大距离。[为什么?]很好认识:(1) 怕整党影响"五反",影响生产,认为"五反"整党两次饭一次吃多此一举;(2) 认为提了"五反"党内问题自然就解决了;(3) 马马虎虎的态度。有的说整党是软任务,"五反"是硬任务,有的地方提出要好中求快,四个一点,干部少点,铺面大点,快点,人少点,有的说 6 个钟头就能把党整好。这几种认识取笑整党,为什么存在这些思想,主要对城市阶级斗争复杂性认识不足,对存在问题的严重性认识不足,因此对整党的重要性认识不足。从白银公司材料[看],城市[是]资产阶级集中的地方,存在地主资产阶级,而又未划过成分。资产阶级也是敲锣打鼓进来,工人与资本家四个一样,上班、工资、开会、工作,不是更清楚,[而是]更复杂了。

城市阶级斗争必然反映到党内来,党内问题在"五反"中暴露出相当严重,有些党基层组织领导权实际[不]掌握在我们手里。主席[说]:整个党的组织有 1/3 是真正共产党领导的,1/3[在]左派和中间派[手里],1/3 有严重问题,[也即]不革命[占]1/3。当然,[我们]不把主席讲的这个硬套,[但是]北京前进钢锉厂[就]被资产阶级掌握[了]。

一种完全被资产阶级掌握,一种变了质不起作用。一般说大厂基础较好,小厂问题多,有些党员[组织上]入了党,思想未入党,不够党员条件的 5%,7%,8%

或10%。把党员摸一摸，资产阶级思想影响在一定党员中有市场，事实〈说〉上非整党不可。少奇同志[说]严重四不清，根本在哪里？封建、资本主义势力的影响。一般说错在干部，根在地富。下边根子，基本根子，但还有上边根子，包括上级机关蜕化变质分子和支持他们的。冶金部白银公司书记变质就是有个黄罗彬，少奇同志讲得很深刻，城市农村都有这个问题，必须挖这个根子，内外夹击，上边清理。即便下边有问题，也容易纠正，大队有问题，社好可纠正；社有问题，县好可纠正。整党就是把坏人挖出来，把党内问题挖出来，〈锐化〉蜕化变质和受资产阶级影响深的人挖出来（目的）。主席讲，党不会完全纯，纯了就不会一分为二。少奇[讲]，提炼金属，纯只能七、八、九成。整党就是从思想上解决是否把党整纯，只有党整好了，社会主义教育运动才能取得全胜，两者相辅相成。社会主义教育运动，是一次深刻社会主义革命运动，通过运动，可以解决党内许多问题，但整党七条要求不能完全解决。有人[说]多此一举，是没有根据[的]。只有结合运动有意识、有计划进行，才能把问题揭深揭透，把党整好。也不能脱离运动搞整党，把重新教育人，阶级队伍建好，先锋队整好。首先整好先锋队，认为有“五反”不再整党，也是错误的。当然脱开运动整党也不会把党整好，总的说是认识，只有把阶级斗争复杂性认识好，才能把整党安排好，整好。

第二，坚持高标准，保证整党工作的质量，在解决认识以后还必须解决按高标准还低标准整党，但有些单位不按高标准而按低标准整党，不是整党过得硬而是过得去。凑凑合合，他们不是以先锋队要求党员，而以群众水平要求党员，要求工作生产思想接近群众就行了，有的生产积极不违法乱纪就行了，有的要求不做坏事就[姓]行了。

对整党要求也是低标准，有的不按中央提出的七项要求检查工作，有的在整党中先党内后党外，发挥党内作用看成讲几次党课就行，有的把七项要求都做点就行了。这都是低标准，凡未按高标准进行整党，党内问题解决不深不透，“五反”也不会搞好，就“五反”搞好的单位和中央会议要求有差距。党员应当是工人阶级先进优秀分子，应当高标准，这是关乎建立什么党，我们[是]马列主义党，如对党员要求低标准不行，我们城市社会主义教育保证整党质量，提出以下要求：

1. 从始至终以高标准要求教育党员，反复联系实际，大讲什么[是]共产党，大讲党员标准，大讲阶级斗争，要用主席思想武装党，使党员树立无产阶级观点，无产阶级立场，对党员进行党的原则教育，标准教育，划清无与资思想，批判非无产阶级思想树立无产阶级思想，划清敌我界限，无产与资产阶级思想界限，先锋队与群众界限，党的利益和个人利益界限，密切党群关系，全心全意为人民服务。上党课有重点。

2. 要以高标准审查党员，衡量党员够不够党员条件，应以党员标准十条为准，要在运动后期对党员普遍进行鉴定，对不够条件党员适当处理，对消极落后长期教育不改应当劝退，有些党员犯较严重[的]错误，适当处理不要顾虑处理得多。

3. 以高标准检查阶段整党工作。

根据这次中央城市社会主义教育整党精神必须达到中央七条要求，按七条要求搞整党工作，前后是否合乎标准，也以七条衡量。七条要求可能修改，无论如何修改，总之越修改越高，现七条也要从严，从高要求，如何教育党员，干部参加劳动可高，可低也要从严从高，党员标准可从高从低，可从严从高要求，党的领导核心团结到什么程度，健全到什么程度，可从高从低，从高，党的日常秩序也从严，什么人才能做共产党员都有从高从严，对党员思想面目从高从严。总之以高标准审查教育党员，以高标准检查验收。

根据这个精神，把前阶段进[行]检查，没达到的进行补课，根据城市社会主义教育补课，进行整党补课。

第三，整党工作要和城市社会主义教育运动紧密结合。城市社会主义教育内容，彭真同志，中央讲了七条。

1. 城市和农村一样。

2. “五反”运动。

3. 大抓干部参加劳动。

4. 要搞机关企业革命化。

5. 划阶级定成分。

6. 整顿工会。

7. 整顿党、团组织。

去年3月“五反”指示不够了，准备搞一个城市社会主义教育的指示，划阶级的指示，不是把整党放在最后，而是从始至终整党。据前段经验紧密联系运动步步结合整党，最后再集中一段整党效果大，调整领导、干部参加劳动，在社会主义教育开始就注意这几项工作；党组织的经常工作不在每个阶段做好，最后可能会流于形式，北京运动进行7个月还要进行，所有工作都要从开始步步结合，运动各阶段都加以〈布〉部署，那不是另搞一套，那是把整党落实在运动的各阶段，运动中很自然地插进去，这套工作统一安排统一〈布〉部署——最后集中搞一段整党，步步结合给后期整党做好准备，最后集中一段整党。前后对党员集中教育，开展批评与自我批评，进行〈衡〉评定，进行党员登记。安子文同志说，有条件的地方[应]进行党员登记，这是〈说〉因为时间[上]“五反”“四清”时间拉长了，这就有了时间[问题]了。登记党员后，做好党员处理工作，认真学习党的条例，系统检查基层工作，改选健全领导核心，只有这样党员才能革命化，[使]党组织更革命化，步步结合，为集中整顿打好基础。集中整顿，〈更〉才〈为〉能把前段成绩巩固起来。

第四，放手发动群众，贯彻整党工作的群众路线。

放手发动群众，充分群众路线根本路线，自始至终放手发动群众，搞得深、搞得好，敢不敢发动群众，敢不敢彻底革命问题，是敢不敢认真整顿党的基层组织[的问题]。少奇同志[的]十条草案[不会]束缚群众手脚，群众路线是党的阶级路线，农村发动贫下中农，城市发动老工人积极分子。前阶段有的单位认为[整党是]党内的事，怕发动群众伤[害]干部，强调自觉，和风细雨，甚至以评功摆好代替批评自我批评，使犯错误的同志在笑声中得到启发，代替党内斗争。少奇同志说，这实际是反对“五反”，片面的，不加区[别]只依靠原有组织，在一部分党员中打圈[圈]，束缚了群众手脚。……

(1) 发动全体党员积极投入整党运动。

(2) 发动党外群众帮助整党。

把整党的目的、意义、要求，党员标准，向党员和群众都讲清楚。有些地方不敢向群众宣布整党，怕泄密，要教育党员不仅自觉检查错误，而[且]勇于开展批评，特别对领导的批评。要老工人、积极分子提意见，教育党员虚心听群众意见，党员干部错较大的在群众中公开检讨。整党中，对原有党组织党员干部进行审查区别对待，对基层组织一律依靠，一律踢开都不对。对原组织又依靠又不依靠，我们依靠得多，不敢批评原有组织。过去搬石头，全面总结，有的搬对了，有搬错了，真实不要搬，不是石头不搬，要一分为二。对变坏的干部，十条中搬掉[要]经县[委]批准，限[止]制太多，对原组织又依靠又不依靠。对犯错误的，改正前不依靠，改后再依靠。城市结合“五反”进行整党，强调派工作组，有的未派，搞检查组问题多的派检查组。在群众没充分发动起来前，不要有过多的清规戒律；群众发动起来以后，实事求是，按政策办事，不易出问题。党员错误，群众想怎么处理就怎么处理不行，党内问题党内处理，群众可提意见。

第五，做好整党的组织处理。

在对党员处理问题上，存在〈片〉偏轻〈片〉偏重的现象。当前主要是有〈片〉

偏轻〈片〉偏重的问题，也就是对应处理的不处理，存在退赔批判处理三宽现象，宽大无边。有的地方有些干部把“五反”中团结 95%的干部和群众，[等]同坚持党员标准。不同范畴问题对立起来，只讲团结不讲必要的批评，不坚持党的原则，不坚持斗争，大事〈划〉化小，小事〈划〉化了，把退党、取消党员预备期，都算打击面。[要]缩小〈片〉打击面，强调中监委处理 1%[的比例]，只要有检查就不处理。这样做法混淆[了]党内是非，混淆了党的先锋队与群众的界限。[我们]还要注意教育从严，处理从宽，坚持党员标准，处理过重了不好，该处理不处理不好，当前处理纠宽，坚持原则，实事求是，对团结 95%也要正确理解。除混入党内地、富、反、坏、蜕化变质分子外，[都]不算入打击面。在一个单位处理党员时不要强调控制 1%，可能达到 10%，要实事求是。

对于提高党员标准，不够党员标准应出党，对消极落后党员教育不改可劝出，可等待。处分党员，农村登记的不超过 5%，不搞登记[的]不超过 3%，总的原则该处理要处理，该出党的要出党，方法要研究。

第六，市委组织部积极主动做好工作，这指整党，不指全面工作。地方教育，整党内容多，问题多，任务重。整好党是组织部门近几年的工作，组织研究整党不能脱离中心工作，整党工作市委组织部门有个安排，搞出经验，报市委批转，比我们说半天顶事。

北京有的不愿搞整党，刘仁同志批评，你们要搞修正主义结果搞起来了。

共产主义小组也要试行，有什么经验也要报中组部，红桥区委组织部，检查整党情况：

1. 党委重视，列入党的议事日程，明确搞好整党与运动的关系，当然也有教训，北仓轧钢厂，阶级登记，60 多名党员没有[出]现问题。

2. 注意解决领导核心之间的问题，我们有经验，也有教训。〈付茶〉复查洗澡当中解决了，整个运动中解决很好，当然教训也有洗澡未洗好，甚至边反边犯，寿丰，洗澡没检查出来，由群众揭发出来，看来是脱掉了。

3. 运动中步步结合有重点有计划地结合对党员进行教育，存在不少问题，整党好的解决不透，进度不平衡，工业、交通、财贸、文教，好的有 4 个，一般 41 个，差的 9 个单位，根本没有搞的有 3 个，都必须根据中央精神市委指示重新检查〈布〉部署，区委要求。

4. 进一步提高对整党的认识，非搞不可的是极少数，势在必行单位为数不少，从前段党内暴露问题不少，有意识解决不够。从现在看对整党还不自觉，上边抓得紧就搞，不抓就松松垮垮，有的对七条还不了解，有的没在支部委员研究，有意识的才算整党，对整党缺乏研究。

纠正整党是负担，是软任务的思想。

应认真执行中央规定的整党七项要求，不能随便取舍，根据这七项进行检查，(1) 学好“五反”指示、双十条、十项标准基础上，党内非无产阶级思想倾向受到批判，是否划清四个界限。党员能否用高标准要求自己，开展批评自我批评，改正缺点克服错误？(2) 把党员群众是否充分发动起来了？(3) 发现各五类分子查清事实，是否清除出去了？(4) 对那些犯有错误后期处理。(5) 干部参加劳动。(6) 党的各级领导核心是否健全，领导检查不适合撤。(7) 党的基层组织正常工作是否建立起来(开好三个会)？

发动全党检查，并发动群众进行提意见，然后党委员会开展批评自我批评，要求 8 月 15 号检查完，缺什么要定出措施。

要求高标准都是一个标准。

高标准有的搞不上去，怕说单位工作不好。

发动老工人，积极分子，给党组、党员提意见。

设专人抓整党。

阶级登记，双反阶级做什么？

阶级登记，对党员的家庭出身，成分，历史，社会关系查清，使党员弄清知道依靠谁团结谁，反对谁。

1. 向党员进行教育，要知道阶级登记意义目的。

2. 组织党员学习中国各阶级的分析。

3. 加强对党员政治思想教育，忠诚老实教育。

双反：1. 发动党员群众揭发问题，进行活的阶级斗争的教育，勇敢[对]有双问题的人进行面对面的斗争，对党员问题进行分析，有经济怀疑重大问题，经济怀疑一般问题，其他问题的。

2. 训练骨干做三项工作：(1) 召开党员大会；(2) 启发党员继续放包袱，使有双反的加强教育主动交代清楚；(3) 交代具体任务。

3. 揭发检举时：(1) 保证彻底交代自己的问题，不准隐瞒；(2) 保证大胆检举知情不准包庇坏；(3) 保证发动群众不准自由主义。

整改阶段：

一、革命化。

二、提出整改的要求。

三、贯彻阶级路线〈正〉整改方法。

邢志云：

我们区取得一些成绩，但距中央要求还差得很远，如，我们领导有多吃但不检查，边反边犯，有的借机打击[报复]，有的领导问题还不少。说明洗澡当中，发挥党员的高标准不好，说明我们司令部不坚强，今天传达赵汉同志报告，区布置必要的适时的，司令部问题解决不好，党员发动也不充分，我们区洗澡解决好的不少，但是太好的不够，对于整党与运动结合摆的什么位置，那个单位运动搞得好就是把整党摆的适当位置。

(1) 回去以后，抓时间开一个总支委员会，找一找差距，特别思想差距，过去怎样看现在怎样看，摆在什么位置，才找工作上的差距，考察了解有无专人搞，党员状况是否清楚，找不出差距，就不能迎头赶上去。

(2) 结合我们过去一段工作全面研究，有哪些经验教训，哪个阶段怎么贯彻，有什么效果。结合检查，学与创相结合，提高新的水平，我们学了没学，创了没创，究竟对人家经验采取什么态度？

根据，传达和布置进行检查做出一个切实可靠的计划，还要落实到人，谁去抓，支委会定期讨论，一周有一个晚上就可以了，有布置有检查。

要求各单位书记重视起来，我们哪段结合好可以报？

7. 25号向总支传达。

1. 关于党内下礼拜发动党员检查。

2. 发动群众、老工人、积极分子，帮助整党。

3. 储运与大队的核心组合并。

讨论赵涵整党工作报告

1964年8月2日

讨论赵涵同志报告。

检查结合“五反”进行整党在思想认识上、工作上还存在哪些差距和问题。

1. 我认〈识〉为，社会主义教育，搞五年，搞六年、七年、八年、十年，挖掉三个根子，整个社会社会主义教育，“五反”运动就是群众性的整党。内外夹击，城市划[阶]级。各级党委，抓好整党的形势，认识不明确。运动初期注意抓整党思想不明确。

[对]中央，市，区委指示结合“五反”整党不主动，不自觉，对运动各阶段逐渐才比较明确的。开始也注意专人负责整党，但没抓这个工作。没有定期研究，使这项工作有被动。认识也是由于党内存在问题，势在必行，到非整不可。但运动开始觉得运动结合得太多感到抓不过来，揭发党内问题，暴露得严重，阶级斗争反映到党内来，不整不行。“五反”问题还有些党员问题解决不了，如不起党员作用，消极落后。对整党的目的，充分挖出来，地富反坏蜕化变质分子，和受资产阶级影响深的人挖出来。整党就是把党整纯，只有党整好了才能社会主义革命，社会主义建设获得全胜，将革命进行到底。结合运动整党是相辅相成的。整党不能离开运动，重新教育人，改造人，重新组织阶级队伍。首先整好先锋队。

2. 关于坚持高标准，还是低标准整党。

3. 放手发动群众，贯彻整党的工作路线。发动老工人，积极分子，帮助整党不明确。关于参加劳动的形式。蹲点，联系点，为了解决人力不足搞突击。

明天上午行政会，晚上评比会。

关于本市当前工作安排的讨论

1964 年 8 月 3 日

下午。

今天 8 点有台风警报，一个山东半岛，一个辽东半岛。高大建筑，排灌，食堂准备，堤防，建筑工地，保卫人员，住厂，挺身而出，注意四类，“五反”重点，防山破坏，造谣，危险物存放地。

燕政同志抵达，7 月 31 号市委万书记关于当前工作安排。天津市对省委会议，子厚同志做了总结报告。这次会议内容丰富，参加会[议]的感到收获很大，学了毛主席的战略思想，毛主席战略思想管多少年，大家开阔了眼界，站得高看得远，思想有很大提高。少奇同志来津作指示，对放手发动群众得到解决，对“四清”“五反”复杂性。干部参加劳动，蹲点，两种劳动制度，两种教育制度。少奇同志军委扩大会议作了学习总结群众运动[的报告]，解决问题很多，大问题，战略性问题，这次会主要解决认识问题。

雪峰同志讲,消灭这些东西要有个过程。如我们过去搞过群众运动,也听说过,为什么忘了呢?我们认识也是逐步提高的,关于防修反修,不是过了这么多年了吗?我们认识不深刻,这次会这么多内容有个过程,精神变物质有个过程。主席指示和我们实际情况干部状况结合起来,调研与实际工作结合起来,有些工作是马上做的,有些经过试点调研,做出方案,去实行,有些问题是长远做的,有个消化过程。因此我们必须有个安排,想一下子都做了也不行,有计划,有步骤执行,今天讲初步意见有些问题长时酝酿,如支援三线备战,接班人建设问题,两种劳动制度,两种教育制度,调研试做讲八个问题。

1. "四清""五反"。

2. 生产,工业调整。

3. 干部参加劳动。

4. 半工半读。

5. 民兵工作。

6. 政治机构,如何加强,经常政治工作。

7. 培养接班人。

8. 轮流蹲点。

1. "四清""五反",长远规划现还无把握,正在研究酝酿,邓小平带人到东北,华北还在研究,"五反""四清"斗争非常尖锐,复杂,南郊一个战士拿一机枪打死我们两人,他父亲被镇压,他姓郝,改姓高,我们发觉他就跑了。我们新建一个船厂被烧,当天台湾就知道了。

有一个单位给贪污分子评功授奖,有一个单[位]"五反"过了以后,又贪污150元,给了他个批评。证明干部认识有个过程,有的搞了一年多的"五反"仍无阶级斗争观,有的问题未搞清。地与市"五反"怎么搞,总理说城市"五反"还未完全摸清,干部未完全认识。省委意见农村"四清"搞7年,城市"五反"搞6年,街道怎么搞摸清,商业搞三级干部会议不能完全解决。对当前的"五反""四清"的艰巨性复杂认识不足,有一段我们安排的时间过紧,下边有意见。现在发动群众不够,一般讲都有这个问题。有的单位不深不透,小平同志东北检查,没有一个合格的。了解群众没发动起来,闭着眼睛就知他不深不透,万书记说不知以什么标准检查,我们天津怎样?群众对贪污盗窃铺张浪费是知道的。有的单位处分工人很严重,干部也进行了洗手洗澡。社会主义教育过去了有些问题没解决,主要群众未发动。中央"五反"指示草案摸得不透,防修反修,强调不够,情况逐步摸清的，"五反"内容增加。到底"五反"有什么收获？

(1) 反掉了铺张浪费，增产节约开展起来了。

(2) 刹住了风。

(3) 发现了问题，提出了要求。

现在看来不管什么单位没有工作组是不行的，工作组多了不行，通过会议我们进一步提高认识，主要进一步发动群众的问题，通过这次大会，根据这次会议精神对前段运动进行一次检查，搞得透不透，哪些单位做得够，哪些单位做得不够，下去摸着情况。要蹲点，分析运动，哪些单位搞得好，哪些单位差，非重新搞不行。必须把第一批开展单位搞好，第一批搞不好，就训练不出队伍来，当前狠抓两件事。

(1) 集中力量，把现开展"五反"的单位搞好，第一批年前搞完，有的单位可能年前搞不完，我们必须搞一批再搞一批。关于农村"四清"，凡 10 月完成的算今年的，搞不完放到今冬明春，公社"五反"也搞一下。

(2) 搞好"五反""四清"专业队伍，"五反""四清"专业队组织起来，首先把现有"五反"单位摸一下进行分类排队，那些什么时候搞完，进行分析研究现在问题有以下：

① 放手发动群众不好这是共同的，发动群[众]有两种方法，一种打轰大喝，一种做艰苦细致的工作。

② 工作队方法有问题，因无经验只有真正蹲下才能解决工作队的方法问题。蹲不下去，工作队方法解决不了，现工作队不了解群众心里，不了解群众要求是什么，现工作基本方法是几年汇报不解决，一种搞形式主义，一种是行政命令的办法。

③ 依靠贫下中农组织，我们在城市注意对积极分子使用，使积极分子〈行〉形成核心，通过积极分子活动才能〈行〉形成核心，如有的贪污分子打击积极分子是因为没形成核心。

有的群众发动不广泛，"五反"有四个阶级，属于好的单位按顺序下去，当前狠抓双反；差的单位大体后边几个阶段补上。双反不彻底，划阶级时补上，划阶级还可揭盖子，干部问题没解决划阶级当中解决，前边不彻底后边不补，很不彻底的也不重新搞，干部不彻底搞一段洗手洗澡，转向双反。搞的时间长很容易拖拉，搞运动的期间，除安排生[产]外其余的集中搞运动。

今年搞完的单位总结经验，整顿队伍，现工作队不行的加强些，干部不行进行调整，不能因一个被拖住，力量问题，工作问题，这是搞好运动的重要环节，没有工作队、工作组是不行的，够了也不行。小平同志到东北去，打电话石油部抽 1 000 人，煤炭抽 1 500 人下去搞运动。

工作队把“五反”“四清”运动搞好，更重要的意义提高领导水平，培养接班人，通过“五反”培养接班人，工作队一个领导干部，有一部分是培养的接班人，这样的人拿下改进我们的作风，加强工农联盟，工作队起码一年半到两年。解决好工作与运动的矛盾。各区、各局你们要安排好，抽调干部比例企业 10%、机关 30%—40%。抽干部时注意数量又注意质量，抽干部的比例也不完全一样，抽人〈只〉至少保证不出大问题。抽干部作思想工作，另外做好家属工作抽出来不是短时间，抽之干部家属由机关包下来。

今年分配了 500 名大学生，先去搞“四清”，给你人拿钱，先去搞运动。

2. 生产、工业调整。

天津市这七个月生产是好的，比去年同期好。我们今年学了主席指示和雪峰同志指示，揭落后盖子，提出两年改面貌，对改进生产起了很大作用，根据中央工作会议，充分发挥第一线作用，这就更需要提高工业产品搞好我们的工作。我们全面观点加强了，要什么就支援什么，上海搞得好，快，水平高，支援别人也要提高质[量]。赶上海有两个意义，一个支援，另一个也暴露我们工业技术水平低，世界上水平第一个[是]苏联，第二个是我们，意思加强技术水平。

一个炼油年产 100 万吨，300 人，我们就需要 3 000 人。我们两年改变面貌，“五反”两年搞完，中央提出五年，省委提六年，市委提的不变各系[统]研究。商业问题解决一下，今年农业超过 57 年。工业生产任务下半年不变，提高质量降低成本，实现二赶三消灭。

完成任务的根本方法放手发动群众，开展比学赶帮运动克服骄傲自满，怎样传达省委拟一个提纲，传达时解决下思想问题，要通过发动群众对两赶三消灭检查，不解决干部对群众运动不正确的看法，发动群众注意形式主义，实现两赶三消灭，集中力量打歼灭战，主要指重点产品。不搞运动的单位突出抓生产这个运动，帮助解问题，搞厂与厂协作。对已开展“五反”单位检查“五反”同时，把生产同时安排好，特别重点产品厂子要抓一下，要把管班工作跟上去，要把“五反”与生产结合好达到双丰收，运动促生产。

关于调整问题。调整的长远规划，中央、华北局已来人帮助我们搞，这两个统一起来，工业调整要有全局观点，有战略思想要贯彻自力更生的精神，挖掘企业潜力，这几年我们吃了全、大、万能的亏。这次调整有的企业要分开，要进行分析，调整时注意发挥小企业的作用。要搞技术改新，技术革命，我们与中央意见一致的落实，还有一些问题没定下来进一步考虑。

3. 干部参加劳动。

（1）搞好班子，通过“五反”搞好班子。

（2）搞好队伍。

（3）干部参加劳动。干部参加劳动“五反”内容之一，“五反”内容多了不叫“五反”了，叫城乡社会主义教育。

怎么搞法，搞几种形式，少奇同志强调半劳动，半工作，主要指基层，市区怎样搞？不没办法。

（1）半劳动，半工作，选一些单位，“五反”将要结束的单位，“五反”搞得好的单位，或者没有进行“五反”的单位。“五反”单位半日工作半日劳动有困难。“五反”单位劳动放到运动后期。

（2）解决思想问题，做思想工作，思想不通先别参加劳动，身体弱的搞点轻工作，无论怎样都定岗位制。

（3）不半日工作劳动的，可增加劳动时间，搞四个半天，但也定岗位制。参加劳动也要解决领导方法。

（4）半工，半读。把现有的八个单位搞好，其次再稍扩大一点，要求一个局是否搞一个试点。今年招收 3 000 人试点，吸收时要成分好的。另外天津专搞一个教育局职工教育，半工半读，技术教育这三条任务。

（5）民兵工作。毛主席强调抓军事，批[评]党委抓文不抓武，全党抓民兵，“五反”当中注意抓民兵。后期长一段时间整顿民兵三落实，“五反”不干，搞经济四不清，还搞政治四不清，民兵领导少兼，基干民兵积极分子少兼职，基干民[兵]中有骨干，今后基干民兵年龄再研究一下。不搞“五反”运动的单位也要抓民兵工作不要等“五反”。

（6）政治机构和加强经常的政治思想工作，关于中央工作会议条块还不大一致，政治机构当前“五反”，不抓，光搞经常政治工作不行。第一，政治工作机构搞试点，企业当中怎样加强政治思想工作还未解决，先搞试点。第二，不要催得那样紧。第三，中央对此文件。天津市工业部，财贸部改成政治部，上、下解决，中层还未解决，“五反”本身是政治工作，还有日常政治工作。市区政治机构要抓运动，二要抓经常的政治思想工作。

(7) 培养接班人。目前全面规划重点放到基层，基层是基础，基层搞好了，可培养出大批干部，基层通过“五反”培养接班人，选择好对象，根子要扎正，要看政治历史，起码被管关被杀的子弟不能做对象。培养要在岗位上培养，另外要在实际工作中注意审查，市、区要规划。

(8) 轮流蹲点，机关革命化，主要指的市区蹲点参加劳动与参加“五反”“四清”结合起来，市委研究部长蹲点，采取离职的办法。① 一般的问题不找他。廖鲁言在石家庄当第一书记。② 有的采取蹲一个时期，局长采取一个时期的蹲。这得要真正深入下实行三同，通过蹲点，提高领导水平。③ 联系点。蹲点与机关革命化结合起来，真正深入下去掌握第一手资料。

李梦书副部长讲：

双反要善始善终，阶级登记后推，双反座谈时间最少搞十天，三定三片搞细点，搞本月 17 号。同时做好阶级登记的准备，按四条标准，领导对双反进行深透程度，检查一下。积极分子排队。

1. 现有积极分子有多少，条件就那四条。

2. 你那积极分子队伍怎样形成的？一定是指定的多少扎根串连的多少。

3. 经过审查不具备条件的有多少，本着从严的精神，可进来可不进来的别进来。

4. 现有积极分子可提拔的有多少，一个现可提的，或经过培养又可提拔的新生力量。主要讲提拔中层以上领导干部的，最晚礼拜三上午报来。

市委财贸部马季中的形势报告

1964 年 8 月 17 日

上午。

报告讲的问题很明确，第一部分对运动的估价是正确的，也是切合实际的，第二部分讲的五个问题，很明确，很深刻，进一步明确运动的方向。第三部分讲的很具体，给了不少办法。

一、当前运动情况和存在的主要问题。

二、讲几个问题。

1. 认识问题。

2. 发动群众。

3. 领导核心。

4. 运动的标准。

5. 怎么算放手发动群众。

三、运动怎么搞法。

最近，市委传达中央工作会议精神，传达对“五反”的重要指示，今天根据财贸情况，提出以下意见，根据中央的精神，结合财贸的情况，进行安排。

（一）当前运动基本情况和存在的主要问题。

从5月中旬，市委决定调整财贸系统“五反”运动的安排，现在近3个月了，市叫二批，基层三批，三级干部会议后停下来，集中力量搞二批，3个月有很大发展。8月上旬，二批198户，200个单位，准备阶段登记的7个单位，整改的66个，正在双反斗争104个。还在进行社会主义教育2个单位，重点补课或推倒重来11个单位，运动搞得不好力量不足停下来的8个单位。

3月来，特别中央工作会议后，各区、局6月加强领导，着重抓落后单位，有的转过来了，7月，又组织了班子，存在问题也做检讨，想法解决。区、局都下去蹲点，树立高标准的要求，总的来说运动发展是健康的，社会主义革命进一步深入，通过双反，挖出一批贪[污]、投[机]分子，有力打击了资本主义势力的猖狂进攻。7月底，1 588名占参加运动的4.74%，其中千元以上147人。目前他们当中半数定案，70%全部和部分退了赃，对他约谈进行了批判，把他们多数改造成新人打基础。广大职工、干部受到深刻阶级教育，提高觉悟，学会阶级斗争的本领。

已进入整改的单位，凡搞好的就进一步，批判了官僚主义分散主义和资本主义经营思想。职工思想面貌有变化，7月出现革命化。以阶级斗争为纲，业务任务完成得很多，达到运动、业务双丰收。

但是这段运动也存在问题，主要问题：一部分领导干部存在着程度不同的右倾松劲情绪，相当一部分单位群众没有充分发动起来，因此运动搞得不深不透，这个问题不解决革命有可能搞不彻底。具体有三方面：

1. 运动发展得很不平衡，一部分搞得不够好，或很不好，根据最近初步排队，根据排队按200个单位，好的合乎要求的只占25%，60%单位运动是基本合乎要求，但某个环节搞得不深不透。还有的问题比较严重，15%运动很不〈相〉像样子，主要是：领导核心缺乏战斗力，群众没发动起来，声势不大，政策贯彻不力，问题搞得不透，长期处于落后状态。

2. 有些领导干部自觉革命决心不大，动力不足，有这样一部分同志洗澡不好,有的群众反映领导下楼是背下来,还有的没有下楼,还有的检查了,但没有改。进入整改阶段主要整领导核心,而不是引火烧身,矛头指向自己,叫下边同志搞几个方案当成事务。有些领导成员长期闹不团结,运动中互相埋怨,互相找错,互相拆台,运动搞了 8 个月。更严重的边反边犯,利用职权搞特殊化,占公家便宜私分多购紧张物资,这对发动群众搞好运动带来困难。

3. 运动声势不大,气势不壮,疲疲沓沓,松松垮垮,有的单位运动已经开展两三个月还未搞出多少问题,斗争不力,敌人气焰相当嚣张。

有的进入整改就松口气,有的草率收兵,急急忙忙转下阶段。

为什么这样子呢?检查以上问题,我们部有责任,主要我们对运动的艰巨性、复杂性认识不足,中央这次"五反"运动比"三反""五反"都深刻复杂得多,不仅有下边根子,也有上边根子。"五反"运动,结合国际上防修反修来看意义更伟大。原计划搞市区公司,但后来越布越大,200 个单位,应派工作组,但是有好多没有工作组,同时运动是逐步发展的,内容逐步增加,要求逐步提高的,按当时要求符合条件,现在看不行。

运动搞得不深不透,研究一下领导干部对革命意义认识不足,革命劲头敌情观念不强革命精神不足,缺乏把革命进行到底的决心,当前强调必须引起我们严重注意。

(1) 进一步认识"五反"运动的伟大意义,决心把社会主义革命进行到底。

(2) 必须放手充分发动群众起来进行革命,这是把社会主义革命进行到底的根本保证,也是衡量领导干部是否革命的根本问题。

(3) 领导核心问题。

(4) 按高标准把运动搞深搞透,决心搞彻底。

(5) 运动与业务双丰收。

(二) 讲一下 5 个问题,主要讲指导思想。

1. 进一步认识"五反"运动的伟大意义,决心把社会主义革命进行到底。对"五反"运动的重大意义是认识逐步提高。而这次中央工作会议传达以后认识更提高了。"五反"运动的根本目的,就挖三根子,找一个根子,防止资本主义复辟。三个根子,更主要的是挖修正主义根子。保证我们国家不出修正主义。中央一切工作的出发点不出修正主义。根本为这个,大家知道无产阶级取得政权社会主义国家,资本主义企图复辟,有两种形式:一种武装暴乱(如苏革命胜利后),一种潜移默化的糖衣炮弹和平演变。

对敌人武装暴乱，马克思列宁总结了巴黎公社的经验、教训、办法。[有]无产阶级专政[和]革命武装，对这种复辟形式容易看到、防止。

另一种往往不容易看到，糖衣炮弹，潜移默化，和平演变不容易看到，危险性特别大，在苏联没解决这个问题，1936 年社会主义革命[胜利]，不承认有阶级，不搞社会主义革命和社会主义教育，就留下了祸根，因此〈除〉出了赫(赫鲁晓夫)修(修正主义)。南斯拉夫出了修正主义，不足以引起人们的注意，出了苏修，我们党和世界各国[就]引起了注意。这个经验教训是毛主席给我们总结出来的，如不然还不知多少国家出修正主义。苏联十月革命对世界人民[有]大贡献，这次出赫修对世界人民也是个大“贡献”。我们中央提出以苏为鉴，中央提出政治上、思想上、组织上、军事上、经济上，将社会主义革命进行到底。挖掉修正主义根子，消灭潜移默化的和平演变基础，要下决心将社会主义教育进行到底。五年不行搞十年，搞不彻底决不收兵。主席[说]：我们注意了，可能不出修正主义，不注意一定出修正主义。同志们，这是从中央来看，不会出，我们基层单位，已出了，寿丰谁掌握着？

“五反”运动不仅有现实意义，而[且]有长远意义，不仅有国内意义，而[且]有国际意义。外国友人要叫看“五反”指示双十条。对尚未取得政权无产阶级有重要意义，主席指示是百年大计，千年大计，万年大计。

从咱们财贸系统来看，“五反”运动确实意义之大，财贸联系面广，分散，三、五一摊，人员复杂，我们去管钱管物，很容易受到资产阶级思想影响，敌人利用这个特点企图在商品流通过程中打开缺口进行和平演变，内部进行阶级渗透阶级溶化，打进来拉出去，搞和平演变，通过大量事实可说明。有的单位已烂掉，或环节上烂掉，我们必须把财贸系统社会主义革命进行到底。挖掉修正主义根子，财贸系统搞五年，不行搞六年，七年。我们这批多数是市、区企业领导机构，我们这批搞得不好不行，对基层搞得好坏有很大影响。基层开展主要依靠市区公司，市委决定首先集中力量搞好这一批，搞不好这一批，下批不开始。

从实际情况运动的伟大意义，阶级斗争严重性是否所有同志都认识到了？已搞了一年了，敌情观念不强，有的单位阶级敌人给我们漫画，我们无动于衷，有个科长搞男女关系不撤他职干什么？有的单位搞双反，对象未摸清楚就认为差不多了，有好多双反的无头案大案没搞清，重点科室没搞透，那个单位领导就想草率收兵，有的认为油水不大，消极厌战。中央不叫评功摆好，但我们有的单位还给贪污分子搞评功摆好，总想拿评功摆好代替“五反”。少奇同志讲：在“五反"运动中搞评功摆好，就是反对"五反"。小平同志到东北去回来说，基本不透推倒重来，我们如何？可能差不多，没有认识到运动的意义，没有认识到挖掉修正主义根子的意义，思想意识上挖掉根子认识不到。虽说以上例子是个别的，但在程度不同的右倾麻痹是普遍的，这样就不[能]彻底打退资本主义势力的进攻，挖掉修正主义根子……

2. 必须放手充分地发动群众起来革命，这是把社会革命进行到底的根本保证，也是衡量领导干部是否革命的根本问题。领导洗澡，不放手发动群众提出大量意见我们领导能不能自我痛心地进行检查呢？光靠自觉，没有群众帮不行，群众提的意见越多，领导干部自觉性越强。

所以坚决相信群众，发动群众进行斗争，才能搞好培养一代人〈材〉才。我们所有的单位是否都充分地发动群众呢？不是这个环节发动充分，那个环节就发动不充分，少奇同志："群众发动不充分是领导有无穷忧虑。"怕什么？(1) 怕群众起来烧到自己头上；(2) 怕揭出缺点伤自己名誉；(3) 怕(这是很害死人的事，南郊几个劳模都烂掉。)伤害打击干部情绪；(4) 怕出来缺点检讨；(5) 怕伤感情；(6) 怕留后遗症。实际怕革命，他们不怕保留三个根子，其实不怕留后遗症，三根挖不掉，那才是后遗症。对待群众运动的态度是无产阶级革命家还是资产阶级革命家，对待群众运动态度根本区别，忠于党，忠于革命事业，忠于自己阶级。

什么是正确态度：(1) 真正相信群众，依靠群众，敢于放手发动起来革命，敢于彻底，无产阶级革命家的起码条件；(2) 领导群众运动时候，要有无产阶级革命者高度负责的精神，兢兢业业，临事而惧，少出问题；(3) 出了一些缺点错误也不大惊小怪，不要怨天尤人，不要泼冷水，而是满腔热情与群众总结经验教训。

掌握群众运动的规律，不同时期，不同重点，主席："没重点就没政策。"群众没有充分发动起来，前领导说调动群众的斗争积极性，千万不要规定框框，限制群众。当群众充分发动起来了，强调实事求是，讲究政策，武装群众，对群众过左情绪不要尾巴主义，这时领导头脑冷静，大胆领导做正确方向，这样才能搞好，这样既能防右，又能防"左"。

想法依[靠]党团员积极分子，搞扎根串连。

发动群众的方法。

不要〈打〉大轰大嗡，而要扎根串连，个别发动，什么是扎根串连？就是我们党、团员、积极群众去做个别发动工作，特别做好知情人的工作，每个阶段都有知情人落后人，这才真正发动，问题揭发深透，我们缺点才能很好克服掉，群众是否发动起来，看知情人落后人是否发动起来了。

3. 领导核心问题。

为了将社会主义革命到底，首先要有坚强的领导核心，凡运动搞得好的，领导核心敢于自我革命，团结带动群众，凡领导核心不团结自我革命不好，凑合下楼，运动不会搞好。主席提出接班人五个条件，不仅[是]接班人的准则，也是衡量我们领导干部的行动准则。这次运动，绝大多数领导干部自我革命决心大，态度端正，但也有少数，自我革命决心不大，态度不端正，不敢暴露自己缺点，甚至打击报复，对缺点躲躲闪闪，还有检查不改，领导干部长期不团结，我们按五条标准进行对照，有什么距离。

(1) 学点马列主义，共产党人必须要一分为二，咱们这些人哪有没有缺点的。

(2) 必须全心全意为人民服务。

(3) 必须团结大多数人一道工作，无产阶级政治，不仅团结与自己意见相同而且善于团结反对自己的人。A. 必须是真正的马克思列宁主义。B. 必须是全心全意为中国和世界的绝大多数人服务的革命者。C. 必须是能够团结绝大多数人一道工作的无产阶级政治家。D. 必须是党的民主集中制的模范执行者，必须是会“从群众中来，到群众中去”的领导方法，必须养成善于听取群众意见的民主作风。E. 必须谦虚谨慎，戒骄戒躁，富于自我批评的精神，勇于改正自己工作中的缺点和错误。

(4) 必须执行民主集中制的模范，而对群众意见不接〈收〉受作风不民主，这就不能发扬民主，甚至打击报复。

(5) 戒骄戒躁，勇于自己批评，喜欢表扬不喜欢批评。

用这五条进行对照，进行自我革命，自己思想上的修正主义根子挖不掉怎么进行社会主义革命？对我们自己的缺点姑息，那些边反边犯的同志资产阶级思想在他们身上没扫掉，修正主义根子，没在他们身上挖掉，少奇同志：“共产党人有伟大理想，不要因小失大。”

领导核心团结问题，首先自我检查，自我批评，从党的利益出发有这两条好办了，有好的愿望，上下级不团结，上级主动，正副职不团结，正职要主动，“五反”运动后还有不团结怎么行，领导不团结，就不能枪口一致对外了，运动中人家前进你们后退。

4. 按高标准把运动搞深搞透，决心搞彻底。

主席讲过四条，小平同志讲三条，结合财贸情况考虑六条。

(1) 广大职工干部真正充分发动起来了，标志认识社会阶级斗争的长期性，复杂性，提高了觉悟，无—资—社—资界限划清，工作积极性调动起来，掌握了在社会主义条件下学会阶级斗争的本领。

(2) 建立起一个革命化有战斗力的领导核心。

(3) 弄清了全体人员的阶级状况，组织成了坚强的积极分子队伍，整顿了基层组织，把革命阶级队伍组织起来了。

(4) 把贪污、投、地、富、反、坏分子以及右倾分子清查出来，打退他们的猖狂进攻，按中央政策处理，放到本单位群众监督下进行改造。

(5) 干部真正参加劳动，转变作风改变干群关系。

(6) 企业各项指标完成好，改革执行好，经营管理有所改善，服务质量有所提高。

5. 运动与业务的双丰收。

必须以阶级斗争为纲，正确处理运动与业务的关系，实现双丰收。实际阶级斗争与生产斗争的关系，中央：阶级斗争是生产的动力，生产力三要素人是主要因素，哪里运动搞得好，革命性高，经营管理，服务质量[就]有所改进。

以阶级斗争为纲，以"五反"为中心才能搞好，或者把业务与运动抵触起来，如抢时间突击，不仅运动搞不好，业务也搞不好。如把两者对立起来。

搞运动的全力以赴搞运动，推动业务。

搞业务的，以阶级[斗争]为纲，搞好业务，领导核心强调及时安排，〈工不通挤〉不偏不倚。

有的单位，片面强调运动、业务双丰收，安排更多时间搞业务，业务班子提出不适当要求。

双丰收解释：

在保证运动搞深搞透的同时执行党的政策，完成任务，经营管理，有所改善。至于经营管理技术指标能搞多少搞多少，不要过于强调。

已搞完运动，或已结束运动的，大力开展比学赶帮运动。

时间服从质量，也有片面理解，而就不安排了，时间服从质量，而是没有足够时间搞不好，运动搞五年，就单位来说抓紧抓实，有个搞运动的样子，有革命的干劲。但群众活动安排上注意劳逸结合，必要开的会要开，小平：东北每周四小时运动那怎么行？

(三) 运动的搞法。——财贸系统，"五反"运动 5 年、6 年、7 年时间，下决心搞透，华北局正研究，以后布置下半年怎么搞。

1. 下决心，把这批搞好，集中力量按高标准，力争年底搞完，“五反”除打好四个硬仗，还增加阶级登记和整顿组织，阶级登记阶段，划阶级查出来还要清理。

目前9个单位搞阶级登记试点，整改急于转阶级登记。

组织整顿，在整改阶段搞，整改阶段搞思想建设，组织建设，党团、工会、民兵进行整顿。整顿阶段后期搞组织整顿。

整改阶段，主要整领导。没有下楼或下楼后意见大的检查，下楼如再下不了楼严肃处理。

不能团结问题，第一把手以身作则，“五反”后领导问题还解决不了就做处理。

2. 为了主动按高标准，各单位对运动领导检查一次。

今后结合报告领导核心结合报告检查，主要检查：A. 对运动的意义认识；B. 自我革命精神足不足，干劲是否足？C. 对待群众态度是否端正；D. 运动与业务摆得怎么样？E. 有无松劲右倾麻痹思想？

今天下午明天上午，五、六点检查。

总支委员号召专职干部搞业务的半天。

第二步根据运动六条标准进行检查，检查，正副书记、经理、主任。进行一段时，休整〈正〉时向群众讲一讲标准，群众鸣放，检查运动渗透程度。先检查现进行的阶段进行联系有关系到已进行的阶段。

第三步，〈把〉对领导核心，群众[有]鸣放意见，本阶段[洗澡]不透就〈布〉补课。已过去的阶段，如领导洗澡不透到整改阶段，社会主义教育不够到阶级登记阶段，整个搞不好的，推倒重来。已经结束15个单位也要进行复查补课，先搞一段复查再搞阶级登记。

特别对那些边反边犯的，一定追回严肃处理。绝不能迁就姑息，边反边犯提出名单写书面检讨。

3. 切实加强领导。

① 市区领导部门，适当留下一个人外，都蹲点，亲自担任工作组长，亲自发动群众扎根串连。各系统运动发展不平衡，市、区指导一个单位一个单位地安排。

② 加强工作组，除已去工作组的，尽可能多派一些。强调质量。如力量不够，重点使用，各组长，参加单位领导核心，如果，单位不能领导运动，由工作组带起来。

各单位对派去的工作组，主动汇报情况，充分发挥作用。

③ 各单位在总支领导下，安排好运动，业务两个班子。包括政治工作，经常工作，前段安排不好适当调整，业务班子太弱了也不好，党委定期研究统筹安排。

关于开展“四清”运动的意见

1965 年 8 月 7 日

今天下午开始到 13 日上午，学习两个文件，单位介绍情况，都认为时间紧，大家提出早晨晚上加上些时间讨论。

因而提出防止几个问题：

1. 防止自满情绪，确也有个别同志产生自满情绪，第三阶段要防止自满。

2. 在完成第三阶段学习之间，先少考虑入厂后怎样工作的事。

3. 快进单位了，有些私人事务如何安排，考虑是难免的，但不要过多考虑，我们还有两个礼拜日的时间安排。

4. 从我们这队看同志团结是好的，但应当注意的问题，有些不正常的情况，有些看法和意见，当然也是难免的，只要不是原则问题就可以谅解，大家可以提出意见。不正常不是在会上提而是背后议论。

第一段，今天下午到礼拜二上午学习两个文件，讨论解决三个问题：① 把财贸系统的阶级斗争形势认清；② 这次“四清”明确解决问题；③ 运动路子做法弄清。第二段，单位介绍情况，礼拜二下午介绍情况。第三段，制定“四清”运动规划，进厂后工作第[二]阶段的规划。第三阶段，工作队政治思想工作搞几条纪律。

15 日礼拜日放假，礼拜一进厂，中央财贸政治部关于财贸系开展“四清”运动的几点意见。

一、财贸部门的特点。

财贸工作在党中央毛主席领导下取得了很大成绩，财贸单位队伍总的来说是好的，但是财贸部门：

1. 阶级斗争是严重的尖锐的，阶级敌人企图用和平演变方式复辟资本主义，有些企业领导被腐，有的篡夺，有一批贪污盗窃，投机倒把分子蜕化变质分子。

2. 行业多单位多，网点分散，领导薄弱队伍政治情[况]复杂，联系面广，管钱管物，容易受到外部资本主义侵蚀。

3. 政治思想薄弱，不问政治，弄虚作假，欺骗友〈临〉邻，财贸系统“四清”运动取得很大胜利，职工面貌有所改变，但与远大目标差得很远。所有行业都要搞“四清”，千万不能漏掉，千万不能走过场。

二、财贸部门“四清”运动的要求，全面贯彻二十三条，全面贯彻主席提出的搞好运动六项标准。

1. 高举毛泽东思想红旗，用四个第一搞好“四清”，通过“四清”运动落实四个第一，兴无灭资，调动他们积极性，打退地富反坏资的猖狂进攻，把印把子掌握在无产阶级手中。

2. 健全领导核心组织阶级队伍。

3. 清查出贪、盗、投、蜕化变质分子，清查出地富反坏分子。

4. 把腐化的资本家查出来，把划错的划回来。

5. 搞好思想组织业务建设。

三、运动的部署。

财贸部门“四清”运动的部署，大、中城市可按行业进行，也可以搞大中企业。县级企业“四清”工作团领导下设财贸分团一下搞完。

四、运动的时间，每期大体安排五个月，人数多问题复杂的可以多一些，人数少问题少可时间短点。全国财贸系统“四清”争取1967[年]底完成。

五、对资政策。

财贸部门资本家中间有些人抗拒，为非作歹起了很坏的作用，必须在“四清”运动，发动群众，摆事实讲道理，同他们资产阶级思想斗争，财贸部门成为改造资产阶级的基地。对资本家个人根据表现区别对待，愿过社会主义这一关，有光明前途的，他在企业与工人一起劳动，一起学习，犯了错误给予应得处分。过去安排了职务，只要没犯大错误一般不动，但不能掌握实权，有些企业资本家过于集中的，可适当分散。漏清的资本家查出后，按劳保福利退职退休，过去按照职工待遇的就不变，入工会的表现不好的取消，表现好的改为预备会员，一贯表现好的保留会籍。

六、对劳动者错划成资本家成分的改过来。

1956年公私合营(主要小商小贩)参加国营合作社统称私方人员，按资本家对待。这次改过来，够工会会员条件的吸收，不够的不吸收。划分小商小贩标准，在中央未定前，各省市按……小商小贩，虽是劳动者，他们受资产阶级影响大，应加强他们的教育。

七、在合作商店开展“四清”运动要求与国营不同。

八、合作商店退赔款的处理，损害国家集体群众利益的原则归国家，本单位留作集体的。

九、职工群众是否放包袱，财贸职工有小拿小摸和隐瞒政治历史，在提高觉悟要求自我革命的情况可组织群众放包袱，不追不逼，讲多少算多少，不整职工群众，大问题放后解决。

十、组长的民主选举，财贸部门业务组长，可民主选举，上级批准可连选连任。地富反坏不能担任组长，资本家不宜当组长。可先在〈另〉零售部门试点。

十一、企业革命化。

思想建设就是高举毛泽东思想红旗，大学主席著作，突出政治，落实四个第一。组织建设以健全领导核心为中心，整顿党的组织……业务建设根据一条方针，二个服务，三大观点要求进行业务政策教育。

十二、干部参加劳动，必须坚持参加体力劳动，每年大体有三分之一，二分之一时间参加劳动。

十三、企业的民主管理，民主监督。

十四、企业人员的精简和安置，贯彻毛主席指示，清洗一批，训练一批，补充一批。减少的人员比增加人员要多一些。

天津市财贸系第二批运动若干问题的意见。

第一部分，财贸“四清”形势任务。

1. 形式和特点，多数进行过“五反”运动，宣布过二十三条，进行了社教，认真贯彻财贸政治工作会议精神，同时还受到一批“四清”试点影响，所有这些刹歪风，打击阶级敌人，广大职工的精神面貌有变化。

2. 但是，中央同略。①

3. 第二批单位，多属外贸粮食加工厂仓库，在国计民生上搞好有重要意义。

运动解决的问题：

（1）建立健全好领导核心，把企业的领导权牢牢掌握在无产阶级手中。

（2）重新组织阶级队伍。

（3）清查出贪污、盗窃、投机倒把、蜕化变质分子，清查出地富资反分子。

（4）把错划小商贩独立劳动者改过来。

---

① 原文如此。

（5）突出政治端正政治方向。

第二部分，运动的路子。

三、运动的阶段时间，根据“四清”试点，一般分四个阶段，准备阶段、干部洗澡阶段、清政治清经济阶段、建议阶段。各段都有重点，又互相联系。四个阶段大体需要半年，人数多问题多可长。

四、准备阶段应做些什么事？

1. 工作队一进单位说明来〈义〉意，原原本本地宣讲二十三条，把政策交给群众并[说]明不论运动中、后，不准整职工群众，提出整党任务。

2. 工作队广泛接触群众，干部倾听群众意见，逐步实行三结合。

3. 抓住当前阶级斗争形势特点，做三大动员报告，搞过“五反”运动单位，根据六条找差距。通过三大找差距，揭开盖子。

4. 通过三同广泛接触群众，个别发动，初步组织阶级队伍。

5. 组织内查外调，运动业务分工，保卫工作，洗澡下楼准备。

五、洗手洗澡，切实贯彻，治病救人，说服教育，洗手洗澡，轻装上阵，团结对敌。既严格要求，又实事求是，摆清实事，检查错误，有一定分析批判，有改正错误的决心。

干部洗澡应注[意]：

（1）一分为二看待干部，进行历史全面分析，根据分类排队区别对待。

（2）放手发动群众与自己相结合。

（3）工作做深做细，解除顾虑扫除障碍。

（4）把工作做在前头，使干部去认识改造过程。

（5）督促他们边检查边改正，通过转变作风。

（6）在洗澡的基础调整健全领导核心，逐步实行三结合。

个别单位被蜕化变质分子把持的，进行夺权斗争。如果领导核心中个人是阶级异己分子，蜕化变质分子，一般不夺权，先洗澡，他们问题可放清政治经济阶段搞，一方面暴露。

六、群众放包袱。

群众有放包袱要求，讲多少是多少，不追不逼，自觉自愿的基础上求医送礼。也可适当开展批评与自我批评，不要形成八个过关，〈行〉形成斗争。根据人民内部矛盾，搞几条杠杠，解放大多数，属于外部问题留到清政治时解决。

七、清经济、清政治。这个阶段主要解决政治经济敌我矛盾，这是〈正〉整个运动决战阶段。只要团结大多数，就可能战胜敌人。

三管齐下：

1. 放手发动群众，掀起坦白检举的高潮，形成声势。

2. 开展政治攻势，大讲三个重新，三宽三严政策，适当时机开大会，体现宽严政策。打击面严加控制，那些顽固不化拒绝接受教育，进行斗争。斗争方法灵活，力争百战必胜，坚持摆〈实事〉事实讲道理，防止任何形式的体罚。

3. 开展内查外调。

八、划阶级根据财贸系统目的。

把漏划的坏人划出来，把小商小贩划错了改过来。划阶级贯彻到运动整个过程，把情况摸清，然后选择适当时机，搞阶级登记。进行登记时普遍登记，重点审议，对漏划的地富资在小组中审议。阶级登记有两种做法，一种对敌斗争阶段，一种放在建议阶段。

九、建议工作，主要思想建议，组织建议，业务建议，以思想建议为中心。

第三部分，工作方法。

十、必须吃透两头，为领导好运动必须吃透两头，上头主席思想，中央政策，一头吃透单位情况。每个工作队员必须学习主席著作，党的方针政策，把握运动的方向。同时必须深入实际深入群众研究，摸清情况，才能有的放矢。

丨一、人胆放手发动群众，依靠群众大多数。

1. 以毛泽东思想党的政策武装群众头脑。

2. 普遍发动个别发动相结合。

3. 抓两头带中间。

4. 既要放手发动群众，又要敢于大胆领导群众。群众没有发动起来之前要不出乱子，敢于放手。

5. 边整边改取信于民。

6. 随着运动的发展提出不同要求。

十二、尽早实现群众、干部、工作队三结合，三结合体现依靠大多数：

1. 已经了解，确实是好的干部，准备阶段就可结合起来。

2. 犯有一般四不清，解决了就可吸收参加领导。

3. 问题较多的在他们交代以后，群众有威信可吸收。

十三、做好调研工作，是保证运动不错不漏的关键。

1. 调查重点放在关键问题上，开始面宽逐渐转向主要问题上去。

2. 调查的目的把本来面目弄清，不管肯定、否定问题都是成绩。

3. 尽量在运动中查清，不留少留尾巴。

调查注意：

(1) 坦白揭发与查证结合，做到边揭边调查。

(2) 查证与落实相结合。

(3) 领导、专业班子、群众三结合。

十四、运动和业务相互促进。

十五、好字当头有始有终，好就是主席提出的六条标准。

第四部分，几项政策。

十六、财贸系统，有相当部分人有小拿小摸，隐瞒历史。

下列如：

1. 私拿〈另〉零星工具、财物不算贪污盗窃。

2. 私拿少量棉布粮食，自食自用，数量不多只[要]检[查]好不算。

3. 走街串家摆小摊，从事地下工厂劳动。

十七、对资本家的教育改造使用，教育改造为了消灭，不是调和阶级斗争。

十八、划清小商贩与资产阶级界限。

十九、合作商店合作小组的“四清”。

第五部分，工作队。

二十、建立一支革命化工作队，领导“四清”运动。学习主席著作，每天学习半小时，每周 4 小时学。

“四清”工作队工作安排

1965 年 8 月 10 日

晚上 8:00 时开会。

胡运昌同志：

集训开结束了，明天工作队安排工作，该向你们说的也说了，你们也听了，上批运动的经验缺点都听了，你们也提了不少意见，对于干部的政策，对敌斗争的政策都给大家讲了，工作方法也共同做了研究。

今后粮食困[难]如何正确认识统一了那些观点看，20 多天，我们一起生活学习,初步有些了解,初步认识,对工作单位初步了解,工作队就这么个水平,有马克思也有“牛克思”,占绝大多数为党为工作,党员大多数,抱个人观点极个别,不行就不要搞了吗?你们也了解,是革命的工作队,今后和我们有半年左右打交道,搞好“四清”运动,对工作队看得高一些低一些,就这么个工作队把“四清”搞好。

这一段总之收获不小,现在谈一个问题,明天想叫你们回去,为什么现在叫我们回去,不相信我们吗?不是,我们没这个思想,你不愿回去也可以,主要我们整个队准备叫你们先准备,以便开展,回去干什么?

1. 准备全面地汇报本单位情况,现在这是个人名义介绍的,回去以组织介绍,组织统一意见,不统一也没关系,着重三方面的汇报。

(1) 单位的组织机构情况,人员配备包括党政工团民兵组织,干部人员全体职工多少,再把干部职工分析分析,你们认为的积极分子名单。那个领导干部怎么介绍你们考虑。民兵组织武装使用。

(2) 生产业务方面的过去多年的简单说,近况详说,生产正常不正常,有什么问题,今后怎么安排。

(3) “五反”运动,社会主义教育是个什么样子,搞出来了些什么问题,解决了什么问题,除以上,工作还需什么介绍。

2. 回去以后把运动时间、生产时间怎么安排,工作队到了共同研究定下来,安排不好影响生产,运动,劳逸结合。安排具体些,干部占什么时间,工人什么时间,一个礼拜群众占多少业余时间,不要一搞运动就不搞别的了,黑天白日连轴转。

3. 你们回去研究,怎么生产业务搞好,估计这半年怎么安排完成计划,不出事故。只许搞好不许搞坏,搞运动的班子,搞业务的班子,工作队怎么安排保持生产,突击任务怎么办,正常怎么办,运动期间只能搞好不能搞坏。

4. 检查不安全保卫工作存在什么问题,采取些什么措施防止发生事故,不管电、风、火、反革命分子捣乱,特别阶级斗争搞起来,预备不到的可能要发生,财产人身安全,民兵整顿武器使用保证不发生事。

5. 工作队在你单位实行三同的安排,这是从中央到市委指示必须执行的,这里有斗争不管如何要执行,必须贯彻三同,工人不在那住,住在那就是三同,工作队有多少人,住有地方、吃饭、做什么劳动,三同不准增加开支,不准侵犯工人利益,买这买那,革命的三同不是养尊处优的三同。

6. 工作队进去之[后]怎么向全体职工见面，三班工人怎么见面，二班怎么见面。见面有一个钟头就行了。

7. 对你们个人要求，除准备这些外，对你们个人有个准备，运动从始至终扮演个什么角色，对运动的态度，对群众的态度，对自己洗澡下楼的态度，对工作队的态度，是革命的态度，还是消极的态度？工作队欢迎热情敢于革自己的命，不管缺点错误都革掉，群众过点大也不要紧，来的有领导一般干部有职工，发挥正确的不要走邪门歪道，考虑我们自己还帮助其他同志，有缺点就改不等检查。

8. 请你们保守机密，咱们集训中的一些问题不许乱讲，毛泽东思想没保密，二十三条大宣传，不要讲的第一批运动有什么问题，他们也检查了，这样说不全面也不是真〈像〉相。一些具体政策不许乱讲去，该于什么时候向群众交底有个策略，讲早了失效了。社会上更不能去讲，不许乱说乱道。后边两条你们个人的事情，前边几条向领导汇报，研究准备。

工作队进厂后，要开的会：

(1) 单位向工作队汇报，礼拜二上午汇报。

(2) 总支委员会扩大会议下午开会。

(3) 党员团员大会晚上开会。

(4) 职工大会礼拜三上午 8 点见面。

关于运动生产时间的初步建议：

运动占工作时间，〈安〉按每周计划。

干部每周一、二、五、六上午。

(后略)

工作队介绍“四清”运动及其政策方针

1965 年 8 月 17 日

上午，吸收部分群众领导干部列席参加(总支扩大会)。

刘队长：

1. 工作队来意，市委粮食“四清”工作团同福庄工作队，“四清”工作队是彻底革命的工作队，我队在同福庄开展“四清”运动，包括政治、经济、思想组织的社会主义革命。凡革命的都要搞，主要搞“四清”，也要抓生产，不获全胜绝不收兵，为便于联系，把工作队人数分工宣布下。人员，天津财贸各部门抽来，还有中央合作社来共 46 人，设办公室专案调查，分五个工作组：① 分库修缮，宋队长兼副组长张学文；② 搬运大队组长刘洪义；③ 储运科组长张玉峰；④ 行政科组长王海；⑤ 器材制粉组长任家琪、郑殿琴。

2.“四清”运动的意义是一场严重的尖锐的斗争，是社会主义与资本主义两条路线的斗争，当前形势大〈会〉好的，但是也应看到阶级敌人不甘心他们失败的，千方百计恢复资本主义，所以要打退他猖狂进攻，巩固无产阶级阵地。企业领导如马列主义的，他会领导企业沿社会主义道路前进，如资本主义当权派就引导向资本主义发展，大家都清楚苏[联]南[斯拉夫]已经恢复资本主义，应接受教训，这次运动主要整党内走资本主义道路的当权派。非党员走资本主义道路也整，整了党内走资本主义道路的当权派就好办了，两条道路斗争表现很广了，主要的“四清”内容方面的。清政治、经济、思想组织。凡资本主义东西都清掉，从这次意义上讲比历史上任何一次革命更深入更广泛，这个运动重新教育人改造人，重新组织革命的阶级队伍。

3. 这次运动的政策。

中共中央二十三条，是这次运动的基本政策，坚决按二十三条办事，部队打仗有枪，搞运动二十三条就是武器，大家应认真学习二十三条，而且领会精神实质，拿起这个武器运动中去，也希望你们对工作队执行二十三条有什么意见可提、可鉴定，有党的政策、党的领导，有广大职工干部努力是可以搞好的。

4. 领导问题。

运动的领导二十三条讲得很清，从当前讲，运动领导暂由工作队领导小组负责，刘志田、冯书义、宋宝琛、郑和致、刘宝仁不仅领导运动还要抓业务，业务上的重大问题都经领导小组决定，单位按指挥系统指挥，随着运动洗澡，逐步实现三结合。

初期涉及运动，业务，共同商议，通过联席会解决，要求中层以上领导干部积极工作，完成本职业务，积极参加运动，运动当中锻炼自己改造自己，怎样才能锻炼好改造好，先学二十三条，自己革命好还领导单位革命好，有的谈，来了就挨整，不对，我们是帮助搞社会主义革命，自觉革命，不要看成工作队的事，二十三条学好，做好工作的基础，考虑自己的问题，进行自觉革命。不要有消极被动情绪。

而且要虚心听取群众的意见和批评，过去有些事错了就应当改嘛，当然不等运动改，争取主动，察觉到就改嘛！凡群众提得对的就要坚决克服。群众提得不完全符合事实，怎么办，这有个态度问题，二十三条讲了，好话坏话特别反对的话耐心听，如要求群众意见百分之百正确，那是脱离实际的。领导干部过去虽有缺点错误，只有虚心检查，做好工作，可以将功补过，只要愿意改正党会团结你们的。

5. 要求在运动中提高革命警惕性，尖锐的阶级斗争，针锋相对的，反动分子、顽固不化的分子，他还想千方百计地破坏，粮食是宝中之宝。中层领导提高警惕保卫运动，防止敌人放火、放毒、消灭罪证，并坚决与这些破坏行为作斗争，并向阶级敌人提出警告，他们过去犯下罪应服服帖帖接受改造，坦白交代，坚决走资本主义道路的要坚决打击。

6. 保证群众大胆鸣放揭发问题。

(1) 任何人不准压制民主，任何人不得打击报复，违者以抗拒运动论处。

(2) 群众揭发的问题，不论波及什么人，任何人不得阻拦，违者严加处理。

(3) 揭发问题的方法可以多种多样，由检举人自己选择，可在会上讲，也可找工作队讲，可以写信，任何人不得干涉。

(4) 揭发问题的人检举不必通过原有任何组反映，原有组织也无权过问检举人检举问题。

(5) 对群众提出的意见必须迅速转达，认真对待不得积压。

(6) 群众提出的问题，揭发问题，不论正确与否一律言者无罪。不论运动中运动后，不准以任何借口整职工群众。现在“四清”队到库运动算开始了，希望我们中层领导忠于社会主义革命的，也包括犯错误的，与革命的职工干部团结在工作队党的周围搞好社会主义革命而奋斗。

(中略)

下午二点半，党团员大会：

1. 说明来意，我们是市委粮食团同福庄工作队，有决心将革命进行到底，不获全胜不收兵。工作队 46 名，队长刘志田、庞书义、刘宝仁、宋宝琛。

2. “四清”运动的性质重点。

无产阶级和资产阶级的斗争，社会主义与资本主义两条道路的斗争。重点是整那些党内走资本主义道路的当权派，当然也〈走〉整党外走资本主义道路的当权派。不管运动中运动后，不得以任何借口整工人群众。这次运动始终重新教育人，改造人，组织阶级队伍。拔掉资本主义、封建主义、修正主义的根子，栽马列主义毛泽东思想根子。

3. 我们党团员在运动中应持个什么态度。一切忠实于社会主义革命事业的职责，共产党员、团员积极参加运动，经得起考验。

(1) 这次“四清”运动实行三重，拔三根栽一根，“四清”运动过程就是整顿党、团、工会、民兵组织的过程，把钻进来的坏人清查出去。首先把党整好，每个党团员经受起考验锻炼，起模范带头作用，把运动业务搞好，实现运动业务双丰收。

(2) 运动中每个党员、团员，特别党员领导干部，虚心听取群众的意见，过去我们有缺点不好吗？

4. 拿起武器准备革命，进行社会主义革命，根本武器就是二十三条，也是这次运动的基本政策。

5. 关于运动的领导问题，二十三条也有标准。有工作队组成领导小组，领导运动还领导生产。……[①]运动和业务的重大问题的决定。单位的领导按现本职工作搞好，逐步实行三结合。

6. 保证实现运动业务双丰收，二十三条运动落脚在建议上，既要把运动搞好，又要把生产搞好。也可有些干部有缺点，只有虚心接受群众的批评，进行检查做好工作，就将功补过，党就团结他们，群众就会团结他们。

7. 提高革命警惕性，做好业务运动的保卫工作。这是一场严重尖锐的阶级斗争，那些垂死挣扎的犯罪分子，进行破坏，保卫警卫兵保卫好运动，严防纵火、放毒、行凶，销毁罪证，发现及时报告。准备向敌人提出警告，说明他们犯下了罪行，只有坦白交代低头认罪是有出路的，那些死不回头、抗拒运动要依法惩办。

8. 宣布几条纪律。

(1) 任何人不准压制民主，任何人不得打击报复，违者以抗拒运动论处。

(2) 群众揭发问题，无论涉及什么人，任何人不准阻拦，有违犯者严肃处理。

(3) 揭发问题方法可[多]种多样，有揭发问题人自选择，可向小组讲可向工作队讲，可写书面的也可以，任何人不准干涉。

(4) 检举人揭发问题不必向原有任何组织反映，原有组织也无权过问。

(5) 对群众提出的意见必须迅速传达，如实反映认真对待，不准扣压修改。

(6) 提出的意见揭发的问题，无论正确与否，一律采取言者无罪。

最后，明天开职工大会，运动就开始了，凡忠于革命事业的人，也包括有缺点有错误愿意改正的人，站在一起，团结党、工作队周围。

(后略)

---

① 此处删去 5 个人名。

后　　记

天津粮管干部工作笔记的主编为冯筱才，崔龙浩担任了初稿的总校，余康协助做了校对工作。分类改编及再校由杨奎松负责，刘建平参与了部分编目工作。

图书在版编目（CIP）数据

中国当代民间史料集刊. 22, 天津某粮管干部工作笔记摘编（四）党务行政部分：1951年-1965年 / 华东师范大学中国当代史研究中心编. -上海：东方出版中心，2020.11（2025.3重印）
ISBN 978-7-5473-1702-0

Ⅰ. ①中… Ⅱ. ①华… Ⅲ. ①中国历史－现代史－史料－1951-1965 Ⅳ. ①K270.6

中国版本图书馆CIP数据核字（2020）第200213号

中国当代民间史料集刊22——天津某粮管干部工作笔记摘编（四）
党务行政部分（1951年—1965年）

编　　者　华东师范大学中国当代史研究中心
责任编辑　李梦溪
封面设计　丫　头　马　可

出版发行　东方出版中心
地　　址　上海市仙霞路345号
邮政编码　200336
电　　话　021-62417400
印 刷 者　上海万卷印刷股份有限公司

开　　本　720mm × 1000mm　1/16
印　　张　31
插　　页　2
字　　数　481千字
版　　次　2020年11月第1版
印　　次　2025年3月第2次印刷
定　　价　99.00元